陈池瑜 著

ART
+
WRITE

艺术文章写作概论

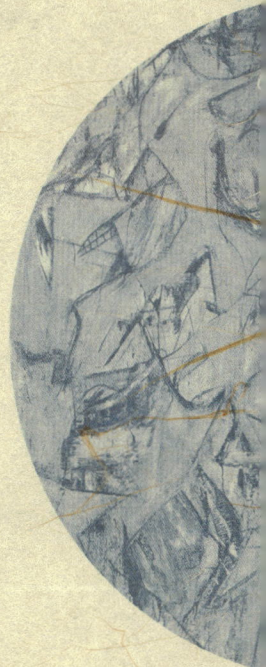

山东教育出版社

图书在版编目（CIP）数据

艺术文章写作概论/陈池瑜著. —济南：山东教育出版社，2018

ISBN 978-7-5328-9321-8

Ⅰ.①艺… Ⅱ.①陈… Ⅲ.①艺术—应用文—写作 Ⅳ.①H152.3

中国版本图书馆CIP数据核字（2016）第057933号

艺术文章写作概论

陈池瑜 著

主　　管：山东出版传媒股份有限公司

出 版 者：山东教育出版社

　　　　　（济南市纬一路321号　邮编：250001）

电　　话：(0531) 82092663　传真：(0531) 82092663

网　　址：www.sjs.com.cn

发 行 者：山东教育出版社

印　　刷：山东临沂新华印刷物流集团有限责任公司

版　　次：2018年3月第1版第1次印刷

规　　格：880mm×1230mm　16开本

印　　张：18.25印张

字　　数：370千字

书　　号：ISBN 978-7-5328-9321-8

定　　价：69.00元

（如印装质量有问题，请与印刷厂联系调换）

（电话：0539-2925659）

目录

第一章　艺术文章写作的基本条件

001　第一节　什么是艺术文章

005　第二节　艺术文章是思想的表现

009　第三节　艺术文章写作与语言

018　第四节　艺术文章写作的材料准备

026　第五节　艺术文章写作的表达技巧

第二章　艺术理论文章写作

033　第一节　立论性艺术理论文章写作

046　第二节　反驳性艺术理论文章写作

056　第三节　艺术理论文章写作的逻辑性

063　第四节　艺术理论文章写作的创造性

070　第五节　艺术理论文章文体写作分析

第三章　艺术评论文章写作

081　第一节　什么是艺术评论

084　第二节　艺术批评家的基本条件

105　第三节　艺术评论文章写作与批评方法

137　第四节　艺术新闻文章写作

161　第五节　艺术评传文章写作

第四章　艺术史文章写作

177　第一节　艺术史文章写作的基本要求

183　第二节　艺术史文章写作与艺术史学研究方法

195　第三节　艺术史个案研究和专题研究文章写作

206　第四节　艺术断代史与门类史写作

219　第五节　艺术通史写作

第五章 艺术学科学位论文写作

237 第一节 艺术学科学位论文写作的选题与创意

240 第二节 艺术学科学位论文写作的论证与表述

244 第三节 艺术学科学士学位论文写作

256 第四节 艺术学科硕士学位论文写作

266 第五节 艺术学科博士学位论文写作

286 后记

第一章
艺术文章写作的基本条件

第一节 什么是艺术文章

目前，有许多关于一般文章和文学创作方面的教材或研究专著出版。一般大学中国语言文学系和外国语言文学系都要开设写作课程，教给学生一般写作常识。此外还有公文写作一类的著作出版，帮助公务员或机关秘书学会规范的公文写作。至于文学创作类著作，则是帮助广大青年文学爱好者学习如何写作小说、诗歌、艺术散文、报告文学、戏剧文学脚本或电影电视文学脚本的。总的来讲，这些教材或专著都是为了帮助读者在某些方面增加写作知识，掌握一些特殊的写作规律和技巧，虽然各自的侧重点不一样，但共同目的只有一个，即提高写作水平，把文章写作得更好。

那么，我们所说的艺术文章的写作包括哪些内容，其目的又是什么呢？

艺术文章是指除文学创作（包括小说、诗歌、艺术散文）以外的关于艺术思想与问题研究，艺术思潮、创作与欣赏的研究，艺术史、艺术家、艺术作品及当代艺术活动的研究，艺术评论、艺术新闻、艺术传记及艺术杂文等方面的文章总称，也包括上述方面的研究专著。艺术文章写作即是上述关于艺术的研究和评论等方面的文章和专著的写作，艺术文章写作技巧，即是关于各种类别艺术文章写作的方法与技术。我们学习艺术文章的写作，就是要从一些优秀的艺术文章与著作中分析、总结出一定的写作规律，了解与掌握艺术文章写作的一般方法与技巧，从而达到帮助我们提高艺术文章写作水平的目的。

上述所说的艺术文章范围包括得比较广泛，从艺术门类来讲包括绘画、雕塑、音乐、戏剧、电影、文学等，我们主要以美术即绘画、雕塑、工艺美术与设计艺术、建筑艺术等的文章写作为主要对象，同时兼及音乐、戏剧、电影、文学等艺术门类的文章与写作分析。此外，从艺术文章本身来讲，除艺术史、艺术作品分析、艺术批评、艺术新闻、艺术欣赏、艺术评传等文章外，还包括艺术思想、艺术理论方面的文章写作。而关于艺术思想、艺术理论方面的文章常常是美学与哲学研究的一个方面，这种文章一般来说理论性强，比较艰深，有的还比较玄奥。因此我们所说的艺术文章还和一般

图1　萨莫色雷斯的胜利女神，约公元前190年，云石，高244厘米，巴黎罗浮宫

哲学、美学文章有关，当然是关于艺术的美学与哲学文章，这些文章也可以归于一般理论文章之中。

我们为什么要学习写作艺术文章呢？艺术文章在社会和文化生活中有什么作用呢？

艺术文章、著作是艺术研究成果的主要载体，由它们组成的学科是人文学科的一个部分，其中优秀的艺术文章、著作，具有较高的学术价值，是人类的精神财富之一，古代的一些优秀的艺术文章和著作，例如刘勰的《文心雕龙》、谢赫的《古画品录》都成为经典文献。黑格尔关于艺术史和美学的专著成为黑格尔庞大的理论体系中的一个有机组成部分，海德格尔关于艺术本源的探讨成为他的存在主义哲学的一个部分，卡西尔关于艺术语言与符号的研究成为他的符号主义哲学的一个部分。他们对世界本源，对主体的研究和对人类精神活动、认识活动的探讨离不开对艺术的思考，这些著名的大哲学家都写过我所称之为的"艺术文章"。

艺术文章在社会生活中也有一定的作用。例如，在1917年前后，胡适在《新青年》上发表的《文学改良刍议》及陈独秀组织的有关戏界革命、小说界革命、美术革命方面的文章以及关于白话文与文言文的讨论，形成巨大文化思潮，在文化革命和社会革命中起了极大的推动作用。此外，艺术文章一般来说是以艺术为对象，对艺术加以研究，总结艺术创作规律，特别是艺术理论与艺术评论的文章，一旦发表后，将会反过来对艺术创作产生影响。当代艺术评论文章及涉及当代艺术的文艺理论文章，对艺术创作的导向以及社会对艺术的观念导向常常起到重要作用。至于艺术理论文章和艺术批评文章对推动艺术创作向前发展也是显而易见的。例如，20世纪初的1907年德国美学家沃林洛尔出版的《抽象与移情》（图1）将古希腊、文艺复兴艺术作为移情艺术的源头，而将古罗马晚期的工艺美术、中世纪装饰艺术（图2）作为抽象艺术的源头，从而对这两大类艺术各自的特征进行了较为充分和深入的研究，虽然当时现代抽象艺术还没有出现，但对现代抽象艺术的产生及20世纪抽象艺术的发展起到了推动作用。《抽象与移情》被认为是现代抽象艺术的纲领性文献之一；另一部

图 2 斯特拉斯堡大教堂的玫瑰窗，法国，11—15世纪

图 3 康定斯基，黄-红-蓝，1925年，画布油彩，127厘米×200厘米，巴黎蓬皮杜艺术中心

被认为是现代抽象艺术纲领性文献的理论著作，是由康定斯基于1912年出版的《论艺术中的精神》。写作该书时，康定斯基刚刚进行抽象艺术创作试验，在这部著作中，康定斯基提出艺术是"内在需要"的表现，并对抽象艺术（图3）的形式因素进行探讨。《论艺术中的精神》《抽象与移情》均对20世纪早期抽象艺术的产生和发展产生了比较大的影响。20世纪五六十年代在美国产生了具有世界影响力的、美国历史上第一个被国际公认的画派，即抽象表现主义。该派的理论家和批评家格林伯格一系列批评文章和阐述抽象表现主义的理论文章，毫无疑问对波洛克、罗斯科等抽象表现主义画家产生了极大的影响。我国当代美学家、艺术理论家王朝闻结合艺术创作与欣赏实际经验写了一系列艺术论文和评论文章，如《欣赏，再创造》《再艺术些》《一以当十》《喜闻乐见》《不到顶点》《不全之全》等，总结了一些艺术创作与欣赏规律，对指导艺术创作和帮助观众进行艺术鉴赏均起了积极作用。

　　艺术文章在社会中还具有提高大众欣赏能力和感受艺术作品能力的作用。一般来说，艺术作品本身，要通过一定方式与观众见面，例如美术作品展览、音乐会、电影放映、戏剧、舞蹈演出等方式，这些方式使大众与艺术作品直接接触并使艺术发生审美作用，这也是"美育"的主要方式。对艺术品的直接观赏是任何其他方式都不能代替的。此外，艺术文章对社会美育也起一定的作用。例如当一部思想深刻、艺术性强的电影即将放映和刚刚放映时，在报刊上及时发表有关评论和作品形象分析之类的文章，肯定会帮助观众来理解这部电影的内容和形象。一篇关于一次美术作品展览的综合评论，对观众更加清晰地把握这次展览的各种作品风格形式特征可能产生更深的印象。2012年1—3月，中国美术馆为了纪念邓拓诞辰一百周年，将经过两年修复的邓拓于1964年捐献给国家的140多件我国古代绘画珍品全数展出，并作为新春佳节向首都观众提供的一次良好的审美欣赏机会和进行传统文化教育的实践活动，受到社会的高度赞扬（图4）。为了让观众加深了解这些作品的艺术价值，该馆公共教育部请中央美术学院薛永年教授、清华大学美术学院陈池瑜教授、故宫博物院余辉研究员撰写相关论文，并在该馆向公众举办研究邓拓捐献的这批珍品的艺术史价值的系列讲座，帮助观众更加深入地理解这批绘画珍品的意义和审美与艺术特征。至于帮助大众掌握有关艺术理论和艺术欣赏的一般常识，更是艺术欣赏文章的重要任务。例如丰子恺出版的多部关于音乐欣赏、绘画欣赏方面的著作，对学生和广大青年提高音乐、美术修养起了积极作用。

也就是说，艺术文章与艺术作品一起对社会的美育产生作用，因而艺术文章是社会中整个文化活动和美育活动的一个有机组成部分，对提高大众的艺术修养、净化观众的心灵情感都有一定的意义。

学习艺术文章的写作，对于艺术院校学生来说也应该是他们整个学习内容中的一个重要方面。现在有些艺术类的学生忽视文章写作，这是片面的。当然艺术类的学生应该把掌握某一门类的专业知识的学习作为重点，如美术学院的学生学习绘画、雕塑技巧，这当然是首要任务，但学习艺术文章的写作，也可以帮助他们学习专业知识。有不少大艺术家也是一边创作，一边总结创作经验，进行艺术文章的写作，例如列夫·托尔斯泰写作过《艺术论》《安格尔论艺术》《德拉克洛瓦的日记》等，都是重要的艺术文章，其理论价值还很高。在这些文章的写作过程中也加深了列夫·托尔斯泰、安格尔等艺术家对艺术特征和创作规律的认识，对他们的创作起了积极的推动作用。此外，艺术院校本科生毕业时，除了完成创作外还要完成毕业论文写作，进行毕业论文答辩，艺术文章写作就成为非常实际的一件工作了。至于美术学、音乐学等理论专业的本科生、硕士生和博士生更应重视艺术文章的写作，他们的学习和研究成果主要是通过毕业论文和学位论文体现出来的。艺术文章写作水平提高了，同时也就是

图4 潇湘竹石图，〔宋〕苏东坡，28厘米×106厘米，手卷，绢本水墨设色

掌握了某些写作方法和能力，为毕业后在不同的工作岗位上写作其他文章也奠定了基础。

那么艺术文章写作的最基本的条件是什么呢？我们将它概括成四个方面，即思想、语言、材料、技巧。下面我们就从这四个方面来加以论述。

第二节 艺术文章是思想的表现

艺术文章写作的首要条件是思想，文章是思想的表现形式。常说的"做文章"，不是凭空做出来的，要有材料才能"做"，而在材料中首要的东西我认为就是思想。俗话说"巧妇难为无米之炊"，没有思想而要做文章，就像巧妇做无米之炊一样难以完成。

训练写文章，我认为首先就是训练思想。没有听说过一位有思想的人或一位思想家（当然也要具备一般写作知识）不能写或写不出、写不好文章的，康德、黑格尔、马克思、萨特、老子、庄子、刘勰这样一些大思想家总是想办法将自己的思想成果转化成客体对象，也就是要把思想的内容写成文章。也许他们没有追求写作文章的方法，但是他们的文章都表现了他们独特的思想，因而有极高的思想价值和理论价值。反之，也没有听说过，一个没有思想的人能够写出好文章来。思想是文章的内容，没有思想就是没有内容，一篇文章没有内容怎么能成为好的文章呢？

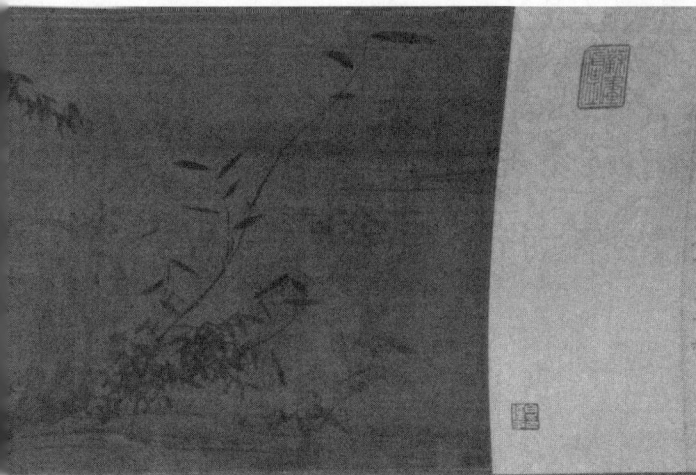

相对于思想来说，文章的写作与表达方法是次要的，因为思想是文章的灵魂，有了思想，总会找到相应的方法将它表现出来，写成文章。记得鲁迅说过，他没有刻意学写小说的技巧，就是读了几篇白话小说和翻译小说及自己也翻译了几篇小说，这样开始写小说，并在《新青年》等杂志发表小说。其中《狂人日记》《阿Q正传》成为中国现代小说史上的经典之作，不管现在和将来对鲁迅的杂文及其有关活动做如何之评价，但是像《狂人日记》《阿Q正传》等小说，其思想价值和艺术价值都是不朽的。也就是说鲁迅首先是一位思想家，他把几千年来礼教"吃人"的本质通过"狂人"的口将它说了出来，另外鲁迅通过对国民性

中某些阿Q式的"精神胜利法"之类的弱点，"怒其不争""哀其不幸"加以洞察。有了这些作品内容，加之他很快学习、掌握一般写作小说的技巧，这样便创作出诸如《狂人日记》《阿Q正传》《伤逝》《孔乙己》等优秀小说。艺术文章的写作也是这样，一旦我们对某个问题有了一些深入思考，有了一些新的心得，然后将它写成文章就是水到渠成、瓜熟蒂落的事了。

当然写文章在某些时刻也能帮助和刺激思想，也就是说写文章有时对思想的形成和表达会起推动作用。这样两种情况时有发生，一种情况是当思想正在酝酿，加以催化，写成文章。那么这一思想成果将会由文章而变为现实存在，但是如果这时你没有写作欲望，或者由于懒惰，或者由于其他事情插入而中断思考，后来又无心对这一问题继续思考，那么你原来有关某一问题的思想相对来说便夭折了。当然不排除这些思想内容和观念将来你会将它转移到别的问题上去或者过若干年后重新思考，再写文章。因此我们要自觉养成写文章的习惯，有时一种思想一篇文章还没有成熟时，可以先写成札记或小文章，待成熟时再写成大文章，不要因懒惰而浪费思想，浪费思想是最大的浪费，因为思想是无价之宝。另一种情况是，原来对某一问题或者对某一领域中的问题的思考还不成熟，没有打算写作这类问题的文章和著作，但这时有杂志或者出版社找到你约稿，你若答应写作的话，那么你要当成任务来完成，由于有写作文章的任务，倒过来会激励你去思考问题和研究问题，最后写成文章或者著作。例如我写的那篇《加强美术学学科建设》的短文，在1997年第4期《美术观察》上发表后产生了一些反响，当时如果不是我主编《美术学研究》丛刊，需要一篇发刊辞，那篇文章是不会写的。再如1991年我应邀参加中国艺术研究院由王朝闻主持的国家项目《中国美术史》十五卷本的现代部分的美术史论研究成果方面的编著工作，这样开始收集材料，后来萌生了写作我国第一部《中国现代美术学史》的念头，并报批为国家哲学社会科学基金（艺术科学）青年项目。虽然，王朝闻主编的《中国美术史》的现代、当代卷因故夭折了，但是我的《中国现代美术学史》却出版了。如果不是当时接到中国艺术研究院的这一任务，可能我这段时期不会专门来搜集中国现代美术学史的资料和系统思考有关的问题，写成有关中国现代美术学史的论文和著作。当然，不研究这一问题，可能这几年我会研究另外一些问题，写作另外一些文章。

总之，思想是文章的灵魂，艺术文章写作的首要条件是要有思想，艺术文章是艺术思想的表现，有时候艺术文章写作也会激活艺术思想。

下面我们看看艺术文章如何表达艺术思想内容。

如：克罗齐《美学原理》中关于"直觉的知识"：

> 知识有两种形式：不是直觉的，就是逻辑的；不是从想象得来的，就是从理智得来的；不

是关于个体的，就是关于共同的；不是关于诸个别事物的，就是关于它们中间关系的；总之，知识所产生的不是意象，就是概念。

——克罗齐：《美学原理》，朱光潜译，北京，外国文学出版社，1983

意大利著名美学家克罗齐和英国哲学家科林伍德被称为是表现论美学派别的代表，克罗齐认为艺术、美，就是直觉与表现。直觉这一概念是他的美学思想的核心概念。他在《美学原理》第一章即"直觉与表现"，第一节"直觉的知识"第一段就开宗明义地写下了这样一段话，翻译成中文不到一百字，但其思想明确、观点鲜明。作者用对比的方法，将知识概括成直觉和逻辑两种，进而对这两种知识的研究对象、思维特点和这两种知识产生的不同结果均作了比较，而且将二者对立起来，真可谓言简意赅、提纲挈领，没有一句多余的话。一句话就是一个思想观点。由于这段话放在全书的第一节，而且运用对比和排比的方式表达，既让人容易记忆，同时又给读者以强烈的印象。克罗齐这样强调直觉的知识，采用"不是……就是……"非此即彼的方式表达，将直觉与逻辑并列，显然是为了抬高和加强对直觉的认识。然后下面他就开始论述直觉在日常生活中虽然被认为很重要，如教育理论家极力主张首先要发展学童的直觉功能，批评家在评判艺术作品时，只凭直接的直觉下判断而要撇开抽象概念，但是直觉在理论与哲学中却没有得到同样应得到的承认。理性的知识很早就有逻辑去研究，这已是世所公认不容争辩的，相比之下"研究直觉知识的科学却只有少数人在畏缩地辛苦维护"。显然，克罗齐是要抬举直觉，强调直觉，实际上也正是如此，他对直觉与知觉、直觉与想象、直觉与美学、直觉与艺术，都进行了系统而深入的研究，他的美学与艺术理论，甚至可以称为直觉论的美学与艺术理论。

由此可见，克罗齐关于直觉知识的不到一百字的语言，包含着丰富的思想，或者说，它甚至包含着一种理论体系。

再如刘海粟的《艺术是生命的表现》一文，在这篇三千字的短文里，刘海粟非常明确地表达了一种艺术观点、一种艺术思想。

任何一种艺术，必先有自己的创造精神，然后才能表现自己的生命；若处处都是崇拜摹仿，受人支配，则他表现的必不是自己的生命。最高尚的艺术家，必不受人的制约，对于外界的批评毁誉，也视之漠然。因为我的艺术，是我自己生命的表现……

——刘海粟：《艺术是生命的表现》，载《学灯》，1923年3月18日

刘海粟是一位艺术家，他不同于克罗齐对艺术和美的问题作逻辑的哲学探讨，而是从艺术经验和创作体验出发阐述艺术见解。他认为艺术创作是"吾人对现实世界的感受而产生的"。画家作画

图5 〔清〕石涛，古木垂阴图轴。纸本设色，175厘米×50.7厘米，辽宁省博物馆藏

都是从内心有感而发，所以艺术表现，要内部的激动越强越好，越深刻越好。"表现在画面上的线条、韵律、色调等，是情感在里面，精神也在里面，生命更是永久地存在里面。"这样他从艺术要表达对世界的感受开始，论述何以艺术能表现自己的生命这一思想，然后再进一步论述制作艺术应当不受别人支配，不受自然的限制，不受理智的束缚，不受金钱的役使；"而应该是超越一切，表现画家自己的人格个性、生命，这就是有生命的艺术，是艺术之花，也是生命之花"。经过这些论述，比较清楚地表达了刘海粟的艺术即生命表现的观点，他写作这篇文章的时候年仅25岁。在20世纪20年代初，像刘海粟这样明确地主张艺术即生命表现的观点，在中国还是一种新的艺术思想和新的艺术观。

清代著名画家石涛不仅在山水画创作中取得杰出成就，而且在绘画理论上也提出了新思想。他写作的《话语录》（或称《苦瓜和尚话语录》）包含着石涛对绘画本体及山水画创作规律的深刻见解。如在《话语录》"一画章第一"中，创造性地提出了"一画论"思想：

太古无法，太朴不散，太朴一散而法立矣。法于何立，立于一画。一画者，众有之本，万象之根；见用于神，藏用于人，而世人不知，所以一画之法，乃自我立。……此一画收尽鸿蒙之外，即亿万万笔墨，未有不始于此而终于此，惟听人之握取之耳。人能以一画具体而微，意明笔透。……盖自太朴散而一画之法立矣。一画之法立而万物著矣。我故曰：

"吾道一以贯之。"

——俞建华注译：《石涛话语录》，1页，南京，江苏美术出版社，2007

石涛可能受到老子"道"的概念的影响，老子将"道"看成天地之始、万物之母。石涛则创立"一画"的概念，将"一画"提到众有之本、万象之根的高度，也就是将"一画"视为绘画哲学的最高概念。太古无法，太朴不散，太朴一散而法立矣，法于何处而立，即立于一画。它虽有广阔的用途，但为世人不知，所以一画之法乃自我石涛创立。他将一画看成是绘画创作的根本法则，可收尽天地宇宙万物，亿万笔墨都发于一画而又归于一画，掌握一画的总规律，就能在创作中"具体而微，意明笔透"，万物都能在绘画中彰显出来。他所说的"吾道一以贯之"就是以一画一以贯之，将一画论贯穿在他的整个艺术思想之中（图5）。有关一画的思想，是石涛结合创作经验深入思考后创造出来的，对其后的中国画家创作观念产生了很大影响。

总之，要写好文章，首先要有思想，要有新颖的、独特的思想。如何才能有新颖的、独特的思想呢？这就要靠我们平时训练思想，学会思想，而且还要思想思想，所谓思想思想，就是用自己的思想去思考别人的思想，看别人的思想有哪些价值，有哪些是可取的，我们可以借鉴。同时也思考别人思想中还存在哪些缺陷，需要纠正，需要补充，需要发展。因此思考别人的思想，可以刺激我们的思想，启迪我们的思想，激活我们的思想，发展我们的思想。思想既有突破性，也有历史继承性。所谓思想思想的另一层涵义，是反思我们自己的思想，即我们的思想成果和正在形成中的思想，我们要不断反思，反思的结果是要完善我们的思想，修正我们的思想，这样使我们的思想更加精当，更加正确，更加具有学术价值和理论价值。我们有了新颖的、独创的、精妙的、正确的思想，然后运用相应的表现手法，写成艺术文章就是很自然的事了。

第三节　艺术文章写作与语言

语言是思想的外壳，思想要借助语言这种工具进行。一般来说，艺术创造中的思维活动，有时候虽然也要借助语言，但大多数情况下则可以直接运用感性的生动形象进行思维，进而创造出具体、生动、鲜明的艺术形象。这被称为艺术创作思维或形象思维，毛泽东在给陈毅谈诗的信中就说过"诗要用形象思维"，科学家钱学森将人的思维分为三种，即逻辑思维、形象思维和灵感思维。在文学艺术创作中主要运用形象思维和灵感思维。在科学研究中主要运用逻辑思维，钱学森认为科学研究有时也要借助形象思维和灵感思维。此外，在理论研究和逻辑思维中则要运用语言进行思维和思想，语言成为思想的工具和思想的形式，思想的结果也要靠语言和语音组成的概念来表现。艺术文章写作的工具也是语言，作者关于艺术问题的思想、关于艺术评论的内容都要通过语言加以述。

我们在讨论艺术文章和语言关系的时候，有必要对语言的本质、语言和符号的关系作一个粗略的了解。

20世纪最出名、影响最深远的语言学家之一费尔迪南·德·索绪尔（F. D. Saussure，1857—1913）有一本影响深远的著作《普通语言学教程》。这本书是索绪尔去世后，由他的两个学生根据索绪尔在日内瓦大学于1906—1911年三度讲授普通语言学课程的笔记以及根据索绪尔的一些手稿及其他材料编辑整理而成，于1916年在法国巴黎出第一版。这本书涉及许多当时讨论的重大语言学问题并提出许多重要观点。例如语言的共时性与语言的历时性问题，语言的个人性和社会性问题，语言的能指和所指问题。关于语言和符号的关系，关于符号学科学（卡西尔创造的符号学是20世纪中叶的事情）他都提出了预测。他在"语言在人文事实中的地位：符号学"一节中指出：

> 语言是一种表达观念的符号系统，因此，可以比之于文字、聋哑人的字母、象征仪式、礼节形式、军用信号等等。它只是这些系统中最重要的。

> 因此，我们可以设想有一门研究社会生活中符号生命的科学；它将构成社会心理学的一部分，因而也是普通心理学的一部分；我们管它叫符号学。它将告诉我们符号是由什么构成的，受什么规律支配。因为这门科学还不存在，我们说不出它将会是什么样子，但是它有存在的权利，它的地位是预先确定了的，语言学不过是这门一般科学的一部分，将来符号学发现的规律也可以应用于语言学，所以后者将属于全部人文事实中一个非常确定的领域。

> ——索绪尔：《普通语言学教程》，高名凯译，37页，北京，商务印书馆，1985

索绪尔非常明确地把语言学归属于符号学。索绪尔关于语言特征的观点认为，语言是听觉形象和概念相联系的确定的部分，个人不能独自创造语言，也不能改变语言，语言只凭社会的成员之间通过的一种契约而存在，个人必须经过一个见习期才能懂得它的运用。语言是一种符号系统，在这个系统里，只有意义和音响形象的结合才是主要的。语言既然是音响形象的堆栈，文字就是这些形象的可以捉摸的形式。这是索绪尔关于语言特征的基本观点，他把语言看成一套符号系统，这对符号哲学产生较大影响。

德国哲学家恩斯特·卡西尔（Ernst Cassirer，1874—1945）是20世纪最重要的哲学家。

1919年起，卡西尔任汉堡大学哲学教授，1930年起任汉堡大学校长。在汉堡时期，卡西尔逐渐创立了自己的所谓"文化哲学体系"。这一体系，由他的三大卷巨著《符号形式的哲学》构成，晚年他到美国后，又写作了《人论、人类文化哲学导论》一书。卡西尔对语言哲学的研究使他成为20世纪这一领域的重要先驱者之一。在美学方面，人们一般都把他看成是20世纪30年代以后西方兴起的符号美学运动的"开路先锋"，把他与他在美国的学生苏珊·朗格一起创立的符号论称为"卡西尔—朗格的'符号论'"。

卡西尔在《人论》中阐发过这样的思想，即人只有在创造文化的活动中才成为真正意义上的人，也只有在文化活动中，人才能获得真正的"自由"。人与其说是"理性的动物"，不如说是"符号的动物"，亦即人是能够运用符号去创造文化的动物。卡西尔认为，人和动物区别的秘密在于：人能发明、运用各种符号，所以能创造出他自己需要的"理想世界"，而动物却只能按照物理世界给予它的各种"信号"行事，所以始终不知何为"理想"，何为"可能"。

如果说，人是能够创造符号的文化存在物的话，那么语言这种东西则是符号系统中的最重要的代表。人类语言在早期阶段更带有诗意性、直观性与隐喻性特征。随着人类智力的发展，语言也向逻辑性、清晰性、科学性发展，甚至上升到高度抽象化的语言，如数学语言、自然科学语言等。我们把人类语言大致上可以分成三大类，其一为普通语言，即大众都用来进行交流的语言，即使理论思维、逻辑和哲学研究也是使用这种普通语言，虽然他们使用的语言具有很强的专业性和较艰深，但仍与大众进行交流的语言在形式系统上是一致的。其二为科学语言，即自然科学家使用诸如数学语言、物理学语言，他们创造了各门科学中的特殊形式符号，如数学公式、方程式等。运用这些语言在科学家的圈子中亦能进行思维和进行交流。其三为艺术语言，即艺术家如画家、雕刻家、音乐家、舞蹈家他们创造和使用的语言。按照列夫·托尔斯泰的说法，人们用语言（即普通语言）互相传达思想，而人们则用艺术互相传达情感。我们把画家使用的色彩、线条，把雕刻家使用的石头、块面造型，把音乐家创造的和声、旋律、乐音，把舞蹈家创造的身段节律运动统统称为艺术语言。这三种语言是人类创造的广义的语言的基本组成部分（此外还有手式语言等），也是人类创造和使用的符号的主要部分。

卡西尔1942年4月23日在美国康乃尔大学讲演的讲稿《语言与艺术》中指出：

> 语言和艺术，可以看作我们人类全部活动的两个不同的汇聚点。对我们来说，似乎再没有比语言和艺术再熟谙的事物了。
>
> 自我们生命诞生之日，自我们意识之光乍一闪亮时，语言就与我们形影不离。……语言宛

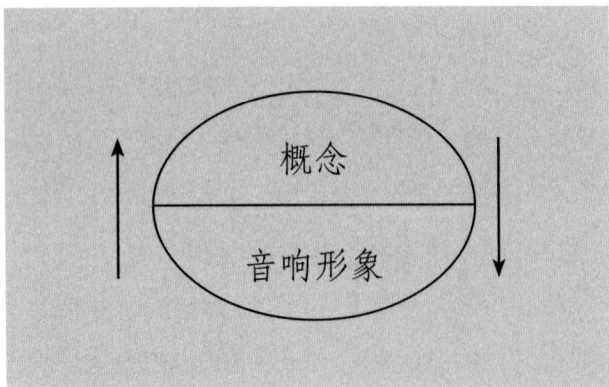

图6 索绪尔的语言要素图

如一种精神的气氛，弥漫于人的思维与情感、知觉与概念之中。

——卡西尔：《符号、神话文化》，李小兵译，89页，上海，东方出版社，1988

卡西尔反对把艺术仅看成人生的一种附加物或装饰，而把艺术看成人生的内涵之一和必要条件。"没有艺术，人生遂索然乏味，生存便罕有任何价值。"语言与艺术是和人生相伴不可分离的两样最重要的东西。以至于克罗齐将语言和艺术加以等同，认为二者都是具有"表现性"，都是艺术和美学的对象。当然我们认为二者是有差异的。

索绪尔在《普通语言学教程》中指出："我们的思想倘若没有语言鼎力相助，只能是一团混乱不堪、毫无条理的东西。思想就其本身来看，犹如一层雾幔。在语言出现之前，不存在任何先定的观念，任何事物皆浑沌一团。"这就是说思想要靠语言来整理来表现。

根据我们的理解，一般来说语言均具有形、音、义。语言的形是可视的形象，西方文字的形主要由字母组成，汉语文字是一种象形文字，许慎在《说文解字》中说，汉字是"依类象形"。汉字中的形，具有结构、框架，特别是有些象形字，其"形"具有某些形象再现的功能。"音"是语言的声音部分，也可叫音响形象，语言正是靠送话者口中发出的声音，在空气中振动再传送到受话者的耳朵之中。"义"则是语言的概念意义。索绪尔将语言的两个紧密相连的要素称为概念和音响形象（图6），例如"树"这个词，"树"的意义是树包含的概念内容，"树"的发音则是它的音响形象。用所指和能指来代替概念和音响形象，所指是概念，能指是音响形象。他还认为，所指和能指的关系是任意的，约定俗成的。例如"树"的概念，开始就和另一个音响形象结合，那么"树"的能指就成为另一种声音意象或音响形象了。

我们基本弄清了语言的特征和他的符号功能，语言是表达概念和思想的，我们关于艺术问题的思想显然也是要用语言来表达。我们写作艺术文章，要能正确使用语言，达到准确表达思想的目的。

艺术文章写作所运用的语言相对于其他理论文章和科学论文的写作来说，可能个性更加鲜明，所谓"文如其人"对于艺术文章写作和作者来说也是适用的。下面我们看看我国20世纪三位最重要的美学家朱光潜、蔡仪、王朝闻他们的语言特色及其文章所表现的思想特征。

　　朱光潜先生在20世纪30年代，写完《文艺心理学》后，又写了一本《谈美》的小册子。这本书俗名"给青年的第十三封信"，他采取和广大青年学生谈心的通信方式加以写作，十分亲切，语言流畅，明白易懂。如他在《谈美》的第一章"我们对于一颗古松的三种态度——实用的、科学的、美感的"谈到："对于任何一件事物，我们都有几种不同的看法，比如园里那一棵古松，大家都说他是古松，但不同年龄、不同心境的人看后，还有很多异点，这是什么缘故呢？这就是由于知觉不完全是客观的，各人所见到的物的形象都带有几分主观的色彩。"

　　假如你是一位木商，我是一位植物学家，另外一位朋友是画家，三人同时来看这棵古树。我们三人可以说同时都"知觉"到这是一棵树，可是三人所"知觉"到的却是三种不同的东西。你脱离不了你的木商的心习，你所知觉到的只是一棵做某事用值几多钱的木料。我也脱离不了我的植物学家的心习，我所知觉到的只是一棵叶为针状、果为球状、四季常青的显花植物。我们的朋友——画家——什么事都不管，只管审美，他所知觉到的只是一颗苍翠劲拔的古树。我们三人的反应态度也不一致。你心里盘算它是宜于架屋或是制器，思量怎样去买它、砍它、运它。我把它归到某类某科里去，注意它和其他松树的异点，思量它何以活得这样老。我们的朋友却不这样东想西想，他只在聚精会神地观赏它的苍翠的颜色，它的盘屈如龙蛇的线纹以及它的昂然高举、不受屈挠的气概。

　　从此可知这棵古松并不是一件固定的东西，它的形象随观者的性格和情趣而变化。各人所见到的古树的形象都是各人自己性格和情趣的返照。古松的形象一半是天生的，一半也是人为的。极平常的知觉都带有几分创造性；极客观的东西之中都有几分主观的成分。

　　美也是如此。有审美的眼睛才能见到美。

——朱光潜：《谈美》15～16页，合肥，安徽教育出版社，1997

　　朱光潜先生关于对同一棵古树的三种态度说明了实用的、科学的、审美的三种观看方式的不同，引起了不同的结果，他的目的是要证明美是主客观的统一，是客观的物象和主观的情感的统一。在此通过极平常的语言和观看古树极平常的生活中的事情加以娓娓述来，使人明白易懂，印象深刻。他的著作《文艺心理学》《诗论》《西方美学史》，以及翻译著作《歌德谈话录》《柏拉图文艺对话集》、黑格尔的《美学》，在语言上都有明快的特点。这说明朱光潜对所论述的观点，所把握被译者的思想确已烂熟于心，然后借明快的语言，如行云流水般地加以自然表达，可谓深入浅出。朱先生的美学思想和译著在广大青年中，在学术界产生如此大的影响，除了他的思想富有特征外，其明白晓畅的语言也可以说起了相当大的作用。

下面再看看蔡仪先生在20世纪40年代写的《新美学》中关于美的本质的论述，他首先批判朱光潜等人的主观的美论，包括费希纳与立普斯的心理学美学和移情论美学、康德和克罗齐的主观论美学，对所谓旧美学进行了全面扫荡，要建立所谓新美学。

美的本质是什么呢？我们认为美是客观的，不是主观的，美的事物之所以美，是在于这事物本身，不在于我们的意识作用。但是客观的美是可以为我们的意识所反映，是可以引起我们的美感。而正确的美感的根源正是在于客观事物的美。没有客观的美为根据而发生的美感是不正确的，是虚伪的，乃至是病态的。

我们认为美的东西就是典型的东西，就是个别之中显现着一般的东西；美的本质就是事物的典型性，就是个别之中显现着种类的一般。于是美不能如过去许多美学家所说的那样是主观东西，便很显然可以明白了。

——蔡仪：《美学论著初编》，上卷，237～238页，上海：上海文艺出版社，1982

蔡仪的这些语言表达，理性内容很强，比较生硬，且推理较简单，前一段是根据唯物主义关于物质第一性、精神第二性来解释美和美感的关系。第二段具体解释美的本质是所谓典型论，即个别显现一般。运用非此即彼的绝对化的语言，这正好表明了蔡先生想根据唯物主义原理来建立新美学，批判旧美学，但理论和实践说服力又不足，只能来采取比较武断的表述语言，他谈到美是典型的东西，从宋玉《登徒子好色赋》中关于臣东家之子的美作为主要论据加以论证，这本身也说明这种美论还缺乏普遍说服力。这种略带武断性的语言正是蔡仪先生略带武断性的思想的表达。

再看看王朝闻先生的艺术文章中的语言表达。王先生的艺术理论文章最大的特点是紧密结合艺术创作和艺术欣赏的实际来思考艺术问题，从中总结出带普遍性的艺术规律，他的一些著名的论文《再艺术些》《接近高潮》《不到顶点》《一以当十》《不全之全》《喜闻乐见》《江青打伞》等都是这样。他在《欣赏，"再创造"》一文中开头就写道：

前些日子，我在一个晚会上听说唱，再一次想到有关艺术家和欣赏者的关系的问题。

说鼓书的演员，当他说："一轮明月挂天边"的时候，不用双手比拟月亮的形状，不用手指指示月亮的位置，只是，略略抬头，向上前方看看，作为生活的艺术，这种仿佛打了折扣的方式，行吗？行的。因为演员不打算用拙劣的表演来代替不存在的月亮，只图诱人联想到月亮的存在。

王朝闻先生从听说鼓书的这一切身体会开始，然后思索艺术欣赏中的再创造，艺术接受中的想象问题，并且认为创作者应该把艺术欣赏中的再创造考虑进来，充分估计欣赏者的想象能力，给他们的想象留有余地。这样他由"一轮明月挂天边"开始思索，结果提出了"欣赏，再创造"的重要理论。他在此文第四段中指出：

　　艺术欣赏的特点，其实不过是借有限的但也就是有力的诱导物，让欣赏者利用他们的那些和特定艺术形象有联系的生活经验，发挥想象，接受以至"丰富"或"提炼"着即成的艺术形象。无形的音乐是给人听的，可是听音乐的人能够觉得看见了其实不在眼前的什么。有形的绘画是给人看的，可是，例如画出了汹涌的水势的马远的《水图》，能够使人觉得仿佛听见了什么。我一时找不到适当的词句未说明这种精神活动，姑且把它叫做"再创造"吧。

这样王朝闻从欣赏中的体验出发，提出了再创造的重要艺术理论思想。王朝闻使用的语言十分质朴，有一定的描述性，体验性较强，同时又富有一定的逻辑力量，并有着辩证的思考问题的特点，这些自然质朴的语

图7　米隆，掷铁饼者（古代复制品），原作约公元前450年，云石，高126厘米，罗马梵蒂冈博物馆

言正是王朝闻自己潜心体悟艺术创作和艺术欣赏规律的心境的表现。王朝闻使用的语言与朱光潜、蔡仪是不同的，这种不同正是三位美学家思想与研究方法不同的表现，不同的语言表达帮助他们形成了不同的美学理论特色和艺术文章的风格特点。

　　艺术文章的语言除了和其他理论文章使用语言都有准确性、逻辑性外，由于它的对象是感性的、具体的艺术作品，因此某些艺术文章如艺术史和艺术评论文章，在描述作品和介绍某些艺术环境和艺术括动时，就会使用一些形象性强、感性的、具体生动的语言，给人以鲜明的感觉，唤起人们对形象的审美联想。

　　下面我们看看《剑桥艺术史》第一卷中译本第38页关于古希腊雕塑米隆的掷铁饼者（罗马复制

品）（图7）的简单描述：

> 表现运动的是天才的选择。掷铁饼者像捕捉了运动员握铁饼的手臂向后摆动到顶，刚要把铁饼猛掷出去的一刹那的形象。这是一个无声的瞬间，然而在我们心里，我们好像受到了激励，产生了去完成这一动作的欲望。虽然姿势是运动的，但它没有任何一部分是不稳定的。

这样一段简短文字，比较准确地将《掷铁饼者》这尊雕塑的动态特点以及雕塑造型的稳定性描述出来，加之文中安排《掷铁饼者》的黑白插图，我们可以一边看图，一边读完这段描述文字。这段文字的描绘，显然帮助我们加深理解《掷铁饼者》的艺术特点和造型特征。由此可见，在艺术史、艺术评论文章写作中，运用一些类似小说描与人物和场景的感性语言，一方面可以使读者对形象的把握更加具体生动，另一方面也使文章更加活泼明快。

在艺术欣赏文章写作中，在对形象进行描述时，往往也要使用感性的具象性较强的语言，将形象进行生动地描绘，使其从视觉具象转换成文字的语言形式，读者再从这些生动的语言形式中的整体氛围中把握完整的艺术形象。

关于语言传达感性形象的问题，我在本人的专著《现代艺术学导论》第十六章"形象思维和语言表现的矛盾统一"中曾作了论述。我认为语言之所以能传达出感性的内容，是因为概念具有两重性，一方面表现为具体感性事物向抽象的概念过渡，另一方面还表现为概念向个别事物的转化，概念也是活生生的、富有内容的。从词和概念产生、发展的过程看，不难发现它包含的幻想性和表象性。由象形文字构成词和概念自不待说，即使是会意文字，词仍然是对概括性表象的描绘。正由于概念包含着普遍性表象，才使它能传达出思维中的感性内容。

> 概念能够传讯出个别感性事物的奥秘是：概念的普遍表象和作家形象思维中的具体表象的信息一接通，作家思维中的具体表象就以概念的普遍表象的形式传讯出来。

> 作家在传讯具体形象时，文字在先后承续上能造成一种语言结构，即整体艺术氛围，具体形象只有从这种氛围中才能撕开语言的抽象性薄纱和消除时间承续上的障碍，自然地显现出来。

> ——陈池瑜：《现代艺术学导论》272、276页，武汉，长江文艺出版社，1991

因此用生动的语言是可以恰当地传达出感性的内容的。在写作艺术欣赏文章的时候，要选择鲜明的可视性强的词语和富有音乐性、节奏感强的句子进行对形象的描述。

请看孙子威的《美学沉思集》中《蒙娜丽莎的微笑》一文，对达·芬奇的绘画名作《蒙娜丽莎》（图8）的描述：

这是一个成熟的青年妇女的肖像，清秀端丽，仪态大方，最吸引人的，是她那神秘莫测的微笑。看！她那一双传神的水灵灵的眸子，正在朝你凝视，是那样睿智、悠思而深情，似乎看透了或在猜度某种隐秘；极其自然地抿着双唇，嘴角微微翘起，似乎就要笑出声来，这笑容是那么奇妙，好像要说什么，却又不愿说出，表露了一种极微妙的心理活动，好生叫人猜想；双手丰润纤秀，很自然地交叉在胸前，更显得她的娴静优雅、从容而自信；她衣着素净不俗，一绺绺卷发，散垂在裸露的颈上，身后是被一片轻烟笼罩的、气韵生动、风光秀丽的山水村景；这一切都充分显示了她丰富瑰丽的心灵美，刻画出一个非常高雅优美的性格。总之，这是一个撩开了中世纪的面纱，蕴含着对新时代的无限喜悦，满怀憧憬地走向生活的妇女典型。她也是作者在当时所能找得到的最新最美的女性。须知为此画家竟花了四五年时间不倦地探索和追求啊！

图8 达·芬奇，蒙娜丽莎，1503—1506 年，木板油彩，77 厘米×53 厘米，巴黎罗浮宫

——孙子威：《美学沉思集》17～18页，武汉，华中工学院出版社，1985

经过孙子威先生的这样一段描绘，活生生地给我们将蒙娜丽莎的视觉形象勾勒出来了，我们既能看到蒙娜丽莎美丽的外表形象，也能领会她神秘微笑所包含的丰富的心灵世界，同时还传达了形象的时代意义。读了这一段欣赏文字，即使没有看过《蒙娜丽莎》这幅画的人，也能想象出她的美。观众往往在欣赏绘画等视觉艺术形象时，直接经验占主导地位，而要他们表述出来却有困难，如果这时他们再读一读有关这些作品的欣赏评论文章，就会加深他们对作品的理解，帮助他们将观赏的直觉印象整理出条理，亦可帮助他们用相关的语言传达对作品形象的感受。

在艺术文章的写作中，显然主要使用语言进行表述，但有时艺术作品的图片也能成为一种符号帮助作者表达思想，因此图片使用也就成为艺术文章写作的表达手段之一。特别是一些重要的艺术史著作，使用各个时代艺术史上代表性的艺术作品图片更是艺术史著作不可缺少的内容。如《剑桥艺术史》、阿纳逊的《西方现代艺术史》、H.里德的《现代绘画简史》《大英视觉艺术百科全书》都大量使用精印彩色图片或文中插入黑白图片，这些图片均是代表性的绘画、雕塑、建筑、园林艺术、设计艺术等重要作品，图片的补充，使得艺术文章和艺术史著作就具有图文并茂的效果，增强了艺术文章和著作的感染力量。有的艺术史著作或艺术鉴赏著作由于彩色图片印刷具有较高的质量，装帧豪华，因而除了有较高的学术价值外，还有一定的收藏价值。

艺术文章的写作也像其他文章的写作一样，要求语言精练、表述准确、讲究修辞、逻辑性强，此外还要正确运用标点、不写错别字，这当然都是一般文章写作的要求，在此就不多赘述。

第四节　艺术文章写作的材料准备

前面我们论述了艺术文章写作需要有活的思想和需要有一定的语言能力，此外，艺术文章写作的另一个基本条件是要有充分的材料准备。这也和艺术创作一样，要深入生活，要搜尽奇峰打草稿，要画大量的速写，或者了解各种各样的人物形象特点和性格特征，也就是说要收集大量的素材，然后加以提炼，再通过构思而进入创作。艺术文章写作也需要材料准备。有时候材料准备对于艺术文章写作还能起关键作用，如有些艺术史料的发掘对于某些艺术史论文写作来说就十分重要。至于艺术理论文章的写作，艺术思想及思想史方面的资料准备也是至关重要的，因为作者只有站在前人思想的基础上，才有可能推进艺术思想的发展，才能提出新的思想，也才能写出有思想的文章。

所谓厚积薄发，就是看起来很随意地发表一些议论、观点，但实际上有着极其深厚的学术功底，积淀着丰富的思想材料。我们举吕思勉先生的《先秦学术概论》为例，他在此书上编总论部分第一章开宗明义写了一段话：

> 吾国学术，大略可分七期：先秦之世，诸子百家之学，一也。两汉之儒学，二也。魏、晋以后之玄学，三也。南北朝、隋、唐之佛学，四也。宋、明之理学，五也。清代之汉学，六也。现今所谓新学，七也。七者之中，两汉、魏、晋，不过承袭古人；佛学受诸印度；理学家虽辟佛，实于佛学入之甚深；清代汉学，考证之法甚精，而于主义无所创辟；最近新说，则又受诸欧美者也。历代学术，纯为我所自创者，实止先秦之学耳。
>
> ——吕思勉：《先秦学术概论》3页，上海，东方出版中心，1996

作者这一段议论，将中国学术分为七个阶段，然后说明只有先秦时期，其学术才是完全自创，是中国历代学术之本源。"我国民今日之思想，试默察之，盖无不有先秦学术之成分在其中者，其人或不自知，其事不可诬也。不知本原者，必不能知支流。欲知后世之学术思想者，先秦诸子之学，固不容不究心矣。"作者正是对中国自先秦至20世纪的学术发展成竹在胸，对各个阶段中国学术的特点、价值加以把握，才能高屋建瓴式地对中国学术史作出正确评价，然后指出先秦学术的重要价值及其首创性。因而此书开宗明义一段简短论断，是有着深厚的有关中国学术的背景材料作后盾。

再如柳诒徵先生于20世纪40年代出版的上下册《中国文化史》，共为三编，第一编为上古文化史，上自邃古以迄两汉；第二编中古文化史，自三国、两晋以迄元、明；第三编为近世文化史，自清初至民国初期。作者从极其广阔的范围论述中国文化发展史，资料相当丰富，包括体制、学术、政治、军事、宗教、民俗、建筑、服饰等等。作者可谓收集大量的资料，著作的写作方式也很特别，采用引证材料为主，然后用夹叙夹议的方式进行写作，文中大段大段从历史典籍中援引材料，以材料丰富见长，进而也提出一些自己的观点。由于本书引证的都是中国历史文化中的重要经典，本书的学术价值，收藏价值倍增，反倒比那些口若悬河、夸夸其谈所谓文化新观念而又没有扎实历史文化学识基础的"论者"著述更有意义。从柳诒徵先生这部著作来看，从收集资料上下功夫也是很能见学术功底的一个方面，所谓"读书破万卷，下笔如有神"，多读书也就是多收集材料。

有关艺术文章写作的材料准备的另一方面是思想材料的准备，而思想材料的准备非一日之功，作者必须对某些问题进行较长时间的思考、研究，然后逐步形成自己的思想观点直至形成思想体系。例如黑格尔关于艺术本质的论述，他在《美学》第一卷全书序论中写道：

　　艺术的内容就是理念，艺术的形式就是诉诸感官的形象。艺术要把这两方面调和成为一种自由的统一的整体。这里第一个决定因素就是这样一个要求：要经过艺术表现的内容必须在本质上适宜于这种表现。

　　　　——黑格尔：《美学》，朱光潜译，第1卷，87页，北京，商务印书馆，1979

黑格尔的这样一段话包含着非常丰富的思想，首先他把世界看成绝对理念演变的结果，其次他把哲学、宗教、艺术又都看成理念的表现形式，再次，他还把美定义为理念的感性显现，进而他把艺术也看成理念和感官形象的统一。同时他还把理念与形象的和谐统一看成艺术中的理想的表现，并且用理念和形象的矛盾运动把艺术发展史分成象征艺术、古典艺术和浪漫艺术三个阶段。根据他对美和艺术的这些理解，然后引发出他的庞大的美学或艺术哲学体系。因而我们说黑格尔上述的一段对艺术本质的看法，是建立在他的美学与艺术理论思想体系上的。因此，我们认为，艺术文章写作中有关新的观点的提出，应该有深厚的艺术思想作基础，作者应该不断地积累思想材料。

有关对艺术思想史资料的研究，如果将此写成艺术文章，首先要收集有代表性的艺术观点和艺术思想材料，然后从中整理辨别出富有特征的和有学术价值的观点，指出它在艺术思想史上的作用。

例如本人写作《20世纪前期现代主义美术思潮管窥》①一文。首先，我感觉到对中国20世纪 ① 见《文艺研究》1998
年第4期
前期整个美术思潮研究不够，对于现代主义美术思潮更没有系统研究。在20世纪80年代西方现当
代艺术思潮再一次冲击中国艺坛的背景下，搞清楚20世纪前期的中国现代主义美术思潮，不仅对
了解这一阶段美术创作及其思想有所帮助，而且对于20世纪80年代再次在中国发生的现代主义美
术思潮也有所借鉴。然后开始收集中国20世纪前期现代主义美术思潮的材料。文章写作包括三个
部分，第一部分为：现代主义美术思潮在中国繁衍，主要介绍西方现代主义如表现主义、野兽主义、
立体主义、超现实主义、达达主义等思潮被译介到中国，从而对中国现代美术创作及思想发生了影响，
得以使中国现代主义美术思潮产生。第二部分为决澜社与现代主义，集中评介20世纪30年代初以
庞薰琹、倪贻德为代表的决澜社，即中国现代主义美术的一个真正团体，他们的思潮与创作，他们
的思想主要表现在决澜社宣言等文献。通过分析这些文献，概括出决澜社艺术观念方面的特征，即一、
对艺术中旧势力摧枯拉朽地冲击、反叛；二、形式主义和表现主义倾向；三、对西方现代主义的总
体认同。第三部分为现代主义美术思潮的其他表现，包括为艺术而艺术、新英雄主义、个人主义等。
这样对中国现代主义美术思潮基本上作了一个比较清晰的梳理。这种类型的艺术思潮史、艺术思想
史、研究文章写作，首要的任务是要收集到有关的思想史料，要查阅当时的报纸杂志等，掌握第一
手材料，即要将有关原文资料查到，然后加以研究和进行文章写作，提出自己的见解和观点。当然
也要避免没有自己见解的材料堆积似的文章写作。

至于艺术史研究方面的文章写作，资料准备更显得重要，如绘画史、雕塑史或工艺史，作者必
须花大力气收集、积累所要研究的问题的资料，以及发掘新的史料和密切关注考古材料的新发现，
掌握大量的有代表性的艺术史叙和新发现的资料，然后运用适当的研究方法加以研究，进行艺术史
文章的写作就水到渠成了。

记得1992年10月我到中国美术学院收集中国现代美术学史的资料，孙振华博士带我去拜访他
的导师、著名美术史论家史岩教授。孙振华是他的中国雕塑史专业的博士生，我们采访史岩先生时
他谈到，解放前和20世纪50年代末60年代初，他研究中国雕塑史，曾到敦煌莫高窟等中国著名
石窟调查中国雕塑史料，做了大量的调查、考察笔记，甚至对每一洞窟中的雕塑形象的题材、人物、
尺寸等都做了详细记录，还拍了上千张图片，考察笔记和收集资料40多万字，准备写一部中国雕
塑史，配发一些图片，此项写作中国雕塑史的计划到1965年已编写竣事。但后来由于"文化大革
命"政治运动，将这40万字的资料全丢了，随着他年纪增大，这些资料他无法再重新考察收集了，

因此这部中国雕塑史无法产生了。到1978年他决心另起炉灶，又到过一些雕塑史迹地点考察，重新编写一本图录式的雕塑史，这就是上海人民美术出版社于1981年开始出版的中国美术史图录丛书之一《中国雕塑史图录》。后来孙振华博士毕业后，在中国美术学院教雕塑史，他继承导师学业，结合教学和自己的心得，编著了一部《中国雕塑史》著作，1994年由中国美术学院出版社出版。

据陈中凡先生为岑家梧先生的《中国艺术论集》所写的序言回忆，1936年岑家梧曾与陈中凡商议，二人合写一部关于中国艺术史的巨著，"当时我收集这类图片实物及其他材料不少，立表同意，并订定编撰体例及撰述计划，且拟同到西北各地考察。抗战发生，南京沦陷，数十年来节衣缩食购得的材料，尽付劫灰，这个计划不得不暂时搁置"。这些研究资料的丧失，使得中国艺术史未能成事。岑家梧应国立艺术专科学校校长吕凤子先生之邀，讲授初民艺术及考古学等课，兼任图书博物馆工作，馆中藏英、法、日文图书甚丰，"置身其间，朝夕浏览，间有所得"，写出《周昉仕女画研究》《唐代妇女的装饰》及《唐宋花鸟画的发展》等文，收成《中国艺术论集》册子于1949年出版。

19世纪末和20世纪以来，西方人开始关注和写作中国艺术史，这与西方学者关注和收集中国艺术史资料有很大关系。鸦片战争后，西方人不断进入中国内地，考察中国艺术的遗迹，收集中国艺术资料，其间中国大量的瓷器（包括鸦片战争之前流入欧洲的瓷器等工艺品）、青铜器、陶器、书法、绘画、雕刻作品流入欧美博物馆，或被私人收藏，使西方人能够直观中国艺术，也为欧美艺术史学者研究中国艺术史带来了方便。法国的巴辽洛、英国的波西尔、美国的福开森等西方学者，写了最早的一批关于中国艺术史的著作。而对20世纪中国艺术的关注及有意识地收藏中国现代艺术家的作品，可以说英国著名的艺术史家苏立文（Michael Sullivan，1916—2013）起了开拓作用。

苏立文1940年初来到中国，抗日战争中他曾在国际红十字会工作，后到成都华西协和大学博物馆工作。他还始关注中国艺术，并与庞薰琴等中国艺术家交往，收集和购买中国现代艺术家作品，并娶了厦门姑娘吴环，吴环对他的艺术研究起了很大的帮助作用。20世纪40年代，苏立文除了和庞薰琴及妻子丘堤成为好朋友外，又结交了吴作人、张安治、丁聪、郁风、关山月、刘开渠等国画家、油画家、漫画家及雕塑家，增加了他对中国现代艺术家的了解，他开始对20世纪上半叶的中国现代艺术作较为系统的思考和研究，1959年，他在英国出版了《20世纪的中国艺术》（*Chinese Art in the Twentieth Century*），这在其后几十年中成为西方用英语出版的唯一的一部有关中国现代艺术的专著，也是西方人了解中国现代艺术的最佳读本。

20世纪80年代，苏立文意识到，西方其他学者难以做到通观整个20世纪的中国艺术，于是他产生了应将20世纪整个中国艺术较为完整地写出来，描绘20世纪中国艺术的全景图，为西方读

图9　〔英〕苏立文，20世纪中国艺术与艺术家

者提供一种诠释和启发。从1989年开始，他又和妻子吴环多次来到中国，进一步收集资料，特别注意收集20世纪下半叶中国艺术与艺术家的资料，并补充20世纪上半叶的相关资料，1996年由美国加利福尼亚大学出版社出版了他的英文版《20世纪中国艺术与艺术家》（*Art and Artists of Twentieth Century China*）。目前，这部书由陈卫和与钱岗南翻译，由世纪出版集团·上海人民出版社2014年出版了中译本。

《20世纪中国艺术与艺术家》（图9）是苏立文60多年长期思考和研究的结晶，他为此付出了大量的心血。此书分上下两册，共62万字，附彩色和黑白图片几百幅，并附1800名中国现当代艺术家小传。该书以西方人的眼光，概括描绘了20世纪中国艺术的全景图，是一部系统的、有独特见解的20世纪中国艺术史。全书按时间顺序分五个大部分，分别为1900—1937：西方的冲击；1937—1949：抗日战争和解放战争；1949—1976：毛泽东时代的艺术；其他种类和地区的艺术；毛泽东时代之后：艺术进入新时期。该书从20世纪初北京的传统绘画及上海画派说起，对北京的金城、陈师增、齐白石和上海的吴昌硕、潘天寿、黄宾虹等艺术家及作品进行分析，揭示他们对20世纪中国绘画的巨大影响，并对北京的陈独秀等人的美术革命思潮、上海刘海粟的艺术革命观念和广东岭南画派的代表高剑父等人的新国画及中西折衷方法进行探讨，彰显了作者对画家及作品的敏锐洞见力，同时对相关新的美术思潮、美术观念对艺术创作的影响，有准确的把握能力。这成为该书的一个特点，即将社会思潮、艺术观念与思想的剖析，同艺术创作及艺术家作品的分析相结合，揭示艺术现象背后的社会思想根源。这一特点还体现在他对20世纪30年代初上海以倪贻德、庞熏琴为代表的决澜社的分析上，认为决澜社受到西方表现主义、抽象主义、立体主义、超现实主义及达达主义观念与形式的影响。该书对新兴木刻运动和漫画、延安时期的革命艺术、新中国成立以后工人与农民的美术活动、"文革"艺术，20世纪80年代的新潮美术、国画的再生、20世纪80年代末和90年初的新锐或前卫艺术家，以及雕塑、现代版画等内容，都分专章进行论述。由于苏立文从20世纪40年代开始结交中国艺术家，后来长期在欧美工作，从中国大陆和海外收集到一些珍贵的资料，除了我们熟悉的一些内容外，还有一些新内容写进该书中，有一些虽然是小事件，但对了解20世纪中国艺术也有补充作用。例如该书记载20世纪20年代闻一多在清华工作时，曾为清华编印的刊物设计过封面；徐悲鸿等在法国的留学生因经济困难常常挨饿，有一次滑田友因饥饿在巴黎地铁站晕倒；黄宾虹因时间紧迫，在鉴定故宫绘画时，将一些真品误为赝品或存疑，这批作品因此未由国民党带往台湾，而留在北京故宫，现成为北京故宫收藏的珍品。该书既对张大千的艺术成就给予很高的评价，同时也记载了他的造假画，用自造的石涛的假画换到黄宾虹的一幅石涛的真迹等。另外，对海外中国艺术家如大家熟悉的潘玉良、赵无极作了介绍，同时还补充了旅居美国的中国艺术史女博士曾幼荷的绘画作品。在图片方面也做了补充，如附图中有关倪德的早期油画作品、丘堤的油画作品，以及张道藩的绘画作品图片。张道藩也是留法学画的学生，后担任过国民政府教育部长，随国民党到台湾，他在当时是有影响的文化官员和画家，苏立文首次在现代艺术史中提及他。这些材料，对于我们进一步全面认识20世纪中国艺术及艺术家都有一定帮助。苏立文在60年中，不断搜集中国现代艺术史材料，思考中国现代艺术史相关问题，写成这部《20世纪中国艺术与艺术家》经典著作，其成功的原因之一，就是不断收集有关20世纪中国艺术与艺术家的材料，并提炼和思考这些材料的艺术史价值。[1]

① 参见陈池瑜：《中国现代艺术的壮丽图景——评苏立文〈20世纪中国艺术与艺术家〉》，载《中华读书报》，2014年4月23日

以上说明，写作艺术史文章著作，收集艺术史料有时能起到决定成败的作用，18世纪德国艺术史家、考古学家温克尔曼，正是根据对古希腊罗马历史文物考古新发现加以鉴别研究，收集大量古希腊罗马艺术的资料，写成第一部系统的四卷本《古代艺术史》，为艺术史学奠定了基础。

在艺术文章的写作中，编译、译编之类的文章写作，翻译资料的收集或者自译资料就十分重要。将国外的某些新的艺术流派、艺术思潮加以翻译、编译或者译编成文章和著作，加以发表和出版，给读者及时提供新的艺术和学术信息，有时候这类文章的作用比一些论文所起的作用还要大。

在20世纪上半叶，随着西方的科技、学术、文化向中国涌入，西方的艺术及其思想势必也要伴随而来，这除了直接翻译西方的一些哲学、艺术理论、美术著作外，其中译编也起了一定作用，例如丰子恺的《西洋美术史》及有关绘画欣赏方面的著作文章。从日本学者的著作中译编的也不少，倪贻德的《现代绘画取材论》《现代绘画精神论》及《西画丛论》等，很多资料也是靠编译的。这些编译或译编的文章与著作，对于活跃当时的学术空气、帮助人们了解西洋艺术以及促进绘画基础理论的建设都起了一定作用。

20世纪80年代以来，王受之对于现代工业设计、装潢设计编译了不少资料，他的英语较好，原在武汉大学读美国研究的硕士生，后在广州美院工作，他编译的一些有关装潢、产品设计方面的文章，对于我国设计艺术教学与研究起了拓荒作用。后来他到美国执教，20世纪90年代中期编著了大部头的《西方现代设计史》，对西方现代设计发展历史及成果作了综合介绍，这部靠资料取胜

的著作，在国内研究西方现代设计史的领域独占鳌头。

我国另一位研究外国美术史的专家邵大箴教授20世纪80年代以来，译编了一系列有关西方现代美术及思潮方面的材料，写成文章加以发表，如《马蒂斯和他的写意艺术》《美术中的表现主义》《立体主义和机械美》《未来主义评述》《达达和虚无主义》《从新艺术运动到包豪斯》《论抽象派艺术》《从现代主义到后现代主义》等，这些文章加起来可以看成一部西方现代美术及思潮的发展史。这些文章的写作，除了邵大箴有一定的美术理论水平外，主要得力于他较早注意翻译、译编西方现代美术及思潮方面的资料。加之20世纪80年代以来所谓新潮美术及美术青年迫切渴望了解西方现代艺术，因此邵大箴的这些文章便适应了这种需要，对推动中国20世纪80年代以来的现代主义美术思潮起了一定的作用。

编选资料常常也是艺术文献出版或重刊的重要手段。编选的文献和著作的出版，首先编选者必须做大量的资料工作，筛选资料，把重要的具有历史价值的文章和文献资料选编出来，集中起来加以重新发表，使其在学术界和文化建设方面进一步发挥作用。

美国当代艺术理论家埃伦·H·约翰逊（Ellen. H. Johnson）编选了一部《美国艺术家论艺术》（*American Artists On Art: From 1940 to 1980*）对读者了解美国与当代艺术起了很大作用。二次世界大战后，美国艺术进入了它引以为自豪的辉煌历史时期。大批富有创造性的艺术家涌现，使美国成为现代艺术的中心。埃伦·H·约翰逊的这部选集为我们理解美国当代艺术提供了钥匙，艺术家言论在某种意义上是艺术创作的反映，因而这部文选使我们得以探索神秘的现代艺术的奥秘。本书的另一个目的，作者是为了填补在当代艺术教学中有关美国艺术家从1940年至1980年艺术家文论汇编的空白。这位教授说：“我不太在乎我们的艺术史家和评论家加之于艺术家作品的分析和解释，而相信，创作者最拥有发言权。”由于这部文选辑录的都是艺术家谈艺术、谈创作以及有关他们对现代艺术状态认识的真实原始文献，因而成为理解美国现代艺术的第一手资料，其学术价值也就不言而喻了。本书收录了抽象表现主义、大色域绘画、偶发艺术、波普艺术、最简单派艺术、系统艺术、概念艺术、大地艺术、照相写实主义绘画、超级写实雕塑、人体表演艺术、电影及电视艺术，共分十二个部分加以选编论文。我们读完这部文选，对于美国20世纪40—80年代的艺术运动、思潮及理论基本上就有了一个轮廓。我们仅看看他选的“抽象表现主义”部分，选取了杰克逊·波洛克（Jackson Pollock）谈他的行动绘画创作经验的《我的画》（图10）；阿道夫·戈特利布（Adolph Gottlieb）关于绘画平面性的言论；巴尼特·纽曼（Barnett Newman）关于“形”和“纯粹理念”的思想；以及威廉·德库宁（Willem De Kooning）、弗朗西斯·克莱因（Franz Kline）、罗伯特·马

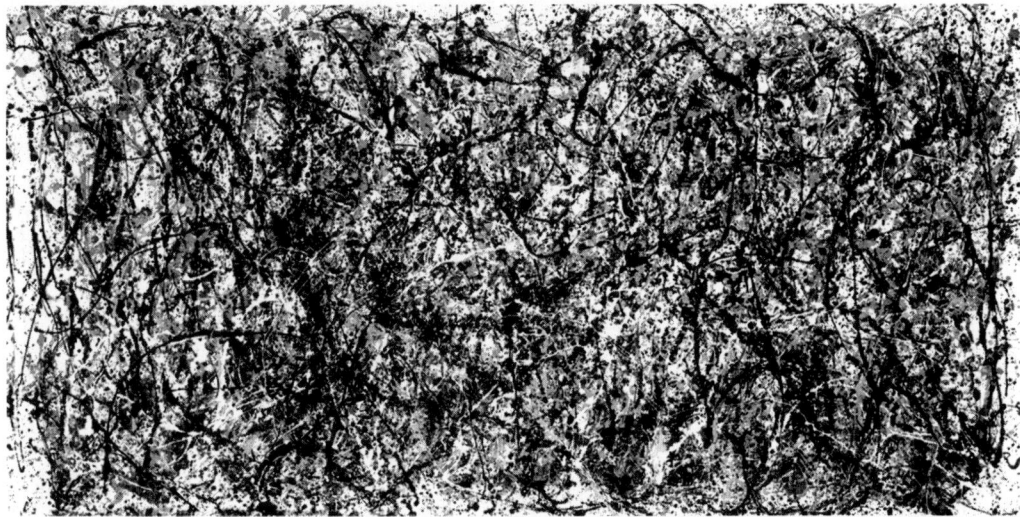

图10 波洛克，第31号1950，1950年，布、混合材料，269.5厘米×530.8厘米，纽约现代艺术博物馆

瑟韦尔（Robert Motherwell）关于抽象表现主义的谈话、访闻、宣言等资料。

编者在编选这些材料的过程中，首先要尽可能将此段时期中有价值的美国艺术家的言论收集，然后加以归类和取舍，另外每篇文章前面编者还加了按语，用以说明该篇文章写作和发表的背景。因而这种文章的编选也是一种创造性的劳动。

我国美术史论学者于安澜先生编选的《画论丛刊》上、下册，1937年出版，1960年再版，1989年三版，在中国画论研究学习中发挥了重要作用。这部书也是以画论资料编选为主，选编从古代到20世纪初的画论精华，除了文章外，附有作者每位几十字的简介，加之齐白石为之题书名，余绍宋、郑午昌二位为之作序，使这部画论选辑当时就具有一定的分量，编者于安澜编此书时也就是二三十岁的青年罢了。此书流传甚广，也使于安澜先生名声大振，后来他仕开封河南大学中文系从事研究工作。这部书的篇幅对于普及画论来说正好恰当，若再少，则难以概括出全貌，若再加几册，则一般读者觉得太繁，读起来太累，因而用上下卷的篇幅正好适合一般读者和研究者的学习研究需要。

这些资料选编，一方面是编者辛勤劳动的结果，是整个艺术文章、艺术著作创作的一个组成部分。另一方面，这些编选资料的出版，也为艺术理论研究及艺术文章写作准备了资料。

综上所述，资料准备是艺术文章写作的重要的基础工作。

第五节　艺术文章写作的表达技巧

黑格尔在谈到艺术作品的内容和表现技巧时指出："艺术作品的缺陷并不总是可以单归咎于主体方面的技巧不熟练，形式的缺陷总是起于内容的缺陷。"[①]黑格尔的意思是在一件艺术作品中，艺术的内容起决定作用，艺术作品的内容即理念，这种特殊的理念一旦形成，它就会找到具体的适合它的形象加以表达，当还没有找到完美的形式时，这说明内容本身还不够成熟。当然，一般来说，有了明确的内容，寻找形式表现会简易些，但有时候也确实存在有内容而技巧形式水平不高而妨碍内容表达的，技巧和形式并不是完全被动的。

① 黑格尔:《美学》，第1卷，朱光潜译，87页，北京，商务印书馆，1979

艺术文章的写作，我们认为思想的训练、观念的形成是写作的关键，材料的准备是写作的基础，此外，较高的表达技巧或者一定的表达技巧也是艺术文章写作得以完善的手段。表达技巧的娴熟可以帮助我们更好地表达出思想内容，使文章的内容和形式完美统一。

在艺术文章的写作中，有些时候精妙的语言、适当的修辞及灵活的表现方法可以帮助文章内容的表达，提高文章，使文章的内容和形式相得益彰。

本人1991年为湖北美术学院青年国画家董继宁（现为湖北省美术院院长、教授）写了一篇评论《魂系大山——评董继宁的山水画》[②]，开头两段是这样：

② 载《美术》1991年第4期

> 1990年7月，北京建国饭店举行了我国首届国际艺苑美术领奖仪式，当湖北美术学院青年画家董继宁走上领奖台，此刻他的思绪在哪里呢？莫扎特优美的音乐和人们热烈的掌声他虽然感受到了，但这时他反倒听不清楚了，他心灵中听到的却是另一种声音——从儿童时代起萦绕耳边的声音——大山的呼唤！这是一种心灵的声音。大山伴随着他的一生，伴随着他的艺术，伴随着他的成就。

> 董继宁于1977年从湖北艺术学院毕业后开始以山水自然为审美对象进行山水画创作。他1955年10月生于鄂南山区的咸宁县城，他在鄂南山区乡村度过了少年时代。大山成为一种人格精神和力量深藏在他的血液和灵魂之中。"大自然的宽广博大让我深深爱上了乡村的一草一木，大山的凝重让我学会独立和要强，田野的旷远让我体味到辽阔与淡泊，山泉溪流给我以生活的盎然情趣。山水、草木，成了我生命的一部分。"（董继宁《我想说的话——在国际艺苑美术奖授奖大会上的发言》）正是在少年时代感受到的大山的博大瑰丽、神秘和力量，呼唤他将山水画作为他

的生命的一部分和艺术追求的目标。

全文分四个部分，即一、大山的呼唤；二、形式的生成；三、澄怀味象；四、生命流观。分别评述他的山水画创作中形式上的特征，他的山水画的艺术精神和受楚文化浪漫气质影响后在他的山水画中表现出的天地流观哲学意识。对一位刚刚出头而获奖的青年画家，这种综合评论对他本人既是一种定位也是一种鼓励，同时也是对他的一种宣传。本文的开头部分，直接切入他获得首届国际艺苑美术奖，就像电影镜头推移一样，一开始映播便将主人公推向了领奖台，由于他还不太出名，是一位青年画家，也许大家还不熟悉，那么文章采取这种登上领奖台的开头，就是要给人们一种强烈印象：董继宁得了首届国际艺苑美术奖，是全国三位获此奖的荣幸者之一。这样就直接抓住读者，引起他们的注意。当时领奖的场面和气氛，我不在场所以无法感受，董继宁对我说了一句，在国际艺苑大厅里，有鲜花，有美术界的知名人士，还在播放轻音乐。在文章的开头，我没有去渲染这些场面，因为这些常见的场面对于评论画家来说起不了什么作用，文章中如果描述过多反倒有故意卖弄、哗众取宠之感。我采取另外一种思路写作，"此刻他的思绪在哪里呢？莫扎特优美的音乐和人们热烈的掌声他虽然感受到了，但这时他反倒听不清楚了，他心灵中听到的是另一种声音，从儿童时代起萦绕耳边的声音——大山的呼唤！这是一种心灵的声音"。紧接着使用三个排比句，"大山伴随着他的一生，伴随着他的艺术，伴随着他的成就"。这样一段开头，我觉得比较有气势、语言铿锵有力。至于董继宁当时走上领奖台究竟想的什么、听见了什么声音这并不重要，本文在此采取虚构的手法（类似于小说描写方式），把他获此奖的激动心情带回到儿童时代大山之中另一个宁静安详的世界之中，而且紧扣标题"魂系大山"，启示下面将要介绍他描绘大山特征的雄壮风格的山水画，为进入正文铺开了道路。第二段仅用两三句话概括介绍董继宁的简历，紧接着引用他在领奖台上发言的一段有关大山哺育了他的生命的言论，然后补充一句"正是在少年时代感受到的大山的博大瑰丽、神秘与力量，呼唤他将山水画作为他的生命的一部分和艺术追求的目标"。这样揭示了他的山水画创作的生命源泉。显然开头这两段增加了文章的感染力和表现力。

此文写成后在《美术》《艺术与时代》《湖北美术家通讯》三个刊物同时发表，在《美术》上发表的那篇文章，被中国人民大学报刊资料中心《造型艺术研究》全文转载。因而有时写出一篇较好的评论对画家可以起到广泛的宣传作用。

在艺术文章的写作中，表达技巧可以根据内容的需要采取灵活的形式，有些著名理论家有着自己独特的表达方式，并形成了自己的写作特征和表达风格特征。例如柏拉图的文艺理论和其他理论均采用对话的方式，或循循善诱，或双方争辩，创造出一种真实的讨论问题的情景，把读者带入其中。

图11　贡布里希，木马沉思录封面

这种对话，使读者通过关注对话人物的观点而导向柏拉图的艺术思想，收到奇特的效果。如柏拉图关于什么是美的讨论，关于艺术是模仿的模仿、影子的影子的观点，都是通过人物对话导引出来的。我们看看《伊安篇——论诗的灵感》，对话人为苏格拉底和伊安，文章开头，苏格拉底欢迎伊安，伊安说他从厄庇道洛斯来，他参加了在那里举行的为医神埃斯库勒普神举行的祭典活动，那里还举行了各种诵诗竞赛和文艺竞赛，用以纪念这位医神。然后他们开始谈论荷马，认为荷马真是一位最伟大、最神圣的诗人。伊安扮演的是诵诗人的角色。

伊安问苏格拉底，为什么他解说其他诗人的诗就没有解说荷马的诗那样好？苏格拉底开始回答：

苏：……你这种长于解说荷马的本领并不是一种技艺，而是一种灵感，像我已经说过的。有一种神力在驱遣你，像欧里庇得斯所说的磁石……磁石不仅能吸引铁环本身，而且把吸引力传给那些铁环，使它们也像磁石一样，能吸其他铁环……诗神就像这块磁石，他首先给人灵感，得到这灵感的人们又把它递传给旁人，让旁人接上他们，悬成一条锁链。凡是高明的诗人，无论在史诗或抒情诗方面，都不是凭技艺来做成他们的优美的诗歌，而是因为他们得到灵感，有神力凭附着……诗人并非借自己的力量在无知无觉中说出那些珍贵的辞句，而是由神凭附着来向人说话。

伊：对，苏格拉底，我觉得你对。你的话说服了我，我现在好像明白了大诗人们都是受到灵感的神的代言人。

苏：而你们诵诗人又是诗人的代言人？

伊：这也不错。

苏：那么你们是代言人的代言人？

伊：的确。

这样柏拉图关于诗歌创作本质上不是人的而是神的，不是人的制作而是神的诏语，诗人只是神的代言人，诗人被神凭附着的一系列观点，通过苏格拉底与伊安的对话，运用一问一答的方式十分自然而又清晰地表达了出来。这种独特的表达方式，给人的印象相当深刻，让读者随着对话人的被说服也跟着接受了柏拉图的神灵凭附说。

在艺术文章写作的表达过程中，有时十分巧妙地运用一些比喻、象征手法，或者借代某些形象来说明一定的美学与艺术理论观点，常常起到很好的作用，这些形象化的比喻，可以生动地帮助作者解说其抽象理论，这样既可以使文章生动，也可以帮助读者理解和掌握文章的观点与思想。英国著名艺术理论家贡布里希（E. H. Gombrich）所写的《木马沉思录——论艺术形式的根源》（*Meditations on a Hobby Horse: The Roofs of Artistic Form*）（图11），通过对木马的形式、功能及其与被替代物真马的关系等问题的讨论，论述艺术再现、形象制作、摹仿、形式功能等重要的艺术理论问题。此文后来也成为美学和艺术论文选集中常常选载的著名文章，此文还可作为他的另一部重要著作《艺术与错觉》（*Art and Illusion*）的雏形来读。这篇文章的开头是这样：

这篇论文所讨论的是非常普通的木马。这个木马既非隐喻，也非完全出诸想象，至少比起斯威夫特（Swift）为了写《沉思录》的那个扫把来，没有更多的隐喻性和想象性。它通常是心满意足地待在幼儿园的角落里，没有什么美学雄心。的确，它讨厌装腔作势。它满足于扫帚把的身躯和制作拙劣的马头——马头仅仅用来标出木马的前部而且用以套缰绳。我们该怎么称呼它呢？我们是否应该说它是"一匹马的物象"呢？

——贡布里希：《木马沉思录——论艺术形式的根源》，见《艺术与人文科学：

贡布里希文选》，19页，杭州，浙江摄影出版社，1998

贡布里希从幼儿园普通的木马玩具谈起，提出了这个木马是不是可以作为"一匹马的物象"的问题，进而他根据《袖珍牛津英语词典》（*Ox-ford Pocket Dictionary*）给物象下的定义是"事物外形的模仿物"，但这里木马显然没有"模仿"马的"外形"。贡布里希又借用杂耍剧场中流传的一个笑话，说一个醉汉经过每一根路灯柱都举帽行礼。这个醉汉是酒把他的抽象力提高到这样的程度，即使他能从灯柱和人的形象二者中离析出直立这种形式特征。然后贡布里希分析木马不能在模仿、物象这些概念上来把握，它只能是一种"替代物"，"棍棒既不是意味着概念的马的符号，也不是一匹个体的马的肖像。既然能作为马的'替代物'，棍棒就靠其本身的能力成了马"。贡布里希接着从功能方面进行分析，棍棒"它之所以能够成为一匹马是因为人们可以骑在上面，即它们共同的因素，是功能而不是形式"。任何可骑之物都可以当作一匹马，棍棒正是满足了人们或儿童想骑马的需要，因而它成为马的"替代物"。贡布里希进一步举例来说明"替代物"的功能特点：

> 猫追赶球时，似乎球是一只老鼠。婴儿吸吮自己的拇指，似乎拇指是乳头。但这里的"再现"所需要的，除了满足功能的起码要求以外，也无需其他形式相似。球，除了可追逐外，没有任何地方与老鼠有共性。拇指除了可以吸吮外，也没有任何方面与乳头有共性。作为"替代物"它们满足了有机体的某些要求。

这样，作者对从木马到猫追球等"替代物"进行较充分的论述，说明木马的功能不在再现，而在于当作被骑的马的替代物。进而他把艺术创作和"替代物""制像"（image-making）等重要概念结合起来进行论述，指出"所有的艺术都是'制像'，而所有的制像都植根于替代物的创造"。进而，贡布里希对艺术的形式、绘画的空间，欣赏过程中的想象均作了必要的论述。在这篇文章的最后一段，作者又回到木马上来：

> 我们的木马不是艺术。充其量它也不过是想引起图像学（iconology）的注意。……我们称为"艺术"的那个奇怪的领域像个镜子厅，或像座低声廊。每个形式都能唤起一千种记忆和后像（after image）。一个物象作为艺术出现，一种新的参考框架就会随之而被创造出来，它想摆脱也摆脱不了。它必然成为惯例（institution）的一部分，就像幼儿园里的玩具那样。

在此，贡布里希通过对木马的沉思，已揭示出"制像""再现"等艺术规律，在文章的结尾又提出了一个新的思想，即物象一旦作为艺术出现，一种新的参考框架就随之出现而形成一种新的惯例。也就是他在《艺术的故事》（The Story of Art）中所强调的传统的延续性和概念性图像的持久性作用。本文以这种特别的写作方式及其所表现的丰富思想而广为流传。

在艺术文章的写作中，语言生动，可读性强，常常也能增强文章的表现力和感染力。我们看看著名文艺理论家孙子威教授的《美学沉思集》，这些文章短小精悍，每篇文章讲述一个艺术创作或美学中的问题，如《背面敷粉》《看景不如听景》《心灵的眼睛》等，都十分精彩。在《认识你自己》一文中，作者先引用斯宾诺莎的名言——"那心灵陷入彻底盲目的人，是自己不知道自己的"。然后文章开篇叙述：

> 忒拜城出现了一个女妖，她人面、狮身、蛇尾，背带鹰翅，坐在城外的峭崖上，向过路人提出一个难猜的谜语："什么动物走路早晨用四只脚，中午用两只脚，晚上用三只脚？……"谁猜错了，她就把谁吃掉，害死了不少人。后来，俄狄浦斯揭开了谜底，说这是"人"，女妖乃羞愧投崖而死。——这就是古希腊神话传说中有名的"斯芬克斯之迷"。

这个神话传说启示我们，人要掌握自己的命运，就得认识自己。在古希腊德尔斐神庙中，赫然铭刻着这样一句箴言："认识你自己！"当时"最智慧的人"苏格拉底常用这句话来教育人们，后来甚至被奉为阿波罗神谕。这箴言对大家都有教益，而有志于文艺者尤应记取。可否这样说，每个作家都有他自己的"斯芬克司之谜"，这是他文艺创作的生命密码，谁要是译识不破，他就只好在必然的森林里盲目乱窜，永远到达不了自由的彼岸。

——孙子威：《认识你自己》，见《美学沉思集》，武汉，华中工学院出版社，1985

孙子威先生用叙述古希腊神话传说故事的方式开头，然后又引用古希腊德尔斐神庙中铭刻的箴言《认识你自己》引入本文正题，将"斯芬克司之谜"喻为每个文艺家自己创作的生命密码，艺术家要认识自己，译识密码，达到自由的彼岸。

文章抓住认识自己进行议论，"作家认识自己，说到底，这是要认识自己的创作才能，我之为我的艺术个性"，接着又分析艺术家既有思想上的"自我"又有艺术上的"自我"，写什么主要由思想上的"自我"所决定，怎样写主要是为艺术上的"自我"所决定。进而论到"我的对象是我的本质力量的肯定和确评"。文章还列举卓别林、巴尔扎克等著名艺术家和作家为例，说明艺术家正确认识自己的重要性，论证"艺术上最可悲的是邯郸学步。认识自己，尊重自己，这才是成功之诀"。文章结尾也十分巧妙：

丑小鸭会变成美天鹅的。一些不知名的小人物，看到他们未曾料及的天才初露光芒，照临迄今黯然无光的作品之上，往往快乐而又迷惘，这时我们不妨以弥尔顿对湖滨夏娃说的话奉赠：

你在那里看到的，美人，正是你自己。

这篇仅几千字的短文叙述流畅，如行云流水，读来饶有兴味，我们可以将此文及《美学沉思集》中的其他文章作为艺术散文来读。本文使读者在阅读神话、分析艺术家的创作过程中，领悟到"认识你自己"的重要性，启示读者认识自己，把握自己，发展自己。文章就这样，通过一则神话道出一个深刻的艺术真理！

中国古代有关作文和诗画创作的理论文章的写作，技巧很高，而且简练精辟，很值得我们学习。如陆机的《文赋》，谈作文中的思维和想象特点：

其始也，皆收视反听，耽思傍讯，精骛八极，心游万仞。其致也，情曈昽而弥鲜，物昭晰而互进，倾群言之沥液，漱六艺之芳润，浮天渊以安流，濯下泉而潜浸。

这一段叙述作文，开始要收视反听，心不外用；然后进入运思状态，"精骛八极，心游万仞"，可谓想象之高远。进入作文构思状态后，情感由朦胧而逐渐鲜明，物象变得清晰明朗而不断在心象中演进，陆机对创作状态描述得细致而生动。"观古今于须臾，抚四海于一瞬"，"笼天地于形内，挫万物于笔端"，"诗缘情而绮靡，赋体物而浏亮"。这些句子不仅揭示了一些创作规律，而且读起来极富韵律节奏感。"观古今于须臾，抚四海于一瞬"，将创作中思维整合概括力表现得相当精彩，前一句从纵的历史和时间的角度，说明作文中可以将上下几千年的人和事物在须臾之间贯通起来；后一句从横的空间方面，说明构思时可将方圆万里的物象在瞬间集中于一体。这两句深刻揭示了作文中的思维过程是打破自然中的时空限制而创造出一种新的心理时空。"笼天地于形内，挫万物于笔端"，则描述艺术创作中形象塑造通过想象将天地万物整合成新的艺术形象。"诗缘情而绮靡，赋体物而浏亮"，即指创作诗赋过程中表情状物而使作品呈现瑰丽鲜亮的特点。《文赋》中的这些观点之所以影响深远，一方面是其内容揭示了创作中的思维规律；另一方面表达技巧高超，采用对偶骈文形式写成，节奏感强，《文赋》一文本身亦可当作一篇精美的诗文作品来读。

下面我们再看刘勰《文心雕龙·神思》描绘创作中的思维状态：

> 古人云：形在江海之上，心存魏阙之下，神思之谓也。文之思也，其神远矣。故寂然凝虑，思接千载；悄焉动容，视通万里；吟咏之间，吐纳珠玉之声；眉睫之前，卷舒风云之色；其思理之致乎。故思理为妙，神与物游。神居胸臆，而志气统其关键；物沿耳目，而辞令管其枢机。

刘勰从古人所谓形在江海之上，而心存魏阙之下说起，表明神思古已有之，然后文笔一转，切入文章创作中的思维特点，"寂然凝虑，思接千载；悄焉动容，视通万里"，刻画作文者聚精会神运思构想的状态，思接千载，视通万里，上下几千年、纵横几万里均在运思中聚会贯通，诗人在构思和吟叹之时，念念有词，珠玉一样的诗句便掷地有声，所谓"思理为妙，神与物游"，达到形象思维的极致佳境。这样极短的一段文字，已将作文赋诗中的思维特点揭示得淋漓尽致，让人拍案叫绝。

因此，艺术文章的各种表达技巧、修辞手法巧妙运用，可以增强文章的艺术感染力，所以训练和学习表达技巧，成为艺术文章写作的基本功之一。

第二章
艺术理论文章写作

第一节　立论性艺术理论文章写作

艺术理论文章写作是整个艺术文章写作的一个重要组成部分，艺术理论文章是整个艺术文章中理论性最强、最见学术功底的一个方面。艺术理论文章牵涉到哲学、美学和艺术史等各方面的知识，是综合性学术水平的体现。此外，写作艺术评论和艺术史文章也要有一定的理论基础和理论思维能力，这样艺术评论和艺术史文章才能写得深入和深刻，因而训练艺术理论文章写作和写出有创新意义、有一定理论深度的艺术理论文章对于训练和提高写作者艺术文章写作能力及其理论思维、逻辑思维能力都是十分重要的。

立论性艺术理论文章是指主要从正面论述作者自己的观点、阐述艺术思想的文章体裁。大多数著名艺术理论家和艺术美学家的艺术思想、理论观点都是用立论性方式加以阐释的。因此，立论性文章是艺术理论文章的主干部分，我们应认真掌握立论性文章的写作技巧。

写好立论性艺术理论文章，要从以下几个方面着手努力：

一、理论上要有新的观点

艺术理论文章是艺术理论家或艺术工作者、理论工作者有关艺术思想的表述，要写好艺术理论文章，首先应在艺术理论领域对有关艺术问题、基本理论问题进行研究，形成一定的看法、观点和思想，然后才能进行艺术理论文章的写作。如果没有对理论问题的切实研究，没形成自己独特的看法和观点，这样去写作艺术理论文章，要么空洞无物，要么东拼西凑，没有什么价值。

艺术理论家和艺术美学家对某些理论问题进行研究，一旦形成一定的新的思想，即可用理论文章的形式加以表述。

我们来看看美国当代著名哲学家和美学家苏珊·朗格的《艺术问题》一书中第四讲《生命的形式》一文，文章开头便抓住在艺术评论中广泛使用暗喻将艺术作品比作"生命的形式"这个现象加以叙述：

在艺术评论中广泛应用的一种暗喻便是将艺术作品比作"生命的形式"。每一个艺术家都能在一个优秀的艺术品中看到"生命""活力"或"生机"。当他们谈到一幅绘画的"精神"时，他们并不是指那种促使自己进行艺术创造的精神，而是指作品本身的性质。他们感到，作为一个画家，他的首要任务便是赋予他的绘画以"生命"，一件"死"的作品肯定是一件不成功的作品，当然，即使一件极其成功的作品，也可能具有"死点"。但是，当人们把一幅绘画、一座建筑或一首奏鸣曲描绘为一件"活的"或"栩栩如生"的生命体时，他们所指的究竟又是什么呢？

——苏珊·朗格：《艺术问题》，滕守尧等译，41页，

北京，中国社会科学出版社，1983

这样，该文作者苏珊·朗格首先提出问题，即"生命的形式"究竟指作品的什么性质，然后又补充说，有时候人们还从生物学领域借用另一个暗喻，把艺术品说成"是一个有机的形式"，然后解释说"有机性"往往是一件优秀的绘画、雕塑、诗、戏剧、芭蕾舞、建筑或一首乐曲所应具备的典型的特征，而不是指类似消化和循环一类的有机体的机能。但是，有时人们把一件作品说成是能够呼吸或者说听到一幅作品的心脏在跳动时，难道这不是指它的有机机能吗？作者这次演讲或者说这篇文章就是要探讨艺术作品何以能是"生命的形式"，怎样"包含着情感"，为什么说一件作品是"活生生的"这些问题。形式的作用是将情感表现出来，包含着情感的作品实际上是一种表现性的形式，为什么还需要一个活的有机体或是一个独立的生命形式去完成呢？这样一种有机的形式又是如何取得的呢？作者将这些问题首先统统提出来，这些问题看似简单，若没有人提出的话，甚至可以没有人想到它会是一个问题。这些问题提出后，作者便要进行深入剖析，树立自己的观点，表述自己的看法，这就是我们所说的要"立论"。

苏珊·朗格又从日常生活等实际经验中加以补充说明，"艺术品并不真正地等同于那些具有生物机能的有机体，绘画本身并不能呼吸，也没有脉搏的跳动；奏鸣曲本身也不能吃饭、睡眠，更不能像生物那样自我恢复；如果小说自身被放置在图书室里，它们也不会像生物那样生育繁殖，等等"。但是在艺术领域中所流行的这一"生命形式"或"有机形式"的暗喻却具有如此强大的影响力，这样对问题的矛盾性加以揭示，就更能引起人们的注意。然后该文作者便切入所要论述的正题，分四个方面围绕艺术品与生命形式展开论述。

这四个问题是，第一，关于情感和情绪与有机生命体的关系；第二，真正的有机体的特征；第三，产生与生命相类似的艺术作品之艺术创造的最一般的特征；第四，天才的艺术家如何利用艺术品与

生命体之间的类似性，从而把多种多样的人类精神、情感、个人经验和想象向人们展示出来。

前面就像一曲戏的序曲一样，到这时转入正题，提出四个问题，也就是这篇文章要解决的难题和所要发表的有关观点。

苏珊·朗格写道：

如果要想使得某种创造出来的符号（一件艺术品）激发人们的美感，它就必须以情感的形式展示出来；也就是说，它就必须使自己作为一个生命活动的投影或符号呈现出来，必须使自己成为一种与生命的基本形式相类似的逻辑形式。

——苏珊·朗格：《艺术问题》，滕守尧等译，43页，

北京，中国社会科学出版社，1983

接着作者又从生物学的观点探讨生命形式的基本特征，认为一切有生命的事物都是有机体，生命的形式所具有的特征也就是有机体的特征，然后论述有机体的生命规律，即每分每秒都在进行新陈代谢，每一组织细胞都处在一种持续不断的死亡和再生的过程之中，这样就把有机体和活动的连续或者动态形式的概念联系起来加以考察。

该文接着采用生动的例子加以论证，举出瀑布的运动，连续不断造成一种形状，它那长长的水流看上去就像一根在风中飘荡的飘带，组成整个风景的一个永恒存在的部分。然而水流事实上却并不是永远停留在我们的眼前，其中的每一滴水都是连瞬间都不停留就急忙流去了。瀑布的所有构成成分都是处在不断的变化之中，只有它的整体形式是永恒的，而赋予这个形式的永恒性的又是运动，在瀑布中展示出的是一种运动的形式，瀑布本身是一种动态的形式。苏珊·朗格借用这个比喻，说明"一个生命的形式也是一种运动的形式，一个有机体也如同一个瀑布，只有在不断的运动中才能存在，它的固定性并不是由材料本身的永久性造成的，而是由其中的机能性造成的"。

苏珊·朗格认为节奏与生命活动有关，"我们自身的许多行为——走路、划船、劈柴、敲打地毯等——都会因为具有了节奏性而变得轻松容易起来"。她举出钟摆中，第一次摆动成为第二次摆动的准备，冲浪也有类似的运动联系，在呼吸中每一次收缩都是下一次扩张的开始。然后她还举出一个彩色斑点在一个飞速转动的车轮上能够形成一个彩色光环，小斑点看上去变成了一个圆圈，成为一种"能动的形式"。这个圆圈展示了色彩的运动形式，而不是它本身的形式。

通过这些分析，作者认为生命形式的基本特征包括能动性、不可侵犯性、统一性、有机性、节奏性和不断成长性。"在我看来，如果说艺术是用一种独特的暗喻形式来表现人类意识的话，这种形式就必须与一个生命的形式相类似，我们刚才所描述的关于生命形式的一切特征都必须在艺术创

造中找到，事实也正是如此。"

她进一步得出一些较精彩的结论：

现在让我们转而论述艺术的另一个原理，这就是经常为艺术家和批评家们所不断谈论的那个有机结构原理。一幅画或一首诗很显然并不真正具有器官和生命机能，但在艺术品的结构中的确又有某种类似有机性的东西，尽管它的表现方式与有机性的表现方式不尽相同。

因此，我在这次讲演快要结束的时候只能告诉你们这一点，即：你愈是深入地研究艺术品的结构，你就会愈加清楚地发现艺术结构与生命结构的相似之处，……正是由于这两种结构之间的相似性，才使得一幅画、一支歌或一首诗与一件普通的事物区别开来——使它们看上去像是一种生命的形式；使它看上去像是创造出来的，而不是用机械的方法制造出来的；使它的表现意义看上去像是直接包含在艺术品之中。

——苏珊·朗格：《艺术问题》，滕守尧等译，52、55页，

北京，中国社会科学出版社，1983

这篇文章从开头就提出艺术是"生命的形式"问题开始，到借用各种自然中的运动、节奏等形式，并比较艺术中的形式和有机体的生命形式类同，得出了一些独特结论，对于艺术是生命的形式这一个大家都谈论的观点，作了新的深入的阐述，系统地提出了艺术是生命的形式的创造性的艺术思想和艺术观点。

二、寻找新的研究领域

立论性艺术理论文章的写作，除了在一些重要的基本理论问题上进行思考、提出新的见解外，开拓和寻找新的研究领域进行研究，写成文章，往往也能取得很好的学术成果，甚至填补研究空白。

我们来看看精神分析学派代表人物弗洛伊德有关艺术与白日梦的研究。西格蒙德·弗洛伊德（Sigmund Freud，1856—1939）是奥地利的精神科医生，著名心理学家，精神分析学派的创立者。这一学派从19世纪以来开始在欧美各国逐渐流行，并形成若干流派，对医学、心理学和文学艺术等各领域产生很大影响。在当代美国，则广泛应用于研究艺术心理学、艺术批评理论和审美教育等方面。1873年，西格蒙德·弗洛伊德入维也纳大学学医，专攻神经病学，后来不久开始从事精神分析的研究，现被国际上推崇为精神分析学的创始人。1895年，他与布罗伊尔合著《歇斯底里研究》，被称为划时代的著作，奠定了他的研究基础。1899年，他发表举世闻名的《释梦》（《梦的解释》），当时在国内外，没有引起更多人的注意，仅仅将他提出的理论观点当作耸人听闻的奇谈

怪论而已。到了1905年，他的《性欲理论三讲》一书出版，这才真正引起了世人重视，在伦理学家中掀起一场轩然大波。1911年，他和荣格（Carl Gustav Jung，1875—1961）共同创立了"国际精神分析学会"，精神分析作为一门科学在世界各地迅速发展起来，国际分析学会成立50年后，已经拥有了十多个分会。他用泛性说来解释人类的意识活动，认为一些精神病人的病因与病人的某些无法被人接受、无法得到实现的愿望有关，这是一种"性"的愿望，它的形成可以追溯到人的幼年期，即所谓恋母情绪——俄狄浦斯情结，恋父情绪——伊赖克辍情结。

弗洛伊德把人分成"本我""自我""超我"。本我——是弗洛伊德的"快乐原则"，是一种本能，生的本能和死的本能，前者是建设性的，后者是破坏性的。生的本能包括性欲、恋爱、建设的动力，死的本能包括杀伤、虐待、破坏的动力。自我——"认识过程"，即人按现实原则活动，通过对外界的感受来满足本能要求。超我——压制本能冲动，按"至善原则"活动。本我和超我经常处于矛盾之中。弗洛伊德还用他的学说来解释文学艺术，著有《创作家和白日梦》《图腾和禁忌》《文明与它的不满》等。他把文艺看作下意识的象征表现，具有梦境的象征意义，文艺的功用在于使读者和作者所受本能、欲望的压抑都得到一种"补偿"，或变相的满足。因此创作与欣赏都同"白日梦"分不开。

1908年他写成的《创作家与白日梦》一文，成为一篇著名的文艺理论文章，这篇文章将精神分析学说用来解释文艺创作，在艺术理论研究中具有开拓作用。以前虽然像柏拉图讲过作诗的迷狂状态，神灵凭附，但没有人将艺术创作看成是白日梦和性本能的表现。因此弗洛伊德的这篇文章可以说是开辟了文艺研究的新领域。

这篇文章写作比较平淡，不一定有很大的理论深度与逻辑力量，关键在于弗洛伊德从一个新的方面来研究文艺创作。

在此文中，弗洛伊德首先将孩子的游戏活动和创作家的活动相比较。"因为在游戏时他创造了一个属于他自己的世界，或者说，他用一种新的方法来重新安排他那个世界的事物，来使自己得到满足。"作者认为，"创作家所做的，就像游戏中的孩子一样。他以非常认真的态度——也就是说，怀着很大的热情——来创造一个幻想的世界，同时又明显地把它与现实世界分割开来"。成人不再游戏，而开始"幻想"，在虚渺的空中建造城堡，创造出"白日梦"来。小孩并不在成人面前掩饰他的游戏，相反，成人却为自己的幻想害臊而将他们藏匿起来，不让人知道。他把自己的幻想当作个人内心最深处的所有物，他宁愿坦白自己的过失行为，也不愿把他的幻想告诉任何人。接着作者开始分析幻想与本能的关系：

　　"幻想的动力是未得到满足的愿望，每一次幻想就是一个愿望的履行，它与使人不能感到满足的现实有关联。"人的幻想可以分成两大类：一类是野心的欲望，想出人头地；另一类是性欲的愿望。年轻女子的幻想大多在于后者，年轻男子的幻想大多在于前者，或者二者并行。弗洛伊德说，像许多祭坛屏风的绘画，总可以从画面的一个角落找到施主的画像一样，在大多数野心的幻想中我们总可以在这个或那个角落发现一个女子，幻想的创造者为她表演了全部英雄事迹，并且把他的全部胜利成果都堆放在她的脚下。

　　作者讨论幻想与梦的关系，把幻想叫作白日梦。在幻想中，把过去、现在和未来三者联系起来。"我们晚上做的梦也就是幻想，我们可以从解释梦境来加以证实。"这样，弗洛伊德试图将"富于想象力的作家与'光天化日之下的梦幻者'相比较，将作家的作品与白日梦相比较"，"一篇作品就像一场白日梦一样，是幼年时节做过的游戏的继续，也是他的替代物"。成年人将幻想转化成白日梦——艺术作品。成年人将幻想泄露时，别人会感到厌恶，没有什么意思，但当一个作家把他的剧本摆在我们面前时，我们会感到很大的愉快，他认为，一个作家的作品是以纯粹形式出现，以美的享受和乐趣，把我们收买了。"我认为，一个作家提供给我们的所有美的快感都是有这种'预感快感'的性质，实际上一种虚构的作品给予我们的享受，就是由于我们的精神紧张得到解除。"

　　这样，弗洛伊德通过对幻想、游戏、白日梦、作家创作、审美享受等的研究，运用精神分析方法对这些问题加以论述，得出一些新的结论，建立起自己的精神分析艺术理论，像这一类文章写作，拓展了艺术理论研究领域。

　　此外，有时新的学科的出现，写作者能比较敏感地发现，收集材料写成研究文章，也是有学术价值和历史文献价值的。

　　例如20世纪上半叶，西方的艺术理论、美学、艺术哲学和艺术学中的一些观点、思想、著作被翻译介绍到中国，到了20世纪40年代，我国也出现有关艺术起源、艺术原理研究方面的论文和著作，这时可以从艺术科学（艺术学，Science of Art）学科上加以总结，可以呼吁建立艺术学，从学科定义上来规定艺术科学的研究对象、内容。1943年，陈中凡先生写了一篇《艺术科学的起源、发展及其派别》（《大学月刊》第二卷第九期，1943年9月版），对艺术科学的研究对象进行界定，并对西方艺术科学发展史进行概述，这篇文章成为我国20世纪上半叶研究艺术科学的重要论文，对艺术科学学科建设起了一定作用。文章开头标明艺术科学的研究范围：

　　艺术科学（Science of Art）或简称艺术学，是对于艺术作科学的研究，即研究艺术的发生、发展、转变和内容、组织诸规律，并寻求其与社会各因素间因果关系之科学。这一部门的成立，虽是近百年的事，但关于艺术的研究，则起源于二千多年以前。兹追溯其来源，序述其研究之趋势，试分为三个时期：一、由希腊、罗马至文艺复兴时代，为艺术论时期；二、十八世纪至十九世纪初，为艺术哲学时期；三、十九世纪后期至现代，为艺术科学时期。

文章从三个部分进行叙述，第一部分简略讲述自古希腊柏拉图、亚里士多德到文艺复兴时期的达·芬奇的艺术观。第二部分主要论述德国古典美学或称古典艺术哲学，包括鲍姆嘉通、康德、费希纳、谢林、黑格尔的艺术思想。第三部分论述西方19世纪后期以来到20世纪上半叶的艺术科学思想和流派，包括心理学、生理学艺术学流派，生物学、人类学艺术学流派，社会学、经济学艺术学流派等。作者认为："若艺术这部门属于'含有社会科学意义'而又'以人类为研究之开端的'科学，故不能不综合心理、生理、人类、社会各科学做基础，才能研究这一部门。"

陈中凡先生此文将西方艺术科学的产生、发展直至现代的各种理论学派均做了梳理，文章可以看成西方艺术科学发展史纲，对我国艺术科学或艺术学的研究起到推动作用。文章对艺术学学科建设具有一定的学术价值，对开拓艺术学新的研究领域具有积极意义。

随着新的艺术活动的展开，呈现出一些新的研究领域，这需要我们敏锐地去观察和大胆地去开拓一些新的艺术现象。如我国改革开放以来，社会与经济建设得到快速发展，社会主义市场经济繁荣昌盛，随之中国的艺术市场逐步开始建立，艺术品拍卖及各种艺术品展览与交易、艺术博览会举办，成为新的社会与市场景观。对艺术市场和艺术博览会等新的艺术现象，需要我们在理论上跟进研究。青年学者武洪滨在中国艺术研究院攻读艺术学博士学位时，在该院院长、著名文化艺术管理专家王文章研究员的指导下，选择了"当代中国艺术博览会研究"作为他的博士学位论文的题目，他通过开展艺术博览会的调查与收集资料，展开一个全新领域的研究工作，顺利完成博士学位论文的写作，其博士论文经修订由华中师范大学出版社出版。

《简明大英百科全书》对"博览会"的定义为："为了鼓舞公众兴趣、促进产业、发展贸易，或者为了说明一种或多种生产活动的进展和成就，将艺术品、科学成果或工业制品进行有组织的展览。"博览会和展览会在我国有时二者概念基本相同，都是指用固定和巡展的方式，公开展出工农业产品、手工业制品、艺术作品、图书图片，以及各种重要实物、标本、模型等，供参观欣赏和进行销售。有时展览会是博览会的一种，它是在社会经济发展过程中出现的一种文化艺术产品发展与交易的新的展览与市场交易现象。艺术博览会是目前世界上规模最大的一种有关艺术品展览和交易的艺术市场形态和艺术商业活动，艺术博览会通常由文化艺术管理部门或文化艺术组织部门与艺术商业机构或艺术经济公司联合组织举办，这种专业性的展览活动，对艺术品交易、艺术市场及社会经济活动，都有积极的重要意义，并在我国具有强大的生命力。艺术博览会在我国还是一个新生事物，武洪滨抓住这一新的主题进行研究，在学术上无疑具有开拓性。武洪滨对我国艺术博览会的发展过程及存在的问题作了梳理，探讨创意经济与文化资本对当代艺术博览会的促进，以及艺术博览会对我国艺术市场的作用等问题，并对我国艺术博览会学术性建构、艺术市场中文化主体价值等问题展开研究，提出若干有价值的建议和学术观点。王文章教授对武洪滨的研究工作给予了积极的肯定和高度的赞扬：

> 艺术博览会是我国改革开放以来，在社会主义市场经济体制下产生和发展起来的一种崭新业态，但目前学术界尚未对其进行充分研究。《当代中国艺术博览会研究》一书首次对我国艺术博览会进行了全面、系统的研究，其开拓性亦显得难能可贵。
>
> ——武洪滨：《当代中国艺术博览会研究》，王文章序言，
>
> 武汉，华中师范大学出版社，2011

三、寻找新的研究方法

在立论性艺术文章写作中，有时找到和采用新的研究方法，也可以带来观念上、思想上的出新，从而令对某些艺术理论问题的研究取得突破性成果。在思维方面，于人们定势思维之外，换另外一个角度进行思维，可能走出思维定势，得出新的理论观点。

如冯来仪教授于1943年8月在贵阳南明河畔写作的一文《中国艺术对于近代欧洲的影响》[①]，就是采用比较研究的方法，谈论中国艺术对于近代欧洲艺术的影响。以往人们议论较多的是西学东渐、西方文化和西方艺术对中国艺术的影响，冯来仪女士独具心裁，收集资料，一反西方影响中国的定势思维，而论中国艺术对西方艺术的影响，使此文在中西文化交流史上具有一定的学术价值。

林风眠1925年从法国留学回国后，任北京国立艺专校长兼教授，当时他年仅25岁。他在国外对西方艺术进行考察和研究，同时也参观和考察东方艺术博物馆等，回国后又对当时中国艺坛现象有所了解，这样他将自己对东西艺术各自特点的研究心得，于1926年写成论文《东西艺术之前途》，采用比较方法，对东西艺术的根本差异和特点进行了较深入的研究，得出了一些新的结论。他认为要研究东西艺术之异同，首先应着手于历史的探求，西方文化起源于埃及、希腊，而伟大于文艺复兴时代；东方文化，以印度及中国为代表。他认为希腊美术在古代历史上，占着重要的位置，"其根本构成一方面之方法，全取法于自然界"。如建筑中最重要的柱饰诸类，似多摹仿植物而来，菲狄亚斯、米隆的雕塑作品，"都有含有一种强烈的情感的表现而形式又能应用自然而调和表现之"。

① 岑家梧著，1949年考古学社出版，见《中国艺术论集》

　　林风眠对中国古代艺术进行考察后，指出"中国人富于想象，取法自然不过为其小部分之应用而已"。如古代书画同源，书是一种象形文字，含有象征的意味，不全然是对自然事物的摹仿；中国的八卦形式的几条线，含着一切变易之意，为中国文化一切之原始，而八卦全是想象的产物；中国古代器物之发现，其饰纹多像几何线形而绝少摹仿动植物的。他还将最具中国艺术精神的山水画和西方的风景画进行比较：

　　西方之风景画表现的方法，实不及东方完备，第一种原因，就是风景画适合抒情的表现，而中国艺术之所长，适在抒情；第二中国风景画形式上之构成，较西方风景画为完备；西方风景画以摹仿自然为能事，只能对着自然描写其侧面，结果不独不能抒情，反而发生自身为机械的恶感；中国的风景画以表现情绪为主，名家皆饱游山水而在情绪浓厚时一发其胸中之所积，叠嶂层峦，以表现深奥，疏淡以表高远；所画皆系一种印象，从来没有中国风景画家对着山水照写的；所以西方的风景画是对象的描写，东方的风景画是印象的重现，在无意之中发现一种表现自然界平面之方法；同时又能表现自然界之侧面。其他如文学戏剧音乐诸类，皆与绘画有同样的趋势，如诗歌方面抒情的多而咏史诗绝少。戏剧方面发达得很迟，且其表现方法多含着写意的动作。音乐方面，长于独奏，种种比皆倾向于抒情一方面的表现。

　　——林风眠：《东西艺术之前途》，载《东方杂志》，1926年第23卷第10号

　　这样，林风眠通过对东西艺术不同源流进行具体分析，又以中国的山水画同西方的风景画进行具体比较，最后他得出结论：

　　西方艺术是以摹仿自然为中心，结果倾于写实一方面。东方艺术，是以描写想象为主，结果倾于写意一方面。艺术之构成，是由人类情绪上之冲动，而需要一种相当的形式以表现之。前一种寻求表现的形式在自身之外，后一种寻求表现的形式在自身之内，方法之不同而表现在外部之形式，因趋于相异；因相异而各有所长短，东西艺术之所以应沟通而调和便是这个缘故。

　　林风眠的这一结论，勾勒出东西艺术主要不同点，对我们认识东西艺术的不同精神及其形式构成的原因是有较大帮助的。并且这篇文章写于1926年，比较早地运用比较方法来研究东西艺术的特征。该文在对东西艺术的特征进行把握后，提出"调和东西艺术"的观点，在学术界和艺术界产生了较大的影响。

　　新的研究方法，有时对学术会起到较大的推动作用。如国学大师王国维在20世纪初提出"二重证据法"就对我国20世纪以来的历史文化和国学研究产生较大影响。王国维在《古史新证·总

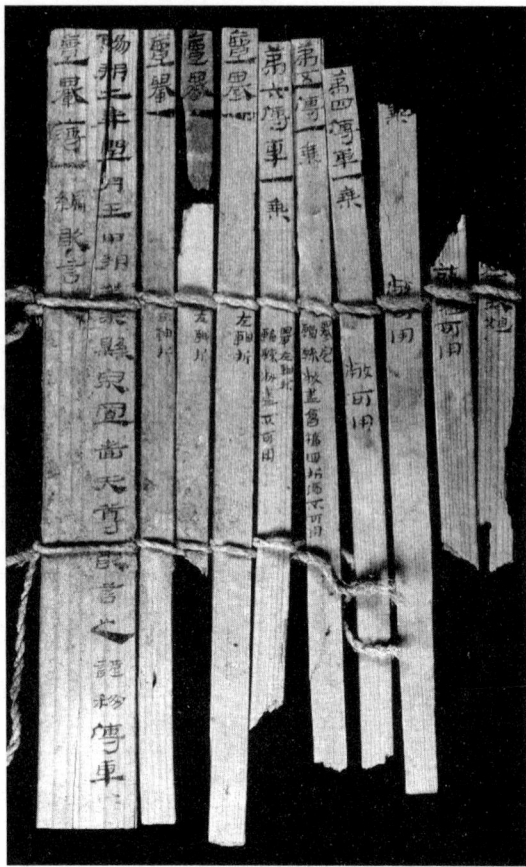

图12 汉晋流沙坠简

论》中说："吾辈生于今日，幸于纸上之材料，更得地下之新材料。由此种材料，吾辈故得据以补正纸上之材料，亦得证明古书之某部分全为实录。"陈寅恪在总结王国维的"学术内容及治学方法"时第一条就是"取地下之实物与纸上之遗文互相释证"。20世纪初，由于考古新发现，给学术研究带来新的材料，当时大量出土的地下文物包括甲骨文、金文、简牍、敦煌文书等，都是以往学者所未见的新材料，王国维等学者能运用这些新材料，正是学术研究的绝好机会。以往的学术研究主要是运用现存的文献资料，现在还可运用新发现的出土文物等实物资料，二者可以互证，这就是王国维提出的"二重证据法"。1914年7月17日，王国维在与罗振玉一同将英国人斯坦因在楼兰、尼雅及敦煌等地盗掘所获汉晋简牍编为《流沙坠简》（图12）后，写信给缪荃生说："此事关系汉代史事极大，并现存之汉碑数十通亦不足以比之。东人不知，乃惜其中少古书，岂知纪史籍所不纪之事，更比古书为可贵乎。"1925年，王国维应清华大学学生会的邀请，作了一场题为《最近二三十年中中国新发见之学问》的演讲：

　　古来新学问起，大都由于新发见。有孔子壁中书，而后有汉以来古文家之学。有赵宋古器出，而后有宋以来古器物、古文字之学。惟晋时汲冢竹简传统后，即继以永嘉之乱，故其结果不甚著然。同时杜元凯注《左传》，稍后郭璞注《山海经》，已用其说。……然则中国纸上之学问赖于地下之学问者，固不自今日始矣。自汉以来，中国学问上之最大发现有三：一为孔子壁中书，二为汲冢书，三则今之殷墟甲骨文字、敦煌塞上及西域各处之汉晋木简、敦煌千佛洞之六朝及唐人写本书卷、内阁大库之元明以来书籍档册。此四者之一已足当孔壁、汲冢所出，而各地零星发见之金石书籍，于学术有大关系者尚不与焉。故今日之时代，可谓之发见时代，自来未有能比者也。

——王国维：《最近二三十年中国新发见之学问》，

见《王国维遗书》，第五册，上海，上海古籍书店，1983

可以说王国维的"二重证据法"是根据新的学术发现适时提出的，这一新的方法，对我国学术研究产生了深远影响。

四、关注新的艺术实践

艺术理论文章是表述艺术理论观点和艺术思想的，而艺术理论本身是随着艺术实践的发展而发展的，当然艺术理论自身的发展也可以在理论研究中进行，但总的来讲，艺术理论应关注当下艺术新的动态、新的作品、新的表现手法和新的艺术流派，从中总结、研究出新的理论观点，使自己的理论研究和理论文章具有新的材料和观点，或者说使自己的理论文章观点具有某种前卫性。

例如王朝闻先生许多文章都是分析研究当代艺术中的一些问题而写成的，如《喜闻乐见》等，他对齐白石、石鲁及当代年画、国画、油画、雕塑等新的成就十分关注，此外对当代新出现的优秀的戏剧电影也很关心，不断结合新的艺术实践来思考理论问题，这样可以激活艺术思维，其理论文章对现实也有较强的针对性。因此一位艺术理论工作者、艺术理论家应该十分密切地关心国内外当下艺术活动和艺术走向，至少对影响比较大的艺术理论和艺术事件要有所了解，要多看展览，洞悉艺术消息，浏览主要的艺术期刊，了解艺术动态，写文章时能够"全局在胸"，分析问题就比较全面。

艺术实践给艺术理论不断提出许多新的问题，我说的艺术理论是对以往的艺术实践的概括和总结，当代艺术理论要对有关理论问题进行突破，必须考虑新的艺术实践活动，使艺术理论富于时代气息，具有现代感和当代感。

① 参见陈池瑜：《现代艺术学导论》，第三章，北京，清华大学出版社，2005

如本人写作《艺术：开放性审美关系的创造》①一文，列举给艺术下定义的困难有三大矛盾：1. 高雅艺术与大众艺术的矛盾；2. 传统思想艺术与现代艺术的矛盾；3. 美学理论与艺术实践的矛盾。然后比较广泛地联系大众艺术，特别是联系西方现代艺术对艺术的本质重新探讨，提出艺术是开放性审美关系的创造，将观念艺术、现成品艺术、行为艺术、偶发艺术等等新艺术现象进行分析，认为现代艺术本质论必须对这些新艺术现象进行研究，对他们提出的问题进行回答，这样我们建立的艺术理论才有一定的生命力和说服力。

关注当下艺术实践，还可以找到当代艺坛中的弊端，提出变革艺术方案，参与艺术思潮的讨论，推进艺术运动的发展。如在新文化运动时期，美术现象出现凋敝之状，吕澂、陈独秀对当时美术现象进行分析后提出美术革命的主张。吕澂的《美术革命》的起因有三条，其一是当时文学革命方兴未艾在文坛上正风起云涌，这便引起作者对美术界是否也要变革的思考。其二是当时意大利正风行未来主义，而未来主义又正是从诗歌开始而影响到绘画雕塑，这种外国艺术革新的精神引起吕澂关于美术革命的思考。其三是西画东输，学校肄习，但有俗士骛利，徒袭西画之皮毛，一变而为艳俗，以迎合庸众好色之心。可见，吕澂提出美术革命的三条原因都是对国内外当时美术、艺术现状进行洞察分析后产生的。"呜呼！我国美术之弊，盖莫甚于今日，诚不可不亟加革命也。"

至于陈独秀《美术革命——答吕澂》一文，也是由于他对当时中国整个学术界、思想界变革考虑，《新青年》杂志提出"文学革命"后，"对于医学和美术，久欲详论"，陈独秀所提倡的美术革命，主要是关于中国画的改革问题。他的研究视点，主要关注元明清的文人画，"自从学士派鄙薄院画，专重写意，不尚肖物"到清代四王更是变本加厉，"人家说王石谷的画是中国画的集大成，我说王石谷的画是倪董文沈一派中国恶画的总结束"。另一方面，陈独秀对西方的写实主义大加赞扬，认为写实主义是符合科学精神的。"若想把中国画改良，首先要革王画的命。因为改良中国画，断不能不采用洋画写实的精神。"因此，不难看出，陈独秀的美术革命，中国画改良思想、观点，都建立在对当时艺坛分析的基础上。吕澂、陈独秀正是通过对美术史和当代美术的分析，发现问题，试图变革美术、振兴中国艺术。他们在发出"美术革命"的呼唤时，写下这两篇"美术革命"的文章，提出变革中国美术的主张。所立论的观点十分鲜明，其变革美术的思想在中国20世纪产生了一定的影响。

关注艺术创作最新的成果和艺术现象，常常会激活艺术理论思维，帮助艺术理论家思考问题，提出理论新见解。例如英国19世纪批评家约翰·罗斯金和20世纪初美学家克里夫·贝尔，都对当时艺术进行分析、评论，提出了新的理论观点。

约翰·罗斯金1853年在爱丁堡写作了《透勒及其作品》《拉斐尔前派》，并分别进行了这两个专题的演讲。1853年透勒刚去世不久，他的作品（图13），开创了风景画的一个崭新的时代，作品对天空中的大气、云雾和日光的描绘充满了神奇之美。我认为透勒开启了19世纪下半叶印象主义和20世纪抽象绘画的大门。约翰·罗斯金在《透勒及其作品》一文中说，我来这里演讲，是为了告诉你们，我花了15年时间所确定的事实，那就是，透勒，这个当他生活在你们中间时你们所不了解的人，终有一天会在英国的名人记录中与莎士比亚和弗朗西斯·培根齐名：

> 是的，除了莎士比亚和弗朗西斯·培根以外，在智慧天空中的第三颗恒星，所有其他的星体都围绕他们运行。莎士比亚向你们揭示了人性的真谛，培根告诉了你们自然的法则，而透勒则给你们描述了自然的样子，所有的这些都是为你们开启了一扇智慧的大

图13 透勒，战舰"特米累勒号"的最后一次归航，1838年，画布油彩，91厘米×122厘米，伦敦国家美术馆

图14 塞尚，一篮苹果，1890—1894年，画布油彩，65厘米×81厘米，芝加哥艺术学院

门，并且是第一次将它开启。在这三个人中间，透勒虽然不是最伟大的，但是他所做的工作是最史无前例的。培根做了亚里士多德曾经探索过的事情，莎士比亚则是完整地完成了埃斯库罗斯没有做完的事情，但是在透勒之前还没有人揭开过自然的面纱：山脉和森林的雄伟从没得到过诠释，装饰天空的云朵、浸润大地的雾气也从来没有被记录下来过。

——约翰·罗斯金：《艺术十讲》，张翔等译，169页，

北京，中国人民大学出版社，2008

这样，约翰·罗斯金揭示了透勒在风景画中的贡献，使英国观众逐步认识他的意义，论述透勒由于对自然的描绘使他成为在英国历史上可以和莎士比亚、培根一样伟大的人物。艺术史证明约翰·罗斯金的评价是正确的。

约翰·罗斯金在《拉斐尔前派》一文中，对19世纪上半叶在英国流行的绘画流派——拉斐尔前派进行了分析，指出其特点。因为拉斐尔前派画家不满近代绘画，想要回到拉斐尔之前的绘画风格之中，招来画坛非议。约翰·罗斯金在《拉斐尔前派》一文中对拉斐尔前派进行诠释和肯定：

让我立刻激昂这些疑惑从你们的思想中清走，立刻驳倒所有这些毁谤。

拉斐尔前派只有一个原则，那就是它所创造的一切作品都是绝对的、坚定的事实，即使最微小的细节也是来源于自然，并且只来源于自然。拉斐尔前派的每一幅风景画，它的每一笔都是在户外完成的，完全来源于事物本身，每一幅拉斐尔前派的肖像，不管其表现经过了怎样的深思熟虑，都是一幅来源于某个活生生的人物的真实肖像。每一个微小的附属物也都以同样的方式被描绘出来。而该流派受到其他艺术家的最强烈攻击的主要原因之一，就是它

要求那些采用这种体系的人付出巨大的耐心和精力，这一点完全颠覆了当今懒散而不完美的风格。

——约翰·罗斯金：《艺术十讲》，张翔等译，209页，

北京，中国人民大学出版社，2008

20世纪初的英国美学家和批评家克里夫·贝尔和罗杰·弗莱对欧洲大陆产生的印象主义、新印象主义及后印象主义表现出很大兴趣，罗杰·弗莱还将法国印象主义联系到英国展出，并积极为印象主义写评论文章。克里夫·贝尔写作《艺术》，列专章分析塞尚作品（图14）的美学价值，要"向塞尚致意"。印象主义强调光和色的作用，不再重视作品的内容与思想价值，塞尚强调几何形的造型作用。印象主义作品对20世纪的形式主义产生了极大的影响。克里夫·贝尔和罗杰·弗莱敏锐地看到印象主义的新的美学特点，从分析评论印象主义作品中，生发出形式主义美学观，克里夫·贝尔还提出艺术"是有意味的形式"的著名美学命题。

以上所述，立论性文章写作，要注意提出新的理论观点，开辟新的研究领域，运用新的研究方法，关注新的艺术实践，这样才可能写出好的立论性的理论文章。上述列举的文章均是通过收集材料，加以研究，正面立论，即以阐述写作者自己的思想观点和艺术主张为主，我们把这些文章称为立论性艺术理论文章。

第二节　反驳性艺术理论文章写作

除了立论性文章，反驳性文章也是艺术理论文章的重要组成部分。反驳是反驳性艺术理论文章写作的主要方法之一。这种文章写作，以反驳、批驳、争鸣或者讨论为切入点，对现存流行的某些普遍观点、论点产生怀疑，提出问题，进行反驳，或者对某个具体问题，某篇文章的某一具体观点，表示异议，进行争论，发表不同见解，提出不同的理论观点。反驳性艺术理论文章写作的共同特点是针对性强，即针对某一观点、某种思想而引发讨论，阐述己见。艺术理论本身的发展规律是，一方面在前人理论的基础上补充完善，另一方面则是发现前人或同代人理论中的问题，进行讨论和争论，在争论中发展。因此学习写作反驳性艺术理论文章既是发展艺术理论的需要，也是我们在研究艺术理论问题中经常要采用的写作方法。

在此要说明的是，我们说的反驳性艺术理论文章的写作，并不是采用否定一切、否定对方或者搞虚无主义、唯我独尊的方法，而是说真理是在斗争中发展的，艺术理论也是在论争中发展的，我们说的反驳性是指针对某一观点发表不同意见，而不是搞全盘否定、无限上纲、打棍子似的大批判。

例如，爱森斯坦于1939年写作的《蒙太奇在1938》就是针对性很强的反驳性的文章。C.M.爱森斯坦（1898—1948）是苏联著名电影导演和理论家，1924年摄制了他的第一部影片《罢工》，1925年又导演了著名影片《战舰波将金号》。《蒙太奇在1938》这篇文章详尽地论述了蒙太奇的作用，该文所阐述的基本原理，对电影创作实践极富指导意义。

这篇文章的开头如下：

在我国电影界，有一个时期蒙太奇被宣称为"一切"。而现在，认为蒙太奇"没有什么"的时期已接近尾声，在既不认为蒙太奇"没有什么"，也不认为它是"一切"的时刻，我们认为需要提醒一下：蒙太奇跟电影影响作用的一切其他因素一样，也是电影作品的一个必要的组成部分。曾经过了"拥护蒙太奇"的风暴和"反对蒙太奇"的逆袭之后，我们的确应该重新地、坦率地来探讨一下蒙太奇的问题，其所以特别必要，是因为在"否定"蒙太奇的时期，甚至把它的无可争论的一面，它在任何时候也无论如何不致引起攻击的一面，都给否定掉了。问题在于，近年来许多影片的作者是这样彻底地"清算了"蒙太奇，以致连蒙太奇的基本目的和任务，也都忘掉了，而这种任务是跟任何艺术作品所要达到的认识作用分不开的——这就是条理贯通地阐述主题、情节、动作、行为，阐述整场戏、整部电影的内容运动的任务。在各种电影样式中，甚至是某些十分出色的电影大师的作品，且不必谈什么激动人心的叙述，即令是合于逻辑顺序的、脉络分明的叙述，都不多见。当然，这与其去批评那些大师，毋宁首先去为被许多人所丢弃了的蒙太奇文化进行斗争。更何况我们的影片所面临的任务，不仅仅是合乎逻辑的条理贯通的叙述，而正是在最大限度激动人心的充满情感的叙述。

蒙太奇——就正是解决这项任务的强有力的助手。

……为什么我们一般说来总要进行蒙太奇工作呢？即使最露骨的蒙太奇反对者也不能不承认：并不是仅仅由于我们手中没有无限长的胶片，所以我们才命里注定要跟有限长度的胶片打交道，不得不偶尔要把这一段胶片跟另外一段胶片粘接在一起。

蒙太奇的"左派"在蒙太奇问题上又陷入另一极端。当他们摆开拍摄在胶片上的各个镜头时，却发现了多年以来一直使他们十分惊奇的一种质。这种质就在于，把无论两个什么镜头对列在一起，它们就必然会结成一种从这个队列中作为新的质而产生出来的新的表象。

——尤列涅夫编著：《爱森斯坦论文集》，魏边实等译，

北京，中国电影出版社，1985

作者在电影理论上的贡献，主要在于它阐释蒙太奇理论，这篇文章针对有关蒙太奇这一电影表现手段的两种截然相反的观点进行反驳和论争。一种观点认为蒙太奇就是"一切"，而后来另一种观点认为蒙太奇"没有什么"，爱森斯坦的任务就是避免过于高扬或过于否定的片面偏激观点，正确阐述蒙太奇的作用，检讨当初阐述蒙太奇具有无可置疑的重要性时，忽略什么？在肯定蒙太奇的狂热中，有哪些原来是正确的，又有哪些原来是不正确的？

爱森斯坦认为："两个蒙太奇镜头的对列不是二数之和，而更像二数之积——这一事实，以前是正确的，今天看来仍然是正确的。"这是因为，两个镜头对列的结果在质上发生变化，而有别于各个单独的组成因素。例如妇人——这是一个画面，妇人身上的丧服——也是一个画面，这两个画面都是可以用实物表现出来的。而由这两个画面的对列中所产生的"丧妇"，则已经不是用实物所能表现出来的东西了，而是一种新的表象，新的概念、新的形象。

阿姆勃克兹·皮尔斯在他的《幻想的寓言》中所写的短小隽永的笑话"无法安慰的寡妇"。

"全身丧服的妇人在坟前放声大哭。

"'想开一点吧，太太'，一位香客甚表同情地对她说。'上帝的慈悲是广大无比的。在这个世界上，除了您的丈夫，您一定还可以找到能够使您幸福的男人的！'

"'是啊'，她哭着回答，'是找到了，唉……这就是他的坟墓啊！……'"

这个故事的整个效果在于：坟墓和站在坟旁的全身丧服的妇人，按照一成不变的规格，在我们的想象中自然归结为哀悼亡夫的寡妇，其实她哀悼的却是情夫！

爱森斯坦检查当时对两个镜头列产生"某种第三种东西"这一看法的"偏差"究竟在哪里？他认为，"错误在于：主要强调了对列的可能性，而放松了对对列材料问题的研究性注意"。

作者还分析了达·芬奇的一个"蒙太奇记录本"，即达·芬奇为了在绘画上怎样来表现洪水而写下的札记。

达·芬奇的这一段札记再一次提醒我们：即使平面图画上细节的配置，在结构方面也必须依据于眼睛由一个现象向另一个现象的严格的运动。

然而，毫无疑问，达·芬奇之所以作出这样有顺序的描写，其任务决不在于罗列细节，

而是要在画布表面勾画出未来运动的轨道。在这里，我们便可以看到一个十分出色的例子：甚至在不动的绘画中，对于那些看来是静止的，同时"并存"的细节，也应该和在时间艺术中一样，进行完全同样的蒙太奇选择，严格规定出细节对列的顺序。

最后，爱森斯坦得出全文的结论："电影艺术大师们应该像研究剧作——文学笔法和演员技巧那样去掌握具有高度水平的蒙太奇笔法的全部奥妙。"

有时反驳性文章针对某一流行观点，而不是具体针对某人或某篇文章。某些理论观点一经形成，就成为一种思维定势，一旦流行开来，没有人怀疑它的正确性，所谓人云亦云，长此以往，就成为定论。在这种时刻，我们必须要有勇气跳出这种思维圈子，培养理论勇气和理论胆识，敢于碰硬，敢于反潮流。对某些看来似乎正确的理论也可以问几个为什么？也可以从另外的角度重新进行审视，通过研究可以得出新的结论。

下面我们看看美国当代美学家W. E. 肯尼克（William E. Kennick）的一文《传统美学是否基于一个错误》，他认为传统美学至少基于两个错误，他写这篇文章的目的就是要证明这一点。他的这篇文章，旨在向整个传统美学挑战。他认为传统美学在对以下问题作出解答：什么是艺术？什么是美？何为审美经验？何为创造活动？"正如传统的形而上学家们长期以来寻找空间与时间、现实与变化的本质，传统的美学家们孜孜以求的是艺术与美、审美经验和创造活动的本质。"由于传统美学的大多数基本问题都旨在寻求定义，因此传统美学探求的结果便成了如下一些公式："艺术即表现"（克罗齐）、"艺术是有意味的形式"（克利夫·贝尔）、"美即客观化的快感"（桑塔亚那）等等。有了这些定义，我们似乎就应该知道艺术或美是什么了，这就像是在有人告诉了我们氦是化学元素、气态、惰性、无色、原子序数2、原子量4.003之后，我们就该明白氦是什么一样。可是我们得到了这些定义之后，这些定义又使我们大失所望。

肯尼克在叙说了"本质的"定义，及艺术的本质、美的本质应该解决的问题后，指出："传统美学所探求的，就是传统逻辑语言所说的艺术品和美的类别定义。"认为假设所有的艺术，即绘画、音乐、诗、建筑、戏剧等有一个共同的东西，这是"第一个错误"。他认为就像奥古斯丁知道时间是什么一样，我们也知道艺术是什么。只是当别人问我们艺术是什么时，我们答不出来。困难并不在于艺术品本身，而在于艺术的概念。"艺术"一词与"氦"一词不同，它的用途广泛而又错综。艺术的性质问题是一个哲学问题，也正因为如此，世上才只有艺术的哲学而没有氦的哲学。因而他认为像"氦"是什么是可以定义的，而像艺术是什么却是不能定义的。传统美学的错误就在于把不能下定义的东西要给它下定义。实际上在任何上下文中，在任何适当的场合，正确地使用"艺术"或"艺术品"一语，那么他就知道艺术是什么。世上任何艺术定义都无法使他们的认识更进一步。

接着肯尼克又分析了传统美学的第二个错误：美学与批评。美学家们寻求何为艺术、美等的主要原因之一是：他们认为，除非我们知道艺术和美为何物，否则就无法识别高明的和优美的艺术。把这种看法组成一种假设形式，它就成了：批评必须以美学理论为基础。这一假设包含了传统美学所基于的第二个错误，这就是，如果没有适用于一切艺术品的标准和规范，就不可能有值得信赖的批评。进而作者对诸如艺术的价值、判断艺术品的标准等问题均作了剖析，认为传统美学错误的假设：若无整套适用于一切艺术品的准则、规范、标准，就不可能有值得信赖的文艺批评，这一假设产生的原因，是由于人们不加批判地将文艺批评的形式与其他领域，尤其是道德领域里的评价形式混淆起来。

这样，肯尼克从两个方面对传统美学发起批判，把传统美学的两个基本点作为他反驳、论争的对象，他在反驳和论争中，阐述了自己的一些观点。这篇文章，对于动摇传统美学的基础起了一定的作用，当然，传统美学的这两个问题，是不是就被肯尼克推翻了，也不一定，人们仍然还要谈美是什么、艺术是什么的问题，仍然还要设立艺术批评、美学标准。但是肯尼克的文章至少使我们对传统美学的这两个基本问题产生了怀疑，帮助我们从新的角度来思考艺术与美的问题。

反驳文章中的另一类，是和具体的人、具体文章论争、论战，针锋相对，直接对话，有时火药味还很浓，这样一种反驳式、论战式的文章也是发展艺术理论、将理论探讨引向深入的一种方法。学会写这种反驳性文章也是必要的。一方面有时我们可以参与批驳别人文章中的我们认为不正确或不妥当的观点；另一方面，说不定我们写文章后，会遭到别人的批驳，我们有必要进行再反驳，捍卫和发展以及完善我们自己的观点。

杨成寅1990年6月2日在《文艺报》上发表《"新潮"美术论纲》一文，对20世纪80年代初以来在中国出现的新潮美术现象进行了分析批评，认为"中国的所谓新潮美术，就其主导倾向来说，恰恰是反艺术规律性和反社会目的性的"。杨成寅认为新潮美术否定美术与生活的联系，否定用艺术形象反映生活的必要性，而强调单纯表现美术家自己的某种自发的、模糊的、神秘的观念、心理和意识，否定美术对社会主义精神文明建设应当承担的责任。他还指出，新潮美术在很大程度上否定继承和发展中国民族美术的优秀遗产和传统的必要性，而一味倒向西方现代派艺术。

此文发表后，在艺术界引起较大反响，有赞同的，也有反对的。杜键发表了《对〈"新潮"美术论纲〉的意见》，对杨成寅的文章进行反批评，论述西方现代主义艺术对中国现代艺术的冲击、渗透的必然性和必要性，亦可以说该文在某种程度上为西方现代主义艺术和"新潮"美术作了辩护。后来，杨成寅又发表了《艺术道路问题的分歧》一文，对杜键的文章进行逐条反驳。如杜键认为新潮美术是推动"主体意识的觉醒"，是"扩大美术界的文化价值"与研究"艺术形式"的必然产物，杨成寅针对这一观点进行反驳：

就新潮美术从1985年开始到1989年初在《中国现代艺术展》上达到高潮这一发展过程来说，它们恰恰是在不断缩小美术的社会功能，恰恰是从脱离生活、否定真实性和思想性的形式主义出发走向反艺术、破坏艺术形式并否定艺术家的真正主观创造性这样一个自我捆缚的绝境。

——杨成寅：《艺术道路问题的分歧》，载《文艺报》，1991年5月25日

杨成寅的结论和杜键正好相反，他还列举1989年初在中国美术馆举办的《中国现代艺术展》为例进一步反驳杜键的观点：

1989年初，在北京举行的"中国现代艺术展"上，中国新潮美术达到了反艺术、破坏艺术形式、艺术主体自我污辱的高潮。请看记者的描述吧："20余双被药水腐蚀得支离破碎的医用橡皮胶手套，工整地排列在一张平台上。经过热处理的胶皮管，猪肠似地一坨坨地挂满了半壁墙。洋人名片、毛泽东像、破布头、鹰牌剃刀、牡丹牌香烟、牙签、外国画报杂乱地组成一个拼盘。康德巨著《纯粹理性批判》经过洗衣机搅拌后湿乎乎地堆在桌上。一百余个避孕套，充气后垂吊在天棚上……有人端来一盆水搓揉脚趾头。有人扯着嗓子叫卖海鲜。更大胆的，端着左轮手枪，对准自己的作品，勾动了板机……"（《中国妇女报》1989年2月）请问《意见》作者："中国现代艺术展"上的反艺术、反审美、反文化、反艺术主体的种种表演，作为新潮美术的重要表现，从哪些方面推动了"主体意识的觉醒"，从哪些方面扩大了艺术的"文化价值"，从哪些方面加强了对"艺术形式"的研究，在哪些方面扩大了"审美领域"，在哪些方面是"符合党的文艺方向，遵循艺术规律和有利于社会主义精神文明建设"的呢？

——杨成寅：《艺术道路问题的分歧》，载《文艺报》，1991年5月25日

杨成寅通过现代艺术展的作品来反驳杜键为新潮美术所作的辩护，采用排比质问的语句以增强自己文章的力量。虽然杨成寅的文章的观点及对新潮美术的激烈批评有些尖刻，但从文章反驳逻辑性来看还是很有力量的。他在反驳中一方面对对方的批评进行还击，另一方面又巩固了自己的意见。

可见，反驳性的艺术理论文章的写作常常是进行学术争鸣，发展艺术理论，坚持真理、修正错误不可或缺的一部分。

本人在《艺术百家》2009年第2期上发表《谢赫〈画品〉的历史价值及若干问题辨析》一文，对谢赫《画品》涉及的有关艺术思想、品评作品的标准、被品评的画家人数，及"六法"论之标点

等问题,提出一些自己的看法,此文发表后被中国人民大学报刊资料中心主办的《造型艺术》全文转载,产生了较好的学术影响。在本文的写作中,运用了反驳、讨论等方法。下面就本文中有关六法的标点问题作一引用和介绍。

谢赫《画品》前面有一段总说,相当于序文,后面则是对画家的品评。就在前面序文中提出了"六法"论。本来此段标点和断句非常明确,涉及六法的文字为"虽画有六法,罕能尽该,而自古及今,各善一节。六法者何?一、气韵生动是也;二、骨法用笔是也;三、应物象形是也;四、随类赋彩是也;五、经营位置是也;六、传移模写是也"。所谓六法,就是气韵生动、骨法用笔等六条。唐代张彦远在《历代名画记》中专列一节"论画六法"。其断句为"昔谢赫云,画有六法。一曰气韵生动,二曰骨法用笔,三曰应物象形,四曰随类赋彩,五曰经营位置,六曰传移模写。自古画人罕能兼之"。张彦远对六法的句读和理解完全是对的。宋代郭若虚在《图画见闻志》中亦分一节"论气韵非师",对谢赫所云六法句读,与张彦远完全一致。明代末期,董其昌在《画旨》中开卷就写到:"画家六法,一曰'气韵生动'"。直到20世纪上半叶,滕固《气韵生动略辨》(1926年)、刘海粟所著《中国绘画上的六法论》(1931年)、沈叔羊的专著《国画六法新论》(1946年),对六法的断句标点都没有问题。"气韵生动"等六句,各四字一法,即气韵生动、骨法用笔、应物象形、随类赋彩、经营位置、传移模写(或传模移写),这已是一千多年来公认的绘画之大"法",也是千万次被画家、评论家引用的原典。本来这是不成问题的公理,但在20世纪下半叶,知名学者钱锺书在其《管锥编》卷四第一八九节《全齐文卷二五》中,对谢赫绘画六法文字重新标点,从而引起争议。现将钱文抄录如下:

谢赫《古画品录》。按论古绘画者,无不援据此篇首节之"画有六法"。然皆谬采虚声,例行故事,似乏真切知见,故不究文理,破句失读,积世相承,莫之或省。论古诗文评者,复一曲自好,未尝凿壁借明。乞邻求醯,几置"六法"于六合之外,眉睫邈隔山河,肝胆反成胡越。盖重视者昧其文,漠视者忽其旨,则谓谢赫此篇若存若亡,未为过尔。

"六法者何?一、气韵,生动是也;二、骨法,用笔是也;三、应物,象形是也;四、随类,赋彩是也;五、经营,位置是也;六、传移,模写是也。"按当作如此句读标点。唐张彦远《历代名画记》卷一漫引"谢赫云":"一曰气韵生动;二曰骨法用笔,三曰应物象形,四曰随类赋彩,五曰经营位置,六曰传模移写";遂复流传不改。名家专著,破句相循,游戏之作,若明周宪王《诚齐乐府·乔断鬼》中徐行讲"画有六法、三品、六要",沿误更不待言。脱如彦远所读,每"法"胥以四字俪属而成一词,则"是也"岂须六见乎?只在"传移模写"下一之已足矣。文理不通,固无止境,当有人以为四字一词、未妨各系"是也",然观谢词致，尚不至荒谬乃尔也。且一、三、四、五、六诸"法"尚可牵合四字，二之"骨法用笔"四字截搭，则如老米煮饭，捏不成团。盖"气韵""骨法""随类""传移"四者皆颇费解，"应物""经营"二者易解而苦浮泛，故一一以浅近切事之词释之。各系"是也"，犹曰："'气韵'即是气动，'骨法'即是用笔，'应物'即是象形"等耳。

——钱锺书：《管锥篇》，卷四，231～232页，北京，三联书店，2001

细读钱锺书这一段奇怪文字，有三层主要意思，其一是从唐代张彦远在《历代名画记》开始，用四字断句法即一曰《气韵生动》等，将气韵生动、骨法用笔等连读，成为四字一法的六法，不符合谢赫原意，因此歪曲了谢赫六法，而且流传一千多年，直到钟钱书重新标点之前，无一人指出其错误。其二，是钱锺书进行所谓新标点，即将《气韵生动是也》等六法，断句标点为《气韵，生动是也》，用后二字解释前二字。其三，谢赫"六法"，由张彦运以来直到钱锺书新标点之前的"气韵生动""骨法用笔""随类赋彩""应物象形""经营位置""传移模写"，由于钱锺书的所谓新标点，变成了新六法，即"气韵""骨法""随类""应物""经营""传移"。笔者认为这不仅是所谓新标点句读问题，而且涉及六法内容的改变，是对流传一千五百多年以来中国最重要的艺术批评标准和中国传统美学精华之一的六条法则的改变，是一个重大美学理论和艺术理论问题，不得不加以辨析。钱先生在文史研究上是有卓越贡献者，由于其学术地位的影响，加之新异标点，蒙蔽不少学人和学生。仅举两例。其一是一位美术史论专家近年在其论著《谢赫〈古画品录〉的几个问题》中引用钱文新标点句读六法，加以赞扬。其二是某美术学院一位博士生最近著文在《美术研究》上发表，提到"六法"，表示极赞同钱文断句。这说明目前在美术史论专业研究者和青年学生中均有部分人员信奉钱文奇异标点，因此更有厘定辨证之必要，以免误导学界。

本来谢赫六法意思是十分明了的，气韵生动、骨法用笔等，四字一法。张彦远《历代名画记》专辟一章《论画六法》："昔谢赫云：'画有六法：一曰气韵生动，二曰骨法用笔，三曰应物象形，四曰随类赋彩，五曰经营位置，六曰传模移写。'"宋郭若虚《图画见闻志·论气韵非师》也是如此断句，"一曰气韵生动……"直到清代严可均编《全上古三代秦汉三国六朝文·全齐文》收录谢赫《古画品录》时，标新立异，自作聪明，断句为："六法者何？一气韵，生动是也；二骨法，用笔是也；三应物，象形是也；四随类，赋彩是也；五经营，位置是也；六传移，模写是也。"现代学者钱锺书在《管锥篇》中也学严可均的断句法，并加以论证。此二人不大懂绘画，如此句读，也不见怪。

谢赫先设问"六法者何？"然后分条回答，每一条最后二字"是也"是作为"六法者何"的回答，总问题是何为六法，后面六句都是回答这一总问题，而不是每一句"是也"回答本句问题，像严可均、钱锺书理解的"气韵，生动是也；骨法，用笔是也"等，在每一法中，谢赫并没有再提出问题，自己来回答和理解。当然若回答的句子较短，可以将"是也"放在所回答问题的最后两字作结尾，但要回答六法，即六个问题组成，如前面只说一、气韵生动，二、骨法用笔，经过三、四、五，到六，才用"六、传移模写是也"，这样反倒不好顺读。因此谢赫才于每一法四字后面加"是也"，相当于我们今天来说，第一法就是气韵生动，第二法就是骨法用笔，这样排列顺读，比较流畅，每一法都用"是也"，用肯定语气回答何为六法的问题，六条分述完毕，六法者何的问题也就总体回答完了。阮璞先生曾在《谢赫"六法"原义考》中引《文心雕龙·情采》中的一段句法有些类似的话，帮助证明钱锺书断句的合理性。刘勰《文心雕龙·情采》中的一段原文是这样的："故立文之道，其理有三：一曰形文，五色是也；二曰声文，五音是也；三曰情文，五性是也。"只要细察，刘勰的三文和谢赫的六法，句法有差别，谢赫是"六法者何？"采取设问，其下六条是回答这一总问题的，而刘勰的三文是叙述语言，而且形文、声文、情文三文已很明白，形对色、声对音、情对性，用五色解释形文、五音解释声文、五性解释情文，这是十分明白的。但六法并没有像三文那样用二字标明，所以不能说后二字是补充或解释前二字。另外形文、声文、情文各已表明独立意义，也即是前面所说的三文，后面两字，即五色、五音、五性则可以解释补充前面所谓形文等。但"六法"中每法四字，除气韵可以独立，其余五法前二字单独不能完整地表达一个意义或为一法。因此不能照搬《文心雕龙·情采》中三文之断句法。

如果按严可均和钱锺书的断句，那么六法将成为什么样子呢？六法不再是气韵生动、骨法用笔、应物象形、随类赋彩、经营位置和传移模写，而是气韵、骨法、应物、随类、经营、传移（传模）。除气韵可单独说通外，其余所谓五法均不能单独成立，文意不明确，这并不像刘勰所说的三文即形文、声文、情文那样每两字具有明确的独立的意义。如果谢赫真的提出的是这六法，那是没有多大意义的，且文意不通，更谈不上是法了。请看第二至第五法，"骨法"那是一个什么呢？"应物"怎么能称为一法呢？且"应物"与"随类"同义互换，"随类"如是一法，叫人如何适宜呢？"经营"更不能称为绘画中的一法，"经营"只有和要经营的东西放在一起才具有意义。"传移"或是"传模"其意都不明，只有加上"写"或是"模写"或是"移写"才能表达图形状物的创作规律。阮璞先生说钱锺书的新标点，"提出一个发人所未发的全新见解"，实际上谈不上所谓全新，只是照搬严可均《全齐文》中的断句标点，不仅无新可谈，而且将六法糟蹋得不成样子，全面曲解谢赫的原意，谢赫要是有灵的话，是绝对不会同意的。严可均在《全齐文》中收录《古画品》，可能是他自己，也可能是民国时人校阅和首次刊刻时所胡乱添加的标点和断句。而钱锺书明明是读全齐文《古画品》时摘录照抄严氏断句，却不加说明，贪严氏之功（实为过）为己功（实为过），以致蒙骗阮璞先生认为钱是发前人所未发的全新见解。钱锺书不看或不懂谢赫六法完整意义，只是学究般地从所谓"是也"找几个类似句子断句标点，遂演绎严可均的断句法，对于六法研究没有什么真正的学术价值。明明是钱弄巧成拙、画蛇添足，偏偏他还理直气壮地指责张彦远"一曰气韵生动，二曰骨法用笔……"是"破句失读""如老米煮饭，捏不成团"，这真可谓痴人说梦，失之毫厘，差之千里。

阮璞先生一方面客气地说钱锺书的"新标点"是"全新见解"，另一方面又有保留地认为每一法还是以相当于成语的四字为好，折衷地提出在每一法的前二字与后二字之间加上一个连接号，即气韵——生动、骨法——用笔、应物——象形，等等。[1] 实际上也没有必要加连接符。每一法四字组在一起才有完整意义。"气韵生动"是要求作品靠内在精神气韵生发出灵动、流转或律动之感。"骨法用笔"是要求画家用笔要有骨力，"应物象形""随类赋彩"是要求制形设色要根据不同事物本身的形、色加以表现。"经营位置"是要求画家谋划好画面的布局构图。"传移模写"则从总体上要求状模好客观对象，完成作品的创作（模写）过程。骨法只有和用笔连在一起、应物只有和象形连在一起、随类也只有和赋彩连在一起等等，才有完整意思，才能称为一法，否则诸如"应物""随类""骨法""经营"等单独二字其意都不明，哪里还谈得上是"法"呢？

① 参见阮璞：《谢赫"六法"原义考》，见《中国画史论辨》，7页，西安，陕西人民美术出版社，1993

本来如"经营位置"，谢赫这一法意义甚明，即要画家谋划好、安排好画作的构图，但按钱锺书的断句法，变成"经营，位置是也"，经营就是位置，本来意义是经营好位置，现在被钱锺书改成经营就是位置，重点是说"经营"；"骨法用笔"本意是用笔要有骨力，重点是谈用笔，经钱锺书窜改后成为"骨法，用笔是也"，重点是说"骨法"，用笔只是来解释"骨法"；"应物象形""随类赋彩"本意是根据客观物象来制形赋彩，重点是制形设色，经钱锺书窜改后，重点成为"应物""随类"，"应物，象形是也；随类，赋彩是也"，用象形、赋彩来解释应物、随类，真是滑天下之大稽。"应物""随类"居然成为"六法"之二法，这只有不通画理、不懂绘画的人，才能奇想出来。东汉许慎《说文解字·叙》中早就有"依类象形"之说，晋索靖《草书状》中有"类物象形"，无论是"依类象形"和"类物象形"，还是"应物象形"都是说根据客观事物的形象来造字和进行绘画，这是再明白不过的事情。并且，"应物"和"随类"是同一个意思，为避免重复换一个相近的词，就像"我""予"一样，都是表现说话人"我"。"应物"和"随类"都是指根据不同的客观事物来制形和赋彩，"应"和"随"都是依照的意思，"物"和"类"都是指物或指不同的物，"应物"只有和"象形"结合起来，成为"应物象形"才能表达一个完整的意义，"随类"也只有和"赋彩"结合起来，组成"随类赋彩"，才能表达一个完整的意义。"应物"和"随类"如果不和"象形"与"赋彩"结合起来连读，那是一个什么法？且"应物"和"随类"是同一意而二用，分成二法更是多余。无论是对于画家创作，还是对于批评家来品评画作，如果用钱锺书的所谓"应物"和"随类"两法来行事，画家和评论家都将不知所措。假如六法是诸如"应物"和"随类"这样的"法"，哪里还谈得上什么"万古不移"的"精论"。钱先生自己通过错误断句、偷梁换柱将六法窜改、贬损、糟蹋成这个样子，明明是自己在那里"破句失读""如老米煮饭，捏不成团"，怎么好意思将此等桂冠加在张彦远的头上。

唐张彦远、宋郭若虚对六法的句读即每一法的四字连读，一曰气韵生动、二曰骨法用笔、三曰应物象形、四曰随类赋彩、五曰经营位置、六曰传移模写，这是符合谢赫本意的，是对六法的完整表述。正由于他们完整地理解了六法的意义，所以在自己的绘画史著作中分别列专章来阐述绘画六法，郭若虚才能说"六法精论，万古不移"。我们宁可相信艺术史家唐人张彦远、宋人郭若虚，因为他们真正理解了"六法"论，而不愿相信文史家清人严可均、近人钱锺书，因为他们没有理解"六法"论，而且歪曲肢解了谢赫的绘画思想。

我们之所以花力气解决上述问题，是因为《画品》中的六法，对中国画史及美学影响相当大，我们必须弄清六法的本来意义，这样我们才能继续发挥六法的作用。谢赫提出了六法论，系统地建立起中国画史的评价标准和理论体系，对中国绘画史及中国画的创作与品评起到不可估量的作用，而且今天还在继续发生影响。借用宋人郭若虚的话来评价六法，"六法精论，万古不移。"[1]

① 参阅陈池瑜：《谢赫〈画品〉的历史价值及若干问题辨析》，载《艺术百家》，2009 年 第 2 期

可见，我们在论文写作中往往是要通过和对方争论或辩论相关问题，来阐发我们的思想和观念，辩驳和反驳就是我们经常要运用的基本方法。本人在写作《谢赫〈画品〉的历史价值及若干问题辨析》一文中，就多次运用了辩驳和反驳的方法，借以表达我的学术观点和看法。当然反驳要有力量，还必须对要表达的内容有正确的把握，并对对方错误的关键要害通过说理分析，进行击破，在"破"的同时，将自己的观点树立起来。假如自己对论争的问题都没有搞清楚，提不出自己的看法，那还怎么能去反驳别人呢？

第三节　艺术理论文章写作的逻辑性

艺术理论文章写作，理论性强是它的特点之一，而一定的理论观点的表述则要运用相应的逻辑手段，对所研究的理论问题进行归纳、演绎和进行推理，最后得出令人信服的结论。

　　理论文章要有一定的逻辑力量，立论、论辩、驳论、论证都要有根有据，文章的思维逻辑要清楚，表达层次要分明，材料和观点要统一，推理和结论要合理，而要做到这一切，逻辑性是主要的思维手段和写作表达手段。一个逻辑思维混乱、文章表达层次含糊的人，是不可能写出好的理论文章的。

　　德国古典哲学集大成者黑格尔专门写过《小逻辑》《逻辑学》，把逻辑问题当成重要的哲学问题进行研究。他在《小逻辑》"逻辑学概念的初步规定"的章节中对逻辑学的研究对象作了以下说明：

　　逻辑学是研究纯粹理念的科学，所谓纯粹理念就是思维的最抽象的要素所形成的理念。

　　我们可以说逻辑学是研究思维、思维的规定和规律的科学。

　　在某种意义下，逻辑学可以说是最难的科学，因为它所处理的题材，不是直观，也不像几何学的题材，是抽象的感觉表象，而是纯粹抽象的东西，而且需要一种特殊的能力和技巧，才能够回溯到纯粹思想，紧紧抓住纯粹的思想，并活动于纯粹思想之中。

　　逻辑学的有用与否，取决于它对学习的人能够给予多少训练以达到别的目的。学习的人通过逻辑学所获得的教养，在于训练思维，使人在头脑中得到真正纯粹的思想，因为这门科学乃是思维的思维。

　　附释一：第一个问题：什么是逻辑学的对象？对于这个问题的最简单、最明了的答复是，真理就是逻辑学的对象。真理是一个高尚的名词，而它的实质尤为高尚。只要人的精神和心情是健康的，则真理的追求必会引起他心坎中最高的热忱。

　　附释二：以思维为逻辑学的对象这一点，是人人所赞同的。但是我们对于思维的估价，可以很低，也可以很高……

　　感觉的本身一般是一切感性事物的形式，这是人类与禽兽所共有的。这种感觉的形式也许可以把握最具体的内容，但这种内容却非此种形式所能达到。感觉的形式是达到精神内容的最低级形式。精神的内容，上帝本身，只有在思维中，或作为思维时，才有其真理性。在这种意义下，思想不仅仅是单纯的思想，而且是把握永恒和绝对存在的最高方式，严格说来，是唯一方式。

　　一方面，对于人来说，思维的知识即使只是单纯的主观活动也是对他很光荣而有兴趣的事。因为人之所以异于禽兽即由于人能知道他是什么，他做什么。逻辑作为研究思维的科学来看占有很高的位置，逻辑科学研究思维的活动和它的产物（思维能产生思想），那么逻辑科学的内容一般讲来，乃是超感官的世界，而探讨这超感官的世界亦即遨游于超感官的世界。

　　　　　　　　　　——黑格尔：《小逻辑》，贺麟译，63～67页，北京，商务印书馆，1981

　　根据黑格尔的意见，逻辑是研究思维规律的科学，而思维是超越感觉之上的，逻辑学就是思维的思维。学习逻辑包括要训练思维。在艺术文章的写作中，特别是艺术理论文章的写作要加强逻辑性，加强思维力量。这是就思维、思想和逻辑的关系而言。另一方面就逻辑形式来讲，则要学习形式逻辑，形式逻辑已形成一个学科。通过学习形式逻辑，掌握形式逻辑的一些基本规律，正确地运用概念进行判断和推理，掌握归纳、演绎的一般规律，帮助我们进行艺术理论研究和从事艺术理论文章的写作。有人认为，每个人无须学习逻辑都能思考，正如无须研究生理学，都能消化一样。即使人研究了逻辑之后，他的思想仍不过与此前一样，也许更有方法一些，但也不会有多大的变化。这种观点是片面的。

　　逻辑在艺术理论研究中或明或暗地要起一定作用，理论家们掌握逻辑规律后可以自如地加以运用，使理论文章和著作增强逻辑力量。

　　下面我们看看英国著名哲学家和历史学家罗宾·乔治·科林伍德（Robin George Collingwood，1889—1943）于1938年出版的《艺术原理》，这部著作是作者艺术理论的代表作，也是表现派美学的代表。科林伍德与克罗齐一起被称为克罗齐—科林伍德表现论美学体系的创立者。科林伍德在该书的第一章引论中的第一节第一行开宗明义地说："什么是艺术？这是本书试图回答的问题。"显然，科林伍德是要为艺术找到他认为合理的定义，他的这本书的整个任务就是要对原有的有关艺术定义进行检讨，然后他自己再提出一套理论，因而他在逻辑上就要先运用否证法或证伪法，批驳他认为错误的艺术观念。

　　他在第一编《艺术与非艺术》中，详尽考察和艺术有关的几个概念，或者说容易和艺术混淆的几个概念。例如艺术与技艺，他力主将艺术与技艺分开，"技艺"，古拉丁语中的Ars和希腊语中的"技艺"所指称的东西，即通过自觉控制和有目标的活动以产生预期结果的能力。科林伍德认为：建立一种完善的美学理论所要采取的第一个步骤，必须把技艺的概念和真正艺术的概念区别开来。1. 他认为技艺总是涉及手段与目的之间的区别，"手段"泛指被使用以达到目的的那些东西，诸如工具、机器和燃料；2. 技艺涉及计划与执行之间的区别，工匠们在制作之前就知道自己要制作什么，这种预知对于技艺是绝对不可缺少的。他共列了六条技艺的特点。然后他回溯技艺一词使用的来历，认为是古希腊哲学家创造出来的。苏格拉底学派制定了技艺理论的基本轮廓，柏拉图在《理想国》中认为，上帝和世界的关系是工匠和制成品之间的关系，亚里士多德在《形而上学》中对柏拉图进行反驳，但他们都认为诗歌是一种技艺，这种技艺就是诗艺。接着科林伍德分析了技艺的实例，有些技艺，如做鞋、木匠活和针织，其目的在于生产某种类型的人工制品，其他一些技艺，如种植、家畜饲养或驯马，其目的在于生产或改善某些非人性的生物有机体；还有一些技艺，如医疗、教育或战争，其目的在于把某些人类引入某种肉体状态或心理状态之中。然后他指出一直到当时，人们的思想方式都倾向于把艺术哲学置于技艺哲学之下。作者对艺术的技巧论进行反驳，认为艺术的技巧论是一种粗俗的错误。科林伍德认为"哪一类特殊技艺与艺术相同是无关紧要的，考虑艺术家会给予观众一些什么益处，设想艺术家要引起观众一些什么反应，这些都是无关紧要的。与这些细节无关，我们的问题在于，从根本上讲，艺术究竟算不算一种技艺？只要牢牢地记住前一节列举的技艺的六条特征，再考察一下六条特征是否符合艺术的情况，问题就很容易得到答案"。

科林伍德在"对艺术的技巧论的剖析"一节中，详细分析真正的艺术不具备技艺的六条特征，因而艺术不能等同于技艺。如第二条，技艺存在计划与执行之间的区别。这一点好像也存在于某些艺术品之中。但诗人作诗事先只可能模糊地知道，如果他去散步，可能会写出诗来，至于说到他计划要作诗的种种标准和规格是什么，他就不会事先知道了。这实际上是强调某种创作中的偶然性。对于第二条，在逻辑上驳论比较复杂。科林伍德说：

> 本来，艺术并不意味着计划和执行间的区别。但是，（a）这只是一种消极的特征，而不是一种积极的特征。我们决不可能把缺乏计划确定为一种积极的力量并称它为灵感或无意识之类。（b）这是艺术的一个可允许的特征，而不是一个必备特征。如果无计划的艺术品是可能的，并不能由此推出，没有计划的工作就是艺术品。那将是一个逻辑谬误，这一谬误是某些所谓浪漫主义理论的基础。全然没有计划就能制作出来的少数艺术作品都是一些无关宏旨的小品，而那些最伟大并最严肃的艺术品总是包含着一定的计划成分，因而也就包含着一定的技艺成分。上述点很可能是非常正确的，但是，这并不能说明艺术技巧论有道理。
>
> ——〔英〕科林伍德：《艺术原理》，王至远等译，22页，
>
> 北京，中国社会科学出版社，1985

科林伍德由于先为技艺列了六条标准，然后他采用的逻辑方法是将艺术从这六条标准或六个特征、条件中排除，论证艺术不是技艺。但在论到第二条有关计划时，他先说艺术没有计划，后又承认最伟大的艺术是有计划了，而无计划产生的只能是小品，这样好像他又在帮助技艺论说话了。艺术本身确实存在某些计划因素，也可说是技艺特征，而科林伍德的理论想要否定，这和事实发生了矛盾，因而在他的思维和文章表述中也都出现了这种矛盾。

总的来讲，他的逻辑力量还是很强的。科林伍德在下一节"技巧"中表明了他有关艺术和技巧的关系的观点：

> 只要我们认真地考察技艺的概念，就很容易明了真正的艺术不可能是任何一种技艺。今日

大多数论述艺术的人们似乎都认为艺术是一种技艺，这是一个重大的错误，现代美学理论必须和它进行斗争。就是那些并没有公开接受这种错误主张本身的人，往往也接受了包含着这种错误的种种学说。艺术技巧论就是这样一种学说。

艺术技巧论可叙述如下。艺术家必须具备一定的专门化形式的技能即所谓技巧，他获得这种技巧就和工匠们一样，部分是通过个人经验，部分是通过分享他人的经验，于是别人就成为他的老师。单凭由此取得的技巧本身并不会使一个人成为一个艺术家，因为一个技师可以造就，而一个艺术家都是天生的。伟大的艺术力量甚至在技巧有所欠缺的情况下也能产生出优美的艺术作品；而如果缺乏这种力量，即使最完美的技巧也不能产生出最优秀的作品。但是同样的，没有一定程度的技巧性技能，无论什么样的艺术作品也产生不出来。在其他条件相同的情况下技巧越高，艺术作品越好。最伟大的艺术力量要得到恰如其分的显示，就需要有与艺术力量相当的第一流的技巧。

这样他用归纳手法，将前面所述的各种观点，总结出带有结论性的表述了。科林伍德在本书的后面论述艺术和巫术的关系、艺术和娱乐的关系时，也都采用这种方法，否定巫术和艺术类同，认为巫术是伪科学；巫术从实质上说是一套活动体系，是一种技巧。科林伍德认为"要对巫术加以理论说明，唯一有用的方式是从艺术方面去接近它"。（弗洛伊德认为巫术师是精神病）

巫术与艺术之间的相似是既强烈而又切近的，巫术活动总是包含着像舞蹈、歌唱、绘画或造型艺术等活动，并且它们不是作为边缘因素而是作为中心因素。此外，这些因素所具有的功能在两个方面都类似于娱乐的功能，（1）它们都是达到预想目的手段，因而并非真正的艺术，而是技艺。（2）这一目的在于激发情感。

科林伍德推论出一些非常惊人的结论。

"巫术艺术是一种再现艺术，因而属于激发情感的艺术，它出于预定的目的唤起某些情感而不唤起另外一些情感，为的是把唤起的情感释放到实际生活中去。""中世纪艺术具有公开的明确的巫术性质，而文艺复兴艺术和现代艺术则不具有这种性质。""巫术活动是一种发电机，它供给开动实际生活的机构以情感电流。"科林伍德认为，巫术激发某种情感而在实际生活中服务于某种目的。中世纪的艺术被宗教笼罩着，因而类似于巫术。按这种逻辑他把巫术扩大化了，首先扩大到宗教，宗教是一种信条。"对名为宗教艺术的那种情形，连带它的赞美诗、仪式和种种典礼活动，几乎不需要再作分析了。显然，它的功能在于唤起而且是经常地重新唤起某些情感，然后在日常生活的活动中把这些情感释放出来。"宗教艺术也是一种巫术。

同样明显或者相差无几的情形是爱国评论艺术，不论这种爱国主义是国家性质的还是城邦性质的，或者是附属于某一政党、某一阶级或任何其他共同体的。爱国诗歌、校歌、名人肖像或政治家塑像、战争回忆录、回顾历史事件的图画或剧本、军乐，以及一切形式不计其数的庆典游行式和典礼，它们的目的都在于激发人们对国家、城邦、政党、阶级、家庭或任何其他社会或政治团体的忠诚。这一切活动，只要它们的目的不是使唤起的情感在当时当地就释放在唤起情感的体验中，而是将它们导入日常生活的活动中，并为了有关的社会和政治团体的利益而调整这些活动，它们就都属于巫术。

在通常称为体育运动的仪式中，可以见到巫术艺术的另外一组实例。作为最后一组实例，我们认为是社会生活的各种仪式，诸如婚礼、葬礼、宴会、舞会，即一切以其方式装饰了现代文明社会男女私人生活的种种典礼形式。（因而，至少从潜在主义上可说是艺术形式。）这一切活动在实质上都是巫术。

这样一种泛化的巫术艺术论，在于科林伍德先为巫术艺术设立一个标准，然后把国歌、典礼仪式都套入这个标准，因为他们既然具有了巫术艺术的条件，所以他们就是巫术艺术了。由于他们是巫术艺术，所以就不是真正的艺术。他自己的这套逻辑推理还比较严谨，当然他设立的巫术艺术的标准是否有问题，是否艺术只要和巫术有某些方面的相似就不是真正的艺术了，这一点本身是否正确那就是另一个问题了。

科林伍德还反对把游戏和艺术等同，反对把艺术规定为娱乐性，认为享乐主义艺术理论把艺术家看成娱乐的提供者，他把通过唤起某些情感来取悦观众作为自己的任务。科林伍德认为，通常所提供娱乐的艺术品，它不像真正艺术的作品那样本身具有价值，而是达到某种目的的手段，因而它不是真正的艺术。

这样科林伍德采用"排他法""证伪法""否证法"，将和艺术有关的技巧论、巫术论、游戏论、娱乐论还包括再现论都否定了，剩下来的只有想象和表现了。因此他认为真正的艺术是想象的，是表现性的。艺术并不是制作而是创造，"一件艺术品我们就不必把它称为真实的事物，我们可以把它称为想象的事物"。

最后他专门研究想象和语言表现问题，得出艺术的定义：

审美经验或者艺术活动，是表现一个人情感的经验，而表现它们的活动，就是一般被称为语言或艺术的那种总体想象性活动，这就是真正的艺术。

科林伍德把艺术看成是表现性的，对情感的表现除了艺术外，还有语言，因而表现性的语言也是艺术，这样他又推出一个结论，甚至莎士比亚的戏剧也不是艺术，因为其中有某些功利因素，但生活中一句表现性的语言却是艺术！这些观点都值得推敲，由于他本身是一位哲学家，他的理论想自圆其说，逻辑力量比较强，《艺术原理》整个逻辑结构我们经过分析也比较清楚，他也确实从与众不同的角度对艺术与技巧、艺术与巫术等进行了深入研究，不乏理论价值。但是他推论的前提、条件常常本身是有问题或存在争议的，因而他推出的结果，自然也就不都尽人意，有时也显示出牵强附会之感。

武汉大学的刘纲纪先生是一位著名的哲学家兼美学家，他对美的本质作了深入研究，认真研读马克思的哲学著作，运用马克思"劳动创造了美"等观点，从社会实践的角度来解决美的本质问题，试图解开"美之谜"。他写作的《关于美的本质问题》的第四部分"美的二重性"，比较好地解决了美的本质问题，他写道："第一，属于客体的东西表现了属于主体的东西。一朵美的花，它所具有的形状、颜色等等是属于客体的，但它却又表现了属于欣赏主体的情感、理想、愿望等等东西，而且只有在它表现了属于主体的这些东西的情况下它才有美可言。第二，属于自然的是属于人的东西的表现。一个优秀的风景画家，就是能从自然中看到人的风景画家，所谓'山川即我也，我即山川也'。如果属于自然的东西不表现属于人的东西，那么自然的东西决不会有美。第三，属于个体的东西是属于社会的东西的表现……美之所以为美，就在于社会的伦理道德、政治、法律等等的原则，不是外在于个体的欲望、要求、情感、个性等等东西的，而恰恰是通过这些东西表现出来的。"刘纲纪从美的二重性方面解决美的本质问题，有很强的逻辑力量，他将美的特点概括为属于客体的东西表现了属于主体的东西、属于自然的东西表现了属于人的内容、属于社会的东西表现在属于个体的东西之中，这样揭示了自然美、社会美、艺术美的一些普通的规律。由于他的论文有较强的逻辑性，因此也有一定的哲学深度。

此外，艺术理论专著的写作，其章节内容安排，也要考虑其内在的逻辑关系，各章节要有逻辑联系，形成相对完整的一个理论框架和体系。如清华大学李砚祖教授所著《工艺美术概论》（中国轻工业出版社1999年出版），第一章导论，造物的文化与工艺，主要从广义和狭义阐释工艺美术概念；第二章工艺美术的起源，从人类造物活动追寻工艺美术的起源和发生过程；第三章工艺美术的形态范畴，论述工艺美术的分类，如传统手工艺、现代手工艺、民间工艺、宗教工艺等。前三章讲述工艺美术的概念、起源和分类等最基本的理论问题。第四章，讲述材料、工艺技术与艺术；第五章讲述工艺和装饰的关系。这两章深入探讨工艺美术的核心问题，即工艺美术的材料运用，工艺美术创作中的技术问题，工艺美术与图案、纹样及装饰问题，这些问题对于理解工艺美术的艺术特征和审美特征十分重要。然后，该书接下来分三章论述工艺设计、工艺美学、工艺美术经济学。最后两章即第九章为作为社会文化的工艺美术，第十章为工艺美术教育、研究与未来。这两章从社会文化、工艺美术教育高度进一步理解工艺美术的社会文化作用、工艺文化的传播，探讨工艺美术人才培养、工艺设计师的位置与素养。这样，李砚祖教授把握了工艺美术理论的逻辑联系，建立起了工艺美术概论新的基本理论体系。以前，我们艺术理论界没有系统的工艺美术原理方面的教材和专著，李砚祖教授的这本《工艺美术概论》具有开创之功。

第四节　艺术理论文章写作的创造性

艺术理论文章写作除了逻辑性特征外，还应讲究创造性与学术性。艺术理论文章最忌人云亦云、无所建树。写好艺术理论文章最重要的标志之一是要有独创性，贵在提出新的见解、新的观点和新的思想，文章具有了创造性，同时也就具有了学术性

艺术理论文章要有创造性，既可以在思想体系上进行建构，也可以在具体观念上出新，还可以提出新的问题加以讨论或论证。

有一些艺术理论著作的创造性在于建立一整套艺术思想或美学思想体系，当然这需要多年对某些重大的艺术问题或美学问题进行研究，不是一朝一夕、一蹴而就的事，有时体系上和思想上的创新，需要终身的研究和努力。作者写好一本书，建立一种思想体系，而终身受到赞誉，影响几代人、几个世纪。例如康德的《判断力批判》上卷，提出审美判断的四个契机。第一契机，"鉴赏是凭借完全无利害观念的快感和不快感对某一对象或其表现方法的一种判断力"。第三契机，审美判断不带功利性，康德把快适、美、善三者进行了详细的比较。所谓快适即"在感觉里面使诸官能满意"，如口味等，它经由感觉对某一对象产生爱好或一种欲念的满足，这就和利害发生了关系，不符合审美鉴赏的规定了。善"是依着理性通过单纯的概念使人满意的"。它是意志所向往的目的，涉及利害计较的实践活动。一个人做了好事得到赞许引起的快感，它在自身中就带有最高的利害关系。生理上快适的东西使人快乐满足，善的东西受人尊敬赞许，美的东西才使人心悦喜爱。"在这三种愉快里只有对于美的欣赏的愉快是唯一无利害关系的和自由的愉快。"第二种契机，"美是不依赖于概

念而作为一个普遍的对象被表规出来的"，本来概念是事物及其普遍属性（本质）在思维中的反映，审美判断不依赖于概念怎么会又有普遍性呢？康德认为来自于人人共有的一种心意中的普遍传达力，它的特征是，对象的形象显现的形式恰好符合两种认识功能（想象力和悟性），可以引起二者和谐地自由地运动。人的心意活动中的表象必须具有想象力，以便把多样的直观集合起来，同时必须具有悟性，以便由概念的统一性把诸表象统一起来。各种认识功能集合在表象上和谐地自由地运动，这是审美判断心意状态的主要内容，是人人都具有的一种先天的心理结构形式。这样，我在鉴赏某一美的形象时，就可以假定旁人对这同一个形象显现会引起同我一样的感觉，因为别人对这一形象的感觉力和我是相通的。因此，这种审美判断就不仅是个人的事了，而且获得了普遍性。到此，美不用概念而又具普遍性的矛盾得到了解决。第四个契机，审美是无目的而合目的性，"美是一对象的合目的性的形式，在它不允许有一个目的表象而在对象身上被知觉时"，他反对审美符合客观目的性，如说一匹马符合目的，就是说这匹马长得符合马的概念，这不是审美。既然排斥了对象的客观目的性和内容，就只能在对象的形式中来论证符合人的主观目的性了。这样一种纯形式中产生的美就是所谓"纯粹美"，如一块草地的绿色、一个单纯的音调。由此产生了判断，就是"纯粹的鉴赏判断"，除了花卉、自由图案、没有目的地交织在一起的线条、壁纸上的簇叶装饰、无标题幻想曲外，纯粹美就不再有更多的内容了。（图15）和"纯粹美"相对立的是"附庸美"，附庸美以一个概念为前提，如说一个少女美就是她的形状很美地体现了少女形体构造的目的。附庸美更能体现美的理想，美的理想又包含着道德观念，这样被康德驱逐出去了，美之外的道德又被接回到美的理想中来了。

康德的这些美学思想是极富创造性的，虽然有些偏颇之处，但是他却极为精练地表达了一种美学理论体系，处处闪耀着新的思想火花。这本著作对19世纪和20世纪的西方美学、艺术思想产生了重大的影响。

创造有影响的艺术理论体系和美学体系不是容易的，也不是每一个艺术理论工作者或美学研究者都能达到的，但一般来说，对于某些美学问题和艺术理论问题发表独特见解则是艺术理论家们应该做到的。对艺术理论中的某个问题作较为深入的研究，然后在文章中提出独立见解。如日本美学家竹内敏雄的《艺术理论》，看到目前艺术理论和美学常常混同，他提出想把艺术学从美学中分离出来的主张，此外他特别强调技术的作用。"对于一般美说来，赋予艺术以本质特征的是技术性创作的活动。只有在这一点上，艺术学才应该超出美学。"他认为艺术学如今不能只听从美学的支配，而且应该按照既包括美的技术又包括实用技术的技术哲学原理，在更高的层次上加以构筑。"我们面临的课题，是在美的哲学与技术哲学这两方面的基础上重新建构艺术哲学。"他的观点和前面我们讲的科林伍德正好相反，科林伍德基本上是想把技术排斥在艺术的本质以外的，只强调想象和情感作用，但是竹内敏雄正好看到缺少技术哲学纯审美理论的毛病，因而他特别强调技术的创造性，提出技术哲学的概念，"只有对艺术家的创作技法进行技术哲学（创造学）的考察，才能纠正美学艺术观中审美主义的片面性，恰如其分地处理艺术问题"。他将艺术家的创作与技术家的制作进行比较后说："这就是无论是制作有用的东西，还是制作美的东西，都是追求一定目的的意志活动，这一点终究是违反静观性的审美规

图15 善良的撒玛利亚人，13世纪初，彩色玻璃画，沙特尔主教堂

范的。""在生产方面艺术也是一种有着明确的自身目的的活动，为了制造出成品，始终贯穿着要给予素材以形成这样的意志，在这一点上它和其他技术不无两样。"

竹内敏雄的这样一些观点和流行的美学理论与艺术理论不同，他既认为艺术是审美价值的创造，同时也认为不能对艺术仅仅作审美哲学家的解释，还要研究技术哲学。并且他认为艺术创作过程和物品的技术制作过程都有意志活动，即二者都要完成作品，都有意志控制活动，研究艺术必须要研究技术制作，研究创造学的问题。这样一些观点，便和流行的艺术理论拉开了距离，提示了艺术创作中的一些规律，理论上是有创新意义的，对于艺术学学科建设也是有帮助的。

即使在一篇较短的文章中，作者如果能对所研究的领域及其社会科学胸有成竹，也能够提出重要的理论观点，发生广泛的影响。

我们看看蔡元培1917年在北京神州学会的讲演词《以美育代宗教说》[①]。蔡元培提出了"以美育代宗教"的观点，在学术界和社会上产生了广泛的影响。

该文首先分析了宗教在近代逐渐失去作用的现象，"夫宗教之为物，在彼欧西各国，已为过去问题。盖宗教之内容，现皆经学者以科学的研究解决之矣"。蔡元培接着分析原始宗教产生的原因，"不外因吾人精神作用而构成"。而人类精神上的作用一般分为知识、意志、感情三种，最早的宗教兼此三种作用而有之。但随着社会和科技的发展，人类有关知识、意志和感情的认识亦逐步得到

① 发表于《新青年》第 3 卷 第 6 号，1917 年 8 月

科学的解释，宗教的作用也就消退了。如原始人对人和世界万物不能作出科学解释，生自何来？死将何往？创造之者何人？宗教家只有将此归于上帝，这是知识作用之附丽于宗教者也。"迨后社会文化，日渐进步，科学发达，学者遂举古人所谓不可思议者，皆一一解释之以科学。日星之现象，地球之缘起，动植物之分布，人种之差别，皆得以理化、博物、人种、古物诸科学证明之。而宗教家所谓吾人为上帝所创造者，从生物进化论观之，吾人最初之始祖，实为一种极小之动物，后始日渐进化为人耳。此知识作用离宗教而独立之证也。"宗教和感情的作用最为密切，而情感和审美是紧密相关的。蔡元培还分析了以往之宗教常常借美术而发挥作用。"凡宗教之建筑，多择山水最胜之处，吾国人所谓天下名山僧占多，即其例也。""其建筑也，恒有峻秀之塔，崇闳幽邃之殿堂，饰以精致之造象，瑰丽之壁画，构成黯淡之光线，佐以微妙之音乐。赞美者必有著名之歌词，演说者必有雄辩之素养，凡此种种，皆为美术作用，故能引人入胜。"但至文艺复兴以后，各种美术，渐离宗教而尚人文。到了近代，宏丽之建筑，多为学校、剧院、博物院。其他艺术种类，也多取资于自然现象及社会状态。"于是以美育论，已有与宗教分合之两派。"而美育附丽于宗教者，常受宗教之累，失其陶养作用，而转以激刺感情。"感激刺感情之弊，而专尚陶养感情之术，则莫如舍宗教而易以纯粹之美育。"蔡元培认为纯粹之美育，可以陶养人们的感情，高尚纯洁之习惯，而使利己损人之念，渐渐消失。

蔡元培的这篇短文，通过简短地论述宗教作用不断减退，而美育的功能不断增加之历史趋势，论证了以美育代宗教的必然性，创造性地提出了这一观点，对中国现代教育思想、美学思想产生了深远的影响。

有时，针对某一主题的学术研讨会写作相关论文，也要围绕主题，发表新的学术见解，理论创新仍然是首要任务。2014年7月，中央文史馆书画院和中国美术家协会理论委员会等单位，联合召开了"中国画学的传承与发展学术研讨会"，围绕"中国画学的理论体系与核心价值"的单元主题，我在会上作了《中国画的核心价值观和审美价值观》的会议发言，并提交了论文。本文的结论部分如下：

中国古代画学中，从汉代到宋代，产生和完善了两种价值观，一种是在孔子儒家礼教思想影响下形成的兴成教化、鉴戒贤愚之核心价值观，这种价值观主要以人物画为对象，画家具有强烈的社会责任心和政治道德感。在这种价值观的主导下，人物画创作承担起鉴戒贤愚、扬善惩恶、记功颂德、风化民众的政治道德作用。另一种价值观则是在老庄道家思想影响下形成的观道畅神、达情适意之审美价值观，这种价值观主要以山水画和花鸟画为对象，画家多为高人达士和文人贤士，他们寄情山水泉石、花竹草木，其作品主要是为了畅神自娱、达情适意。他们对社会的贡献主要是创造了一种林泉丘壑、淡泊闲适、怡情养性、脱俗返真的山水世界和花鸟境界。前一种价值观主导的是积极入世，奋发有为的风化社会之治世人生理想，体现的是一种道德哲学观，此所谓达则兼济天下。其思想基础是孔子的儒家礼教观。后一种价值观主导的是遁迹山林、出世脱俗的抒写个性之养心人生境界，体现的是一种审美哲学观，此所谓穷则独善其身。其思想基础是老庄的道家美学观。这两种价值观都促进了中国画的发展。兴成教化、鉴戒贤愚之核心价值观，使汉唐人物画雄伟屹立，灿烂辉煌。观道畅神、达情适意之审美价值观，则使宋元明清山水画花鸟画意趣横生，琳琅满目。中国画在艺术哲学上是儒道互补，在艺术思想上是核心价值观与审美价值观互生，在绘画实践中是共同创造了中国画的辉煌历史和壮丽篇章！①

① 参见陈池瑜：《中国画的核心价值观和审美价值观》，载《"中国画学的传承与发展"学术研讨会论文集》，中央文史馆书画院编，74～75页，2014年7月，又载《美术》2014年第7期

本人在会议发言中提出的中国画的这两种主要的价值观的理论观点，得到中央文史馆书画院院长马振声先生的较高评价。

总之，艺术理论文章写作，不管是鸿篇巨制还是短篇论文，都要有自己独特的研究心得，艺术理论文章写作的学术价值，其根本标志之一是要有创造性，要能够提出自己的创造性见解和观点，这样才能避免艺术理论文章写作中的浅薄和平庸。

艺术理论的创新不仅是一个写作问题，而且是一个思维和学术创造的大问题。2011年，我在杭州师范大学主办的"艺术学学科发展新向度暨对策研究国际论坛"会议上，作了《理论创新：艺术学理论学科的根本任务》的演讲，该文在《艺术百家》2011年第4期上发表。该文提出："科技创新是我国经济社会发展的必然要求，是我们时代的重大主题。在这一背景下，我们可以说，艺术学理论的创新也是时代的要求，是艺术学理论学科可持续发展的内在的必然趋势，因此，我们应将艺术学理论创新确立为当前和今后一段工作中学科发展的战略目标。"

2014年4月，本人在江西师范大学主办的全国艺术学研究生教育研讨会上，应大会邀请，就艺术学科研究生理论创新问题作了主旨发言，其主要观点如下：

（一）认识艺术理论创新的重要性与紧迫性。中国在春秋战国时期是哲学与思想创新的最活跃时期，孔子的儒家思想、老庄的道家思想，还有墨家、法家思想等，都是那时提出的。那是一个思想的原创时代，其后都是在不同程度上对他们的阐发，当然也有新的发展。到清代，主要是考据学上有成绩，但创新不够。20世纪搞新学，主要学西方，学了一百年，自己创造的东西并不多，借鉴西方的东西不少，创造性不够。21世纪我们不能再重复20世纪的失误，必须要加强自身理论建设，提倡和激励理论创新。充分认识理论创新的重要性和紧迫性。英国撒切尔夫人说，中国经济发展了西方人不怕，为什么呢？她说中国只能制造小商品输出，而没有观念和思想输出，这应引起我们的

重视。

（二）继承和吸收我国古代艺术理论的精髓，作为艺术理论创新的基础。先秦时期我国出现了《乐记》辉煌的篇章，但艺术理论的大发展和原创期我认为是汉魏六朝，因为这一时期，我国的绘画、书法、诗歌、文赋均取得很大的成就，总结诗文书画创作规律和品评艺术家及作品的时机成熟了，于是出现了中国艺术理论的爆发期，诸如钟嵘的《诗品》、谢赫的《画品》、庾肩吾的《书品》、顾恺之的《论画》、宗炳的《画山水序》、许慎的《说文解字》、袁昂的《古今书评》、卫恒的《四体书势》、王僧虔的《论书》等，以及曹丕的《典论·论文》、刘勰的《文心雕龙》，这些著作创造性地对诗文、书画提出各种理论和美学主张，奠定了我国艺术理论的基础。唐宋时期艺术史论也进一步发展，艺术史方面出现了张彦远的《历代名画记》、郭若虚的《图画见闻志》、邓椿的《画继》等，建立起中国艺术史学科。艺术品评理论在南朝诗、书、画三品的基础上，唐代李嗣真写作了《书后品》《画后品》，张怀瓘写作了《书断》《画断》，朱景玄写出《唐朝名画录》，宋代黄休复写出《益州名画录》，他们提出和完善从上中下三品到神妙能逸四品的批评理论的建构。此外还有谢赫的"六法论"、顾恺之的"形神论"、宗炳的"畅神论"，在汉魏六朝及唐宋时期，中国艺术理论、艺术史、艺术批评三大块理论成果均取得辉煌成就，是中国艺术理论的根基。我们今天应加强对中国古代艺术理论的学习和研究，增强理论自信，从中国传统艺术理论中找到新的理论生发点，创造新的艺术理论。

（三）借鉴西方近现代艺术理论，根据中国艺术实际，进行理论创新。西方从古希腊罗马的亚里士多德、柏拉图、贺拉斯到近现代艺术理论家、美学家，提出诸多艺术观点和思想。西方近现代的艺术史论有一个特点，就是逻辑性、体系性、创造性比较强。例如艺术史理论，中国在唐代公元840年左右，已由张彦远的《历代名画记》，建立了较为系统的绘画史学科，其后郭若虚、米芾、邓椿、夏文彦等作了新的发展，到现在一直未中断。西方则到文艺复兴瓦萨里才于1550年前后写出《大艺术家传》，开创艺术史学科，到1764年温克尔曼出版《古代艺术史》，才将艺术史学科正式确立下来，比张彦远晚了七百年到九百年。但他们的艺术史学科一旦成立，就以学科研究方式促进其发展，并重视艺术史方法与观念的建立。近代的黑格尔、丹纳、谢林、布克哈特、格罗塞、沃林格尔、沃尔夫林、里格尔、帕洛夫斯基、瓦尔堡、贡布里希等，均提出各种不同的艺术史理论与方法。相比之下，我们虽然是艺术史大国，但近代在艺术史观念和方法上，确实落后了，以至于我们写中国艺术史都不得不向西方人学习。在这种情况下，我们还容易产生自卑心理，如20世纪30年代初，滕固写《唐宋绘画史》时，就认为中国固有的绘画史只是札记、杂论，算不上符合现代史学的艺术史，并试图用沃尔夫林的风格理论来研究唐宋绘画史。但沃尔夫林那一套研究文艺复兴和巴洛克得出的风格理论，并不适合唐宋绘画史的研究，因为沃尔夫林的《艺术史基本原理》，被称为倡导一种"无名美术史"，即从作品形式分析入手，但滕固看不到几张唐代绘画原作，他怎么去分析作品形式呢？最终他还是不得不用中国画论画品中的文献材料加以写作。这就是西方的艺术理论生硬搬到中国就会水土不服，因为研究的对象不完全一样，不能硬套照搬。中国在南朝由刘勰写出了一部《文心雕龙》，体系博大，思想深刻，方法独特，但奇怪的是，这本书的体例和思维方法空前绝后，此后再没有第二本类似的《文心雕龙》，刘勰的那种对艺术宏观的理论思维方法没有得到继承，后来发达的是书画品评理论。假如我们的艺术、理论两方面都发展那就好了，即谢赫、庾肩吾、钟嵘、李嗣真、张怀瓘的诗书画品评理论，也就是具体针对诗人、书画家及作品进行品评分类分档次高低的理论，如果与刘勰宏观把握艺术总规律的理论这两方面齐头并进，那么我们古代的艺术理论就更伟大了。由于刘勰的传统和思维方式中断了，而西方近现代恰恰在综合理论思维、对艺术的哲学思维方面表现得很强势，如黑格尔、康德、克罗齐、海德格尔、沃林格尔、李格尔等，所以我们现在需要在综合理论思维方面向西方近现代艺术理论学习了。西方近现代的艺术史论有关观点、方法我们既要学习研究，也不能盲目跟风，要有自己的判断，吸收其有用的东西，根据中国艺术实践，建构我们的艺术理论。此所谓他山之石，可以攻玉。

（四）注重借鉴文学、美学、历史学科的学术成果，来创造我们的艺术学相关理论。我国艺术学在2011年前，隶属于文学门类，2011年才独立出来，艺术和文学都属于大的艺术范围，有相通的地方。往往文学理论研究走在前面，加强同文学理论界的联系，对发展艺术学科有帮助。20世纪80年代初文化部编的《艺术概论》教材就是参考《文学概论》写出来的。20世纪八九十年代很多从事艺术史论教学和研究的人员也是从文学、美学和历史学科转移过来的，这对艺术学科建设是有帮助的。艺术学和文学、哲学美学、历史学都是人文社会科学学科，哲学美学也要研究艺术，艺术是人类三大思维即认知、情感、意志（道德）的一个方面，哲学要研究艺术，才能搞清楚人的精神内容。美学更要研究艺术，大美学家也是大艺术学家，不研究艺术，美学则空洞无物，因为艺术是人和自然审美关系的最高表现，研究审美意识不研究艺术那是不可思议的，哲学美学对艺术的研究，往往有深刻的理论见解，所以值得我们艺术学认真参考。艺术史和历史的关系很密切，中国将艺术史置于艺术学科中，而西方一般是放在历史学科中，视艺术史是历史学科的一个组成部分。现在西方很强调以图证史，艺术史在历史学科和人文学科中的地位正不断提升，历史学的史料、考古发现、史学观念与方法，也可作为艺术史的参考。艺术史论研究借助文学、哲学美学、历史学，还有文化学、社会学、人类学等学科的养料，形成合力，对艺术学科理论创新大有帮助。

（五）重视艺术创作实践，关注当下艺术创作现状，研究艺术中的新问题，激活艺术学的理论创新思维。中国的有关艺术学之理论学科，如艺术史论、美术史论，均放在艺术院校，西方是放在综合大学，与文学、历史并列设系，他们的师生和艺术创作、当下的艺术活动接触较少。我国将艺术史论放在艺术学院，最大的好处是，理论与实践结合，做理论的教师与学生，可以经常与搞创作的师生接触，参观画室和展览，观摩作品，了解创作技巧与规律。这无疑对做理论的教师与学生提高艺术鉴赏力和分析作品的审美能力有帮助，同时也能使艺术学理论学科的师生思考当下的艺术问题，关注艺术热点，激活理论思维。我们的艺术史论研究，除了为自身学科发展、不断建构新的艺术史与理论外，另一个任务就是要促进当代艺术的发展，总结新的艺术创作经验，提出新的艺术理论范畴和概念，如当前新媒体艺术、影像艺术、装置艺术、行为艺术、设计艺术、电影艺术等，都有很多新的技术、形式、媒材、观念、创作方法需要研究，研究生思维敏捷，接触新艺术、新事物的能力强，加强对当下艺术的研究，是艺术学科研究生理论创新的一个重要方面，也是培养艺术类研究生的实践能力、艺术评论能力，以及培养研究生从切入当代艺术入手提高文化艺术管理能力的一个很好的路径。

我们要立大志，要振兴我们的艺术理论，建构新的理论体系和方法，推动艺术史、艺术理论、艺术批评学科向前发展，并为艺术创作提供新的理论支持，把培养新一代的富有创新能力的艺术家与艺术理论家作为重要任务。

所以我们学习写作创新性的艺术理论文章，乃是时代赋予我们的重要学术任务，我们应该在更高的层次来认识这一问题。

第五节　艺术理论文章文体写作分析

艺术理论要通过各种文章体裁表述出来，选择什么样的文体才能最好地表达自己的艺术观点，这也是写作者应该考虑的问题。一般来说，哲学家和美学家习惯于对艺术问题作哲学上的抽象思考，因此他们写作的艺术理论文章抽象性较强。而一般艺术理论家习惯于从艺术创作规律、艺术形式、语言、风格特点等着手进行研究，亦能从研究对象中归纳出一些艺术规律，他们写作的艺术理论文章论说性较强。至于艺术家有时也在创作之余写作艺术理论文章，他们大多以总结自己的创作规律以及一般艺术经验为特征,经验性较强。我们大体将艺术文章归纳为三大类,即抽象性艺术理论文章、论说性艺术理论文章和经验性艺术理论文章。当然这些划分是相对的。例如我国著名美学家王朝闻,他的艺术理论文章,从直观欣赏艺术作品的经验入手进行写作,可以将之归于经验性较强的艺术理论文章一类,但像他的专著《雕塑雕塑》《审美心态》《审美谈》又都是论述性较强甚至抽象性较强的艺术理论或者美学理论著作。

至于在写作文体方面,可分为:一、艺术理论专著。如丹纳的《艺术哲学》、克利夫·贝尔的《艺术》、阿恩海姆的《艺术与视知觉》、赫伯特·里德的《现代艺术哲学》等。二、艺术理论论文。如苏珊·朗格的《艺术问题》,是由若干篇关于艺术问题思考与研究的论文组成,再如王朝闻的《新艺术创作论》等。三、艺术散文。如日记、札记、对话录、笔记、序言、访谈等。这方面的著名作品如《歌德谈话录》《柏拉图文艺对话集》《罗丹论艺术》《德拉克洛瓦的日记》《傅雷家书》等。

我们先看看抽象性较强的艺术理论文章。这类文章往往对艺术的本质和根本特征作抽象思考,带有较强的哲学思辨性。

如德国现代著名的哲学家海德格尔,在对世界、存在、真理等进行思考的同时,也对艺术问题进行了深入研究,作过多次有关艺术、诗、空间等问题的演讲,发表了《艺术作品的本源》《荷尔德林和诗的本质》《诗人何为》《……人诗意地栖居……》《艺术与空间》等著名论文,对所论述的问题作了高度抽象的思考,达到一定的深度。

如海德格尔在《艺术作品的本源》长篇论文中,对艺术作品的本源进行追问,即追问艺术作品本质之源,一般理解,艺术作品来自艺术家的活动,通过艺术家的活动而产生,但艺术家又是通过什么成其为艺术家的? 艺术家从何而来? 海德格尔指出:

> 使艺术家成为艺术家的是作品,因为一部作品给作者带来了声誉,这就是说,唯作品才使作者以一位艺术的主人身份出现。艺术家是作品的本源。作品是艺术家的本源。两者相辅相成,彼此不可或缺。但任何一方都不能全部包含了另一方,无论就它们本身还是就两者的关系来说,艺术家和作品都通过一个第一位的第三者而存在,这个第三者才使艺术家和艺术作品获得各自的名称。那就是艺术。

——海德格尔:《海德格尔选集》(上),237页,

孙周兴选编,上海,三联书店,1996

海德格尔对艺术作品、艺术家、艺术三者的交错关系进行综合思考,提出了一系列问题,首先按一般人的理解,艺术作品是由艺术家创造的,艺术家成为艺术作品的本源,那么艺术家又是从哪

里来的呢？一个人之所以成为艺术家，就是因为他创造了艺术作品，这就是说，艺术作品又成为艺术家的本源，这看似一个循环的圈子，而艺术家和作品都通过第三者艺术才能存在，这样"艺术以另一种方式确凿无疑地成为艺术家和作品的本源"。他把艺术看成一个集合概念或集合观众，我们把仅从艺术而来才是现实的东西，即作品和艺术家，置于这个集合观念之中，他说即使艺术这个词所标示的意义超过了这个集合观念，艺术这个词的意思恐怕也只能在作品和艺术家的现实性的基础上存在。或者事情恰恰相反，唯当艺术存在而且是作为作品和艺术家的本源而存在，才有作品和艺术家。这样，海德格尔通过这一番推论，认为艺术作品的本源问题势必成为艺术之本质问题，艺术在艺术作品中成就本质。

那么究竟什么是艺术呢？海德格尔又从艺术作品存在的物质因素开始探讨，把艺术作品看成一种物，因为艺术作品也是一种存在，在建筑中有石质的东西，在木刻中有木质的东西，在绘画中有色彩的东西，在语言作品中有语音，在音乐作品中有声响。或者反过来说，建筑品存在于石头里，木刻存在于木头里，油画在色彩里存在，语言作品在语音里存在，音乐作品在音响里存在。接着海德格尔又研究真理和艺术作品的关系，最后他对艺术的界定是："艺术作品以自己的方式开启存在者之存在。这种开启，也即解蔽（entbergen），亦即存在者之真理，是在作品中发生的。在艺术作品中存在者之真理自行设置入作品。艺术就是自行设置入作品的真理。"

经过这样一番艰苦的论证，海德格尔对艺术作品的本源，对何为艺术作出了自己的独特解释，而这些解释是经过高度思辨后得出的结论。因此艺术理论文章的写作，要具有一定的理论深度和较强的抽象性，要求写作者本人应该具备哲学头脑，善于对所研究的问题进行哲学反思，发展自己的逻辑思维，这样才能写出抽象性较强的理论文章。

一般性的论说性理论文章的写作，主要是集中在所研究的具体问题上，论说性的艺术理论文章虽然不像那种作纯抽象性哲学思考的艺术理论文章，但若作者将所论述的艺术问题能作深入的研究，仍能达到一定的理论深度，揭示某些艺术现象背后的规律性。

我国现代著名美学家宗白华先生，对中国艺术的精神特征作过深入研究，他发表的有关中国诗画特点、中西诗画空间研究、中国艺术意境的论文有很高的学术价值，这些流传甚广的代表性艺术理论文章有《中西画法所表现的空间意识》《论中西画法的渊源与基础》《中国艺术意境之诞生》《中国艺术表现里的虚和实》《略论文艺与象征》《书法在中国艺术史上的地位》等。这些文章论说性很强，均包含着作者的真知灼见，如《中西画法所表现的空间意识》一文，重点研究"中西绘画里一个顶触目的差别，就是画面上的空间表现"。

该文从清代画家邹一桂对西洋人勾股法的批评论说开始，邹一桂认为西洋人的勾股法（透视法）、阴影法，所创造的空间"令人几欲走进"，"但笔法全无，虽工亦匠，故不入画品"。宗白华对洋画的几何学的透视画法、光影的透视法、空气的透视法进行介绍后，对西洋美术史中的空间特点进行概括，认为西洋绘画在希腊及古典主义画风里所表现的是偏于雕刻的和建筑的空间意识，文艺复兴以后，发展到印象主义，是绘

图16 霍贝玛，林荫道，1689年，画布油彩，104厘米×141厘米，伦敦国家博物馆

画风格的绘画，空间情绪寄托在光影彩色明暗里面。而中国画的空间意识，"它是基于中国的特有艺术书法的空间表现力"。

> 中国画里的空间构造，既不是凭借光影的烘染衬托（中国水墨画并不是光影的实写，而仍是一种抽象的笔墨表现），也不是移写雕像立体及建筑的几何透视，而是显示一种类似音乐或舞蹈所引起的空间感形。确切地说：是一种"书法的空间创造"。中国的书法本是一种类似音乐或舞蹈的节奏艺术。它具有形线之美，有情感与人格的表现。它不是摹绘实物，却又不完全抽象，如西洋字母而保有暗示实物和生命的姿式。

> ——宗白华：《中西画法所表现的空间意识》，见《中国艺术论丛》，
> 第1辑，北京，商务印书馆，1936

这样，宗白华揭示出中西画法空间意识的不同点及其原因，西洋的绘画渊源于古希腊，希腊人发明几何学与科学，他们的宇宙观是一方面把握自然的现实，另一方面重视宇宙形象里的数理和谐性，于是它们创造整齐匀称、静穆庄严的建筑，生动写实而高贵雅丽的雕像，希腊绘画的景界也就是移写建筑空间和雕塑形体于画面。经过文艺复兴对解剖学和透视学的研究，建立起一套表现人体真实和自然真实的写实法则。（图16）（图17）宗白华认为中国画不同于西洋画接近雕塑与建筑空间，而是同书法与音乐相通。中国画不是面对实景，画出一角的视野，而是以一管之笔，拟太虚之体。宗白华进而指出中国艺术的空间意识特点：

图17 丢勒透视研究,《量度四书》,1525年

《淮南子》的《天文训》首段说:"……道始于虚霩(通廓),虚霩生宇宙,宇宙生气……"这和宇宙虚霩合而为一的生生之气,正是中国画的对象。而中国人对这空间和生命的态度却不是正视的抗衡、紧张的对立,而是纵身大化、与物推移。……我们又见到宗炳的《画山水序》里说得好:"身所盘桓,目所绸缪,以形写形,以色写色。"中国画山水所写出的岂不正是这目所绸缪、身所盘桓的层层山、叠叠水,尺幅之中写千里之景,而重重景象,虚灵绵邈,有如远寺钟声,空中回荡。宗炳又说:"抚琴弄操,欲令众山皆响",中国画境之通于音乐,正如西洋画境之通于雕刻建筑一样。

——宗白华:《中西画法所表现的空间意识》,见《中国艺术论丛》,

第1辑,北京,商务印书馆,1936

宗白华的这篇关于中西绘画中空间意识比较的论文,博引旁证,论述清晰,广泛地联系绘画、雕塑、建筑、书法进行探讨,并从中西艺术史的一般特征出发进行研究,且将中西绘画中的空间观念与中西哲学中的宇宙观联系起来加以说明,揭示中西画法中各自不同的空间意识与空间特征,在研究方法上采用比较的方法,论证了中西绘画中不同的带有普遍规律性的特点。既显示了作者广博的艺术史知识,也表现出作者作为哲学家、美学家而对艺术问题深入思考的学者的思维深度,该文是论说性艺术理论文章的经典之作。

艺术文章除学术专著、论文外,还有由艺术家或艺术理论家写作的日记、札记、信件、谈话录等,特别是艺术家们,除像列夫·托尔斯泰、波德莱尔等少数艺术家能写作诸如《什么是艺术》这样有分量的专著和系统的论文,大多数艺术家常常是以随感的形式将对艺术的思考、心得或创作经验写成日记、信件、谈话录等,我们将此称为散文性的艺术理论文章。

我们看看《达利谈话录》,这本书记录了西班牙著名的超现实主义画家萨尔瓦多·达利与阿兰·鲍斯克特的十次谈话，记录了达利的一些艺术思想。

谈话录的写作，常常由访问者提问，由被访问者回答，然后访问者将此整理发表。访问者常常先将访问时间、地点及被访问的艺术家作一简要介绍，我们看《达利谈话录》第一次谈话中的第一段：

在里沃利大街默尔瑞斯饭店一套豪华的客房，萨尔瓦多·达利唇上留着长不及一英寸半的发亮短须，身穿一件海军蓝宽条礼服，他房间里的淡色家具舒适阔气，一如人们在各家豪华的国际大饭店所见。壁炉上有一铜制面具，上面刻着西班牙末代君主的侧面像：……靠近镜子，一具篦鹭的骨架和达利的一幅现实主义绘画放在一道，镜子的另一边是一条响尾蛇的骨架。家具上散乱放着的，则是用电控制能反射出附加形状的塑料材料，它们产生出一种异常的光学效果。这样，人们仿佛置身于呈现出梦幻般的种种圆形椭圆形的深度很深的镜子前……达利正在彼得·摩尔递过来的雕塑作品上签字……此时，一只迷人而又令人畏惧的戴着口套的美洲野猫不停地从一个房间逛到另一个房间，使来访者毛骨悚然。进入达利的房间简直就像在同塞万提斯笔下的风车交战。

达利在会见前颇好来点半演说式的谈话，指望这样嚷嚷会给他提供语言爆炸。他还说，他正等待着核科学家、物理学家、芭蕾舞女演员和一些非常令人讨厌的人来访。

——〔法〕阿兰·鲍斯克特：《达利谈话录》，杨志麟译，1～2页，

南京，江苏美术出版社，1991

这一段访谈前的简短介绍，将达利住房布置和生活特点作一些交待，从房间中梦幻般的镜子、西班牙末代君主的侧面像、篦鹭的骨架、达利的超现实主义绘画、令人畏惧的带着口套的美洲野猫等的描绘，给人以神秘超现实的感觉，"令人毛骨悚然。进入达利的房间简直像在同塞万提斯笔下的风车交战"。这些房间中的奇特布置，预示着达利的艺术个性及超现实主义艺术中梦幻般的神秘色彩。

阿兰与达利的谈话非常随意，有时谈到达利的创作，也有时谈到达利对一些著名艺术家的评价，或者谈到对生活甚至对女人的各种看法，由于这些谈话是不加修饰的、随意的、自由的，因此也就真实地记录了达利的一些思想火花。我们看看第二次谈话中的一段：

阿兰：今天谈谈绘画如何？

达利：绘画是我最不重要的一个方面。重要的应是我天赋的壮丽结构。绘画只是我天赋中微不足道的一部分，如你所知，我用珠宝、花圃、性欲和神秘主义来表达自己。

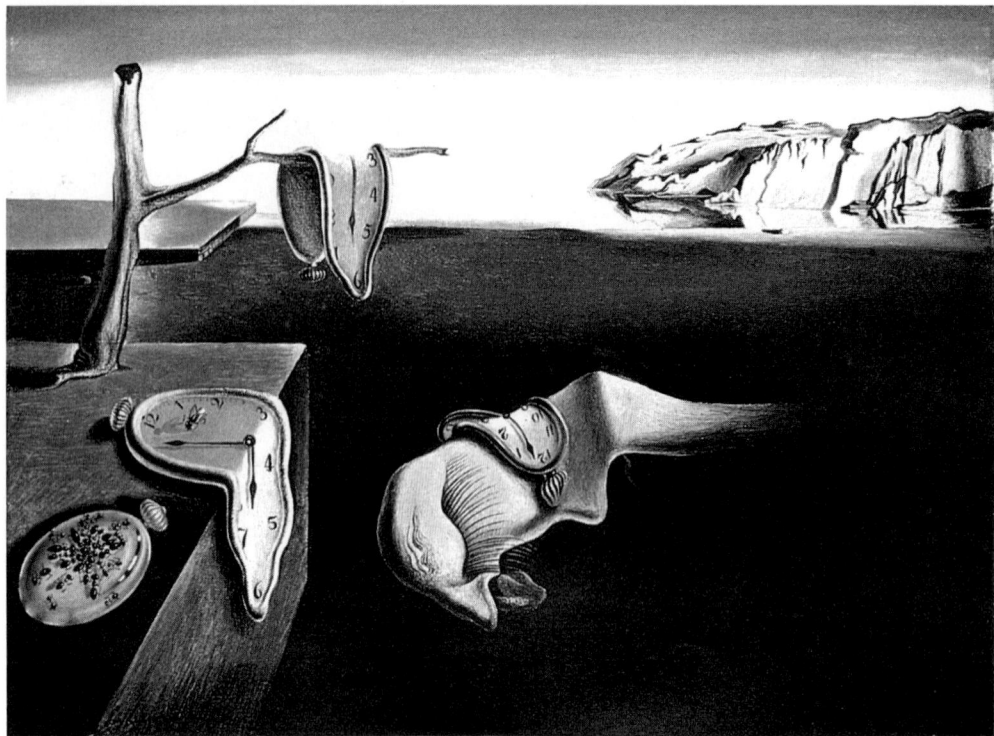

图18 达利，记忆的永恒，1931年，画布油彩，24.1厘米×33厘米，纽约现代艺术博物馆

阿兰：你现在这样说。你总是这样说吗？

达利：总是这样说，绝对总是这样。我已把绘画作用同简单的彩色片，还有具体的、非理性的、特别细致的形象创作结合起来。

阿兰：是什么使你做出这样决定的呢？

达利：在我跻身超现实主义团体两年以前。

阿兰：我发现你的回答很主观，而且与你本人很不一致。

达利：是的，我假想自己是个很好的画家。

……

达利：谦虚不是我的确切特征。就绘画本身来说，在到巴黎之前，我的唯一奢望就是达到视觉的真实。我总是赞扬彩色摄影。我总是赞赏布列东所阐释的那种极度倒退的态度。我总是在声明，现在仍然要声明，超现实主义观念只有用传统方式充分描绘出来才会成功。

这样一段谈话看来漫不经心，但仍然表现了达利的有关艺术观点，如他把绘画只看成他的天赋的一部分，他介绍了他在创作中的特点，即把绘画作用同彩色图片、具体的非理性的特别细致的形象结合起来（图18），还谈到超现实主义观念只有用传统方式充分描绘出来才会成功等。因此内容很丰富，可以帮助我们了解达利的创作过程和超现实主义的某些特征，对我们研究超现实主义绘画有一定的帮助。

有时，艺术家不一定习惯写作论文和其他文章，而他们对自己的创作和与自己创作有关的艺术形式和风格有着独特的见解，这样用采访的方式，可以将他们的思想记录下来。例如，卡巴内对法国著名艺术家杜尚的采访就记录了杜尚的有关创作思想。当卡巴内问到1911年前后杜尚的创作同同时性及未来主义、立体主义的关系时，杜尚说，他当时仅仅知道同时性画家德劳内的名字。但杜尚认为，同时性不是运动，同时性只是结构上的一种技巧，或者是色彩结构上的一种技巧。德劳内的《埃菲尔铁塔》是对埃菲尔铁塔的解体，使它散了架。当时没有人对运动的观念注意，即使未来主义也是这样，未来主义在意大利，在法国当时不大为人所知。杜尚认为同时性不属于立体主义。阿波里奈尔在书中说杜尚受到德劳内的《埃菲尔铁塔》和《窗》的影响，但杜尚说并没有受德劳内的影响。这些采访内容可以帮助我们理解杜尚的创作思想。

下面看看卡巴内和杜尚关于杜尚《下楼梯的女裸体》的创作思想讨论的对话：

杜尚：起初是要画裸体。我想画一个不同于古典的斜躺着或站着的裸体，想画一个在运动中的，那肯定会很有趣。但当我画的时候就不那么有趣了。运动的出现像是一个挑衅，使我决定要动手试试了。

在《下楼梯的女裸体》中我想创造出一个固定在运动中的形象。运动时抽象，是对绘画的削弱。在运动中我们弄不清是否一个真实的人类在一个同样真实的楼梯上，从根本上说，运动时对于观众的眼睛而存在的，是观众把运动和绘画结合在一起。

卡巴内：阿波里奈尔在他的书中写到，您在现代派中是唯一的考虑到自己将来处境的画家——那是在1911年秋天——看了那张裸女画后说的。

杜尚：你知道阿波里奈尔想到哪里就写到哪里。不过，我还是很欣赏他做过的事，因为它们没有一个固定的批评的程式。

卡巴内：您对德莱厄太太说过，当《下楼梯的女裸体》在心中出现的时候，您就知道它"将永远地与自然主义决裂了……"

杜尚：是啊，那是有人在1945年说起的。我当时解释道，当你想表现一架在飞行中的飞机时，你不可能像画静物那样去画它。在时间中运动的形式不可避免地引导我们转向几何学和数

图19 马塞尔·杜尚，下楼梯的裸女，1912年，画布油彩，146厘米×89厘米，费城美术馆

学。这和你造一个机器是同样的……。

——卡巴内：《杜尚访谈录》，王瑞芸译，22~23页，桂林，广西师范大学出版社，2001

这一段对话清楚地表明杜尚创作《下楼梯的女裸体》（图19）的有关艺术观念以及他对绘画与运动的思考。当一个画家表现一架在飞行中的飞机时，你不可能像画静物那样去画它。杜尚预计到此画标志着它"将永远地与自然主义决裂了"，因为以往的绘画都是将对象作为静态来画的，现在杜尚要将一个人的下楼梯的动态过程在一个画面上展现出来，这在画面形式上肯定要和以往的绘画形式决裂了。杜尚开创了用平面的方式表现动态联系不断的过程的新形式。

另外一些艺术家习惯于用日记体来记录自己的艺术思想。19世纪初，法国古典主义绘画大师安格尔一生没有写过任何著作，给后人留下的唯一文字资料是他的十本日记形式的所谓"安格尔笔记"，其中九本保存在安格尔的诞生地——法国南部的蒙托榜市安格尔艺术馆内，而他对美术的基本学说和思想主要是在第九本笔记本里。在这些笔记里有安格尔谈自己、谈艺术的美、谈批评与趣味、谈素描、谈色彩、谈对古典艺术及其前辈巨匠的研究、谈音乐、谈沙龙。可谓涉及问题颇广、材料十分丰富。下面我们摘录几段谈素描的笔记：

素描——这是高度的艺术诚实。

画素描决不单纯是打轮廓：素描不是仅由线条所组成的。素描——它还具有表现力，有内在的形，有画的全局，是艺术的雏形。请注意在素描之后将产生什么吧！素描本身已包含着全画的四分之三强。如果要我在自己门上挂一块匾额，我将在上面写上"素描学派"四个字，因为我坚信，一位画家是靠什么来造就的。

除了色彩，素描是包罗万象的。

阿佩列斯说："不要虚度那怕是一天连一根线条也不画的日子。"他已经说得这样肯切，而我要向你们补充一句："线条——这是素描，这就是一切。"

……要尽可能学会运用铅笔或画笔来歌唱，就像用美妙的嗓音那样唱得准确、谐和。造型的准确性和音调准确性是同出一辙的。

——安格尔：《安格尔论艺术》，朱伯雄译，33~34页，

沈阳，辽宁美术出版社，1980

在这几则日记里，记录了安格尔对素描的基本看法，他把素描看成造型艺术的基础，强调不断训练素描以达到精确地描绘对象的目的，这同浪漫主义大师德拉克洛瓦强调绘画中色彩的作用是不相同的。正是安格尔对素描的高度重视，使大卫开创的古典主义在安格尔那里得到新发展，安格尔的素描画《帕格尼尼》、油画《泉》、《莫瓦铁雪夫人肖像》达到造型坚实、精确完美的程度。安格尔的这几段谈素描的日记，字数虽少，却相当于一篇素描论文，观点明确，同时，这些观点也支配了他的绘画实践活动，使他成为古典主义杰出的代表画家。

有些艺术家能结合自己的创作心得和思考，对艺术的根本特征亦能提出独到见解，这些见解具有一定的艺术理论价值和美学价值。

达·芬奇是文艺复兴时期著名的艺术家与科学家，他不仅创作了不朽之作《蒙娜丽莎》《最后的晚餐》等经典绘画作品，而且在力学机械学、光学、解剖学等自然科学领域也取得了卓越成就，被恩格斯称为文艺复兴时期多才多艺的巨匠。他对自然的观察，很多时候是用速写和绘画加以记载的。同时他也写作了许多关于艺术问题的思考的笔记与论述。《达·芬奇论绘画》一书，就选录了他的部分笔记。这些笔记经过整理，也是优秀的艺术理论文章。他关于艺术笔记的内容涉及绘画的特征及其与诗的比较、画家守则、透视学、光影、色、比例与解剖、动态与表情以及有关绘画具体表现方法等内容。我们读这些笔记，获得的艺术理论知识不亚于读专门的艺术理论文章或艺术理论专著。达·芬奇的笔记影响深广。他从30岁左右开始记录自己艺术创作的心得和科学研究成果，准备写成绘画论、力学和解剖学三部著作，可惜未能实现，遗留下来大批笔记，由弟子梅尔兹继承。这些笔记在当时已经闻名于世。1550年左右，在梅尔兹参与下，开始了从达·芬奇各种手稿编纂画论的工作，但未完成。1570年梅尔兹死后，达·芬奇的全部手稿遭到变卖、掠夺、失落、毁损等厄运，东零西散，幸存的部分现存于米兰、都灵、伦敦、温莎宫、巴黎等地的大图书馆和大博物馆中。从16世纪中叶到19世纪初的250多年间，由《画论》派生的抄本种类有五十种以上，可见流传之广。达·芬奇的画论笔记，大部分写在1490—1513年间，正值他艺术和科学生涯最辉煌的时候，也是文艺复兴绘画艺术达到高峰的时候，因此他的画论笔记既是他自身创作经验的总

结，又是文艺复兴盛期绘画艺术经验的总结。

我们看看这些笔记中的艺术思想火花，仅举他关于绘画科学、绘画与诗的比较为例，他认为"绘画的确是一门科学，并且是自然的合法的女儿"，"绘画是自然界一切可见事物的唯一的模仿者"。

绘画科学的第一条原理：——绘画科学首先从点开始，其次是线，再次是面，最后是由面规定着的形体。物体的描画，就此为止。事实上绘画不能越出面之外，而正是依靠面以表现可见物体的形状。

绘画的第二条原理：——绘画第二条原理涉及物体的阴影，物体靠此阴影表现。我们将阐明阴影的原理，而后进一步阐明阴影如何使画面具备雕塑一样的凹凸感。

绘画科学包含什么内容？——绘画科学研究物象的一切色彩，研究面所规定的物体的形状以及它们的远近，包括随距离之增加而导致的物体的模糊程度。这门科学是透视学（即视线科学）之母。

论绘画与诗：——在表现言词上，诗胜画；在表现事实上，画胜诗。事实与言词之间的关系，和画与诗之间的关系相同。由于事实归肉眼管辖，言词归耳朵管辖，因而这两种感官之间的相互关系也同样存在于各自的对象之间，所以我断定画胜过诗。

——达·芬奇《达·芬奇论绘画》，第一篇《绘画与他种艺术之比较》，

戴勉编译，北京，人民美术出版社，1979

达·芬奇的这几则笔记，简要地但十分精确地揭示了绘画作为一门艺术和绘画作为一门科学的最基本的特点，包括绘画的平面性、色彩的作用、对物体明暗的表现、对事物形状的描绘及视觉特点等，相当于艺术警句。

所以，以笔记体的方式记录艺术家的思想轨迹、灵感火花，是一种很好的文体，这些笔记有可能的话，亦能整理成系统的论文或专著出版。

第三章
艺术评论文章写作

第一节 什么是艺术评论

艺术评论文章是艺术文章的重要组成部分，写好评论文章也是很见学术功底的，一些大批评家也往往同时是大理论家，他们在评论作品、艺术家或者艺术流派与思潮的过程中，不仅评论和研究被评论对象的某些艺术特征与审美特征及其思想内容特征，同时还可以在批评的过程中建立起某种艺术理论，提出新的思想和观点。例如俄国19世纪批评家别林斯基、杜勃罗留波夫、车尔尼雪夫斯基，他们既是俄国19世纪最重要的批评家，同时也是当时俄国最有代表性的理论家和美学家，他们通过评论普希金、冈察洛夫、果戈理等著名文学家的作品，提出了许多理论见解，如关于诗是富于形象思维的观点，关于现实主义特征和典型形象的观点，都是在评论中提出来的。再如20世纪初在英国批评界十分活跃的克列夫·贝尔和罗杰·弗莱，在批评印象主义作品和画家的过程中，建立起形式主义批评观和美学流派；美国当代最出名的批评家格林伯格也是在批评美国二次世界大战后的抽象表现主义艺术中建立起自己的批评理论。中国古代一些著名的艺术理论家也是批评家，例如谢赫的《画品》(绘画六法)、司空图的《诗品》、钟嵘的《诗品》等，他们有关画论、诗论的观点，都是在评论诗画作品或作品风格中提出来的。因而批评和理论的关系十分密切，从某种意义上说，理论可以指导批评，理论为批评提供观点、方法和审美原则；批评则可以为理论提供新的艺术材料，还可以激活理论思维。理论和批评是一种相得益彰的关系，可以互相补充和互相促进。

什么是艺术评论呢？艺术评论一般来说，是指运用一定的美学原则或其他的理论观点，并且运用一定的批评方法，对艺术作品的形式特征、风格特点及精神内涵作出分析评价，或者对艺术家的艺术成就、艺术创作与欣赏以及艺术市场等艺术活动中一些现象、问题进行分析研究，或者对某些影响较大的艺术思潮、艺术倾向进行剖析、疏导、推进和批评等等。艺术评论既可针对个别艺术家及其作品进行分析评述，也可以就创作群体、艺术流派或者艺术现象与艺术活动作出阐释评价。狭义的艺术评论概念，主要针对现当代的艺术家、艺术作品和艺术活动进行的评论活动，而广义的艺术评论概念则包括对整个艺术史上（包括中国的和外国的）各个时期的艺术家、艺术作品及其风格流派和艺术历史现象的研究活动，因为这种研究活动同时也是对被研究对象——艺术历史现象的一种分析评价活动，或者说考证重估活动，因而也是一种广义的评论活动。艺术评论既可以对文学艺术各个门类进行综合评价，但更多的时候艺术评论活动是具体到某个或某几个艺术门类或艺术领域中进行操作，艺术评论可以分为文学评论、音乐评论、电影评论、戏剧评论、美术评论等，还可以细分为诗歌评论、小说评论、绘画评论、建筑评论等等。艺术评论文章写作则是上述各种评论活动的语言文字表达过程和表达结果。

广义的艺术评论包括艺术史研究，我们习惯上往往把对当代艺术的分析研究以及对当代作品和艺术家的评价归纳到艺术评论中来，而把对古代的艺术家和作品的分析评价归纳到艺术史研究中，实际上，对当代艺术的评论中也有学术研究性质，而对古代艺术的研究中也有分析评论的特点，二者作为评论和研究来说都有某些共同性，当然，二者在研究对象、研究方法、评论角度、美学原则等方面也是各有差异的。

有些艺术史的文章写作，例如艺术家个案研究或者对某个艺术现象和时代艺术风格的研究，评论性质的特点比较突出。例如岑家梧在20世纪40年代所作的《周昉仕女画研究》一文将艺术史研究和评论紧密结合在一起。此文约一万字，分为四个部分：一、仕女画的起源；二、从张萱到周昉；三、周昉仕女画的风格；四、周昉仕女画的影响。第一部分，谈仕女画的起源，从中国古代绘画的功能鉴戒贤愚，兴成教化，即谢赫《古画品录》中所说："图画者，莫不明劝戒，著升沉，千载寂寥，披图可鉴。"故以人物故事画为主，在中国绘画史上故事人物画大约起于周秦，至汉魏而特盛。"仕女画则纯粹为上层社会妇女生活的表现，不带鉴戒的目的，特盛于唐世。"仕女画的发展到唐代，再不受鉴戒目的束缚，从那些列女图中解放出来而为纯粹表现妇女生活的仕女画，在各种人物画中自成一体。其表现题材也不拘于贞妇烈女、贤妃惠后，而扩大到妇女生活的各方面，如扑蝶、吹箫、游春、按筝。其风格亦一反过去鉴戒画的传统，以丰肌厚体，艳姿丽态为重。"这种仕女画，由张萱发展至周昉，及臻于成，而丰肌厚体，就成为后世仕女画的制作模楷，周亦成为中国仕女画的开山祖了。"（图20）这一部分可以说是对本文研究对象即周昉的仕女画，作了较广阔的背景交代，从人物到仕女画，在仕女画中又从列女画到唐代纯粹仕女画的发展勾勒了一个轮廓，然后第二部分，论述从张萱到周昉。这一文章的写作方法，可以叫做由大到小，由远及近。第二部分，叙述周昉的师承关系，张彦远评价周昉"初效张萱画，后则小异"，张萱的仕女画，历来只存其目，其内容如何，殊难考察。张萱的

图20 〔唐〕簪花仕女图，周昉，绢本设色，46厘米×180厘米，辽宁省博物馆

仕女画到了周昉，乃蔚为大观。然后分析介绍他的仕女画作品。第三部分，研究周昉仕女画的风格。作者认为，周昉仕女画有二大特色，一是继承六朝以来人物画传统的技法；二是创作丰肌曲眉式的妇女体态。第一点，周昉的人物画正是以神似为主，反对空陈形似。第二点，在风格特点上，周昉的仕女画恰好与汉魏以来的列女图中的体态相反，特重丰肌厚体的描写，汤垕评价"秾丽丰肥，有富贵气"。沈括"西川女子分十眉，宫妆撚貌周昉肥"。（《图画歌》）唐代仕女贵妇以丰满为美，由是社会对于妇女审美的观念为之大变，丰盈之体，艳丽之姿，乃为美人的最高标准。杨贵妃便是著名的丰肥美之代表，且唐诗中亦有歌咏丰肥之美的。元稹的会真诗写到："眉黛盖频集，朱唇暖更融。气清蘭蕊馥，肤润玉肌丰。"岑家梧此文的这部分内容主要是论述周昉开创丰盈富态仕女形象的风格特点。第四部分，评论周昉对后来仕女画的影响。如唐代的王㧕，五代的周文矩、明代的陈洪绶等①。

这篇艺术史研究文章，是比较典型的画家个案研究，或者画家风格研究，对周昉仕女画的背景、历史渊源、师承关系、风格特点及对后世的影响，作了较为全面的研究，虽然其中也包含一些文献考证、引用，但主要仍是对画家及作品风格的研究。这种文章，我认为既可以称为古代艺术史研究文章，也可以称为对古代绘画的评论义章，评论和研究在此文中比较好的统一起来。这篇文章的几个部分的组成也是一般评论文章或者画家个案研究文章通常运用的文章写作结构。

狭义的艺术评论，主要是对现当代艺术进行评论，由于是对现当代，特别是当代艺术评论，因而它的针对性和现实性特别强。我们在一般情况下所说的艺术评论，往往是指这种狭义的艺术评论。

这种艺术评论由于切入现实和当代，比较容易引起艺坛和社会的关注，有时候艺术评论本身就置身于刚刚发生或正在进行的艺术创作活动中，其现实性特别强。当然，在对当代艺术的评论中，对近现代也要有所把握，这样对当代艺术的来龙去脉就会更加清楚。

第二节　艺术批评家的基本条件

要写好评论文章，作为一个艺术批评家应具备哪些基本条件呢？显然要写好艺术评论文章，要求作者应具有相应的批评修养。我们认为作为一个批评家的基本条件或批评修养主要包括以下几个方面，即艺术史知识、哲学美学修养、艺术敏感、关切当代艺术、独自的批评风格等。

一、艺术史知识

艺术史与艺术批评有着紧密的关系，一方面艺术史的研究中包含有艺术批评成分，另一方面，在艺术批评中需要有艺术史知识作为背景，这两个学科常常是交织在一起的。在20世纪初的法国，曾出现一种观点，坚持将美学、艺术批评、艺术史三种学科分立，认为艺术史只应提供艺术作品，无须去评判它，而仅以文献说明事实；艺术批评应以符合美感要求的原则对艺术作品进行批评，美学则从普遍意义上将艺术的界说加以体系化。我们认为这种绝对分立是不可能的，就艺术批评来讲，一方面需要美学的理论思维，另一方面需要艺术史作为知识背景，一个既不懂美学又不知晓艺术史的人那将会是一个什么样的批评家呢？

要写好评论文章，作好一个批评家，必须对艺术史有所了解和研究，对艺术史上的主要流派、艺术思潮、代表艺术家有所把握，这样才能从历史的高度将你现在评论的对象进行审视，准确地把握被评论者在艺术史上的位置。

意大利现代著名艺术批评家L.文杜里，写作过《西欧近代画家》《今日的艺术批评》《走向现代艺术的四个步骤》，除这些批评著作外，还出版过21卷的巨著《意大利美术史》及另一部《艺术批评史》的著作，仅从这些出版的著作来看，文杜里十分注重对艺术史的研究，而他的一些批评文章，常常具有历史感。

例如文杜里的一本小册子《走向现代艺术的四步》，就是从艺术史的角度来评判西欧近代四位画家的。

这是确凿的，一切伟大的艺术家们的艺术价值以及他们对后世的艺术发展的影响，此两者都是巨大的。本书中笔者所选定的这四位艺术家对于后世的巨大影响，主要考虑的是他们在审美趣味方面具有极成功的领导地位：我们确知，乔尔乔纳开创了16世纪的威尼斯画派；卡拉瓦乔是17世纪的启蒙潮流的创业人；而马奈是"印象派"美学的肇始者；塞尚则在最近五十年内

图21 乔尔乔内，入睡的维纳斯，1510—1511年，画布油彩，175厘米×108.5厘米，德累斯顿国家美术馆

被看作是现代艺术的奠基人。

——〔意〕文杜里：《走向现代的四步》，徐书城译，第1章，

北京，中国文联出版公司，1987

　　文杜里认为，现代艺术是从近代艺术的土壤中培植出来的，它的最早源头可追溯到16世纪的意大利威尼斯画派的乔尔乔纳，经17世纪意大利的卡拉瓦乔，到19世纪法国印象派画家马奈和后印象派画家塞尚，一步一步走向现代艺术。义杜里认为这四位画家的作品都含有现代艺术的某些要素（基因）和"种子"，这些历史的"基因"经过长时期的历史积淀，最后形成现代艺术。文杜里在评论乔尔乔纳的作品时，联系意大利15世纪的绘画，指出画家们把精力集中于创造"人"的形象，因为"人"被视作宇宙的中心，虽然画家们也描绘着围绕人的周围的广阔空间，但那仅仅只是为了显示人的高贵和伟大。乔尔乔纳的伟大之处，在于他把人和自然一视同仁，并把人像和风景糅合起来，他创作的《暴风雨》、《沉睡的维纳斯》（图21）、《三哲人》，可以看成是有人物的风景画，取代了有风景背景的人物画，这些作品否弃了故事情节的描绘，这时为了他表现对自然的热爱，"这在当时是人们所能听到的一种新的声音，在翘望着现代人的思想和感情的到来"。文杜里对乔尔乔纳作品的意义作了充分肯定：

图22 卡拉瓦乔，水果篮，1596年，画布油彩，46厘米×64.5厘米，米兰安布罗焦急美术馆

　　这是一个新的地平线，一种新的写实派的地平线，它比文艺复兴的时代更为广阔，这是因为它不再局限于描绘"人"了。人不再从现实世界中割离出来而是浸沉于其中；而且自然也变得人性化了，它并非被制服而是受到了人的尊重。这是文艺复兴的结束；这又是新时代的开始。从1400年到1600年，在这两个充满了巨大事变的世纪中，意大利不仅创造了文艺复兴，并且又开启了那新时代的大门。

——〔意〕文杜里：《走向现代绘画的四步》，徐书城译，3~4页，

北京，中国文联出版公司，1987

　　文杜里在评价乔尔乔纳作品时的这些独特见解，是基于他对欧洲近现代美术史的总体把握，否则孤立地评价他的作品，就不能充分揭示乔尔乔纳的现代意义。

　　这种以历史和艺术史的眼光来审视画家的突出例子还表现在文杜里对意大利16世纪末17世纪初的著名现实主义画家卡拉瓦乔的作品评论中。卡拉瓦乔不仅将圣像画中耶稣基督、圣母玛利亚画成乡间农民模样，而且还创作了独立的静物画（图22），卡拉瓦乔认为画一个苹果与画圣母玛利亚具有同等价值。文杜里分析了整个16世纪意大利绘画，认为充满了无数宗教画和历史画，其中从宗教题材到历史题材，从透视学到解剖学，众多神圣和英雄的形象都表述了那种古典的理想和知识的范本。当卡拉瓦乔画出一篮水果这幅独立的静物画后，文杜里认为一种新的思潮出现了：

　　现代绘画的历史趋向就是产生在这一篮简单的水果上。它避开了那种令人费解的题材；

从一篮简单的水果上表现出一种不带矫饰的深思，显示了一片叶瓣的各种状貌，一个苹果的浑圆，葡萄上的高光，这一切都衬托在明亮背景前的和谐色调之中；它证实了，类似这样一个简单的画题（motif）可以成为一种绘画的题材——这一切都要求我们对大自然表示出一种超人的谦逊态度……它第一次，也是永远解放了绘画艺术——从那写实画风和题材的偏见中解放出来，从而给静物画安下了一个基座。如果塞尚是从描绘苹果中寻找他自己的艺术风格而获得成功的话；那就是由于卡拉瓦乔，早在三个世纪之前已经给他指出了这条道路。

——〔意〕文杜里：《走向现代绘画的四步》，徐书城译，22页，

北京，中国文联出版公司，1987

文杜里正是从文艺复兴时期宗教画与历史画盛行的背景中考察了卡拉瓦乔的静物画《一篮水果》的意义，认为这一篮水果是对绘画的解放。并预示了现代绘画之父——塞尚的创作道路。由此看来艺术史知识对于一个批评家来说是何等重要！

著名书画理论家薛永年先生在《陈子庄论》一文中，对当代国画家陈子庄的绘画特点进行了深入的研究。虽然是评论当代画家，但包含了作者深厚的绘画史知识与修养。该文认为陈子庄的绘画其显著特点是，其一为新意境的平淡天真、迹简意远，其二为新造型语汇系统的朴简高妙、机趣天然。陈子庄大量的小幅山水，情随景迁，一图一境，一境一意，展现了令人醉心的田园风景。我们看看薛永年在该文中对陈子庄的一段综合评价：

清代恽寿平论画最推崇平淡与浅近，他说："妙在平淡，而奇不能过也；妙在浅近，而远不能过也；妙在一水一石，而千岩万壑不能过也。"陈子庄山水花鸟艺术之妙，恰恰妙在平淡而浅近。遍观他的山水小品，无论构图、形象和运笔布色，无不趋于朴实简易，不求奇肆而平淡有余味，不求繁杂而单纯朴质。构图几乎全是横置的长方形，有些类乎水彩画，又取平视的角度，描写不强调空间纵深感的近景，浅而近，简而明，虽亦有隐显藏露，但开门见山，平易而亲切。这种经营位置，有别于古来全景式山水的"折高折远"，吞吐山河，也不同于"马一角""夏半边"的近景平视但夸大近浓远淡。如果与当代画家相比，陈子庄既少李可染的奇雄郁苍，又不多黄秋园的邃密幽深。联系大量的中国画可以看出，他的山水小品与宏观把握世界的传统山水大异其趣，倒是接近微观把握的传统花鸟。

——薛永年：《书画史论丛稿》，394页，成都，四川教育出版社，1992

这样一段评论，包含了薛永年宽广的艺术史知识和学养，虽是对陈子庄的个人评论，但要说清楚他的绘画风格与语言特点，就要将他放在中国古代绘画史和现代绘画史中来考察，首先薛永年用

清代恽寿平推崇平淡风格说起，为陈子庄绘画找到画论依据，然后评析陈子庄的平淡简朴风格，接着叙说陈子庄有别于古来全景式山水的"折高折远"，吞吐山河，也不同于"马一角""夏半边"的近景平视。并将陈子庄的绘画与当代画家李可染、黄秋园绘画风格相比较，正是在这种和古代与当代相关画家和表现风格的比较中，阐释陈子庄的绘画特征。假如孤立地就陈子庄论陈子庄是不能达到这种评论深度的。由此可见，艺术史知识对于我们开展艺术批评是何等重要！

二、哲学美学修养

一位思想深刻的批评家，或者说要将艺术评论文章写得深刻，必须要有哲学头脑，要有较高的美学修养，否则评论文章只能限于就事论事，没有理论深度。正由于这个原因，文杜里极力主张艺术批评与艺术史、美学三者之间是紧密相连的。他指出"在美学与艺术之间，艺术观点和艺术的直觉之间的联系，则是艺术批评。如果说，艺术批评家必须了解美学史，其重要的理由在于他必须了解美学的原则是如何应用于艺术作品上的。"[1] 正如德国哲学家康德所说的那样，任何脱离了直觉的概念都是空洞的，任何脱离了概念的直觉都是盲目的。我国现代艺术理论家李朴园于 1936 年在《亚波罗》杂志第 16 期曾发表过一篇文章《艺术之批评》，在该文的第二个部分"批评家的修养"中指出，批评家"须具有一般的哲学头脑"，"须具有美的哲学的修养"。他将哲学看成是"以思考的形式对宇宙加以系统的认识"，他还指出，唯其对事物进行"思考"，所以才不会轻信和武断，唯其这种思考是"系统"的才能于事物全体的谐和中取得由思考而得的认识，这是一个艺术批评家不得不具备的头脑。

如果我们善于从哲学的角度来思考艺术的问题，或者来分析评论艺术作品，常常能使我们的评论上升到艺术哲学的高度。美国现代艺术家杜尚（Duchamp）有一件惊人的令人费解的作品《泉》，此件作品不过是一个瓷器小便池，居然被杜尚签上"R. Mutt, 1917"字后，送到展览馆展出，并成为现代艺术的经典作品，这是怎么一回事呢？美国当代分析美学家 H. G. 布洛克在他的《艺术哲学》一书中谈到这个作品时作了哲学分析，他首先指出堪称为艺术品的事物必须是人制造出来的，或者至少也应该是某个人精心保存和使用的，但杜尚的这件《泉》并没有表现多少杜尚在制作这件作品的人工性，一个放置在卧室的小便池不是艺术品，那么为什么杜尚将小便池拿到展览馆展出后就成了艺术作品呢？布洛克认为，杜尚的小便池意在让人作审美观赏，意在让人们以一种特殊的方式和新奇的眼光去注视它和观照它；意在引起人们对这一事物的注意，并利用它来表明自己的艺术观点和主张。此处，这个作品的背景也构成了它是一件艺术品，如它在专门展出艺术品的展览馆和

[1] 文杜里：《西方艺术批评史》，迟轲译，10 页，海口：海南人民出版社，1987

其它艺术品一同展出,"制造"这件作品的杜尚是一位著名的艺术家并创作过《下楼梯的女裸体》等作品,由此看来"杜尚故意把一个被传统排斥到美术品之外的东西放到一个艺术的环境中,这只能被理解为向传统艺术概念的挑战"。布洛克还对海上的漂浮木有可能成为一件艺术品的现象也作了分析,看到人的意图在这些所谓"现成品艺术"中起了很大的作用,因而他得出结论说:"我们一般人说到'艺术品'时,都是指一种人造物;换言之,这种物体由人的特殊意图所造成。"这样,布洛克通过对杜尚《泉》(图23)

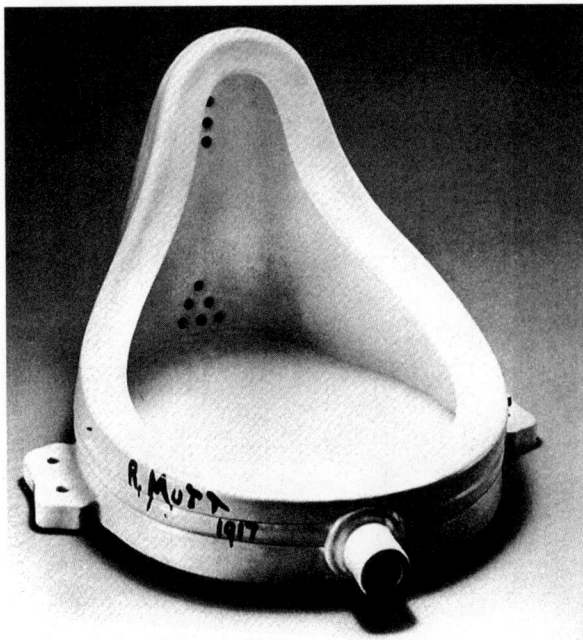

图23 杜尚,泉,陶瓷,1917年

的分析评价,论述到什么是艺术这一重大的艺术哲学问题,揭示了这一作品在反传统艺术观念及对于建立新的艺术评鉴理论的重要意义。如果不作哲学上和理论上的思考,那么杜尚的这件作品不过是一个小便器而已,或者将杜尚大骂一顿,认为这是疯子干的平庸之举。

有时候在对一位艺术家的创作进行综合评价时,运用一定的哲学方法进行分析,亦能把握被评论者创作中的一些规律,从而为深入研究艺术家奠定基础。

蔡元培于1936年6月25日在《艺术建设》上发表一篇评论高剑父绘画的短文,题为《高剑父的正反合》,全文如下:

> 世间万事,无不循由正而反,由反而合之型式,而循环演进,以于无穷,此为德国哲学家黑格尔氏所揭之定律,而唯物论家之辩证法亦承用之。
>
> 吾尝以此律应用于吾国之画史。汉魏、六朝之画,正也;及印度美术输入而一反;唐、宋作家采印度之特长,融入国画,则显为合矣。明、清以来,西洋画输入,不免有醉心欧化、蔑视国粹者,可谓反的时代;今则国画之优点,又渐渐唤起国人与外国人之注意,是又为自反而合之开始矣。
>
> 当此时期,毅然致力于由反而合之工作者,实为高剑父先生。高先生自身作画之历史,本

图24 高剑父，虎啸图，1930年，纸本立轴

包有正、反、合三期。二十岁以前，精习国画，正也；其后，游日本，研究西洋画学，反也；其后，揭著"折衷派"的"新国画"，于国画中吸收西洋画之特色，而兼采埃及、印度及波斯之作风以佐之，融会贯通，自成一家，诚如简又文先生言"堪称为新国画之大宗师"矣。高先生不但学而不厌，亦且诲人不倦，近年在中山大学与中央大学教授画学，而春睡画院诸大弟子受业最早，尤斐然成章。高先生今与大弟子合开国画展览会于上海，其提倡新国画之精神，更将昭示于吾人之前矣。

二十五年（民国）六月十七日

这篇评论短文思路清晰、条理清楚、言简意赅。蔡元培先生曾留学德国，对黑格尔、康德哲学感受最深，此文就是他运用黑格尔辩证法研究艺术问题的一个代表。首先介绍黑格尔关于事物演进之规律，即正反合，然后说到他常用此正反合三题研究中国艺术的发展，颇有心得，再论到高剑父的艺术经历正好包含着这三个时期。高剑父二十岁以前，精习国画，视为正也；其后游学日本，研究西洋画学，则为反也；再后，探索"折衷派"的"新国画"，于国画中吸收西洋画之特色，而兼采埃及、印度及波斯之作风以佐之，融会贯通，自成一家，即达到"合"的境界，成为新国画之大宗师（图24）。这样蔡元培先生仅用此短文基本概括了高剑父绘画创作演变的规律，这正是蔡元培运用哲学思辨和逻辑抽象思维概括分析的结果。

有时评论作品和画家还要运用相关的美学知识和美学原则来进行分析，所以美学修养对于批评家来说也是相当重要的，因为美学理论能够帮助批评家揭示艺术作品的审美意义和艺术价值。薛永年在《陈子庄论》一文中，为了揭示陈子庄绘画的美学根源及意境特征，运用中国绘画美学中的有关主客体关系的论述及意境生成的美学理论进行阐述。陈子庄说中国画为什么不叫风景画而叫山水画，原因就是中国画本于"仁者乐山，智者乐水"，薛永年认为中国山水画在千百年来，"写貌物情"，总是在自行创造的第二自然中观照主体，"在山水画产生之后，适应集中表现人对自然审美关系的需要，创造情景交融的意境也便成为中国山水画创作的核心问题"。该文接着从张彦远、郭熙、石涛等人的画论中引证相关绘画美学思想加以论说。如张彦远的"境与性会"，郭熙"见青烟白道而思行，见平川落照而思望……见此画而令人生此心，如真将至其处"，唐志契"山性即我性，山情即我情"，石涛"山川与予神遇而迹化"，薛永年分析这些画论后认为，中国画通过意境的创造，画家在艺术创作中的主观能动性可以转换为观者在画境感染下走向生活的主观能动性，这一关乎山水画作用的深刻思想，在世界艺坛上是绝无仅有的。所以，自觉地在山水画中构筑意境是中国画家在艺术地把握现实中发现的一条艺术规律。意境创造也就是"境与性会""因景生意"和"物我交融"。陈子庄正是借鉴了这些古代美学思想，提出"一切山水皆心画也"的观点。这样薛永年在这篇评论陈子庄的论文中，深刻地分析了陈子庄的绘画创作观点，并将其与中国古代绘画美学思想及陈子庄的国画创作结合起来进行探讨，揭示出陈子庄的绘画创作的美学基础，帮助我们能更深入地理解陈子庄的艺术特征。

三、艺术敏感

作为一个批评家另一个基本条件是要有发达的艺术敏感，对艺术品、艺术现象的感觉能力应较为灵敏，即对作品要有较强的感受性，这样对作品的形式、形象、人物才能有细致地体验，也才能发现作品的新的价值。这就要求批评家应对所评论的艺术门类的创作过程及形式技巧有一定的了解和体验，或者能亲自参与某些艺术门类的创作实践活动，对作品中的形象和形式如对雕塑的块面、体积、石料，对绘画的色彩、线条、平面，对舞蹈的节律、运动，对诗的语言、韵律、节奏等有切身体会，这样在评论中才能做到中肯和准确。

一个批评家的艺术敏感，除在创作实践中加以锻炼或了解外，另一方面还可以通过观赏中外艺术史经典艺术作品来培养和提高艺术鉴赏能力与艺术敏感性。正如马克思在《1844年经济学——哲学手稿》中所说的"欣赏形式美的眼睛""懂得音乐的耳朵"，只有在人类的艺术实践或欣赏活动中才能得到发展。

法国近代著名雕塑家罗丹在其《遗嘱》中说："所谓大师，就是这样的人：他们用自己的眼睛去看别人见过的东西，在别人司空见惯的东西上能够发现出美来。""拙劣的艺术家永远戴别人的眼镜。"[①]一个艺术家的独到之处就是能从日常生活中发现出新的东西，发现出美来，那么一个优秀的批评家也是应凭自己的艺术敏感发现出被批评的艺术家及其作品的价值和意义，亦不能靠"戴别人的眼镜"来评论作品。

我国当代著名美学家、雕塑家王朝闻先生，既有雕塑与绘画创作经验，又对古典诗词、章回小说、

① 罗丹：《罗丹艺术论》沈琪译，5页，北京，人民美术出版社，1978

戏剧、民间艺术、美术有广博的欣赏经验，他对作品的评价常常在别人不注意的地方能发现新的东西，写成评论文章后让你拍案叫绝。无论从天然石头或大理石的纹样中还是从枯朽的树根或水中的游鱼中，他都能体验到某种自然美与艺术美的结合，至于他对戏剧中人物的语言、动作、道具的观察以及对美术中的色彩、线条、块面、形象的分析都是细微而深刻的。如他在《雕塑雕塑》一书中的"假定与抽象"这章中，分析罗马尼亚当代雕塑家布朗库西的作品《吻》就十分突出。王朝闻通过反复观赏这件作品后，认为《吻》"超以象外"地显示了美的意象，从正面看来，是男女双方脸对脸的两个侧面，两个半只眼合成一只眼睛，两张嘴合为一体，彼此各有一只手臂相拥着，女方肚腹稍稍鼓出，男女双方的口变成了两个半圆相合的符号。王朝闻对这件作品进行细腻的感受后指出，"这种省略了人体的许多细节的造形，可能引起爱情坚如磐石的意念。这样的抽象化的结果，不是缩小而是扩大了形式对内容的容量"。[①]王朝闻还谈到他感受作品的经验是，不论是他觉得耐看的岩石还是觉得耐看的雕塑，形体或形象的意蕴对他的感受来说，往往处于已知与未知的矛盾，可知与难知的矛盾，欲知与深知的矛盾，对象对他所引起的这些矛盾，恰好就是对象对他富于吸引力的一个重要原因。而这些观赏中矛盾的产生，与王朝闻敏锐的艺术感受力和知觉理解力有关。

王朝闻对一般观众不太注意的一些艺术细节也往往十分留心，他的艺术敏感是相当丰富的。1954年他在莫斯科观看戏剧《大雷雨》，半夜起来写了一封长信（亦是一篇欣赏评论文章），题为《在莫斯科看"大雷雨"》。该文不仅对剧中人物卡杰林娜、鲍里斯、瓦尔瓦拉、格拉沙的性格进行分析，而且对舞台美术的感受亦很深刻：

> 坐在观众席里，"大雷雨"还没有开幕，最引人注意的，是两件东西。一是幕布上的白色的海鸥（据说是剧院的标志）；一是台口竖地左边的几株小白桦树。我开始以为这是一种装饰，等到开幕，它成为台上的布景的一部分了。有趣的是：不论台上换了多少次景，直到剧终，小树还是不动的，而且至少一直和台上的布素没有冲突。它的存在加强了场与场之间的联系，也加强了场与场之间的对比。不知是有意让台口的小白桦树和台上的布景相适应，还是因为小白桦树本身富于适应性，反正，我不觉得它是多余的。有时，我觉得它加强了气氛。卡杰林娜说要飞的时候，和情人幽会的时候，瓦尔瓦拉划船唱歌的时候，女主角感到恐怖的时候，后来她已经投水的时候，这几棵小树本身似乎（我只说"似乎"）也随着人物的命运的变化而变化着。
>
> ——王朝闻：《一以当十》，75页，北京，作家出版社，1959

王朝闻认为对这些小地方的感受是必要的，在成功的艺术里，作为整体的一部分，构成整体的

① 王朝闻：《雕塑雕塑》，220页，长春，东北师范大学出版社，1992

一个环节的这些小地方，可以帮助我们对于原著的基本内容的了解。我们要培养自己的艺术敏感，就应向王朝闻先生学习，学会细致地感受作品的形象与情节。

艺术家在创作中需要灵性和敏锐的艺术感觉力，批评家也需要对作品形式把握的敏锐的感受力。薛永年在中国美术史论研究方面功力很深，他曾在博物馆工作过，有大量接触古代和现代作品的机会，加之他十分重视对作品形式分析训练，所以在他的艺术评论文章中，保持着对形式分析的敏锐性。他于1983年在《北京艺术》12月号发表《蛙声蹄香与联觉》一文，从联觉的角度分析几张具有典型意义的中国画作品，读此文可以看到艺术家和批评家他们的艺术敏感性。宋徽宗时代，画院以"踏花归来马蹄香"为题，考试应考的画家。大部分应试这样的作品多是描写春游归来、骏马徐行、落花满地，马蹄踏花自然蹄香，体现了试题之诗意，但比较平淡。另有一位应试画家，没有落俗套，没有去画落英缤纷，而是在马蹄前后画出几只彩蝶，争逐马蹄，翩翩起舞，这位画家构思，虽然没有在画面画出花朵，但正是马蹄踏花后马蹄染上香味，所以引来彩蝶围绕马蹄纷飞，其香味是要靠联觉才能把握到，而花朵虽然没有在画中出现，也能凭观众的想象感觉到。此画在考试中得了头奖。薛永年在文章中评论道：这位"画家是在以丰富而具体的生活感受，神与物游，在想象中创造了一个充满诗情画意的美丽境界，既充分表达了春游的欢快，春意的盎然，也没有忘记强烈地突现蹄香。他选择了最足以引发嗅觉联觉的形象，加以极情尽致地渲染。因而也就在观者的感觉和想象中沟通了视觉与嗅觉，因而赢得了欣赏者"。无论是"踏花归来马蹄香"应试头奖获得者的构思，还

图25　齐白石，蛙声十里出山泉，1951年，129厘米×34厘米，水墨纸本

是薛永年的评论，都是充满了艺术灵性和美感的。

　　在这篇文章中，薛永年还举了现代画家齐白石的一幅画作为例子来阐述艺术中的联觉的作用。作家老舍请齐白石以"蛙声十里出山泉"为题，画一张描绘蛙声由远而近的水墨画，这对一般画家肯定是一道难题。但白石老人发挥艺术想象力与联觉的作用，创作了一张精彩的《蛙声十里出山泉》（图25）的水墨佳作。薛永年评论道：

　　　　他描写两山峡谷中清澈的流水自远而来，稚拙可爱的一群蝌蚪正随着水流所呈现出来的音乐般的节奏在欢快地游动。画的只是线与形，但观者凭着自己的生活经验，不禁会念及起蝌蚪的妈妈，他的可爱的群儿被水流带出了山谷，怎能无动于衷，怎能不在十里之外的溪水源头啼唱，也许它的哀婉的声音正伴随着水声由远而近地传来！

　　　　　　　　　　　　——薛永年：《书画史论丛稿》，338页，成都，四川教育出版社，1992

　　齐白石的《蛙声十里出山泉》构思奇特，令人神往，此画受到无数观众的好评，白石老人充分发挥了想象和艺术联觉的作用，体现了作者驾驭画题的高度的艺术敏感力。同时，我们阅读薛永年的评论文章，也能感受到薛永年对白石老人这张作品分析解读的艺术敏感性和欣赏中的想象力和再创造能力，所以，作为一个批评家，应该有较高的艺术灵性，有丰富的艺术想象力，对艺术形式、构图、形象、材料、艺术语言，均要具有强烈的艺术敏感性，否则，一个对艺术反应很迟钝和木讷的人，是很难写出生动的感人的精彩的艺术评论文章的。

　　此外，一个批评家对新的艺术现象也要有一定的敏感性，英国现代批评家罗杰·弗莱，在20世纪初，看到法国的印象主义崛起，印象主义在光色变化的表现中具有巨大的新的艺术价值，而英国此时对印象主义还不太了解，于是，罗杰·弗莱就决定将法国的印象主义作品介绍到英国展出，并写文章介绍印象主义，使英国观众尽快了解法国印象主义。这样，通过罗杰·弗莱的介绍和评论，英国观众很快接受了印象主义，印象主义画家对英国现代艺术产生了深远的影响。而罗杰·弗莱本人则由于对印象主义的评论形成其形式主义美学观，因为印象主义和传统绘画不一样，不大重视题材的社会内容和思想价值，而强调作品的色彩、光的表现的独立的形式价值，例如，莫奈曾画了多幅干草堆，展现不同季节、不同时分干草堆在不同的阳光照耀下的不同的色彩效果，这些作品从色彩上分析和观赏，具有丰富的视觉效果和艺术意味，但要去分析它们的社会价值将一无所获。由此罗杰·弗莱认为，作品内容不重要，作品的价值仅仅体现在艺术的形式之中。罗杰·弗莱成为20世纪初英国最著名的形式主义美学家与艺术批评家。

四、关切当代艺术

作为一名批评家，应经常关注当代艺术。当代艺术和当下正发生的艺术思潮、艺术创作、艺术观念、艺术活动都是最新的艺术现象，往往提出许多新的问题，创作常常走在理论的前面，因此，批评家及时从创作现象中可以发现新的艺术苗头和新的艺术形式，加以评论，即可以帮助和引导新的艺术发展，同时还可以使批评家保持评论活力，因为当下发生的新的艺术现象常常可以激活批评家的思想。

中国现代美术理论家和美学家吕澂在上海执教，很关注上海的美术现象，和时下美术弊端，1919年，他向《新青年》杂志的主编陈独秀写信，分析上海的美术现象，向陈独秀建议，《新青年》在开展文学革命的讨论后，应开展美术革命的讨论。这正中陈独秀的下怀。于是陈独秀以给吕澂回信的方式，亦写了一文，两文以"美术革命"之名同时发表在《新青年》上，对中国现代美术思潮产生很大影响。吕澂之所以提倡美术革命，主要是他对绘画现状不满，认为当时的美术界，是俗士驽利，无微不至，只是承袭西画的皮毛，将绘画变成艳俗之事，以迎合庸众的好色之心，长此以往，将使民众散失"美情"和"正养"并会贻害青年，所以他要大声呼喊美术革命：

> 我国美术之弊，盖莫甚于今日，诚不可不亟加革命也。革命之道何由始？曰：阐明美术之范围与实质，使恒人晓然美术所以为美术者何在，其一事也。阐明有唐以来绘画雕塑建筑之源流理法。使恒人知我国固相，使恒人知美术界大势之所趋向，此又一事也。……使此数事近明，则社会知美术正途所在，视听一新，嗜好渐变，而后陋俗之徒不足回避，美育之效不难期矣。
>
> ——吕澂：《美术革命》，载《新青年》，1919年，第6卷第1号

吕澂有关进行美术革命的思想，及对美术界的批评意见，来源于他对上海和当时整个中国美术界现状的分析和了解，他提出的有关匡正美术界时弊的建议，对当时的美术革命思潮和美术创作均起到一定作用，并对陈独秀产生较大影响，导致陈独秀和他一起拉开了美术革命的序幕。在对艺术思潮和创作倾向进行评论时，评论者尤其需要对当下艺术创作现状胸有成竹，这样所写的评论文章，才有针对性，对艺术实践活动才能产生较大影响。

著名国画家、美术理论家周韶华，在最近30年中，不仅投入现代水墨画的创新之中，创作《大河寻源》等一批富有民族精神的新的水墨语言的优秀作品，对推动国画创新起到极大作用。与此同时，他还撰写不少美术理论和批评文章，出版了《面向新世纪》《抱一集》《艺海纵横》等著作和文集。

他对20世纪中国美术进行过系统思考和研究，积极参与和领导当前水墨画革新运动。这样使周韶华在创作中保持清醒的头脑，他致力于把齐鲁文化的"浩然之气""至大至刚"之美与楚文化的流观运动的宇宙观和浪漫主义气质相结合，把东方的点线与西方的块面，东方的水墨与西方的色彩，东方的章法与西方的构成结构进行优势互补，在这个基础上创立新的东方艺术形态，他于1997年出版的《世纪风画集》（上、下卷）是建立这种新的东方艺术形态的代表作。他发表的一系列论文和评论《论全方位观照》《横向移植与隔代遗传》《论新的综合与新的分化》等，亦提出许多新的艺术思想。由于他对现代与当代艺术比较关心，因此对现当代艺术家的评论比较中肯，他在1999年第12期《江苏画刊》上发表的《答〈百年艺术〉问卷》一文中对问卷4的回答就体现了他对当代艺术的认真研究与关切。该题所问的问题是："本世纪快结束了，如果让您列出中国百年杰出艺术家的名单，将会有哪些艺术家出现在您的名单上？"

答：在回答之前，我想把第6个问题即："您认为有哪些美术作品对当代中国美术史产生过巨大影响？（五四运动以来）和第4个问题两题合并起来谈。因为评价画家离不开他的作品，看作品还要看他的整体实力，不是一幅作品能定乾坤的。同时也不宜平列提出名单，平列可能挂一漏万，平列出来又相差悬殊，引起非议。因此想分类分组兼评成就，不好分的则单独列出。以下进入正题。

（1）吴昌硕在寓意花鸟画领域是20世纪的开山鼻祖。在他的影响下，齐白石、潘天寿、王个簃、吴弗之、诸乐三等都成为大画家。特别是他把山阴画派的成就推上了新的高度，山阴画派是本世纪初最有影响的画派。

（2）陈师曾、齐白石，特别是齐白石是广为人知的世纪大师。李苦禅、李可染、崔子范等都深受其影响，并卓有成就。

（3）黄宾虹是本世纪山水画的泰斗，他把笔墨技巧推上了巅峰，晚期作品具有经典意义。继黄宾虹之后，李可染是山水领域的又一座高峰。

（4）林风眠创造了中国画新图式，他是中西优化融合的杰出代表，他那开放的教育思想造就了多位艺术大师。

（5）徐悲鸿和刘海粟是中国美术教育的泰斗，尤其徐悲鸿，提携后生，功德无量，桃李满天下。他把欧洲写实主义造型与中国水墨相结合，在半个世纪中成为美术教学内容的主流。他创作的《群马》和《奔马》是其代表作。

（6）潘天寿是文人画的最后一座高峰，是古典主义艺术美的历史终结。

（7）从20世纪50年代到20世纪60年代，在中国画坛崛起了三大画派，即：以李可染、张仃为代表的北京画派；以傅抱石、钱松岩、亚明为代表的金陵画派；以石鲁、赵望云、何海霞（后者的金碧青绿山水应推当代第一）为代表的长安画派。这三个画派告别了旧意境的传统山水画，把山水画创新推上了新阶段。

（8）由高剑父、高奇峰开创的岭南派成了岭南画家的摇篮。陈树人、赵少昂、杨善深、关山月、黎雄才都得益于高氏影响。

（9）由于历史原因，上海名家云集，其中杰出的有蒲华、关良、吴湖帆、来楚生、朱屺瞻、陆俨少、贺天健、谢稚柳等。

（10）陈之佛、于非闇是工笔重彩的杰出代表。

（11）张书旂、李苦禅、崔子范、陈子庄、黄秋园、胡佩衡、郭味蕖、王雪涛、于希宁、刘奎龄和连环画家贺友直应写进当代美术史。

（12）在特定的历史条件下，吴冠中、振臂高呼"形式美"，冲破禁锢，以新的语汇创造了新的水墨图式，是最有创意的画家。

（13）蒋兆和、叶浅予、黄胄、周思聪、李伯安、在特定的历史情境中都创作过好作品。

周韶华对油画与雕塑方面的杰出艺术家也开列了名单，我们仅从他对国画家的评述中就能看到周韶华从不同方面对20世纪做出贡献的国画家进行定位（张大千、刘国松等港台画家另列了名单），是比较公正和有说服力的，从吴昌硕、陈师曾、齐白石、黄宾虹到林风眠、徐悲鸿、刘海粟、张大千到李可染、吴冠中、蒋兆和等都作了简短评说，显得有学术分量，为什么会这样呢？这主要是周韶华对当代艺术不仅十分关切，而且作了较为系统和深入的研究，并且能从历史的角度来审视艺术家们的得失。只有不断关注现代与当代画家的创作成就，并不断思考与分析他们的艺术特点与成败，才能较为准确地对他们作出客观的评判。

五、独自的批评风格

就像一位成熟的艺术家应具有独自的艺术风格一样，一位有成就的批评家也应具有独自的批评风格。批评家的风格一般来说，其形成原因是他所具有的学术修养、思维惯例和语言表达特征等因素的综合体现。

不同的批评家具有不同的批评风格，批评家经过批评实践常常能形成一定的批评范式，他以批评家的眼光从他的审美意识和艺术角度来选择他感兴趣的批评对象，然后将被批评的作品及艺术家或艺术现象纳入他的批评范式之中，写成具有独特批评风格的评论文章。因此我们读这种具有鲜明风格特点的批评文章，不仅能感受到被评论的艺术家和作品的艺术特征或思想特征，也能领略到批评家的鲜明的批评风格特征。

下面我们看看我国现代著名的油画家、美术评论家倪贻德的两篇批评文章。他于20世纪20年代末从武昌艺专到上海后，便与庞薰琹组织了中国第一个现代主义美术团体决澜社，致力于在中国推行现代主义美术运动，并致力于介绍西方近现代艺术，曾发表过《现代绘画精神论》《现代绘画取材论》《野兽主义研究》《战后世界绘画的新趋势》等论文，出版了《西画论丛》等专著。艺术观上受到西方现代主义艺术影响比较大，从而形成他自己的艺术观及批评风格。我们看看他于1932年发表的两篇文章，即《刘海粟的艺术》《决澜社宣言》，前一篇是评论艺术家创作的文章，后一篇则是批评当前艺术创作现象的文章，都是批评文章。两篇文章的特点是具有强烈的现代感，形成鲜明的现代批评风格。《刘海粟的艺术》一文写作时，正值刘海粟到欧洲访问参观讲学三年回到祖国举行画展之际，倪贻德的这篇短文，简洁明快，他将刘海粟的创作分为三个阶段，第一期为萌芽时期，介绍他早期步入画坛时的作品，受中国新兴艺术（洋画运动）的影响；第二期为后印象派时代，论述1920年左右后印象派经日本对中国美术界发生强烈影响，刘海粟"深深地受到了后期印象派作风的影响了"。第三期为欧游时代。倪贻德认为印象派的作品是重视客观的现实，而后印象派的作品则重视主观的心情，由于刘海粟重视对后印象派的学习和研究，所以"便成了一个主观表现、个性表现的说教者"，他在欧游的过程中，直接观赏凡·高的真迹，自然

图26　刘海粟，黄山白龙潭，设色纸本，立轴，1982年，136厘米×67厘米

对凡·高更为神往，但其作品又始终不失为自我。倪贻德评论刘海粟"他的色彩虽和凡·高一样的强烈，而凡·高在强烈中似乎有悲怆的叫喊，有可怕的命运潜藏着，而他在强烈中却有富丽辉煌的感觉"（图26）。该文最后一段写道：

> 德国尼采把一切的艺术分为亚波罗型和提奥尼索斯型的两种对立。所谓亚波罗型的艺术，是梦幻的、理智的、冷静的，安格尔、库尔贝、塞尚、毕加索等属之。所谓提奥尼索斯型艺术，是本能的、热情的、动的，德拉克洛瓦、凡·高、马蒂斯等属之。那么照这样来看，海粟先生正可以说是一个提奥尼索斯型的画家了。
>
> ——倪贻德：《刘海粟的艺术》，载《艺术旬刊》，1932

倪贻德是以西方现代哲学与艺术作为参照，然后对刘海粟的艺术进行比照与分析，表现出一种现代评论的风格特征。

倪贻德执笔的另一篇短文，笔锋更加犀利，这篇文章是《决澜社宣言》，发表于1932年10月出版的《艺术旬刊》上，我们将全文抄录如下：

> 环绕我们的空气太沉寂了，平凡与庸俗包围了我们的四周。无数低能者的蠢动，无数浅薄者的叫嚣。我们往古创造性的天才到哪里去了？我们往古光荣的历史到哪里去了，我们现代整个的艺术界又是衰颓和病弱。
>
> 我们再不能安于这样妥协的环境中。
>
> 我们再不能任其奄奄一息以待毙。
>
> 让我们起来吧！用了狂飙一样的激情，铁一般的理智，来创造我们色、线、形交错的世界吧！
>
> 我们承认绘画决不是自然的模仿，也不是死板的形骸的反复，我们要用全生命来赤裸裸地表现我们泼辣的精神。
>
> 我们以为绘画决不是宗教的奴隶，也不是文学的说明，我们要自由地、综合地构成纯造型的世界。
>
> 我们厌恶一切旧的形式、旧的色彩，厌恶一切平凡的低级的技巧。我们要用新的技法来表现新时代的精神。
>
> 20世纪以来，欧洲的艺坛突现新兴的气象：野兽群的叫喊，立体派的变形，达达主义的猛烈，超现实主义的憧憬……。
>
> 20世纪的中国艺坛，也应当现出一种新兴的气象了。

让我们起来！用狂飚一般的激情，铁一般的理智，来创造我们色线形交错的世界吧！

此文火药味很浓，战斗力很强，对当时艺坛的"平凡与庸俗"发起猛烈地进攻，表达一种新的艺术观，反对艺术作宗教的奴隶或文学的说明，反对绘画模仿自然，主张用生命来表现自我精神和表现新时代的精神，试图用西方现代主义的艺术思想和手法来"构成纯造型的世界"，即"色、线、形交错的世界"，呼喊20世纪的中国艺坛，也应当出现一种新兴的气象了。（图27）我们从此文的字里行间中不难看到作者对中国现代艺坛的激烈的批判精神和用西方现代艺术观念来作参照，创造新的中国现代艺术的呐喊。此文虽短，但现代批评的风格十分鲜明。

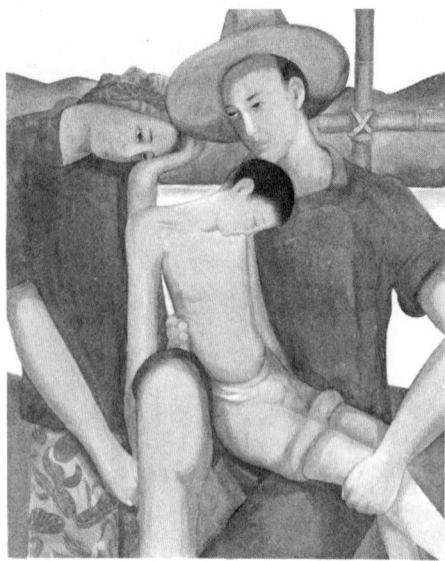

图27 庞薰琹，地之子，1934年，水彩初稿（油画佚失），40.5厘米×37厘米，庞薰琹美术馆藏

我国当代艺术理论家范景中曾以系统翻译与介绍英国美术史与艺术理论家贡布里希的作品产生较大影响，他具有西方人文科学的相关知识，他的艺术评论文章亦从理论的角度来分析问题，表现出很强的学术评论风格，评论文章有一定的深度。如他在为纪念潘天寿九十诞辰所写的评论《艺术家和传统——纪念潘天寿先生诞辰九十周年》代表了他的这种评论风格。

该文在当时国内一片所谓反传统、革新中国画的浪潮中，冷静思考，认为潘天寿的艺术思想的价值就是"保卫传统"，指出通过传统实现自我解放的思想伴随他一生，使他在艺术日益受到严重诱惑

图28 潘天寿，记写雁荡山花，1962年，纸本设色，150.8厘米×395.6厘米

和严重威胁的情况下决心用毕生的精力去恢复传统艺术的独立。(图28)范景中在评价人们经常引用的潘天寿的一段名言：“荒村古渡，断涧寒流，怪岩丑树，一峦半岭，高低上下，欹斜正侧，无处不是诗材，亦无处不是画材。穷乡绝壑，篱落水边，幽花杂卉，乱石丛篁，随风摇曳，无处不是诗意，亦无处不是画意。有待慧眼慧心人随意拾取之耳。‘空山无人，水流花开。’惟诗人而兼画家者，能得个中至致。”这一段话一般人大多是将此看成潘天寿注重从自然现实中获取创作题材，但范景中作了进一步深入地思考，并从理解传统的角度重新评价这一段话：

　　这不啻为潘天寿在这混沌的自然中为我们创造出的一个小宇宙，一个诗人和画家心灵中的宇宙。这种境界难道能被看作是艺术家观察和感觉的结果吗？显然不能。相反，这正是中国文人所向往的古典的诗境和画境。如果没有传统的话，我们就永远也不会看到这样的一幅画面。因此，潘天寿所谓的慧眼不是人们一再张扬的对自然的敏感，而是能看懂好画，能体会出画品的高低，也就是说对艺术有解悟力和鉴赏力；换之，慧眼来源对传统的理解。

　　范景中认为正是由于潘天寿理解了传统诗境与画境，从传统中学会了观察这些“荒村古渡，断涧寒流”，才具有了这种对自然的鉴赏力，这一评论无疑揭示了潘天寿艺术思想中的深层地方。

　　此外，范景中在评价潘天寿对个性的态度时也讲到一段颇为精彩的见解：

　　人们反对传统的诸种理论中，最常见的莫过于“个性”的理论了。然而我们在阅读潘天寿的作品中学而得之，这种理论只是一种道德神话，而潘天寿的心中却始终有着一个更高的、他静静尊敬的价值和标准，这种标准不允许有抱负的艺术家自满，似乎，它的主旨就是约束住艺术家使他能不断地抛弃自己的个性从而使他能超越自己。因此我们必须小心不要把个性这个在创作中的次要东西，当成是这位先驱者所重视的迫切的真正的问题。正因为潘天寿是个极有个性的人，是个真正懂得个性的人，所以他才能超越自己的个性，才深知在创作中需要躲避个性。

　　　　　　　　　　　　——范景中：《艺术家和传统——纪念潘天寿先生诞辰九十周年》，

　　　　　　　　　　　　　　　　　　　　　　　广州，岭南美术出版社，1992

　　这篇评论潘天寿的文章，具有一定的理论深度，独立思考，提出自己的理论见解，显示出作者的理论敏感和学术功力，文章的批评风格具有历史深度和学术批评的鲜明特点。

　　以上我们从艺术史知识、哲学美学修养、艺术敏感、关切当代艺术、独自的批评风格等五个方面论述了作为一个批评家的基本条件，这同时也是写好艺术评论文章的基础。当然在具体写作评论文章中，写作者可能在某一方面比较突出，也能写出较好的评论文章。

　　清华大学美学家肖鹰，亦从事艺术批评，批评风格犀利尖锐，切中要害。2014年8月，他在《中国青年报》发表《"天才韩寒"是当代文坛的最大丑闻——〈后会无期〉与韩寒现象》一文，在社会上和网络上引起很大反响。2014年暑期上映了郭敬明的《小时代3》与韩寒《后会无期》，均获得很高的票房价值，他对媒体高调指认《后会无期》为"有情怀的文艺片"，"是中国电影更新换代之作"。如此一边倒地压郭挺韩，表示不满。认为从电影叙事看，《后会无期》是一部十足的烂片。从情节到对白都充斥着对他人创作的仿袭，是一部毫无诚意的"电影杂攒"。在该片中，最出新意而且切合"后会无期"片名的桥段，是阿吕（钟汉良饰）在森林中神秘出现，神侃骗取了马浩汉（冯绍峰饰）、江河两人的信任，从而轻易地骗走了马的汽车。然而，这个桥段是美国经典公路片《末路狂花》（1991年）的一个雷同桥段的翻版（该美片中，是一男骗两女）。又如，该片让江、马两人煞有介事地探讨"温水煮青蛙"的人生寓意，不过是拾人牙慧、重弹西方电影老调。肖鹰认为这部"作家、赛车手韩寒"导演的处女作《后会无期》，是一部名不副实、逻辑混乱、没有诚意的电影。它是一部打青春失意牌的"文艺片"，结尾却是三年后如期归来的男主角江河出书成名、情侣携手的商业片俗套。江河美梦成真的结局表明：以平凡为色面、以叛逆为标签、以迷惘为情调的"韩寒青春情怀"，骨子里是一个觊觎名利的梦。这篇文章还对韩寒可能存在的代笔问题进行披露。2000年，7门文化课不及格的高一辍学生韩寒出版了"涉及的政治、历史、文学知识无数，直接引用的文本数量非常浩大"的长篇小说《三重门》。不读书而智识超群，学业差而才华出众，如此韩寒当然是一个不可思议的文学奇迹。该文作者还分析《后会无期》作为第一主角的江河，扮相和神情都指向现实中的韩寒。江河与韩寒经历了相同的"人生跳转"：影片中一路失意落败的江河在影片结尾时跳转为"成名作家"，现实中韩寒从一个因学业极差被迫辍学的高一学生跳转为"文学天才"。2012年，现实中的韩寒面对被质疑作品代笔，不能自证清白，与之"后会有期"的是，2014年，电影中江河的成功史是一段"仙人跳"式的空白。

　　肖鹰还指出，韩寒自称"我不读文学史，我就是文学史"，是一位典型的反智主义，已年届30岁的作家韩寒，缺少合格高中毕业生应备的文史知识，缺少一个当代成熟青年应有的语言表达能力，更加缺少一个有教养的当代青年必备的社会道德观念。这个暴露于公众眼前的韩寒与写出《三重门》及大量公众认同、针砭时弊的博客文章的"意见领袖韩寒"格格不入。这就是说，"不读书的天才韩寒"和"自由意见领袖韩寒"，只是当代媒体联手文学界打造的一个虚假文化偶像。

　　如果肖鹰指出的韩寒的代表作确实是代笔造假，那么当代文坛的确应该反思了。肖鹰的文章提醒人们，在文化繁盛的背后，应该防止文化骗局。

图29《小时代》剧照海报

当代文艺批评家、影视批评家仲呈祥的艺术批评文章，观点鲜明，善于从国家文化战略和意识形态高度，对中国当代文艺创作重要问题发表意见，形成鲜明的独特的批评风格。

他在《艺术百家》2014年第1期上发表《作为人类审美的意识形态的艺术学理论学科建设》一文，指出："要弘扬社会主义主流价值体系，要弘扬主旋律，传播正能量。我历来主张高等学校是民族思维的先锋阵地，高等艺术院校是民族艺术思维的先锋阵地。先锋阵地是要搞理论建设的；是要密切地注视创作实践、进行理性抽象和科学概括的；要为整个民族的艺术创作和鉴赏提供思想引领、舆论推动、精神激励、文化支撑的；是要提供正能量的。这一条必须旗帜鲜明。人类的精神生产包括电影生产应该讲价值导向，应该讲社会主义的主流价值导向。当下艺术的创作与鉴赏缺乏理论支撑，缺乏明确的理论导向，这是很值得引起艺术学学科建设和艺术学理论建设关注的。"

仲呈祥连续参加了电视剧作品的全国政府奖"飞天奖"的评审，接着又参加了电影作品的政府奖"华表奖"的评审工作，再参加了电影的学术大奖"金鸡奖"的评审工作。他对当下电影电视剧创作现状比较熟悉。他对当下影视创作中出现的一些问题发表直率的意见：

比如对最近上映的一部电影艺术作品《小时代》（图29），我们面对这个作品的舆论导向是什么呢？因为票房收入很高，于是在我们党和政府的最大的机关报上就刊发了文章说，《小时代》展示了大意义，这个电影叙述了"90"后们的审美需求、文化需求。同时也是在这张报纸上的"文艺评论"栏里面，又发了另一篇文章《不能无条件纵容小时代2、3出现》，对此作了严肃批评，认为这部电影的价值取向有问题，对少年儿童成长不利，在这篇文章中，作者说了一句非常尖锐的话，"不能无条件纵容《小时代2》《小时代3》的出现"，这引起了有关部门的不满。这些有关部门说，国家审批不是你的权力啊，你们报纸应该发挥的是舆论监督作用，怎么能随便说谁在纵容啊？于是又在这张报纸的海外版上发了一篇文章《整顿世风不能靠打压〈小时代〉》，有这么一段话，"给一个拜金的人看100遍《焦裕禄》，他也不会变得省吃俭用；给一个不拜金的人看100遍《小时代》，他也不会出了电影院就去狂shopping"。……这句话从根本上抹煞了艺术的意识形态属性，抹煞了艺术教育、熏陶、提升人的灵魂的功能。这说明，我们艺术作品的创作与鉴赏缺乏理论的支撑，缺乏明确的价值导向，这是很值得我们引起广泛关注的。

我们的高等学校不能说不发言。诸位去看一看那些电影作品，究竟包涵有多少文化含量和审美品位？但是因为它十几亿的票房，于是堂而皇之地就通过了电影艺术政府奖的初选，而且进入了最后的终评阶段。入选的理由是什么呢？说要由市场导向。这句话是由一位电影艺术政府奖评审的负责同志说出来的。那么我请问一下：人类的经济建设、物质生产需要市场导向进行资源配置；那么人类的精神生产包括电影生产能单一地讲市场导向吗？我看应该讲价值导向，应该讲社会主义的主流价值导向。

恕我直言，近十余年来中国电影艺术创作的发展主要是依靠市场导向。今天的结果大家都可以看到。我跟北京师范大学艺术与传媒学院院长周星教授一起做"金鸡奖"评委时，我们在苏州艺术中心里面一看，成天排满电影放映室的影片，基本上是被《小时代》之类的电影作品占满了，观看电影的大都是些文化素养还有待提高的谈情说爱的青年们，还有的带着未懂事的小孩儿的观众。所以，我曾经说过一个问题，为什么像上世纪80年代初我们成长的时候，中国电影观众是争先恐后地去看《天云山传奇》《牧马人》《人到中年》，看《野山》《黑炮事件》，为什么到了今天《中国电影的市场报告》中客观反映的情况却是，观众们争先恐后去看《泰囧》《小时代》之类的影视作品？

——仲呈祥上：《作为人类审美的意识形态的艺术学理论学科建设》，

载《艺术百家》，2014年第1期

艺术批评文章写作要有的独自个性特征，这就要求批评者应有鲜明的批评观点和原则，敢于切中艺术时弊，不能人云亦云，对艺术现象和艺术思潮要深入剖析，其文章和观点，能够帮助形成正确的舆论导向，引领读者树立正确的艺术价值观。仲呈祥的这篇文章，对当下以电影的票房衡量电影成败的现象提出批评，强调电影的道德价值和艺术价值，是值得文艺界引起重视的，对艺术创作的健康发展，也是有积极意义的。

第三节　艺术评论文章写作与批评方法

作为一个艺术批评工作者，除应具备必要的基本条件外，要写好评论文章，还应运用相应的批评方法，批评方法对艺术批评及其文章写作具有重要意义。历史上或者当代的某一位艺术家的作品，可能因为批评方法的不同而得到不同的阐释。此外批评方法还具有美学上的意义，甚至能够帮助形成批评流派，如克利夫·贝尔和罗杰·弗莱倡导的形式主义批评流派，在20世纪初叶在艺术批评及美学领域均产生较大影响。因此我们学习和掌握一些批评方法对于了解批评理论和写好评论文章都是必要的。

美国当代艺术批评家沃尔夫（Theodore F. Wolff）在《艺术批评与艺术教育》一书中曾将艺术批评的主要形式与方法归结为三种。第一种是日记式的（diatistic）通常也称感情式的（emotive）、印象式的（impressionistic）或自传式的（autobiographical）批评，这种艺术批评是批评家主观感受和个人印象的描述；第二种为形式主义的（formalist）又称内心的（internal）、内在的（intrinsic）或审美自律的（aesthetically autonomous art criticism）艺术批评，它描述艺术作品的特性和品质，第三种是背景主义的（contextualist）也称艺术史的、心理分析的和思想艺术的（art-historical，psychoanalytical and ideological criticism）批评，这一种批评方法强调影响作品形成特定形式或具有某种特别含义的因素或力量。沃尔夫分别对这三种批评方法进行过分析介绍。

我们现将在历史上发生过较大影响和当今仍流行的批评方法归纳成五种，即：一、社会—历史批评方法，二、形式—结构批评方法，三、心理—知觉批评方法，四、印象—审美批评方法，五、文化—功能批评方法。下面我们分别将这五种批评方法加以简介。

一、社会—历史批评方法

社会—历史批评方法在中国20世纪的艺术批评中影响是较大的。这种批评方法比较注重对艺术作品产生的社会根源、历史背景及经济因素进行分析，也特别关注艺术作品的思想价值和社会内容，在具体的艺术评论文章写作中，注重对作品的题材和形象所包含的社会意义的分析。

社会—历史的批评方法是以艺术社会学为其理论基础。1847年比利时人米盖尔思（Michiels）受了比利时政府嘱托，要写一部弗兰德尔（Flandre）派的绘画史。他开始考虑如何建设科学的艺术史问题，试图从政治的、生产的和社会的发展中来探索艺术问题，包含了艺术社会学的思想。1865年丹纳（H. Taine）在巴黎美术大学进行关于艺术的演讲，到80年代，在《艺术哲学》的标题下将这些讲演出版，产生较大影响。丹纳从时代、环境、种族三种因素中来揭示艺术产生、发展、消亡的规律，他对文艺复兴、古希腊罗马艺术及17世纪尼德兰绘画进行分析批评，可以说是运用社会学及生物学方法进行艺术批评的有益探索。

用社会学方法来研究原始艺术的卓越代表是人类学家、民俗学家格罗塞（E. Grosse），他于1894年出版的《艺术的起源》一书，成为艺术社会学的经典著作。格罗塞认为"无论什么时代，无论什么民族，艺术都是一种社会的表现，假使我们简单地拿它当作个人的现象，就立刻会不能了解它原来的性质和意义。……我们将要专门研究艺术创造的社会环境和社会关系。我们要把那些原始民族的艺术当作一种社会现象和社会机能"（格罗塞：《艺术的起源》，蔡慕晖译，9页，北京，商务印书馆，1987）。格罗塞对原始部落的装饰艺术进行研究后，认为他们的装饰艺术是同生产方式紧密地结合在一起的：

> 狩猎的部落从自然界取得的装饰的题材完全是动物和人的形态，因而他们挑选的正是那些对于他们有最大实际趣味的现象。原始的狩猎者把对于他们当然也是必要的采集植物的事情，看作是下等的工作交给了妇女们，自己对它一点也不感兴趣。这就说明了在他们的装饰中，我们甚至连植物题材的痕迹也见不到，而在文明民族装饰艺术中，这个题材有着十分丰富的发展。事实上，从动物装饰到植物装饰的过渡，是文化史上最大的进步——从狩猎生活到农业生活的过渡的象征。

> ——格罗塞：《艺术的起源》，149页，转引自普列汉诺夫《论艺术》，
> 曹葆华译，33页，北京，三联书店，1979

社会—历史的批评方法是从唯物史观出发对作品的社会意义、作品和社会历史之间的关系进行分析，从而揭示艺术的社会根源。马克思对狄更斯作品的评论，恩格斯对巴尔扎克小说的评论，及列宁称托尔斯泰是"俄国革命的一面镜子"，都基本上是运用了社会—历史的批评方法。

普列汉诺夫于1905年写作的《从社会学观点论十八世纪法国戏剧文学和法国绘画》一文可以看成是运用社会—历史方法进行艺术批评的典范之作。普列汉诺夫以法国的闹剧、悲剧和喜剧的产生与发展及消亡过程为例，探讨艺术与社会历史的深刻根源，他分析在中世纪，法国舞台和整个西欧一样，占统治地位的是所谓闹剧，闹剧是为人民写作的，是给人民演出的，表现人民的观点和愿望。但是从路易十三朝开始，闹剧趋于衰落。它被看作是对于仆役们才合适的，而为趣味高雅的人士所

不齿。代替闹剧，出现了悲剧。"但是法国的悲剧与人民群众的观点、愿望和不满没有任何共同之处。它是贵族的创作，表现着上层等级的观点、趣味和愿望。"所以到了17和18世纪的贵族社会，朴素和自然的演技是与贵族审美的一切要求根本对立的。贵族社会要求演员应当在自己的一切动作中显示出伟大和崇高来。这样悲剧就是最恰当的形式，普列汉诺夫指出：

> 因为悲剧是宫廷贵族的产物，悲剧中的主要登场人物是帝王、"英雄"，总之是"身居高位"的人物，他们即使不是真正的"伟大"和"崇高"，他们的所谓职位也一定要他们装出"伟大"和"崇高"的模样来。一个剧作家，如果他的作品没有程式化的相当分量的宫廷贵族的"崇高气派"，即使他具有巨大的才能，也决不会博得当时观众的鼓掌。
>
> ——普列汉诺夫：《普列汉诺夫美学论文集》，曹葆华译，473页，
>
> 北京，人民出版社，1983

但到了18世纪30年代出现了新的文学体裁，即"流泪喜剧"，普列汉诺夫在该文中从18世纪法国经济来说明这种流泪喜剧产生的原因。贵族开始一天天地丧失自己脚下的基地，而已经获得胜利的资产阶级，难道能够容忍舞台上经常演出皇帝和国王吗？他们现在要塑造资产阶级自己的肖像。因此，"流泪喜剧是18世纪法国资产阶级的肖像"，就像博马舍指出的雅典和罗马的事件，对于他这个18世纪君主国家的一个和平臣民，究竟有什么相干呢？伯罗奔尼撒某个暴君的死或者奥利德一个年轻公主的牺牲，对他没有任何意义。所以古代历史上的"事件"在悲剧中占主导地位，但对于资产阶级没有什么教育意义，资产阶级戏剧的主人公，是当时资产阶级思想家或多或少理想化了的"中等资产的人物"。

普列汉诺夫还运用社会—历史的方法分析18世纪法国的绘画，认为在路易十四时代这个君主政体极盛的时期，法国绘画同古典主义悲剧有很多共同的地方，夏尔·勒布伦这位当时绘画中艺术趣味的立法者热烈赞颂"太阳王"路易十四，1667年佛兰德战役使法兰西王国获得巨大的荣誉，这次战役后，勒布伦画了《亚历山大的战役》一画，对于当时渴望"宏伟"、光荣、胜利的人们的情绪是太适合了，对观众产生强烈的印象，"在亚历山大画像面前观众是向路易十四鼓掌喝采的"。龚古尔在《十八世纪的艺术》中曾谈到，"当路易十四的时代为路易十五的时代所替换时，艺术的理想就从宏伟转向愉快。到处流行着优雅的气派和细腻的感官享乐"，而这种新的理想在布歇的画中得到了充分的表现，对蓬巴杜夫人及女性的歌颂，导致了与古典主义绘画及悲剧不同的新的秀丽、温情、雅致、优美的风格的产生，所谓罗可可风格是路易十五及其蓬巴杜夫人（图30）艺术趣味的风俗画。普列汉诺夫在这篇评论中指出：

图30 弗朗索瓦·布歇，蓬巴杜夫人，1756年，画布油彩，201厘米×157厘米，慕尼黑老绘画馆

他（布歇）的一切画所充满着典雅的内感就是他的缪斯。这样的画在卢浮宫里是不少的。谁想了解路易十五的贵族君主政体的法国与路易十四的同样的法国之间有着多大的距离，那我们可以建议他把布歇的画同勒布伦的画作一番比较。这类的比较将比许多卷抽象的历史的议论更有裨益。

——普列汉诺夫：《从社会学观点论十八世纪法国戏剧文学和法国绘画》，见《普列汉诺夫美学论文集》，曹葆华译，485页，北京，人民出版社，1983

普列汉诺夫这篇长篇评论文章，从宏观上对法国17世纪、18世纪的戏剧和绘画进行深入分析，注重从社会的政治、阶级、人文精神、艺术趣味等氛围中阐述法国在这个不特定时代戏剧与绘画的特征，是运用唯物史观和社会—历史方法从事艺术批评的代表之作。

马克思主义的创始人之一恩格斯1888年4月初，在伦敦给英国女作家玛·哈克纳斯写了一封信，此信是恩格斯去世后在他的档案中发现的一封手稿，1932年公开发表。此信中的观点，被认为是马克思主义文艺批评的典范，特别是对现实主义原则的论述，和对法国文学家巴尔扎克的评价，有很高的学术价值。在这封信中，恩格斯对哈克纳斯新出版的描写1887伦敦东头工人生活的中篇小说《城市姑娘》进行评论，恩格斯运用唯物史观和社会历史的批评方法，分析了《城市姑娘》的优点和不足之处。

恩格斯对这部小说的批评意见是，认为它也许还不是充分的现实主义。提出现实主义的经典概念："据我看来，现实主义的意思是，除细节的真实外，还要真实地再现典型环境中的典型人物。"认为《城市姑娘》中的人物，就他们本身而言，是够典型的；但是环绕着这些人物并促使他们行动的环境，也许就不是那样典型了。这是因为，在《城市姑娘》里，工人阶级是以消极群众的形象出现的，想使这样的工人阶级摆脱其贫困而麻木的处境的一切企图都来自外面，来自上面。如果这描写的是1800年前后或1810年前后，即圣西门和罗伯特·欧文时代的工人阶级，那是恰如其分的，但是该小说描写的是在1887年伦敦工人阶级的生活状态，恩格斯认为在一个有幸参加了战斗无产阶级的大部分斗争差不多50年之久的人看来，这种描写就不可能是恰如其分的了。工人阶级对他们四周的压迫环境所进行的叛逆的反抗，他们为恢复自己做人的地位所作的极度的努力——半自觉的或自觉的，都属于历史，因而也应当有权在现实主义领域内要求占有一席之地。显然，恩格斯是从工人阶级斗争的历史和工人阶级在19世纪80年代整体的觉悟程度来要求作家，显示的是一种社会历史的批评原则。恩格斯接着写道：

我决不是责备您没有写出一部直截了当的社会主义的小说，一部像我们德国人所说的"倾向性小说"，来鼓吹作者的社会观点和政治观点。我决不是这个意思。作者的见解越隐蔽，对艺术作品来说就越好。我所指的现实主义甚至可以不顾作者的见解而表露出来。让我举一个例子。巴尔扎克，我认为他是比过去、现在和未来的一切左拉都要伟大得多的现实主义大师，他在《人间喜剧》里给我们提供了一部法国"社会"，特别是巴黎"上流社会"的卓越的现实主义历史，他用编年史的方式几乎逐年地把上升的资产阶级在1816—1848年这一时期对贵族社会日甚一日的冲击描写出来，这一贵族社会是在1815年以后又重整旗鼓的，并尽力重新恢复旧日法国生活方式的标准。他描写了这个在他看来是模范社会的最后残余怎样在庸俗的、满身铜臭的暴发户的逼攻之下逐渐屈服，或者被这种暴发户所肢解；他描写了贵妇人（她们在婚姻上的不忠只不过是维护自己的一种方式，这和她们嫁人的方式是完全相适应的）怎样让位给为了金钱或衣着而给自己丈夫戴绿帽子的资产阶级妇女。围绕着这幅中心图画，他汇集了法国社会的全部历史，我从这里，甚至在经济细节方面（诸如革命以后动产和不动产的重新分配）所学到的东西，也要比从当时所有职业的史学家、经济学家和统计学家那里学到的全部东西还要多。不错，巴尔扎克在政治上是一个正统派；他的伟大作品是对上流社会无可阻挡的崩溃的一曲无尽的挽歌；他对注定要灭亡的那个阶级寄予了全部的同情。但是，尽管如此，当他让他所深切同情的那些贵族男女行动的时候，恰恰是这个时候，他的嘲笑空前尖刻，他的讽刺空前辛辣。而他经常毫不掩饰地赞赏的人物，却正是他政治上的死对头，圣玛丽修道院的共和党英雄们，这些人在那时（1830—1836）的确是人民群众的代表。这样，巴尔扎克就不得不违反自己的阶级同情和政治偏见而行动；他看到了他心爱的贵族们灭亡的必然性，从而把他们描写成不配有更好命运的人；他在当时唯一能找到未来的真正的人的地方看到了这样的人，——这一切我认为是现实主义的最伟大胜利之一，是老巴尔扎克最重大的特点之一。

——恩格斯：《致玛·哈克纳斯》，见《马克思恩格斯选集》，第4卷，461~463页

恩格斯在此对巴尔扎克的小说作出高度评价，将巴尔扎克的人间喜剧看成是现实主义的最伟大的胜利，认为他的作品汇集了法国社会的全部历史，从巴尔扎克的小说中，甚至在经济细节方面所学到的东西，也要比从当时所有职业的史学家、经济学家和统计学家那里学到的全部东西还要多。可以说，恩格斯在此深刻揭示了巴尔扎克现实主义作品的巨大的社会历史认识价值，这封信也成为运用社会历史批评方法来评价作品的典范！

唯物史观和社会历史的批评方法在19世纪20年代被介绍到中国，对此后的中国文艺批评和艺术史研究均发生较大影响，成为民国时期共产党领导的解放区文艺批评和新中国成立后的30年中艺术批评的主要方法。民国时期的国立杭州艺专李朴园，任该校校刊《亚波罗》杂志的主编，是十分活跃的艺术批评家。1931年，李朴园出版了《中国艺术史概论》，他是用唯物史观之艺术史观来研究中国艺术史的第一人，他说"要整理中国固有的艺术史料，就非从了解西洋的治学方法入手不可"，李朴园可以说是高度敏锐地对西方唯物史观艺术论作出了回应，他在治中国艺术史的过程中，采取的对策是，以唯物史观为指导，但对文化传播说也不否认，而是借以辅助，同时也遵循中国艺术和社会本身的特征，对中国艺术史进行新的分期和论述。"我治中国艺术史的方法，既不想违背唯物的辩证法，也相当的承认所谓文化传布说，而不完全为唯物史观所拘束……我不相信对于艺术方面的历史有如经济史那样简单"。[①]在这部《中国艺术史概论》中，李朴园将时代分期作了崭新的构架，他不再袭用上古、中古、近世的分期法，而分为原始社会、初期宗法社会、后期宗法社会、初期封建社会、后期封建社会、第一过渡社会（秦代）、初期混合社会（汉到宋代）、后期混合社会（元—清后期）、第二过渡社会（1840—1918）、社会主义社会（1919.5.4日起）。李朴园对"五四"以来的新文化表现出很大的热情，认为中国文化到了社会主义社会、表现着对旧文化的觉悟与对新文化特别是社会主义文化的憧憬。可能李朴园是最早提出社会主义新文化的学者，他将1919年"五四"运动以来的中国社会称为社会主义社会。在中国艺术史中，第一次出现了社会主义社会和社会主义文化的内容，他第一个将20世纪最新的艺术创作写进中国艺术史，将"五四"以来的新建筑、洋式、土式、中西结合式的建筑都写进艺术史，并将李金发、王静远、江小鹣、张辰伯的雕塑、1929年教育部全国美展都写进了他的《中国艺术史概论》之中，开辟了中国艺术史包含当代史的新的道路。其后胡蛮于40年代所著《中国美术发展史》则将毛泽东的《在延安文艺座谈会上的讲话》及延安新

① 李朴园：《中国艺术史概论》，7页，上海，良友图书印刷有限公司印行，1931

文艺写进了美术史。李朴园的这部中国艺术史，用史论结合的方法，根据中国艺术史的材料和历史社会资料，安排章节内容。各章第一部分解释时代的命名的根据，第二部分考察该时代的物质生活状态，第三部分论及该时代的一般文化，第四部分则分述该时代的建筑、雕刻、绘画的特征和成就。该书是把中国各阶段的建筑、雕刻、绘画的发展放在特定阶段的物质生活以及由此产生的文化背景中加以考察，这在20世纪30年代初期的中国艺术史研究中，是一种最新的方法。著名艺术理论家林文铮对这本"新颖的"本国艺术史"奇书"大加赞赏，对李朴园运用唯物史观治艺术史也给予高度评价："朴园先生用快刀斩乱麻的方法，毅然脱离前人之陈式，而采取唯物史观为其治史之原则，并参之以文化传布说为副则，这是何等大胆，何等痛快，何等革命的态度啊！……用唯物史观的眼光来整理中国艺术史，很可以得到许多新颖的见解，精确的批评，这是不可磨灭的功绩"。林文铮认为在欧洲学术界用唯物史观以治艺术史者至今（1931年）尚不多见，但唯物史观艺术论作为倾动一时的新见解自有相当的地位，"朴园先生引用之以治中国艺术史，在吾国学术界可以说是空前的创举！"①

① 李朴园：《中国艺术史概论》，林文铮序言，5页，上海，良友图书印刷有限公司印行，1931

今天，社会历史的批评方法和艺术社会学方法，对于我们研究艺术史和开展艺术批评，仍然有一定的作用，是我们研究艺术史和开展艺术批评的基本方法之一。英国的中国艺术史家柯律格近年出版的《雅债》，研究明代画家文征明，他不像以往那样从宏观社会政治历史来研究艺术家的思想和创作根源，而是关注文征明的个人社会交往。柯律格着重研究文征明的"社会性艺术"（social art）或"社交性艺术"，关注文征明的诗书画创作与社会交往人群的关系，从中发现文征明的创作原因和艺术活动的规律。他的《雅债》一书分三个大的部分：第一部分内容为家族、师长与庇主、同侪与同辈；第二部分为官场、与在地人的义务；第三部分为请托人、顾客、弟子、帮手、仆役、艺术家、声望、商品。文征明就是在这样一张网状的社会关系中写诗、作书、画画、做官、交友、卖画。在对文征明作"社会性艺术"的研究中，柯律格提出不少新的见解。例如他非常重视文征明所写的文本，包括信札、祭文、序或诗，虽然不少这些文本的原迹已逝，或只有经过修订而印刷成书的版本留存，但这些文字原本都是一件件书法作品，他认为这些作品都不是无关紧要的，如果我们仅重视文征明的《千字文》书法习作，只因其流传至今，而不理会他为姨母写的祭文，只因为现已无存，那么我们这样一开始就划地为牢了。柯律格创立了一种微观社会学的方法，为艺术社会学和社会历史的研究方法开辟了新的道路，对我们在新的时代如何运用社会历史的方法来开展艺术批评，有积极的启示意义。

二、形式—结构批评方法

如果说社会—历史批评方法着眼于对作品的社会历史背景进行分析评价,注重作品的社会价值和社会意义的话,那么形式—结构批评方法则仅仅关注作品的形式本身,而不问作品的所谓社会价值。因此运用形式—结构批评方法进行艺术批评和评论文章的写作,重点是对作品的形式、结构、形象等进行分析。

20世纪初,英国艺术批评家克利夫·贝尔和罗杰·弗莱创立了形式主义批评流派。贝尔在那本《艺术》专著中阐述了他的形式主义美学观,他著名的"审美假设",试图探讨所有的艺术品共同的但又是独特的性质:

> 艺术品中必定存在着某种特性:离开它,艺术品就不能作为艺术品而存在;有了它,任何作品至少不会一点价值也没有。这是一种什么性质呢?什么性质存在于一切能唤起我们审美感情的客体之中呢?什么性质是圣索非亚教堂、卡尔特修道院的窗子、墨西哥的雕塑、波斯的古碗、中国的地毯、帕多瓦的乔托的壁画,以及普桑、皮埃罗·德拉、弗朗切斯卡和塞尚的作品中所共有的性质呢?看来,可做解释的回答只有一个,那就是"有意味的形式"。在各个不同作品中,线条、色彩以某种特殊方式组成某种形式或形式间的关系,激起我们的审美感情。这种线、色的关系和组合,这些审美地感人的形式,我称之为有意味的形式。"有意味的形式"就是一切视觉艺术的共同性质。

——〔英〕贝尔:《艺术》,周金环等译,4页,北京,中国文联出版公司,1984

克利夫·贝尔在对视觉艺术的评价中,认为它们共同的特性就是由线条、色彩、结构组合成的有意味的形式,形式成为他评论艺术品的根本标准。贝尔运用他的形式主义批评方法对后印象主义画家塞尚作了精辟的分析,认为"塞尚是发现'形式'这块新大陆的哥伦布","塞尚发现的那些方法和形式揭示了某种有着无限可能性的前景,目前还没有人能看到这个前景的边缘。数以千计的尚未出生的艺术家们可以用塞尚发明的乐器演奏他们自己的曲子"。贝尔正是从形式方面揭示塞尚的意义:

> 每件东西都被看作是纯形式,而且在纯形式的背后潜伏着令人心醉神迷的不可思议的意味。塞尚在他的余生里不断地努力捕捉并表达形式的意味。
>
> 塞尚是一个完美的艺术家的典型。他是专业画家、诗人或音乐家的完美的对偶。他创造了形式,因为只有这样做他才能获得他生存的目的——即对形式意味感的表现。

——〔英〕贝尔:《艺术》,周金环等译,142~143页,

北京,中国文联出版公司,1984

形式主义的另一位批评家罗杰·弗莱在他的《法国的后期印象派画家》一文中，亦阐述了他的批评原则和方法，他指出，以往人们强调艺术和社会的关系及重视作品题材的意义，是"误解了艺术家的目的"，长期以来，人们认为"绘画的目的就是对自然形体的描绘摹仿"，现在后印象主义出现后，对这些信条产生了异议，"他们企求的不是摹仿形体，而是创造形体，不是摹绘生活，而是寻找生活的等价替代物"。罗杰·弗莱还运用形式批评方法对野兽派画家马蒂斯进行评论：

马蒂斯的作品则不带任何这类极端抽象的痕迹。那些激励他创造性发明的真实对象均有真形实体。不过，他追求的也是等价于自然的替代物，而不是自然的写真。与因造型闻名的毕加索相反，马蒂斯的目的是以他具有强烈节奏感的线条的连续性和流动性，以他空间关系的逻辑，最主要的是，以一种全新的色彩运用，使我们相信他形体的真实感。在这过程中，就像在他众所瞩目的节奏明显的构图设计中，他比任何一位欧洲画家更接近中国艺术的理想境界。他的作品具有一种超凡绝伦的装饰性统一，这种构图设计的装饰性统一使这一画派的所有艺术家都出类拔萃。

——〔英〕罗杰·弗莱：《法国的后期印象派画家》，见《现代艺术和现代主义》，

弗兰西斯·兰契娜等编，张坚等译，140页，上海，上海人民美术出版社，1988

我们在贝尔和弗莱的文章中，很难看到像普列汉诺夫那样去关心作品的社会意义，相反他们关注的是作品的形式本身。

此外，在1914年至1930年俄罗斯出现了一个新的文学批评流派，即俄国形式主义批评流派。1914年至1915年成立了"莫斯科语言学小组"，以罗曼·雅各布森为代表，1916年成立"彼得堡小组"，以维克托·什克洛夫斯基为代表。俄国形式主义曾深受日内瓦语言学派的影响，同时也受到当时兴起的象征主义、立体主义、未来主义艺术流派的影响。他们接受了瑞士语言学家索绪尔关于语言符号系统、共时性和语言学中各种因素相互类比的结构观点，把音位学作为语言成分的音素用来剖析和建造形式结构，反对只根据作家生平、社会环境、哲学、心理学等文学艺术的外部因素去研究作品，认为文艺研究对象应该是文艺作品本身，文艺批评者要去探寻文艺自身的特性和规律。雅各布森1920年移居捷克，创立布拉格语言学派。后来这种形式主义文学批评理论到20世纪40年代在法国发展为结构主义，列维·斯特劳斯发表了《语言学结构分析与人类学结构分析》的著名文章，建立结构人类学理论，并正式运用结构主义这个名词，他运用结构主义的方法研究南美印第安人的生活习惯和文化，解释其亲属制度、图腾制度和神话故事，为结构主义走向成熟奠定了坚实的基础。

霍克斯在《结构主义和符号学》一书中指出，结构主义主要是一种方法，是"关于世界的一种思维方式"，它认为"事物的真正本质不在于事物本身，而在于我们在各种事物之间构造，然后又在它们之间感觉到的那种关系"①。结构主义重视研究事物的"构造"和"关系"，结构主义运用到艺术批评上，强调作品形式组成要素的整体性，把作品形式中的每一个局部看成是作品完整性中不可或缺的一个部分。

① 霍克斯：《结构主义和符号学》，8页，上海，上海译文出版社，1987

法国启蒙运动思想家狄德罗去世后其手稿《绘画论》被发现，并于 1796 年发表。在《绘画论》中，狄德罗提出一个观点，即"关系"和"结构"，他认为"美是关系"，美的事物就是多样统一的事物，就是差别中见统一，绘画的美就是色彩的和谐。他将"美是关系"的观点运用到绘画评论中，美就是人们从对象的"组成部分之中见出秩序、安排、对称和一些关系"。自然中的一切都是互相关联的一个组织体，一个结构中每一个微小的部分都是必然的，不可避免的，应该如此的。狄德罗根据结构的观点来评价绘画的构图，他反对根据人的头部长短来决定人的身体长短等一些固定的比例、格式，而主张根据实际生活中不同对象的结构关系来作画。成功的作品不是从中看出精确的比例，"而是看出了一个体系，在这个体系里所有人体上的残缺是互相关联而不可避免的"。鲁本斯的画作具有丰富的想象力和夸张变形的特点，狄德罗说，可以让他想象一切，但有一个条件，产妇房里不能出现黄道神。即不能讲一个结构体以外的东西硬拉进这个结构体中，以至于使整个画面不和谐。如果画家画马路旁边的衣店，把洗衣妇画成天神朱庇特之女，只要她周围出现的是朱庇特、班拉斯这些天兵天将，那也可以，但这已不是一个小市民店，而是奥林匹克天庭了，"只要内容是统一的，一切都可以接受"。狄德罗用"关系""结构"的观点来评析绘画的构图和章法、人物安排，是一种深刻的美学思想。他是比较早就提出结构观点并运用来分析艺术作品的美学家，可以说，狄德罗是现代结构主义的先驱。

20 世纪西方流行的"风格理论"实际上也是一种形式主义美术史方法和形式主义批评理论。瑞士著名的美学家和艺术史家沃尔夫林（H. Wolfflin，1864—1945），被认为是继承温克尔曼、布克哈特之后第三位伟大的艺术史学家，他倡导的"风格理论"，不去过多地分析艺术家及社会背景，而是开门见山，紧紧抓住作品的形式与风格进行研究，试图创建一种"无名美术史"，把对风格变化的解释和说明作为美术史的根本任务。他的专著《美术史的基本概念》（Principles of Art History，中译学者潘耀昌曾以《艺术风格学》和《美术史的基本概念》先后出版此书），将艺术史中与强烈的个人差异并存的共性归纳为抽象的基本概念。沃尔夫林以文艺复兴艺术和巴洛克艺术为主要研究对象，从中概括出五对相互对应并具有辩证关系的基本概念，用这五对概念来分析、区别和比较文艺复兴艺术或古典艺术与巴洛克艺术。这五对概念是：线描和图绘，平面和纵深，封闭的形式和开放的形式，多样性的统一和同一性的统一，清晰性和模糊性。如他通过对文艺复兴时期的德国画家丢勒（图31）和17世纪荷兰画家伦勃朗（图32）绘画作品的分析，将丢勒归于线描画家，将伦勃朗归于图绘的画家，线描和图绘反映了两种不同的造型要素，前者是运用线条，按照事物的实际情况来表现，后者是色彩块面，按照事物显现于眼前的样子来表现。线描风格具有塑形感，清晰性较强，大都表现固体的对象，其平静的、光滑坚实的、清晰的边界轮廓，给人以安全感，可产生触觉的效果。而图绘风格是运动的，边界轮廓是模糊不清的，轮廓线显得软化，对观众只产生视觉效果。沃尔夫林通过对文艺复兴和巴洛克艺术的分析，认为文艺复兴艺术偏向于五对概念中的每一对概念的前者，巴洛克则偏向后者。他还得出一些新的学术见解。认为：

图31　丢勒，亚当和夏娃，1504，铜版画

意大利文艺复兴的主导思想是完美的比例。如同在大建筑物中那样，在人的形体上这个时代也努力创造出内心平静的完美形象。

图32　伦勃朗，夜巡，1642年，画布油彩，363厘米×438厘米，阿姆斯特丹国家博物馆

巴洛克艺术运用相同的形式体系，不过它否定抛弃了圆满和完善，代之以骚动和变化，否定抛弃了有限性和可想象性，代之以无限和庞大。美的比例的观点不见了，人们的兴趣从存在

之物转向了发生的事物上。沉重和厚实的体块卷入到运动之中。

——〔瑞〕沃尔夫林：《艺术风格学》，潘耀昌译，8~9页，

沈阳，辽宁人民出版社，1987

　　沃尔夫林的风格理论，对中国艺术史研究发生过影响。1930 年代初，滕固到德国留学，接触到沃尔夫林的风格理论，并运用风格理论来研究中国美术史，其成果主要表现在他的专著《唐宋绘画史》和论文《关于院体画和文人画之史的考察》等文之中。滕固在《唐宋绘画史》第一章"引论"，明确提出要用风格史的方法来治中国绘画史，他检讨中国以往的绘画史，一是断代的记述，一是分门的记述，认为留存到现在的著作，大都是随笔札记，这些著述作为贵重的资料是可以的，"当为含有现代意义的'历史'是不可以的"。这一段检讨，是急于将中国的绘画史纳入到西方现代意义的"历史"即艺术史的体系，欲求在艺术史研究中与"国际接轨"，与"现代"接轨，他想用"风格发展"来克服上述中国二种传统艺术史方法的不足。"绘画的一不是只绘画—以至艺术的历史，在乎着眼作品本身之风格发展（stilentwicklung）。某一风格的发生、滋长、完成以至开拓出另一风格，自有横在它下面的根源的动力来决定。……我们应该采用的，至少是大体上根据风格而划分出时期的一种方法。"他还提出中国绘画史写作应"从艺术作家本位的历史演变而为艺术作品本位的历史"。[1]这显然受了沃尔夫林"无名艺术史"的影响。滕固在《唐宋绘画史》中，运用"风格发展"理论研究唐代绘画史的直接成果是，以往认为盛唐以后的绘画被忽视，滕固则认为以山水画为例，盛唐以后的山水画在技法上有新的进步，如毕宏的纵奇险怪，张璪的秃笔和手摹绢，王洽的泼墨、荆浩的笔墨兼顾，这都是对盛唐时代成立的山水画之增益、弥补和充实，在佛画、人物、畜兽、花鸟画方面也是这样。另外他也尝试将唐代山水画在风格上分类，将王维归于"抒情"类，吴道子归于"豪爽"类，李思训归于"装饰"类。这一些见解都是对唐代绘画史研究具有积极意义的成果。

　　但是运用风格理论来研究中国绘画史，也有明显的问题，如他想建立以作品为本位的唐宋绘画史，但至今我们仍看不到几件唐代绘画的真迹，绝大部分都随着时间流失而湮没了，他提出中国绘画史写作应"从艺术作家本位的历史演变而为艺术作品本位的历史"。但滕固并没有看过几张唐宋绘画作品，所谓要建立"艺术作品本位的历史"只是一句空话，没有作品是无法像沃尔夫林那样来对作品进行形式分析的。另外，中国绘画批评与绘画史有一套自己的术语范畴，用以标志绘画风格及艺术特征与成就高低，如神品、妙品、能品、逸品等，而沃尔夫林的线描的或图绘的等五对范畴，是比较文艺复兴艺术和巴洛克艺术的不同而得出的，不一定适合唐宋绘画史。滕固在 1931 年《辅仁学志》第 2 卷第 2 期上发表《关于院体画和文人画之史的考察》，试图引用沃尔夫林《艺术史基本概念》

① 滕固：《唐宋绘画史》，2 页，北京，中国古典艺术出版社，1958

中论述丢勒的绘画是"写的"（即线描的）、伦勃朗的绘画是"画的"（即图绘的）观点，分析吴道子"挥霍如神"的笔法，其特质是"写的"（即线描的），李思训的"金碧辉煌"的色彩，其特质是"画的"（即图绘的），这种类比，除一种新奇感外，对吴道子和李思训的研究，并无实质性的帮助。再者，滕固写作唐宋绘画史，面对的问题并不是沃尔夫林研究文艺复兴和巴洛克艺术面对的诸如线描、图绘、平面、纵深之类的问题，而是面对的绘画中的南宗、北宗问题，文人画与院体画的问题，显然很难从《风格理论》中找到解决这些问题的方法，倒是滕固把握中国绘画史的发展实际，反对明末董其昌所倡导的绘画南北宗论及崇南贬北论，认为北宗绘画、院体画（馆阁画）也有独特的艺术价值。他还认为在唐代王维与李思训并不是对立的，到了宋代院体画也是士大夫画的一脉，文人画与院体画"不但不是对立的，且中间是相生相成的"。这些观点对于我们全面客观地正确地认为院体画是有积极的学术意义的。至于滕固认为中国以往的绘画史是"随笔杂记"（这与中国古代之绘画史的实际不相符合），不合现代含义的"历史"，但他在写作唐宋绘画史时，又不得不用这些"随笔杂记"的材料。滕固自己也承认，虽然口里说着"风格发展"，但脚踵仍在旧圈子里绕，"我现在的讲述，仍不免要兜旧时绘画史作者的路径，靠些冰冷的记录来说明吧"。他在《唐宋绘画史》中大量引用的还是张彦远、朱景玄、郭若虚、黄休复、米芾、王士祯、董其昌、孙承泽、段成式等人的画论画史或画史汇编材料，相对来说所引"风格理论"只起到一个点缀作用。也正是滕固立足于本土画史的客观材料和客观事实，再加以独立分析和辩证，提出唐宋绘画发展的某些规律，以及驳斥南北宗论和正确给予院体画以客观评价，才使《唐宋绘画史》具有了它的学术价值。我国古代画史画评，是根据自身绘画特征而总结撰写出来的，如果只因它们是旧的就抛弃，那么我们今天的绘画史将是沙中建塔、空中楼阁。

美国著名的华人艺术史家方闻的绘画史研究，虽然以西方艺术史学为基础，但能根据中国画史的特征加以发挥和补充，一方面避免传统中国画史画评中只凭直觉经验的鉴定方法，同时亦修正了西方风格理论没有考虑摹本与伪作的缺点。他在主张以风格分析作为真伪鉴定的手段的同时，强调从结构入手，因为不同时代的绘画即使母题或技法相同，但画面上的形式结构关系是会随着时代而出现变化的，中间层次的"形式间的关联"是视觉上的"形态结构"，这是唯一可以解决卷轴画中人物或花鸟画以及山水画断代问题的方法。在此基础上他创建了"视觉形式结构分析法"或称"视觉造型结构分析法"[①]，并在山水画史的应用分析中取得了显著成果。

1984年方闻运用"视觉造型结构分析法"研究中国书画史的形式结构和风格发展的专著《心印——中国书画风格与结构分析研究》（*Images of the Mind*）出版。该书从造型结构角度对中

① 《方闻答博士后黄厚明等"清华考古与艺术史研究所学术定位及学科发展问题"》，2005年2月14日，清华大学高等研究中心编印

国山水画的发展作了详尽的新的研究，注重绘画语汇、风格造型跟图绘内容表现（expressive content）的密切关系，第一章为唐宋"雄伟山水"（monumental landscape）的"图绘性再现"（picturial representation）；第二章为北宋时代的个性化，及誉为"心画"的书法艺术；第三章为元代由赵孟頫"书画本同"的呼吁，到文人画"自我表现"的崛起；第四章为明代的"复古主义"；第五章为清代的"集大成"。

从1933年滕固在《唐宋绘画史》中对"风格理论"的借鉴，到1984年方闻的《心印》出版，可以看到，风格理论对中国艺术史研究的不同影响，方闻更注重对风格理论进行新的拓展，根据中国绘画史的实际问题，指出风格理论有关原理不完全适合中国艺术史，进而创立更适应中国绘画史研究的新的"视觉形式结构分析"方法。毫无疑问，方闻采取的应对西方艺术史学理论的对策，比滕固是更有创造性的。方闻成为20世纪下半叶以来，在国际艺术史学和文化研究的视野中从事中国艺术史研究的代表学者与领军人物。方闻对风格理论在中国艺术史研究中的创造性运用，值得我们艺术批评工作者借鉴，在艺术批评中，对西方有关方法与观念的运用，必须和中国本土的艺术实践及艺术作品和艺术理论的特点结合起来，不能盲目照搬西方的方法和理论。

无论是克里夫·贝尔的形式主义理论，还是狄德罗的结构观点，或者是沃尔夫林的风格理论，都强调对艺术作品的形式、构图、风格的研究，也就是强调对作品的自律性研究和审美研究，而对作品与艺术家的社会背景、思想观念的重视不够。当然，形式主义批评方法今天仍然是我们进行艺术批评的最有效的和重要的方法之一。

三、心理—知觉批评方法

社会—历史批评方法比较注重从社会历史环境来评论作品和艺术家，形式—结构批评方法则注重作品本身的形式意义和作品结构的分析，而心理—知觉批评方法则关心作品的心理内容和知觉意义。

19世纪末，欧洲诞生了一个对现代西方人文科学发生广泛影响的心理学与哲学学派，即精神分析学派。这个学派创始人是西格蒙德·弗洛伊德（Sigmund Freud，1856—1939）。这个学派用一种独特的精神分析方法来研究人的无意识的理论和科学，主要包括无意识论、泛性论、梦论、人格论等。精神分析学美学是运用精神分析学的观点来解释美和艺术问题，它的基本美学主张是强调人的无意识与本能冲动在艺术创造与审美活动中的决定作用和深层原因。运用这套理论来分析批评艺术作品，则是精神分析或心理学批评方法。弗洛伊德在《精神分析引论》中指出"精神分析的第一个令人不快的命题是：心理过程主要是潜意识的，至于意识的心理过程则仅仅是整个心灵的分离的部分和动作"，"对于潜意识的心理过程的承认，乃是对人类和科学别开生面的新的观点的一个决定性的步骤"[①]。

弗洛伊德将性的冲动看成是人类心灵最高文化的、艺术的和社会的成就，作出了巨大的贡献，他不但用其精神分析说来研究艺术的本质等一般艺术理论问题，而且还运用这种泛性论和心理分析方法来研究达·芬奇、莎士比亚、陀斯妥耶夫斯基等伟大艺术家的艺术作品。他在《列奥纳多和他童年的一个记忆》一文中认为达·芬奇的童年时期的恋母情结影响和决定了他的一生和艺术创作及其科学研究。

弗洛伊德根据达·芬奇关于童年的一段记忆进行分析和假设，达·芬奇曾回忆："看来我是注定了与秃鹫有着如此深的关系，因为我想起了一段很久以前的往事，那时我还在摇篮里，一只秃鹫向我飞了下来，它用翘起的尾巴撞开我的嘴，还用它的尾巴一次次地撞我的嘴唇。"弗洛伊德分析，秃鹫的尾巴象征着男性生殖器，因此这是个被动的同性恋幻想，而这个幻想掩盖的是在母亲怀中吮吸乳头，或得到哺育的回忆。弗洛伊德还认为秃鹫象征着母亲，因此在这个幻想中他的母亲只不过被秃鹫所代替。他还认为，达·芬奇这个从小没有父亲而过分依恋母亲温情的情况是导致达芬奇的同性恋的一个原因。弗洛伊德还进一步将达·芬奇的秃鹫幻想用来解释他的艺术创作，认为这幻想还包含着第二个记忆，即"我母亲把无数热烈的吻印在我的嘴上"。这个记忆，正是达·芬奇童年时代的这个记忆成为他艺术创作的动力源泉。达·芬奇一生创作了一系列以微笑的妇女为模特儿的画，这些画中的妇女的微笑是达·芬奇式的，其中最典型的就是蒙娜丽莎迷人而神秘的微笑。弗洛伊德认为，达·芬奇在50岁时遇到了一个女人即蒙娜丽莎，她的迷人的微笑唤醒了他对母亲那充满情欲的欢乐和幸福微笑的记忆，因此《蒙娜丽莎》一画中的迷人的微笑实际上是他母亲的微笑，正是这个微笑推动着他进行创作。"从那时起，这个迷人的微笑不断出现在他所有的画中。"[②]通过这些创作，达·芬奇压抑在无意识中的对母亲的依恋得到了满足，他的性欲升华了，他对他母亲的爱恋表现在他的绘画当中。弗洛伊德通过上述分析、假设，得出的结论是，达·芬奇童年时代的生活决定性地影响了他以后的命运，"似乎他所有成就和不幸的秘密都有隐藏在童年的秃鹫幻想之中"[③]。

弗洛伊德还运用这种心理批评方法分析古希腊戏剧家索福克勒斯的《俄狄浦斯王》、文艺复兴时期英国戏剧家莎士比亚的《哈姆雷特》（图33）及俄国19世纪小说家陀思妥耶夫斯基的《卡拉玛卓夫兄弟》，他认为这三部作品都体现了恋母情结（即俄狄浦斯情结），因为他们都表现了同一主题——弑父。在《俄狄浦斯王》中俄狄浦斯王弑父娶母是这个罪恶的直接表露，而在《哈姆雷特》里则是

① 弗洛伊德：《精神分析引论》，高觉敷译，8、9页，北京，商务印书馆，1984

② 弗洛伊德：《弗洛伊德论美文选》，80页，北京，知识出版社，1987

③ 弗洛伊德：《弗洛伊德论美文选》，102页，北京，知识出版社，1987

图33 《哈姆雷特》剧照

图34 马蒂斯，奢侈，1907—1908年，画布油彩，208.6厘米×139厘米，哥本哈根美术馆

间接表现，但哈姆雷特的潜意识中有弑父恋母的情结，"哈姆雷特可以做任何事情，就是不能对杀死他父亲、篡夺王位并娶了他母亲的人进行报复，这个人向他展示了他自己童年时代被压抑的愿望的实现。这样，在他心里驱使复仇的敌意，就被自我谴责和良心的顾虑所代替了，它们告诉他，他实在并不比他要惩罚的罪犯好多少"。在《卡拉玛卓夫兄弟》中，主人公德米特里也犯了弑父之罪，但作者流露出对罪犯的无限同情，这正是陀思妥耶夫斯基潜意识中要杀死其父亲的罪恶的折射。

弗洛伊德的这一套心理分析和艺术批评方法，是前所未有的，他对艺术家创作的深层心理根源作了探索，试图揭示"创造性作家的心理冲动的最深层"，这种理论和批评方法，对于探索人类精神的潜意识方面有所贡献，但他把性欲升华、恋母情结看成是一切艺术的最后根源，而完全不顾艺术家的社会生活环境则是偏颇的，因此这种理论也遭到了批评，西方当代一些理论家认为，精神分析学是一种伪科学，认为弗洛伊德及其追随者一直在玩弄欺骗和含混的伎俩，并对弗洛伊德的无意识理论、梦的理论、俄狄普斯情结等主要观点进行了批驳，总之，精神分析的大厦被认为"在世纪

① 载《文艺报》，2000
年2月22日

末坍塌了"（戴从容：《精神分析法——伪科学？》）①。

　　另一位心理学家、美学家是阿恩海姆（Rudolf Arnheim，1904— ）。他就学于柏林大学，
1940年因不满希特勒的统治而移居美国，曾任美国美学学会主席，他毕生从事教育与艺术心理学
方面的研究，取得卓越成就。1954年他出版了《艺术与视知觉》一书，运用格式塔心理学原理分
析视知觉与艺术和审美现象的关系，得出许多新的结论。阿恩海姆采用心理学实验的方法集中研究
视知觉问题，认为知觉，尤其是视知觉，对于艺术具有根本的意义，知觉也具有理解力。格式塔心
理学反对以冯特为代表的构造主义心理把知觉理解为一种元素的集合的观点，而认为各种现象都是
格式塔现象，整体不等于部分之和。1912年，维台默做过一个著名的似动现象实验，他受到玩具
动影器的启发，企图用似动现象来解释看活动电影时的运动现象。这个实验表明，在一定条件下，
静止的各个部分却能够产生运动的整体效果。根据这个实验加以研究，他首次提出了部分相加不等
于整体的基本观点。阿恩海姆关于知觉的概念遵循了这一基本原则，强调知觉的整体性。

　　阿恩海姆认为艺术建立在知觉的基础上，而知觉又是对于力的式样和结构的感知，因此力的式
样和结构对于艺术具有巨大的意义。阿恩海姆运用这种知觉理论分析评论绘画、雕塑、建筑、舞蹈
等作品，他对作品的构图、对称等结构及色彩对比、互补的评论分析十分独到，我们看看他《艺术
与视知觉》中对野兽主义代表画家马蒂斯的《奢侈》（图34）一画的分析：

　　　　在这幅画中，我们可以看到三个女人的形象。其中有两个女人是位于靠近前景的地方；而
第三个女人则是位于靠近后景的地方。一种微微的重迭把前景中的两个人物联系在一起并顺便
把她们之间的空间距离确定了下来。第三个人物看上去小得多，但是作者为了减少由这一大小
因素造成的巨大距离差距，就没有在这个人物身上使用重迭的手法。此外，由于三个人物都是
用同一种色彩描绘出来的，这就使得三个女人看上去更像是位于同一个平面之内。背景在水平
上被分成三个主要的区域：包含着一件白色外衣的桔红色前景；位于中心部分的绿色水域；由
微紫色的天空、白云以及分别是紫红色和橘红色的两座山岭组成的背景。这样，整幅画的底部
色彩与顶部的色彩看上去就对称起来了。处于最近的前景中的那件白色的外衣，与背景中的白
云大致对称，前景中的橘红色的地面与背景中的橘红色山峰对称，那裸露的黄色躯体同样也是
上下对称。这几种互相对称的色彩中心支点是位于中心的那一束花。当我们观看那个手拿花束
的姑娘时就会情不自禁地感到这位娇小的女人似乎正在费尽吃奶的力气去扳住这个作为绘画的
"支点"的花束。这一束花虽然看上去很小，但却能引起人们的注意，因为它的形状不仅具有
一种圆形的简化性，而且周围还是用整幅画中独一无二的纯蓝色勾画而成。这束花的位置与那

个最高的女人的肚脐是平行的，这就使人更清楚地看到了，这个标志整个人体中心的肚脐在帮助确立整个构图的对称轴时所起的作用。

——阿恩海姆：《艺术与视知觉》，滕守尧等译，507页，

北京，中国社会科学出版社，1984

阿恩海姆在运用他的知觉理论分析评价作品时，注重从各种力的相互作用的整体中把握艺术品的结构，他虽然也从心理学中吸收有关理论作为他的知觉理论的基础，但他更注重知觉心理和对作品的结构形式的分析评论。这与弗洛伊德的精神分析批评方法很不一样。虽然阿恩海姆曾吸收精神分析美学中的某些观点，例如对潜意识理论的借鉴，但阿恩海姆认为弗洛伊德的泛性论是片面的。

美国音乐家L.迈耶（Leonard Meyer，1918—）则把格式塔心理学的基本原理用于分析听觉艺术，根据格式塔心理学关于整体并不等于部分之和的观点，认为："一段音乐要比乐谱上的音符包含了更多的内容。它是一系列音符在（现实的）声音和想象的声音中的特殊实现。"当乐谱上的音符在现实中或想象中得到具体化，实现为一支完整的乐曲的时候，这乐曲就不再是一个个音符的简单组合，而是统一为一个有机的整体，因此包含了新的艺术创造。同一段音乐的每次演奏都包含了新的信息和新的创造，所以不同的演奏家或不同时间的演奏才使我们对于同一首乐曲百听不厌。

四、印象—审美批评方法

在艺术文章写作过程中，运用印象—审美批评方法是最常见的，印象式批评方法以对作品的直观领悟见长，不大理会对作品进行哲理和科学阐释，怀疑阐释评价的客观性和普遍性。印象式批评强调主观情感的因素，在文章写作中常常运用描述式方法。这种印象式批评方法，也有人称之为日记式批评方法。这种印象式、日记式批评文章写作既可以说很容易，也可以说很难，说它容易，因为写作者可以随意地、自由地将他对作品的观感记录下来加以表述，没有过多的局限，说它不容易写作，这是因为如果写得不严谨，明显地带有个人色彩，会被误认为这种文章不可信或者肤浅。但在一些敏感的批评家手中，这种印象式日记式的写作方法，常常具有速度快及时表述对艺术演出或者展览的观感的特点，显得自由灵活，读者感到很亲切，同时也可以吸引读者去认识艺术批评更深层、更有意义的目标。

印象式与日记式批评是以一种对批评的反应而出现在19世纪的。当时批评被认为过分集中于艺术家的生平和个性，集中于艺术的社会、历史条件以及一种恪守官方艺术准则的批评风格。针对这种现象，奥斯卡·王尔德（Oscar Wilde）、阿纳托尔·弗朗士（Anatole France）和沃尔特·佩

特（Walter Pater）等人则强调批评的主观性。王尔德反对批评中的客观性，赞同情感表达，弗朗士说批评应包括描述"一个人的心灵在杰出艺术作品之中的种种奇遇"，佩特提出感情批评的核心问题："这首歌或这幅画中或书本中所呈现的这个迷人的角色对我来说是什么？它在我身上真能产生什么效果？它能否给我愉悦？如果能够，是什么样的愉悦？有多大的程度？

　　印象式批评强调批评的主观性、创造性。王尔德在《评论家也是艺术家》中指出："最高的评论是个人印象最纯洁的形式，它的表达方式比创作更富于创造性。"文艺批评的目的"在于展示自己的秘密，而不是他人的秘密"，"对于评论家来说，艺术作品不过是为他自己的新作提供一些启发而已"。由于王尔德等人强调批评不过是批评家个人的内心体验，因此"批评家不可能做到通常所谓的公正。那种看问题定要双方的人，往往是一无所见的人。只有拍卖商才必须均等的、无偏地崇拜所有的艺术流派"。

　　下面我们看看一位印象式或日记式批评家美国平克斯·维腾（Robert Pincus-Witten）《20年艺术批评文集》中一篇写于1982年10月10日的一段有关画家朱利安·施纳贝尔（Julian Schnabel）的评论：

　　参观玛丽·布恩美术馆（Mary Boone Gallery）。自从画展开幕以来，朱利安·施纳贝尔在那儿作画已有一个月了。一切都令人感到不可思议和迫切。画展反映了被压抑的焦虑。因为朱利安那天在波士顿有家事，他留话说我可能要来参观画展。我发现画廊里、地板上到处是溅洒的白点，画廊的这种布置令人兴奋，像所有浪漫的事业，画展也需要精心安排。在朱利安创作的鼎盛时期，他的作品（或努力）取得了一种冷静沉稳的完美。尽管你能很快地理出头绪，但其喻意仍深不可测。施纳贝尔仍是我所知道的最有趣的画家之一。他的绘画成就有目共睹。

　　《木筏》（The Raft）是一幅巨大的金属版画，镀银的陶器代表着闪烁的水面。一棵由青铜浇铸而成的圣诞树（浇铸时的浇口有多复杂）。《木筏》呼应了籍里柯（Gericault）的狂暴现实主义以及马克·吐温——密西西比河上的生活中表现的独立的美国人的思想。画中孤零零的一棵青铜色的树唤起对比尤斯（Beuys）的作品《大雪》所表现的俄罗斯严冬中的三棵圣诞树的记忆，这幅伟大的作品现存于巴塞尔……

　　除上述作品之外，施纳贝尔尝试一种兴奋梦幻绘画（fever-dream painting），在一种非自我意识的自由状态下进行创作，把颜料和想象涂抹在一起。他试图保持色彩鲜艳〈常常并不成功〉，就像他的愿望从他的创作灵感之泉喷涌而出一样鲜亮。由于疯狂地修改，色彩反而变得暗淡无光。这是一种狂热的创作冲动下的绘画，一种游离于体面的、受人尊敬的绘画之外的边缘创作。这是一种令人晕眩的空中体操，空中一根安全绳比底下有保护网更需要——尽管这条绳可能是经过伪装的。

——平克斯·维腾：《从眼睛到眼睛：20年艺术批评》，

转引自［美］沃尔夫·吉伊根《艺术批评与艺术教育》，

滑明达译，36~37页，成都，四川人民出版社，1998

平克斯·维腾的这一段评论，跳跃性很强，记述了他对画家朱利安·施纳贝尔的画展及其作品的直接感受，包括美术馆对展览的布置，以及对施纳贝尔作品的总体评价（"他的绘画成就有目共睹"）以及对个别作品所作的具体分析，维腾在对作品的描述中主要是对作品的形式例如色彩等的感受加以记述，然后将评论者自己的个人联想加以引申，如评论《木筏》时，维腾认为此画呼应了浪漫主义画家籍里柯的作品（籍里柯有一作品为《梅杜萨之筏》）等。该文随意性的发挥、敏锐的观察，将对施纳贝尔的作品的观感真实地表现出来，增加读者对施纳贝尔作品及展览的感受印象。

印象批评和审美批评常常结合在一起，审美批评注重对作品形象作审美分析，把作品作为美的载体。这种批评方式特别重视作品形象及其形式的审美特点和意义，或者注意将作品给观众引起的审美愉悦、美感享受表述出来。用审美批评方法写作的评论文章，常常具有艺术欣赏、审美鉴赏的特点，读者读这种文章，仿佛被置于作品的艺术审美氛围之中，读者也能体验到文章写作者的审美愉快。

沃尔特·佩特与英国拉斐尔前派联系很紧，以唯美主义（aestheticism）著称，唯美主义强调审美经验愉悦感的重要性。下面我们看看佩特对达·芬奇《蒙娜丽莎》的审美评论：

> 她的眼脸显得有些疲倦。她是一个美人，她的美是一种触动人心的内秀，是用血肉、历史的积淀一点一点构造出来的，是由新奇的思想、古怪的幻想和细腻的感情所构画出来的。把她放置在白色的希腊女神，或者古代美女之旁，这个美人会使她们感到不安，因为她的灵魂沾染了所有的社会邪恶！世界上所有的思想和经历都在那儿留下了刻痕和得到造就。因为他们拥有使外部形式变得更好、更具表现力的能力，……她比她所坐四周的石头还要老。像吸血鬼一样，她已经死过多次，知道了阴间的秘密。……她只生活在高雅之中，这种雅致塑造了不断改变着的轮廓特征，给她的眼脸和双手轻轻地着色。一种永恒生命的想象，汇集了上万次的经验，是一种古老想象。
>
> ——〔英〕佩特：《文艺复兴》，129~130页，伦敦，麦克米兰，1924

佩特对蒙娜丽莎的评论十分典型地反映了审美欣赏批评方法的特点，认为蒙娜丽莎是一个有触动人心的内秀与外表统一的美的形象，而且说希腊女神或者古代美女与她相比都会不安，她的永恒比她周围的岩石还要永久，甚至说她像勒达（Leda）是特洛伊（Troy）海伦（Helen）大美女的母亲——"丽莎女士可能站在那儿作为古老想象的体现、现代思想的象征"。佩特的这段评论可以说既表述了他对达·芬奇的这幅名画中蒙娜丽莎艺术形象的审美感受与经验，同时他还运用审美联想的方式把蒙娜丽莎同海伦、玛丽亚等美人相联，加强读者对蒙娜丽莎的审美印象的强度。

审美批评方法常常和艺术鉴赏相结合，运用这种方法写作的评论文章，亦能帮助读者提高审美鉴赏能力，对于大众的美育很有帮助。傅雷于1931年从法国回来后，曾受聘于上海美术专科学校，担任美术史和鉴赏课程的教学，1934年他完成《世界美术名作二十讲》书稿，这部书稿是他讲课时的讲稿的一部分，有些内容曾在《艺术旬刊》上发表过，到1985年这部《世界美术名作二十讲》才由生活·读书·新知三联书店出版。该书出版后很受欢迎，现已几次再版。这部著作主要以审美批评方法对欧洲文艺复兴以来至19世纪初的代表画家、雕塑家的作品进行赏析品鉴，帮助读者了解世界美术的基本知识，启发读者的审美感知力。

我们看看该书的第八讲《米开朗基罗（下）》关于《摩西》（图35）这尊著名雕塑的评论。傅雷首先对摩西（Moise）作简介，摩西是犹太人中最高的领袖，是希伯莱人的立法者，曾和上帝接谈，受他的启示，领导西伯莱民族从埃及迁徙到巴勒斯坦，解脱他们的奴隶生活。米开朗基罗在作摩西雕像时用壮年来表现，因为青年是代表尚未成熟，只有壮年才能为整个民族的领袖，为上帝的意志作传道。对摩西作了简介后，傅雷便对雕塑《摩西》进行审美描绘：

图35　米开朗基罗，摩西，1513—1515年，云石，高235厘米，罗马圣彼得罗因文科里教堂

　　摩西的态度是一个领袖的神气。头威严地竖直着，奕奕有神的目光，曲着的右腿，宛如要举足站起的模样。牙齿咬紧着，像要吞噬什么东西。许多批评家争着猜测艺术家所表现的是摩西生涯中哪一阶段，然而他们的辩论对于

我们无甚裨益。摩西头上的角，亦是成为博学的艺术史家争辩不休的对象。在拉丁文中，角（cornu）在某种意义上是力的象征，也许就因为这缘故，米氏采取这小枝节使摩西态度更为奇特、怪异、粗野。

眼睛又大又美，固定着直望着，射出火焰似的灵光。头发很短，如西斯廷天顶上的人物一样；胡须如浪花般直垂下来，长得要把手去支拂。

臂与手像是老人的：血管突得很显明；但他的手，长长的，美丽的，和多那太罗的绝然异样。巨大的双膝似乎与身体其他各部不相调和，是从埃及到巴勒斯坦到处奔波的膝与腿。它们占据全身面积的四分之一。

这样一个摩西。他的人格表露得如是强烈，令人把在像上所表现的艺术都忘了。

——傅雷：《世界美术名作二十讲》，64~65页，北京，三联书店，1985

傅雷对米开朗基罗的《摩西》雕塑形象的审美分析和体验非常细致，最后他还指出，摩西像大体的动作是非常简单的，这是意大利弗洛伦萨派的艺术特色，亦是罗马雕刻的作风，即明白与简洁。傅雷写《世界美术名作二十讲》时年仅26岁，但知识很渊博，不仅对绘画、雕塑有很深的造诣，而且对哲学、文学、音乐、历史文化都有良好的修养，所以他的艺术评论文章对作品分析十分精当，就拿上述对《摩西》雕塑的分析来说，体现了他的知识修养和审美鉴赏力，我们读此文章，定能帮助我们理解和欣赏米开朗基罗的《摩西》。

我们在评论艺术作品的写作中，常常自觉或不自觉地要采用审美式的评论方法，审美式的评论方法是在实际油画批评中最常用的方法。笔者本人在《林风眠、张仃与吴冠中的现代艺术变革之路》一文中评论吴冠中（图36）的绘画作品，就采用了审美式批评方法。在此文中，首先指出：吴冠中致力于油画的民族化和国画的现代化，他的油画作品有浓郁的江南水乡之诗意，将江南民居的表现同水乡的风景统一起来，将江南民居的白墙黑瓦的形态同几何抽象手法相结合，创造出清新自然，既有江南水乡优美意境，又具现代几何形式和抽象美的风格特点。1980年创作

图36 吴冠中（1919—2010）

的《水上人家》《水乡》《老墙》，到2000年创作的《江南屋》，2001年创作的《故宅》，都是其代表作。这些作品，大块的白墙，大面积的黑瓦，对比强烈，画面简洁而具有抽象美效果，但又不同于西方的立体主义与抽象主义，而具中国的民族风格和东方诗意。吴冠中的以乡土民居为题材的油画，形成他的富有标志性的吴氏风格语言，是他在油画民族化方面探索的积极成果。

吴冠中关于形式美、抽象美的有关观点，体现在他1979年至1985年发表的《绘画的形式美》《关于抽象美》《土土洋洋、洋洋土土——油画民族化杂谈》《内容决定形式？》等文中，对改革开放初期美术界的思想解放运动起到很大推动作用。他从中国古代建筑、民间艺术中的窗花、文人画的意境，到马蒂斯、毕加索、塞尚、康定斯基等的创作，论述抽象美是形式美的核心，人们对形式美和抽象美的热爱是本能的。他还认为一个画家不重形式是不务正业。他对抽象美和形式美的探索，首先从江南民居白墙黑瓦的强烈对比，古老建筑的块面结构中找到创作题材，逐步形成其风格特点。

吴冠中对水墨画形式美探索中的贡献和三种形式特征：

吴冠中对中国画现代性探索，选取水墨画进行试验，经过30多年的研究和创作，成功地创造出一种崭新的吴氏现代水墨绘画风格。他的水墨画，既具有强烈的抽象美、构成美、装饰性等现代形式特征，又具有乡土风味和民族风情与东方诗意，风筝不断线，是从中国民族文化精神孕育出的现代国画。他的水墨画的现代性探索及形式语言特征，我认为主要由三个方面构成。其一是，发挥油画创作中表现江南民居白墙黑瓦的样式特点，用水墨语言加以创作，那种白墙黑瓦形式，与墨的黑色和纸的白色，正好组成对比，大片留白，成为白墙、天空的颜色，大块的墨色则成为屋顶的颜色，以少胜多，计白当黑，无画处皆成妙境，其代表作有《双燕》《故乡》《江南忆》《鲁迅乡土》《三味书

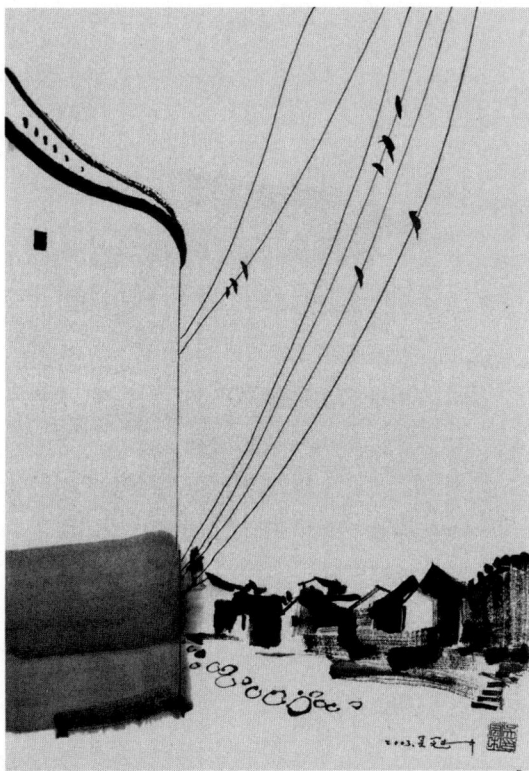

图37 吴冠中，高空谱曲，纸本水墨，68厘米×48厘米，2003年

屋》《老街》《白房》《农家院》《高空谱曲》等。（图37）

这些作品和他的相关题材的油画一起，组成吴冠中绘画中最具鲜明风格的形式语言特征。这些作品有着西方现代抽象绘画的形式构成美，但无疑不同于任何西方抽象艺术，而是一种简洁而视觉强烈的中国风格。其二，将中国画的线条加以现代转换，发挥中国书法艺术中运用线条特别是草书中的线的表现力特点，同时借鉴波格克抽象表现主义手法，用飞舞流转的墨线表现松柏、枝蔓，如《松魂》《汉柏》《紫藤》《老树丛林》《小鸟天堂》等，线的运动形成节奏，遒劲有力的用笔，表现出松柏的倔强性格，草书般用线的穿插，表现出丛林老藤的缭绕，黑点和色块的巧妙点缀，使画面呈现出点线面组成的运动美感，真可谓极具中国书法用笔和中国古代绘画用线特征的当代中国水墨画中的抽象表现主义。其三，水墨图案形式。吴冠中在中央工艺美院执教，受到中国装饰艺术的浸染和受到中央工艺美院装饰绘画氛围的感染，因此他的部分彩墨和水墨作品，向平面图案及装饰形式开掘，题材包括表现城市夜景、花卉、草地、建筑物等，如《春雷》《花花世界》《见牛羊》《新苗》《夜香港》《年华》《迹》《春草》《海南人家》等，这些作品或用相同形状在画面均衡布置形成平面视幻效果，或用细密的色彩画成平面密集小花小草，向远方推移，抑制空间，强调平面装饰效果，又在画的高处，略为留空，以示远景和天空，另一些作品如表现城市、香港夜景，或高昌遗址等，均用色彩表现建筑、街市或古城遗迹。这些作品色彩丰富，仿佛是色彩组成的抽象图案。吴冠中主要通过这三种创作方式，组成了他的水墨艺术。

——陈池瑜：《林风眠、张仃与吴冠中的现代艺术变革之路》，

《美术》，2011年第2期

五、文化—功能批评方法

艺术是文化大系统中的一个组成部分，从一个时代的艺术分析可以折射出这个时代的文化特征，文化—功能批评方法注重对艺术作品从文化的角度来进行分析评论，考察艺术对社会的文化功能。

本人在《艺术的文化参与和精神审美功能》及《作为文化形态的美术》等文章中，认为各种门类的艺术作品一经产生以后，就以雕塑、建筑、戏剧、小说、音乐、舞蹈、电影、绘画等形式在这个世界中存在。所以我们考察艺术功能的起点应是以艺术在世界中存在，即参与这个世界为起点，

这种艺术参与世界的方式是以文化的形式来参与的，我们把它叫做艺术的文化参与世界的功能[①]。英国著名学者威廉姆斯（R.Williams）认为文化一词除通常所指的涉及人类生活的物质过程外，还有三种作用：

1. 作为一种"思想、精神和审美发展的一般过程的描述"；

2. 意指"一种特殊的生活方式，无论有关一个民族、一个时期、一个群体还是有关普遍的人类"；

① 陈池瑜：《现代艺术学导论》121页，武汉，长江文艺出版社，1991

图38〔明〕苏州园林，拙政园小飞虹

3. 作为一种对"思想，特别是艺术活动的作品和实践的描述。这种用法看来在目前是最普遍的：文化是音乐、文学、绘画和雕塑、戏剧和电影。"[②]

②《关键词》，90～91页，伦敦，1988年

艺术是一种文化现象、它是人类精神活动的产物，同时在创作中也具有实践操作的特点。如雕刻一件作品的过程，绘制一幅画的行动，以及建筑一幢楼房的巨大的工作，一旦这些作品被创造定型后，那么这种实践性就转化为现实性。一旦一件雕塑、绘画、建筑艺术作品客观地诞生后，艺术作为一种文化形态的现实性也就生成了。（图38）[③]

③ 参见陈池瑜：《作为文化形态的美术》，见陈池瑜《美术评论集》，210页，武汉，华中师范大学出版社，1996

我在《艺术的文化参与精神审美功能》一文中谈到：

各种门类的艺术作品一经产生以后，就以雕塑、建筑、戏剧、小说、舞蹈、电影、绘画等形式在这个世界中存在。所以我们考察艺术功能的起点应是以艺术在这个世界中存在，即参与这个世界为起点。这种艺术参与世界的方式是以文化的形式来参与的，我们把它叫做艺术的文化参与世界的功能。

考察艺术对世界的参与，首先应从艺术作为一个文化整体，作为一件具体存在的东西这个角度着手，然后再讨论艺术形象怎样作用于人的意识这个问题。

关于艺术对世界的文化参与功能，我们主要从三个方面加以论述，既艺术对自然的参与、对社会的参与，对意识的参与。

——陈池瑜：《现代艺术学导论》，112~113页，北京，清华大学出版社，2005

所以，艺术以文化形态的形式参与自然，艺术以文化活动的形式参与社会，艺术还以文化对象的形式参与意识。艺术是一种文化现象，也是一种文化创造，艺术改变了自然，充实了社会，丰富了人类的意识。所以，我们对艺术的评价或评论，完全可以从文化的角来进行度，文化批评应成为艺术批评的主要方法之一，特别是随着公共艺术、设计艺术、大众艺术的发展，对艺术的文化批评可以预期会越来越重要。

我们现在应该自觉地倡导文化—功能的批评方法，本人曾明确地提出艺术作为一种文化形态参与自然、参与社会及参与人的意识的文化参与功能，由于艺术是一种文化形态和文化存在，因此我们可以从文化的角度来评论作品。

实际上，格罗塞、博厄斯、弗雷泽他们在运用社会学、人类学方法考察与研究原始艺术时，已开始把艺术作为文化现象进行探讨。如博厄斯（Franz Boas）在《原始艺术》一书中分析北美洲北太平洋沿岸的艺术时，认为那些原始部族的象征图形的装饰艺术风格是西北沿岸部落文化结构的组成部分。"在这些部落中，人们的想法、感情以及各种活动都具有某些基本因素，即等级的价值观。不同的等级有不同的特权，而特权则表现在各种艺术活动中或不同的艺术图形的使用上。"[①]博厄斯认为人们按照不同的阶层和社会地位赋予他的特权，在自己住房的正面、图腾柱、面具以及日用品上用绘画和雕刻的方式使用不同的动物图形；人们根据自己的阶层和地位有权叙述关于自己祖先业绩的故事以及咏唱某种歌曲。与阶层和社会地位有关联的还有某些义务和特权，但最为突出的却是社会地位和艺术形象之间的密切联系。在人们的全部生活中，一切都受到社会阶层这一观念的制约。由于这种观念的根深蒂固，人们认为社会地位体现在各个领域之中，不仅体现在造型艺术上，而且渗透到文学、音乐和戏剧等各种表现艺术上。博厄斯还认为；在所有部落里都可以看到，等级高贵的首领有权使用特定的艺术形象，而这些形象就雕刻在普遍使用的图腾柱背景之上。在美洲南部可以找到充足的证据，说明用图腾——更确切地说，用一定的动物形象——表现阶层的观念又有所发展，这是因为人们都力图取得某些动物形象以便提高自己所属的社会团体的地位。夸扣特尔人的许多小部落实用的动物形象极多，而与之相邻的萨利什（Salish）人中间也时而出现各种动物形象，这些都说明动物形象的使用同社会阶层及地位有密切关系，博厄斯对原始艺术的分析正是从文化系统中进行考察的，揭示出这些原始部落的艺术在社会中的文化功能。

雕塑曾是古希腊的中心艺术，用丹纳的话说，在希腊一切别的艺术都以雕塑为主，或是陪衬雕塑，或是模仿雕塑，没有一种艺术把民族生活表现得如此充分，也没一种艺术受到这样的培养，流传这样普遍。黑格尔认为，古希腊的雕塑是人类艺术发展过程中的古典艺术阶段，是物质形式与所

① 博厄斯：《原始艺术》，金辉译，260页，上海，上海 文艺出版社，1989

表现的精神内容结合得最完美的艺术种类，是最理想的艺术。丹纳在《艺术哲学》中对希腊雕塑艺术产生的背景从文化上进行了深刻的分析。古希腊发明一种特殊教育，青年男子一律编队，过集体生活，一个队伍分成两个对抗的小组，互相对打，睡在露天。年轻的女孩子像男孩子一样锻炼。当时打仗全凭肉搏，所以要锻炼身体，也因此希腊的体育运动很发达。青年人大半时间都在练身场上角斗，跳跃，拳击，赛跑，掷铁饼，把赤露的肌肉练得又强壮又柔软，目的是要练成一副最结实、最轻灵、最健美的身体。丹纳说，没有一种教育在这方面比希腊教育更成功了。

希腊人这种特有的风气还产生了特殊的观念，他们理想中的人物，不是善于思索的头脑或者感觉敏锐的心灵，而是血统好、发育好、比例匀称，身手矫健，擅长各种运动的裸体。希腊人毫不介意脱掉衣服参加角斗和竞争。斯巴达青年女子参加运动也差不多都是裸体。奥林匹克运动会，奈美运动会，毕提运动会，都是展览与炫耀裸体的场合。（图39）

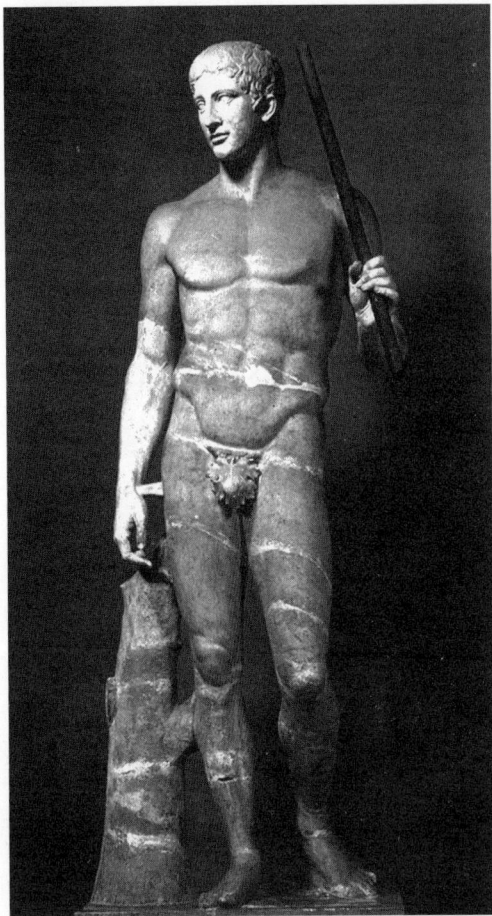

图 39 波留克列特斯，持矛者，约公元前 440 年，高 212 厘米，大理石，那不勒斯国家考古博物馆藏

希腊人竭力以美丽的人体为模范，结果竟奉为偶像，在地上颂之为英雄，在天上敬之如神明。

这种思想产生雕塑艺术，发展的经过很清楚。——一方面，公家对得奖的运动员都立一座雕像作纪念；对得奖三次的人还要塑他本人的肖像。另一方面，既然神明也有肉身，不过比凡人的更恬静更完美，那么用雕塑来表现神明是很自然的事，无须为此而篡改教理。一座云石或青铜的像不是寓意的作品，而是正确的形象；……

可是动手雕塑的时候雕塑家有没有能力呢？他受过什么训练呢？那时的人在浴场上，在练身场上，在敬神的舞蹈中，在公众的竞技中，经常看到裸体和裸体的动作。他们所注意而特

图40 剪纸

别喜爱的，是表现力量、健康和活泼的形态和姿势。他们竭力要使肉体长成这样一类形体，培养这样一类姿势。三四百年之间，雕塑家们就是这样的修正、改善、发展肉体美的观念。所以他们终于能发见人体的理想模型是不足为奇的。

——丹纳：《艺术哲学》，傅雷译，84~85页，合肥，安徽文艺出版社，1998

后来罗马清理希腊遗物，罗马城中雕塑的数目竟和居民的数目差不多，"雕塑如此发达，花开得如此茂盛，如此完美，长发如此自然，时间如此长久，种类如此繁多，历史上从来不曾有过第二回。我们往地下一层一层的挖掘，看到一切社会基础、制度、风俗、观念，都在培养雕塑的时候，就发见了产生这一门艺术的原因。"丹纳正是从希腊社会文化风俗和体育文化的角度，正确揭示了希腊雕塑繁荣的原因。

我国著名的民艺学家张道一先生对工艺美术和民间艺术有深入研究，在批评方法上，他亦注重从文化方面切入，他在《中国民间美术图录总序》中把中国的美术分为四种，即贵族的宫廷美术、士大夫的文人美术、佛道家的宗教美术和劳动者的民间美术。千百年来他们互相影响，但民间美术是其它所有美术的基础，不论宫廷的、文人的、宗教的美术都是在这一基础上发展起来的，这一基础永远在为其供应着营养和原料，因而带有"母型"的性质。（图40）张道一对中国民间美术的总体看法：

中国的民间美术是非常丰富的。它的丰富性不仅表现在数量上，也表现在样式上和品类上，总总而生，林林而群，除了历史悠久、流传面广和民族众多、习俗各异而外，它的发展，恐怕与几千年的农业文明有关。"男耕女织"的生产方式，一面决定着田园诗般的农家生活，另一面产生了他们自己的艺术。从人生礼仪到岁时月令，从日常应用到周围环境，就像旧时坊间所印的通俗读物《日用杂字》——异名称作："万事不求人"一样，不仅是物质上的自给自足，在精神上也有自己所开创的天地。如果说古代的农业和手工业是一对孪生的兄弟，那么，这对兄弟从来就是如同手足，亲密无间的。农业为手工业提供了发展的基础和条件，而手工业亦为农业输送了开拓的装备和技术。尽管"民间"一词没有确定的含义，可作不同的解释，然而在中国历史上，主要所指则是农民，"民间美术"主要的也就是农民的美术。

在民间，最底层的手工业者实际上也是农业劳动者。手工业的发展，出现了专业的工匠、艺人和作坊，也由此使一部分能工巧匠离开了农业而独立。有的进入宫廷，听命于封建贵族，制作各种华贵的工艺品，有的居肆而作，待到文人士大夫们饭后茶余，便假他们的手去制作文房"清玩"和"小摆设"。这就是在苏州的园林中，楼台亭阁里可以陈设文人书画、苏绣挂轴、嵌玉屏风、明式家具、紫砂茶壶、盆栽盆景，却容不得一张桃花坞木版年画的原因。

——张道一：《美术长短录》，324~325页，

济南，山东美术出版社，1992

张道一先生对中国民间美术的总体评价十分精到，他从中国农业手工业、民间艺术制作方式、民间礼仪风尚等文化现象入手，剖析中国民间艺术产生的根源及特征，揭示出民间艺术的一些规律。

山东工艺美术学院院长，著名的民艺学家潘鲁生，多年从事民间艺术的调查、收藏和研究。他在艺术评论中，也常常运用文化批评方法。如他撰写的《海文化永存的神灵——关于〈妈祖信仰剪纸〉的评价》一文，介绍这套剪纸作者王小莉自幼喜欢民间剪纸，多年来虚心向民间剪纸艺人学习剪纸技巧，在高密剪纸技法的基础上形成自己的剪纸风格。在评论《妈祖信仰剪纸》时，潘鲁生结合妈祖的历史传说，揭示这套剪纸的文化意义。

《妈祖信仰剪纸》通过特别的艺术语言表达了妈祖女神的品格，它不仅使观赏者了解了妈祖传说的历史流变，而且用民间艺术的表现形式给人们以美的享受。

妈祖是海上渔民和航海者心目中的女神，一千多年来备受人们的尊敬和崇拜。在我国沿海地区流传着诸多民间传说，形成了以妈祖女神为祭祀的天后宫，以及相关的民俗活动。妈祖原名林默娘，生于公元960年，卒于公元987年。她原是福建莆田湄州湾一名普通的民间女子，民众之所以把她奉为神灵，是因她善良勇敢，有预知大象之本领，有驱邪斗海之神功，又能勇斗惊涛骇浪救助遇难船舶，所以受到人们的崇敬，被称为"龙女""神姑"。公元987年重阳节她升天化为神仙。由于他一生勤于劳作、苦修济世、孝悌仁爱、为民除害，后代为她的功绩祭祀供奉。清康熙皇帝御赐妈祖由天妃升为天后。青岛现存的天后宫始建于明代成化三年（1467年），在历史沧桑中她保佑着当地渔民百姓，成为民众保平安、求和平的祭祀场所。王小莉所作的以妈祖女神为题材的剪纸作品《妈祖信仰剪纸》，是在1999年元旦为青岛天后宫重新对民众开放而专门创作的，旨在宣传妈祖这一女神的形象，用剪纸的艺术语言表现妈祖从人性到神性的理想转化，用民间传说的神奇故事刻画天后的生平业绩，表达了民众在特定历史条件下对妈祖女神祭祀和崇奉的愿望。这套《妈祖信仰剪纸》通过特别的艺术语言表达了妈祖女神的品

图41 法国飞利浦·斯塔克设计的"Juicy Salif"柠檬榨汁机，Alessi公司，1991年

格，它不仅使观赏者了解了妈祖传说的历史流变，而且用民间艺术的表现形式给人们以美的享受。

——潘鲁生：《说画——潘鲁生美术评论集》，
296～297页，济南，山东教育出版社，2013

对于现代设计艺术，运用文化——功能的评论方法也是行之有效的，设计艺术关系到社会的工业生产、产品消费、机械制作、科技手段等方面，亦必须从社会文化发展的角度加以评论，否则很难真正说明现代设计艺术的意义和价值。（图41）

英国设计艺术史学家彼得·多默所著《1945年以来的设计》一书，在"产品设计风格"一章中，对美国设计产品在二次世界大战前后有关"视觉形象"的评论：

在战前的美国，这种视觉形象集中展示在纽约的"世界博览会"上（1939），并通过杂志和图片新闻传向整个世界。作为"明日世界"的宣传展示，此次博览会使参观者们极其兴奋，其中有亨利·德雷福斯的"民主国家"（democacity）的实景模型，最具吸引力的是诺曼·比尔·盖茨（Norman Bel Geddes，美国，1893—1958）的"未来"（future）城市模型展示。"未来"是经过美国人重新设计的美国，是充塞着超级高速公路和先进的超级技术的乌托邦，其中的每一样东西都是整洁的、流线型的和科学的。参观者在一个移动的火车椅子上围绕着展品巡回观看，通过展品上面的穿越飞行可以观看完整的风光。含糊的造型和清晰的外观是展品的组成部分，每一件机械都有白色或金属的包装，唤起了人们对未来一种平滑圆润的感觉。

比尔·盖茨通过《地平线》（Horizons，1934年）一书，增长了美国公众对"设计"和"设计品"的认识。他还推广流线型、有机造型，这些造型清晰地展现在他为飞机、船舶和汽车所画的图里。随着30年代镀有金属表面的"Donglas"飞机的展示，公众对一个发光的铬合金时代的期待，在第二次世界大战后不久就实现了。

——〔英〕彼得·多默：《1945年以来的设计》，梁梅译，72～73页，
成都，四川人民出版社，1998

对现代设计产品的评论，应该具有一种不同于对纯艺术如绘画、雕塑、诗歌、音乐的批评方法，

必须结合现代科技、工业生产及社会文化来进行综合评论，应大力提倡文化—功能的批评方法，因此在写作设计艺术评论文章时，应多注重从文化的角度来分析评价。

于艺术设计在当代文化中的作用，笔者曾发表《艺术设计在当代文化符号中的作用》一文，对设计艺术在当代文化中的作用，作了新的论述。认为语言和艺术是人类创造的两大符号系统，是人类文化中的精神部分。人的最重要的本质特征之一是能够创造和使用符号，人在其行为、思维和艺术中都能够创造出文化符号系统，这是人和动物的最终差异。德国哲学家卡西尔在《人论》中认为，人只有在创造文化的活动中，才能成为真正意义上的人；也只有在文化活动中，人才能获得真正的"自由"。人与其说是"理性的动物"，还不如说是"符号的动物"，亦即人是能够运用符号去创造文化的动物。卡西尔1942年4月23日在美国康乃尔大学演讲的讲稿《语言与艺术》中谈到"语言和艺术，可以看作是我们人类全部活动的两个不同的汇聚点，没有艺术，人生索然无味，生存便罕有任何价值。"

笔者认为：人类创造了艺术，这使人类的情感、审美知觉、想象力得以在这套最感性、最直接和丰富的符号中得以最充分的表达，艺术符号是人类文化符号中最具有活力和创造力的符号，一部艺术史就是一部人类在不同的阶段创造的审美精神和文化的感性符号的历史。没有艺术，人类的文化符号系统便显得枯燥无味而缺少创造力。

以往，我们只重视纯艺术如音乐、绘画、戏剧在社会中在人们的精神生活中的作用，今天，我们更应该重视设计艺术在整个艺术中的地位及其在社会中的作用。

以往，我们仅看到艺术对人的情感和思维发挥出的认识教育及政治道德作用，今天，我们更应该重视艺术（特别是设计艺术）在整个文化系统中的作用，以及艺术对自然、环境、城市、街道及其对人类生活和人类精神中所发挥的文化符号作用。艺术不仅在反映表现我们的世界，而且还以环境艺术、园林艺术、城市雕塑、户外广告、建筑、公共艺术等形式直接改变我们的世界，直接参与到自然、社会及我们的生活中，艺术这种新的文化功能比我们以往所说的认识教育功能将更广阔、更重要。21世纪的艺术所起的认识教育作用将逐渐式微，而文化参与和文化符号功能将日益扩大。

以往，我们谈到符号，总是随手拈来语言作为范本，语言的句法结构、形式和意义、概念和逻辑，似乎就是符号的一切。今天，我们谈符号，应更关注艺术符号的作用，关注人类创造的形象、色彩、图式、韵律、节奏，平面的、立体的以及影视中的各种视觉形象、听觉形象的特征和作用，艺术符号的作用，极有可能超过语言符号的作用而成为当代和将来人类文化活动的根本标志。

　　以往，设计艺术（中国在20世纪80年代以前一般叫工艺美术）在中国现当代艺术教育中只占不起眼的一个小角落，但是20世纪90年代以来，艺术设计教育艺术在中国得到飞速发展，据统计，中国已有700余所大学开设设计专业，已经超过文学专业开设的总数。设计艺术在当代崛起，在中国当代文化建设中扮演越来越重要的角色。中国当代设计艺术在产品造型设计、服装设计、家具设计、装潢包装设计、视觉传达设计、动画设计、室内设计、景观设计、陶瓷设计、公共艺术设计、商业广告和商业橱窗设计等，可以说已经渗透到我们生活中的各个方面，从女人用的口红到军事上的导弹都是设计的产品。设计艺术正在悄悄地改变我们的环境，改变我们的视觉方式、改变我们的文化符号，以及改变我们的思维模式。

艺术设计使我们的生活更具有当代文化感，无论是新款服饰、珠宝，还是通讯中的手机款式，抑或室内装修还是城市广场、公园设计，无论是电视广告还是街头招贴画等，这些都是设计产品和设计艺术形象。每一件设计产品都仿佛是设计艺术的细胞。它们组成我们新的社会生活的文化符号。当代社会的哲学、思想、伦理、美学、经济、政治各个方面都能在设计艺术中得到反映。一个文盲不识字，他可以和读书写字无关，但他同样要跟设计艺术打交道。因为他穿的、住的、用的都是经过设计了的。我们的时代是一个设计艺术的时代，我们真正被设计包围了。设计艺术在真正实现艺术社会化、艺术大众化。以往蔡元培、林风眠提倡教育和艺术大众化，但是绘画、音乐等纯艺术在这一工作中的作用是有限的。今天设计艺术正在成为美育与艺术大众化、艺术社会化的新的手段。每一个新的设计产品，都是一个新的设计文化的因子。它们都有可能改变我们现成的观点，改变我们既成的生活方式，改变我们传统的观看方式和思维方式。因此，当代设计艺术在当代社会与文化进程中是有革命性的作用的。

　　当代设计艺术创造的文化符号已经大大超过了语言文字的符号作用，在当代社会和文化中我们既离不开诗意，更离不开艺术，特别是设计艺术。以往我们说，人，诗意地栖居在地球上。今天我们说，人，艺术地活动于文化符号中。

　　设计艺术在当代社会中的作用，不仅为产品、经济的发展做出了贡献，也不仅为装饰我们的生活谱写了篇章，而更重要的是在于创造了当代新的文化符号，正是这些新的文化符号编织着我们时代新的生活。

　　当代设计艺术在理论上提出的新的问题是对"何为艺术"这一经典的艺术哲学终极问题提出新的挑战。黑格尔曾经认为艺术从建筑发展到雕塑，再发展到绘画、音乐和诗。由于诗已进入语言和概念的王国，艺术已经和哲学、散文混为一体了，因此，艺术也就终结了。杜尚的作品《小便池》《衣帽架》等"现成品"艺术以及后来的波普艺术等使艺术和生活的界限混淆了。何为艺术已经不太清楚了。今天，设计艺术铺天盖地而来，它是艺术还是非艺术？是艺术也好，不是艺术也好，艺术理论家和哲学家都必须做出回答。设计如果是艺术的话，那么，我们周围还有哪些东西不是艺术？传统的艺术定义必须修正。设计如果不是艺术的话，我们又为何称设计为"设计艺术"或"艺术设计"？设计艺术在理论上的重大贡献在于挑战艺术与哲学，激活理论思维，并逼迫美术家做出解释。当代美学家不思考设计艺术的话，就像哲学家不思考宗教精神现象一样是荒谬的、不合格的。因而，设计艺术将逼迫我们重写当代美学和当代哲学，重写当代文化原理和符号学。

——陈池瑜：《艺术设计在当代文化符号中的作用》，《中国美术馆》，2005年第12期

在当代设计艺术批评和其他艺术批评中，如何运用文化批评方法，这是艺术批评的一个新的课题，值得我们进一步研究。

第四节　艺术新闻文章写作

艺术新闻文章写作应用比较广泛，艺术新闻文章写作对象包括艺术展览、艺术博览会、艺术创作动态、艺术研讨会、艺术创作新的成果的推介及其他艺术活动。这些内容都可以作为新闻报道，或作为新闻分析、综述、评论的对象。在新闻分析与评论中亦可对当下某些艺术热点进行讨论或批评。艺术新闻文章的写作要求及时、敏感、快速，这些文章一般很快在报纸杂志、电视、广播上发表，时效性强且影响广泛。

一、艺术新闻报道文章写作

艺术新闻报道文章一般要求短小精悍、准确真实、可信性强，时间上要求快速及时，使读者尽快尽早了解艺坛发生的有意义的活动或重大的有价值的艺术事件。写作者应及时采访艺术活动的组织者或主持人，参观展览及开幕式，亲自感受这些艺术活动，然后进行报道。

下面我们看看陆军发表在《美术》1999年第11期上《历史的使命——"21世纪中国主题性美术创作研讨会"发表纪要》一文，该文先用约五百字报道研讨会的时间、地点、参加人员、主办单位以及会议讨论的主要问题，条理十分清楚：

> 中华文化画报社于1999年9月2日在中国艺术研究院召开了"21世纪中国主题性美术创作研讨会"，这次研讨会的目的是对中国在下一个世纪的主题性美术创作发展方向、目前取得的成就及存在的问题进行广泛讨论。靳尚谊、钟涵，王宏建、邵大箴、詹建俊、冯远、王仲、刘曦林、刘龙庭、翟墨、陈醉、赵力忠、陈瑞林、罗世平、田黎明、杭间等16位在京美术家、美术理论家参加了讨论。文化部社会文化图书司副司长张旭、中国艺术研究院副院长白国庆、党委副书记王泽出席了会议。中国艺术研究院院长曲润海同志到会并致辞。中华文化画报社主编、美术学博士晓川主持了这次会议。应邀出席这次会议的还有来自《人民日报》、《光明日报》、中央电视台、中央人民广播电台、《中国文化报》、《中国艺术报》、《解放军画报》、《美术》等新闻单位的记者20多人。

> 这次研讨会的议题主要包括以下五个方面：1.现代中国主题性美术创作的历史、现状、成就及问题；2.主题性美术创作在中国美术史上的意义与价值；3.主题性美术创作在建设社会主义精神文明和繁荣社会主义美术创作中的作用；4.中西方主题性美术创作比较研究以及在当前如何借鉴外来经验丰富我们的美术创作；5.主题性美术创作个案研究与美术家创作体会。与会代表就此展开热烈的讨论。以下是这次研讨会的发言纪要。

此文将这次研讨会的基本情况介绍后，然后报道代表发言的内容，使这次活动通过《美术》杂志等新闻媒体得到了传播，让读者能了解这次会议的意义，对主题性美术创作的走向与问题有一个基本认识。

《美术家通讯》2014年第2期刊载报道《丹青楚韵——湖北省中国画作品展》：

> 2014年3月16日，由中共湖北省委宣传部、湖北省文化厅、湖北省文学艺术界联合会与中国美术馆联合主办的《丹青楚韵——湖北省中国画作品展》在中国美术馆开幕。展览展出作品秉承荆楚风格，继承长江画派，充分展现了湖北画坛深厚的文化底蕴和锐意创新的精神风貌。

然后报道著名画家周韶华在开幕式上的讲话，再叙说湖北中国画发展的历史渊源：

> 荆风楚韵，源远流长。楚文化钟灵毓秀，奇绝一方。湖北的中国画创作经米芾、吴伟、程正葵等历代大师薪火相传，不断推陈出新。近百年来更是独树一帜，驰誉神州，凸显出荆楚文化深厚的底蕴和旺盛的生命力。多元、开放的"通衢之势"，海纳百川的"文人高地"，促成

了湖北中国画的创新与突破。有"三老"之称的张肇铭、王霞宙、张振铎，演绎了荆楚中国画的新语言、新气象、新意境。以周韶华、汤文选、冯今松、鲁慕迅、张善平、邵声朗等为代表的一大批当代著名画家，锐意变革，大胆出新，产生了一批新的精品力作，为当代中国美术界所关注。"八五新潮"使湖北成为"美术震中"之一，对美术事业的新发展产生久远影响。进入新世纪以来，一大批中青年画家开始活跃于中国画坛。怀古论今，继往开来，湖北画坛名家辈出，异彩纷呈。

此段用精练的文字高度概括了湖北中国画的历史和现状，梳理湖北中国画发展过程，说明湖北当代中国画创作，有着深厚的艺术传统。接下来介绍本次展览的特点：

本次湖北中国画作品展是湖北省深入贯彻党的十八大、十八届三中全会和习近平总书记系列讲话精神，推动湖北文化强省建设的一项重要举措。展览集中展出了周韶华《九龙奔江》之一、邵声朗的《石桥奔泉图》、徐勇民的《云霓》、董继宁的《情系神龙架》等一批湖北知名国画家的精品力作97幅，既是对湖北中国画坛艺术创作和学术研究成果的一次总结和梳理，也是湖北中国画创作最新成果面向全国的一次集中呈现。参加作品创作题材各异，表现方法不同，但都包含中丰沛的创作激情，真实地折射出湖北中国画传承创新的进取历程，使人深切地感受到楚文化的深远意蕴和春意盎然的时代气息。

当天上午，《丹青楚韵——湖北省中国画作品展》学术研讨会在中国美术馆七层报告厅举行，会议由湖北省委宣传部副部长陈连生、中国国家画院副院长张晓凌、清华大学美术学院教授陈池瑜主持。来自全国的20多位美术界专家围绕湖北省中国画创作进行了学术交流和讨论。

此篇报道虽然不长，但将湖北中国画的历史与现实，本次进京展的意义和内容，历史传承和当代创新，代表画家和研讨会，均作了报道，使读者在简短的文字中获得丰富的有关湖北中国画及此次展览的信息，达到了宣传湖北中国画及宣传此次展览的效果。

至于在综合性报纸上发表艺术新闻报道，则要求文字更精练，因为报纸篇幅限制，一般在二百字左右。如《湖北日报》1999年3月1日在头版发表的《省第四届"文艺明星奖"颁奖》一文：

本报讯 记者熊唤军报道：在昨日举行的省文联六届六次委员会上，副省长王少阶和省委宣传部，省文联领导为获得我省第四届"文艺明星奖"的20名优秀文艺工作者颁奖。

"文艺明星奖"是为奖掖德艺双馨的文艺拔尖人才而设立的。这次，文学类获奖者为何存中、李征康、胡晓晖、晓苏；表演艺术类获奖者为丁平、尹建平、王原平、李大庆、李连璧、周锦堂、姚晓明、夏雨田；展览艺术类获奖者为邱焰、李乃蔚、金伯兴、董玉清、魏金修；文艺理论研究方面获奖的是陈池瑜、郑传寅、罗漫。

这篇报道虽简要，但仍将报道的内容较全面反映出来了，包括颁奖时间、地点、出席的主要领导，以及该奖项设置的目的和获奖者的名单。

二、艺术新闻采访文章写作

新闻采访是新闻文章写作的常用方法，新闻采访常常是就艺术活动或展览、演出的目的、特征，以及主办者操作中的有关问题进行专门采访，然后写成文章加以发表，扩大这些艺术活动的影响。在艺术新闻采访中，采访者应对所采访的问题心中有数，事先应有所准备，应选择一些关键性的问题进行提问。被采访者应是该项艺术活动的组织者、主持人或是参与本次艺术活动的著名艺术家。

下面我们看看《美术报》记者斯舜威、王平所写的采访文章《回眸世纪历程，仰望大师风采——就林风眠百岁诞辰纪念活动访许江教授》：

11月21日至11月24日，林风眠（1900—1991）百岁诞辰纪念活动将在杭州、上海同时举行。作为中国现代美术史和美术教育史上的一位重要人物，林风眠有怎样的意义呢？带着这样的问题，本报记者近日走访了此次纪念活动组委会秘书长、中国美院副院长许江教授。

问：今年11月22日是林风眠先生诞辰百年的日子，中国文化部、浙江省人民政府、上海市人民政府届时将举办大型纪念活动，您能介绍一下这次活动的主要内容和这次活动的意义吗？

答：这次由文化部等多家单位联合举办的林风眠百岁诞辰纪念活动届时将在杭州、上海两地隆重举行。这次活动的主要内容有：在杭州举办纪念大会、修复开放林风眠在杭州玉泉的故居、孤山南麓国立艺术院旧址纪念碑揭幕；在上海举办"林风眠之路"大型画展、召开"林风眠与20世纪中国美术"国际学术研讨会；同时，还将出版《林风眠之路》大型画册、《研讨会论文集》、《西湖论艺——林风眠及其同事艺术文集》等。纪念将由中国美术学院、上海文化局、上海市美协、上海画院、上海美术馆、杭州市园林局承办，杭州市人民政府、中国美协、中国美术馆协办。

在20世纪中国艺术的发展历程中，始终绵亘着一条基本的道路，涌动着一个提倡中西艺术融合的精神方向。林风眠先生就是这个影响中国20世纪艺术发展的基本方向上的一面不朽的旗帜。林先生的早年，抱定"为中国艺术界打开一条血路的"决心，先后执掌当时中国的两所最重要的艺术学府，尤其是于1928年至1937年间创建和主持中国美术学院前身——国立艺术院和国立艺专时期，为中国早期的美术教育营造了"兼容并包、融合中西"的精神典范，开拓了一条"创造东方新兴艺术"的探索之路。这之后,他孤寂求索,以半个多世纪的艺术实践和人生苦斗去亲历这条追求新艺术的道路,并创造了一个独特的绘画世界。作为中国现代美术教育的主要奠基者和中国现代绘画的一代宗师,林风眠先生既是这条具有独特品格的融合道路的重要开拓者,也是这条道路上的一位伟大的先行者。在世纪末举办这样的活动,对于我们准确理解和把握即将过去的百年中先驱们不倦探索的精神内涵、确立21世纪中国美术的发展方向将具有十分重要的意义。

问:请您谈一谈林风眠的艺术追求和他对中国现代美术的贡献。

答:(略)

问:作为一位美术教育家,林风眠的美术教育思想对中国现代美术教育的影响是多方面的,您能概括地谈一谈吗?

答:林风眠的美术教育思想的精华就是"兼容并包,融合中西",正是这样的思想,当时的教师队伍才既有留法归来的吴大羽、林文铮、李金发、刘开渠、蔡威廉、陶元庆、雷圭元、李风白等吃"洋面包"的教师,又有传统派的潘天寿、李苦禅等,还有克罗多、斋藤佳藏等外国专家。也正是这样的思想,当时的教学才既强调严格的基础,又强调艺术趣味和因材施教的原则;当时的学校里才有各种艺术风格和艺术团体并存的局面,才有了后来"融合中西"的吴冠中、赵无极、朱德群、赵春翔;才有了探索"油画民族化"的董希文、罗工柳;才有了"一八艺社"和力群、彦涵、胡一川、江丰、王肇民等革命进步画家;才有了从传统中打出来的李可染等等。

问:对本次活动,您还有什么要补充的吗?

答:这次活动情况比较特殊。林先生的画我院一张都没有,全是从各方面借来的,经费也多靠社会捐助。但我们有学术力量,有明确的学术目标,还有文化部、浙江省和上海市政府以及各界朋友的关怀和支持。因此,这件事我们一定要做,而且一定会做好。

目前,各项工作已基本就绪,在这里,我们首先要感谢前辈艺术家们所做的榜样,虽然仍没有亲聆林风眠的教导,但从前辈们的教导中,我们了解了林风眠,深切感受到他的精神的存在;其次,要感谢各方的大力支持。最后我要对本次纪念活动全体工作人员的辛勤工作表示衷心的感谢!

这篇采访文章首先介绍了中国文化部、上海市政府、浙江省政府等单位将于1999年11月21

图42a 林风眠（1900—1991）

图42b 林风眠，美丽的秋晨，纸本彩墨，1960年代作

日至11月24日在杭州和上海同时举行林风眠（图42a）（图42b）百岁诞辰纪念活动，作者采访的对象是本次活动组委会秘书长、中国美术学院副院长许江教授。采访者集中提出了几个问题，首先是这次活动的主要内容和意义，许江介绍了这次活动将在杭州举办纪念大会、在上海举行《林风眠之路》大型画展，召开《林风眠与20世纪中国美术国际学术研讨会》，出版《林风眠之路》大型画展及《研讨会论文集》等。采访者所提出的第二个问题是林风眠的艺术追求和他在中国现代美术史上的贡献，许江对林风眠在中国现代美术史上的贡献作了概述。第三个问题是林风眠在美术教育上的成就。第四个问题是对本次活动的补充说明。条理非常清楚。该文于《美术报》11月26日头版头条刊出，此次活动于11月21日开始，在此次活动的期间发表这篇采访，对观众、读者了解这次活动起了很好的宣传作用。

　　另外一类艺术采访是就有关创作问题采访艺术家，特别是有代表性和有杰出成就的艺术家，这些艺术家发表他们对当代艺术或者艺术史的看法，披露他们创作过程或技法特点，这些采访文字有可能成为研究这些艺术家的珍贵文献。

　　杰克逊·波洛克（Jackson Pollock，1912—1956）美国抽象表现主义和行动画派的最重要的代表人物，他创立的抽象表现主义成为美国第一个具有国际影响的画派。1956年威廉·赖特（William Wright）为西格·哈伯广播电台对波洛克进行采访，写成文章《杰克逊·波洛克访问记》（没有播出）。由于这篇采访的内容表述了波洛克的艺术思想（虽然电台未能播出），由于他有重要的历史文献价值，被收入弗朗西斯·奥康纳的《杰克逊·波洛克》一书，并被编入《当代美国艺术家论艺术》（埃伦·H·约翰逊编）。

威廉·赖特 波洛克先生，在你看来，现代艺术意味着什么？

杰克逊·波洛克 对我来说，现代艺术不外乎要表现我们这一代人的所思所想。

威廉·赖特 古典主义艺术家是否用一切手段去表现他们的时代？

杰克逊·波洛克 对，他们做得非常出色，所有的文明都有表现他们直接愿望的手段和技艺——中国文明，文艺复兴，一切文明，使我感兴趣的是如今的艺术家不再被迫选用他们自身以外的题材。大多数艺术家都有不同的创作源泉，但他们的工作都是源自内心深处的。

威廉·赖特 你是否认为现代艺术家或多或少地摈弃了古典艺术中某些有价值的特质？他们割裂了它，代之以更纯粹的形式？

杰克逊·波洛克 是的，好的艺术家都有这样。

威廉·赖特 波洛克先生，对于你的创作方法有许多争论和批评，对此你有什么看法？

杰克逊·波洛克 我认为新的艺术需要新的技艺。现代艺术家已经发现了绘画表现的新手段，在我看来，用文艺复兴和其他任何传统文化的旧形式，现代艺术家都难以表现这个有飞机、原子弹、收音机的时代。每个时代都有自己独特的技艺。

威廉·赖特 有种说法认为艺术家创作的源泉是无意识，而绘画必然体现了作者所寻求的无意识，这是真的吗？

杰克逊·波洛克 无意识是现代艺术的一个非常重要的方面。我想在观赏绘画时会有许多无意识的东西。

……

威廉·赖特 能不能这样说，古典主义艺术家通过对客观对象的描绘表现他们的世界。相反，现代艺术家所描绘的是客观对象在他身上唤起的感受？

杰克逊·波洛克 是的，现代主义艺术家的着眼点是时间，他表现情感，而不是图解社会。

威廉·赖特 你能不能谈谈现代艺术是怎样形成的？

杰克逊·波洛克 它不是从天上掉下来的。它有悠久的传统。可追溯到塞尚（Paul Cezanne）、立体主义、后立体主义，一直到今天的绘画。

……

威廉·赖特 那么，实际上在你的头脑中没有预想的形象？

杰克逊·波洛克 当然，确实没有——没有——因为它尚未成形，你知道这一点。有些新的玩意——它和一般的作品截然不同，比如说，画静物的时候，你只要把对象放在那儿，然后照着画。对于我来说，关于要做的和会产生的最后结果，我只有大致的构想……

——〔美〕埃伦·H·约翰逊：《当代美国艺术家论艺术》，

姚宏翔等译，上海，上海人民美术出版社，1992

我们之所以引用这样长一段对波洛克的访问录，是因为这篇采访对于我们理解现代主义及波洛克的创作技法都有重要意义。这篇采访涉及到的内容较广泛，而波洛克的回答直截了当，毫无掩饰，表现了一个前卫艺术家对现代艺术的理解，如对现代主义与古典主义艺术的比较，对现代主义产生的过程的描述，对无意识在现代艺术创作中的作用，以及对波洛克创作中重行动过程而轻构思构图的特点，均作了回答。采访者威廉·赖特抓住人们普遍关心的重要问题提问，以及有关波洛克创作过程、技巧提问，既简洁又单刀直入，波洛克的答卷可以看成是他的艺术思想和创作思想的提纲。因此这份访谈录就成为研究波洛克和抽象表现主义的重要文献，它的学术价值可能超过一些研究论文。由此可见，新闻采访文章的写作有时也具有很强的学术性。

在采访之前，先要了解被采访者的学术背景，拟定采访提纲，明确被采访者需要回答的问题，力求被采访者对该学术问题或艺术问题发表独立的学术见解，这样采访文章也就具有学术价值。在采访文章的写作中，除艺术新闻采访文章外，也可以就艺术理论或艺术史、艺术批评与艺术思潮等学术问题写成学术采访文章。

2014年9月中旬文化部《艺术教育》杂志编辑郭晓女士就有关美术学学科发展现状和美术学学科建设等问题，书面采访笔者，下面是我根据采访提纲部分内容撰写的有关美术学学科建设的意见，供美术学界同仁参考批评。

郭晓：请您谈谈当前我国美术学学科发展现状。

陈池瑜：我国美术学学科近二十多年来发展很快。美术学这个词最早在我国出现可能是蔡元培1920年发表在《新潮》第2卷第4期上的长文《美术的起源》，蔡元培说，美术有狭义和广义，狭义的美术指建筑、雕塑、图画与工艺美术，广义的美术指上述四个门类外，还包括文学、音乐、舞蹈等门类。他还说西洋人著的美术史用狭义，而在他们所著的美学和美术学中用广义。这可能是汉字中最早将"美术"和"学"结合在一起的。蔡元培所言是对的，西方人写的美术史（也可叫艺术史）一般只讲建筑、雕塑、绘画与工艺美术，所以是狭义的美术，而在美学和艺术理论（美术学）中所用的Art美术则是广义的，即包括所有艺术门类。所以从理论学科上使用的"美术"一词，就是我们今天所用的艺术。因此蔡元培所用的"美术学"一词，相当于我们今天所用的艺术学一词。鲁迅1913年发表的《拟播布美术意见书》所用"美术"一词，也是包括音乐、跳舞和戏剧、文学在内的所有艺术。到1920年代中期以后，学术界才将美术和艺术分开使用，即美术专指建筑、雕塑、绘画、与工艺美术，艺术则包括所有建筑、雕塑、绘画与工艺美术、音乐、跳舞和戏剧、文学各门类。现在从学科门类上来讲，我国有一些特别的情况，例如文学本是艺术的重要门类，但由于新中国建立后，文学创作影响大，文学常常单列，和文联并列的有作家协会，文学和所有艺术门类加在一起的文联（除文学以外的各艺术家协会）分开并列，在社团组织中叫"作家协会"，简称"作协"。而"文联"的全称是"文学艺术界联合会"，但这个联合会却没有文学了，也就是"文学艺术界联合会"已名不副实了，明摆着的是艺术家联合会或"艺联"，偏要叫"文联"，但大家也习惯了。所以今天我们的艺术学学科没有文学，本来文学包括在艺术中，而在2011年以前，我们的艺术学学科反到包括在文学门类之下，直到2011年艺术学才独立为与文学、历史、哲学并列的一个门类。另一个问题是，建筑被列入工科，所以我们的艺术和美术学科中没有建筑。工艺美术发展到20世纪80年代被设计艺术取代，而且由于社会和经济发展需要，设计艺术以及设计艺术教育发展很快，美术似乎包容不了它，它要脱离美术单独成为一个学科，现在设计学和美术学均为艺术学门类中的一级学科了。这样美术学学科中原来四个大门类建筑、雕塑、绘画、工艺美术（设计艺术）就只剩下两个了，即绘画和雕塑。当然，我们在艺术学的研究中还是要考虑文学问题，在美术研究中也要考虑建筑和工艺美术或设计艺术问题，例如美术史，如果将建筑艺术和工艺美术丢掉，那是不完整的美术史。但现在的学科划分，确实将建筑和工艺美术（设计艺术）划开了。所以我们在美术学学科建设中既要有原则性，又要有灵活性，既要看到学科分类中的分，也要看到研究和学科建设中的合。这样对美术学学科建设有好处。

大约1992年以前，我们的学科目录分为美术、音乐、戏剧、舞蹈、电影等门类，美术是艺术中的二级学科，美术又分为绘画、雕塑、美术史论等三级学科，后将美术史论改为美术学，美术学成为三级学科，又将美术教育用括号附在美术学中，所以有的美术学院招收美术学专业学生，既有美术学即美术史论专业，也有美术教育专业。大约在1992年，经原国务院学位委员会艺术学科组召集人张道一等先生的呼吁，将原来的美术学科改为美术学学科。当时美术史论改为美术学后，有些老学者还不赞成，说西方只有美术史学科，没有美术学学科。后来也就慢慢接受了，习惯了。中国艺术研究院美术研究所原所长邓福星先生在1988年就著文要建立美术学，本人也是积极主张建立美术学学科，于1994年在湖北美术学院创立了第一个以"美术学"命名的美术学系，于1997年在湖北美术学院创办了《美术学研究》大型学术丛刊，丛刊的发刊词《加强美术学学科建设》在《美术观察》上发表后，引起一定的学术反响。当时，美术学也分狭义和广义，狭义的美术学是指原来的美术发展历史及理论即美术史论，指三级学科，广义的美术学指二级学科，包括绘画艺术、雕塑艺术、美术史论即狭义的美术学（附加美术教育），在这种学科模式下，我国的美术学学科又快速发展了十多年，直到2011年，经国家批准，我国的艺术学由一级学科升为学科门类，美术学则由原来的二级学科随之升为一级学科。

美术学升为一级学科后，使美术学学科建设进入一个新的阶段，也为美术学学科发展和高等美术教育带来新的机遇。但在学科调整中也带来一些问题。如原本从事美术史和美术理论教学和研究的教师，也包括从事音乐史论、设计艺术史论的教师，在各校扩建一级学科博士点的过程中，增列艺术学理论一级学科，将美术史论、音乐史论、设计艺术史论的师资转移到艺术学理论学科中，这样美术学学科中主要由绘画创作、雕塑创作及当代美术研究来支撑，而美术学学科建设中的美术史及美术理论反倒减弱了。这个问题值得我们注意。可喜的是，在清华大学美术学院首先发起招收绘画创作与理论研究结合、雕塑创作与理论研究结合的博士生，这在我国高等教育中是一个创举，开始虽然遭到争议和反对，但它适应了高校和美术研究单位、美术创作单位对美术创作高层人才的需要，后来中央美术学院、中国美术学院、南京艺术学院等高校及中国艺术研究院也开始招收美术创作和理论研究结合的博士生，为国家培养了一批既能从事绘画创作等艺术实践，又能从事理论研究的博士，这批人才目前已经在美术学学科建设及高等美术教育中发挥积极作用，使绘画雕塑学科建设中增强了理论力量。我国的美术学学科建设目前正处于一个健康发展、稳步前进的良好阶段。

——陈池瑜：《推进美术学学科建设》，《设计艺术》，2014年第5期

近20年来本人对美术学学科非常关注，也是该学科的倡导者和推进者之一，对我国美术学学科现状比较了解，对郭晓提出的问题作了上述回答。所以，被采访者对采访者提出的问题，要有一定的研究成果，或是这方面的专家，对采访中的问题才能做出有意义的回答。子斌等人2014年1月20日在中央美院书法家王镛教授家中采访他：

问：王先生，你在一篇文章里提到元明以前主要是书法影响绘画，而元明以后绘画影响书法。请你就此话题深入地展开一下。

答：从整个书法史和绘画史比较来看，书法相对而言比较早熟。从很早出现的书体比如说甲骨文、金文，我们今天能见到的资料，他们出现伊始在艺术形式上就非常成熟，而这时期的绘画，包括先秦作品，如果和后期比较来看，不论从技巧、技能和整个画面处理还是处于比较幼稚的阶段。包括早期的卷轴画如展子虔《游春图》，顾恺之等人的一些作品，都是这个问题。绘画的发展趋向于逐步的丰富、完善。而书法却不同，每一种书体的出现总是很快地发展到一个高峰，甚至无法超越的高峰。中国画主要通过点线表现具体物象的结构，以达到抒情达意的效果，这种单纯的表现手法来自对书法的借鉴，这种借鉴不能从具体某些点画去分析，而是从表现形式和审美上来考察。

到了元代，文人画发展到高峰，这时期的书法却处于相对停滞和守成，这种现象一直延续到明代中期。因为二王以后的书法夹杂了很多人为因素，其中包括皇权的干预以致上行下效，社会的变革等。进入元代，由于科举制度"学而优则仕"观念深入人心，书法趋向于实用，文人以走向仕途为目的，很少有人放弃做官做单纯的艺术家。多数是同步进行，古代很多优秀的艺术家都是官僚。所以东晋书风形成以后一直笼罩书坛，直到明代中叶帖学书法一直没有重大变革。

到了明代中晚期，绘画有了很大发展，从不太成熟走向比较完善，构图形式、技巧、笔墨语言和表现力都大大增强，进入了绘画对书法产生影响的时代。明中晚期以后，出现了一大批书画兼擅的文人画家。如文征明、徐渭、董其昌都是能书善画的大家。他们把某些绘画艺术观念、表现手法常常引入书法创作之中。如董其昌行草书，就出现了山水画中干渴的笔墨形式与构成关系。明末清初时期，王铎、傅山、张瑞图等虽然以书法擅长，但在绘画方面也造诣颇深，他们的书法也不可避免地受到绘画的影响。清初著名画家八大、石涛书法亦好，对其书法作品中布局形式亦十分考究。晚清时期，在绘画与书法上同时具有开创性的大家赵子谦、吴昌硕以及后来的潘天寿不仅把书法的用笔方式带到绘画之中，同时把绘画的审美因素也融入到他们的书法创作里。可以讲，明以后的书法成就与绘画的发展有直接关系，绘画审美、技法上不同于前人的创造直接投射、影响了书法，推动了书法的发展，丰富了书法的形式感和审美内涵，使书法的观赏价值进一步增强。

回顾历史，书法与绘画发展过程中，互有影响。文人画家推动了书法艺术的发展，尤其是书画兼擅的大师们做出了很多贡献。从几个时期书法作品的比较中可以看出，元明以前的书法倾向实用性，主要作为一种书面传达、交流工具，书写时未自觉意识到章法、构图、用笔的枯湿浓淡变化，书写形式较简单、构图平庸。字与字、字与总体关系缺乏有机联系，布局缺少疏密、字体大小、布白虚实等节奏变化。总之，早时期的书法作品，每篇作品没多大区别，无创作意识，千篇一律。章法有缺陷，艺术感染力不强。受到绘画影响后，书法时代风格为之一变。书法向绘画学习借鉴，才有所突破，书法艺术的完整性才得以显现。

——王镛、顿子斌：《书、画、印相互关系——王镛先生访谈录》，

《中国画学刊》，2014年第2期

王镛对书法史做过认真研究，认为书法与绘画发展过程中，二者互有影响，元明以前的书法倾向实用性，主要作为一种书面传达、交流工具，明代中晚期以来的书法受到绘画影响，走出一条新的书法创作道路，这一观点有一定道理。王镛发表专文谈过这一观点，采访者已先阅读，采访时心中有数，就此问题请王镛进一步阐述，王镛再一次在采访中表述这一观点。所以，采访者应事先对被采访者应作一番了解，做到有的放矢。当然王镛说宋元以前的书法家书写时未自觉意识到章法、构图、用笔的枯湿浓淡变化，书写形式较简单、构图平庸等，则失之偏颇。宋元以前的书法创作，其艺术风格和审美形式，都有杰出的成就，不能简单否定。

三、艺术新闻评论与综述文章写作

艺术新闻文章写作除新闻报道和新闻采访外，新闻评论与综述也是经常运用的文体。这种文体要求写作者对某一新闻事件的起因、过程和结果以及主要艺术作品或艺术活动、艺术研讨会的重要成果、产生的社会影响，同时还包括这一活动中的问题进行评论与综述。艺术新闻评论针对性比较强，要求作者观点鲜明，对于当前大家关心的问题发表意见，引起艺坛以及社会的关注。

《文艺报》2000年2月3日《艺术周刊版》的《新闻述评》栏目发表了一位叫平生的作者所写的《真可惜了这个展览》的新闻评论文章，这篇文章篇幅虽然不长，但提出了一些问题。该文主要是针对1999年12月26日至2000年1月10日在北京中国军事博物馆展出《百年中华英烈颂艺术大展》并没有在全国产生应有的影响而发表的评论，文章分析了几种可能原因，如展览地点的问题、宣传力度不够的问题等。现将此文附上：

1999年12月26日至2000年1月10日，北京中国军事博物馆的二楼西厅展出了《百年中华英烈颂艺术大展》，共展出300件各个历史时期的美术和书法作品。这个由中央党史研究室、中央文史馆、全国侨联、全国美协、全国书协联合举办的展览，尽管在美术界没有产生广泛的影响，但它确实是一个非常重要和有意义的展览。说它影响不广，并不是作品的问题，而是宣传和

认识的问题。常人的观念是重要的美术展览都在美术馆举行，不在美术馆举行的展览很难获得美术界的认同，即便像以《盛世重光》命名的山东青州出土的佛教雕刻展也是如此。说它非常重要和有意义，是因为它集中了从延安时期以来各历史时期内最有影响的主题性创作或重要的作品，能够把这些作品集中起来，就不是一件容易的事，那么它的意义就不言自明。在新千年的开始或20世纪之末，能够看到这个被称为"规模宏大，经典荟萃"的展览自然是一件愉快的事情。展厅内参观人群中的那些白发苍苍的老者，那些有着与英烈相似经历的战士，确实能让人更好地理解这些作品。可以说，人们记忆中的1949年以来的重要作品都可以在这个展览中看到，立足于艺术的角度，总结这几十年来的创作，重新认识和评价这些历史上的重要作品，能有原作为参照总比光看那些印刷品强。在过去展览或传媒不发达的历史时期内，文化宫或北海公园内有个展览，人们也是蜂拥而至。现在即使文化宫或北海公园举办的展览再重要，可能去的人也是有限，这就是时代的变化。真可惜了这个展览，真可惜很多美术界的人没有看到这个展览。这个展览也有它的缺陷，因为它是以本世纪中国革命和社会主义建设的不同历史时期而分为六个专题来陈列，所以不便于从艺术方面来审视美术创作的历史阶段和发展变化，但这并不影响对一些具体作品的欣赏。看到其中的许多作品，人们可以对一些问题加深认识：一、好的作品能够经得住时间的考验；二、还是要认真地画，作为画家能够传世的还是作品；三、只要画好就能传世；四、国画表现宏大的场面远不如油画，有一定的局限；五、许多以主题性创作出名的著名画家，现在的作品远不如以前；六、延安时期的版画确实很好；七、现在的画家在画上的功夫不够。

《真可惜了这个展览》短评，包含了作者的一种惋惜之情，像这样一个展览，将各个历史时期（从延安时期以来）的主题性优秀原作集中起来展出，对于观众来说，应该是一个难得的机会，但参观者稀少，除了展览地点、宣传不力等原因外，是否还有更深层的原因呢？这个展览叫"英烈颂"，有无可能观众认为政治性太强或认为这个展览是劳动英雄模范事迹展，去参观展览是接受思想教育因而不愿去看呢？在这个"真可惜"的后面，可能隐藏着观众愿意接受"思想政治教育"的观念淡化，加之这次展览组织者可能对作品的艺术价值宣传不力，使观众没有引起重视。所以这个"真可惜"的展览也应该使展览的组织者有所深思。文章作者最后所谈参观展览后的七条观感也可参考。像这种新闻短评文章能及时将艺术界发生的事件和存在的问题进行分析评论，以引起社会的关注。

1993年7月末8月初，在北京中国美术馆举办了"中国油画双年展"，由中国艺术研究院美术研究所主办，由大亚湾信息开发公司投资。主办者负责人为邓福星所长，秘书长为张晓凌博士，投资者为黄永良总裁。这次展览共展出170件油画，在展览前曾于人民大会堂举行了新闻发布会，展览过程中及评奖中，新闻媒体一直追踪报道，在社会上影响较大，笔者被邀请作为评委参与了这次展览的评选评奖活动，各种报纸、杂志发表的新闻报道和评论近二十篇。有代表性的评论和综述有两篇，其一是《光明日报》著名艺术记者曹小鸥发表在《光明日报》1993年8月3日的"社会特写"栏，标题为《油画：呼唤艺术市场——"中国油画双年展"的启示》，此文用一个整版刊出。其二是这次展览的秘书长张晓凌博士在《江苏画刊》1994年第2期发表的《中国油画双年展的文化取向》。

曹小鸥的这篇社会特写文章亦是一篇艺术新闻分析与评论文章，该文对这次展出的作品本身未多作评论，而是抓住大亚湾信息开发有限公司投资这次展览的举措而引发出的艺术市场问题进行分析评论，该文分五个部分："从提奥说起""黑市问题""大亚湾的文化信息""艰辛的'双年'""学术的使命"。文章的第一部分"从提奥说起"，介绍后印象主义画家凡·高在他经济拮据，油画作品无人买的情况下，靠其弟弟提奥提供经济援助才能维持生活和创作油画，引发出经济对于创作的支持的重要性。在"'黑市'问题"一节中，分析我国改革开放以后，台湾及东南亚画商看好大陆这个丰富的艺术品资源地，在中国艺术市场没有建立起来前，"黑市交易"——即在无任何中国市场管理的监督下，海外商人与中国艺术家的私下买卖盛行。该文作者认为中国艺术家这种无序的各自为政和价值上的随意性，使得中国美术市场的整顿成为一件刻不容缓的事。那么在国家没有更多的财力来投资艺术的情况下，艺术活动包括展览、创作、艺术家的生活都需要资金，怎么办呢？企业家投资！该文借张晓凌博士的话说："企业家投资艺术是中国艺术市场建立的必要前提和必由之路"，因此目前艺术批评家和学术单位的工作重点之一就是要以各种理由去说服企业家投资艺术。该文第三部分介绍大亚湾文化信息公司总裁黄永良如何构想文化工程，把人和文化都看成是一种资源，决定投资艺术市场。

这篇艺术新闻评论，作者以敏锐的目光，找到艺术市场这个视点，通过这次展览由企业家投资的举措，向社会呼吁建立艺术市场，加强企业家与艺术家的联系。

关于中国油画双年展的另一篇综述是张晓凌的《中国油画双年展的文化取向》。这篇评论文章的重点是分析中国当代油画的现状和本次展览中的一些学术与理论问题及"文化取向"问题。该文开始三段叙述中国油画双年展的背景是"文化转型、学术凋敝"，然后介绍展览主办的经过，以及展出后观众的各种意见：

> 近几年，画界的消沉与疲惫在京城尤突出，除了一些小打小闹的展览和讨论会外，再就是鸡鸣即起、营营为利的庸常忙碌了。在这文化转型、学术凋敝之际，中国油画双年展1993年7月

23日在中国美术馆开幕时便倍受各方面的瞩目。

此次展览的想法在1992年10月份成型。立志投资艺术市场的大亚湾信息开发公司和中国艺术研究院美术研究所在展览的各种问题上达成共识后，便进入操作阶段。组织展览的过程颇为艰难，几度风雨飘摇，闹得美术界沸沸扬扬。对展览的普遍接受和理解是在艰辛工作中形成的。5月份报名时，画家达1500余人，作品达3000余件。其数量之巨，令人叹为观止。几经评选，最后参展的画家为170人，作品170件，包括特邀作品20件。参展的画家可大体分为：老一辈艺术家、专业画家、职业艺术家、海外艺术家等。展览的主要活动有：1993年1月12日在人民大会堂举行的新闻发布会，7月14、15日在中国音乐学院演出厅的评奖及评选，7月23日在中国美术馆的开幕式及颁奖仪式，7月25、26日在国务院第二招待所的学术研讨会。

对展览的评论可谓五花八门，归纳起来，有这么几条：

1. 是现代性较强的展览，多元风格的兼容体现了时下文化转型的特征（某些批评家）。

2. 导向有问题，是在提倡什么（某些老艺术家）？

3. 是个很复杂的展览，和中国目前的现状是对应的（德国批评家阿尔芙莱特·毕佑莱克）。

4. 比起1989年的现代艺术展，社会冲击力不够强，但语言上要成熟得多（以年轻艺术家为主）。

5. 许多作品看不懂，是否距离人民和现实过远（一些观众）。

张晓凌在文章中认为由一个展览引出这么多问题，反映了文化转型时期矛盾的各个侧面：现代与保守，精英与通俗、学术与商业、文化批判和语言建设、新旧价值的交替与冲突等。该文进一步指出，这些问题远不是展览本身的问题，而是当下整个美术界乃至文化界的问题。在由政治型文化向实用型文化转型的历史阵痛中，这些问题显然不会有标准答案。这次展览是1989年在中国美术馆举办的"中国现代艺术展"后比较大的一次展览，主办者力图反映当下中国油画创作现状与走向，作品既有写实性的或主题性强的，又有抽象的、表现的、以及综合材料及波普艺术，表现出多元的艺术格局。展览比较注重油画语言、形式方面的探索。张晓凌在文章的最后指出：

我认为，在思想革命的浪潮之后，中国现代艺术迫切地需要一场语言革命，建构一个扣住民族血脉的具有个性的现代语言体系，来表现人类生存的共同主题，已成为中国现代艺术走出殖民文化阴影、政治功利和个人动机的必由之路。

"中国油画双年展"试图来进行这一艰巨的工作，事情仅仅是开始。

这篇对中国油画双年展的综合评论是以理论问题的探索为其特点，而不是简单地介绍展览举办过程和作品。

对艺术活动进行评述，要求评述者有一定的艺术眼光和学术眼光，对艺术活动的各种现象进行条分缕析，理出问题的头绪，使文章能对读者有所启发。中国美术学院雕塑史博士孙振华于1992年曾在该院主办"当代中国雕塑家邀请展"，后来他写作了一篇《"当代青年雕塑家邀请展"评述》，分为三个小标题分别评述，即一、一个充满理想主义色彩的组织方式；二、一群背景相似、状态各异的青年雕塑家；三、一些欲说还休、盘根错节的理论问题。文章对这次邀请展的组织方式、雕塑家群体以及当代雕塑中的理论问题进行介绍和评论，要表达的思想十分清晰。

在艺术综述文章写作中，也可就当前学术界关心的艺术学科中的学术问题，写作者应在采访、观察、研究的基础上对相关学术问题进行综述，当然在综述过程中，也要包含自己的见解。根据文化部艺术教育与科技司及《艺术教育》杂志社的工作安排，中国文化部《艺术教育》杂志社资深编辑郭晓被邀写一篇有关全国美术学学科教学和学科发展现状的综合评述文章。他于2014年9月拟好书面采访调研提纲，向全国重点艺术院校美术学科负责人和专家发出采访调研函，然后根据回函及其他相关美术学科教育和科研文章，进行综合分析，著成《各美其美　美人之美——教育改革背景下的美术学学科建设扫描》一文，其中对我国20世纪以来的美术学研究和近30年美术学教育进行概述：

20世纪上半叶，我国曾经出版了大量的有关艺术研究的著作，这些艺术学著作有一个共同的特点，即主要是以美术为切入点接入具有普遍意义的艺术学研究的。如陈中凡1943年发表于《大学月刊》上的长篇论文《艺术科学的起源、发展及其派别》，1931年，林文铮出版了3万字的《何为艺术》，1932年，俞寄凡出版《艺术概论》一书，更早一些，俞寄凡还翻译出版了日本黑田鹏信的《艺术学纲要》，1933年，张泽厚出版《艺术学大纲》，1936年，朱光潜出版《文艺心理学》。彼时，丹纳的《艺术哲学》、普列汉诺夫的《艺术论》的中文版本都在那个时候问世。蔡仪于1943年写作《新艺术论》，与岑家梧撰写的《论艺术社会学》被一并收入岑家梧1949年出版的《中国艺术论集》。新中国成立后，陈池瑜于1991年出版了《现代艺术学导论》，1994年，李心峰也出版了一本同名的《现代艺术学导论》，1997年，张道一先生在《文艺研究》上发表了关于建立中国艺术学的长篇论文，并主编了《艺术学研究》《美学与艺术学研究》丛刊及《艺术学研究》丛书，致力于艺术学学科建设，1998年彭吉象出版《中国艺术学》。

美术学学科是艺术学学科门类下的一级学科。涵盖了美术史论研究、美术理论研究、美术术论（美术技法理论）研究、美术学跨学科研究等广泛领域，是艺术学领域的重要支柱学科，在整个文化教育事业的建设和发展中起着重要的作用。我国的美术学学科从办学传统上要优于其他四个一级学科，中国现有八大美院，分别是中央美术学院、中国美术学院、西安美术学院、湖北美术学院、天津美术学院、鲁迅美术学院、广州美术学院、四川美术学院。美术学学科基础是其他学科望尘莫及的。

从博士层次来看。八大美院中，具有博士学位授予权的只有三所，即中央美术学院、中国美术学院、西安美术学院。一些综合性艺术院校和综合性大学艺术学院的美术学专业也异军突起，与八大美院形成"三足鼎立"之势。在综合性艺术院校中，南京艺术学院因为拥有艺术学一级学科博士学位授予权；综合性大学艺术学院中，拥有美术学博士学位授予权的有清华大学、东北师范大学、福建师范大学、哈尔滨师范大学、湖南师范大学、南京师范大学、上海大学、首都师范大学、四川大学、中国传媒大学、中国艺术研究院这11所高校及研究机构。

从硕士层次来看。八大美院和六所综合性艺术学院几乎全部拥有美术学硕士学位授予权，在综合性大学中，硕士研究生授权点则广泛分布在包括北京理工大学、北京服装学院、北京印刷学院、首都师范大学、中国传媒大学等81所综合性大学的艺术学院中。

从本科层次来看，美术学学科分布极为广泛。基本按照六个方向来安排招生，美术理论、绘画、雕塑、摄影、书法、国画。学科布点多达500个左右。每年毕业生高达3万人，美术教育总体规模庞大，源于持续增长的庞大生源。

该文还对美术学学科体系建设作了综合介绍：

关于美术学的学科体系，学术界的基本共识是，通过从艺术学学科体系来进行"从一般到个别"的迁移，即由艺术史、艺术理论、艺术批评的基本架构，进而推出"美术史、美术理论、美术批评"的特殊架构。但这样做的问题可想而知，今日之美术已非昨日之美术，在2011年公布的新的学科目录下，在艺术学门类下，专门为艺术学理论留下了一席之地，美术学也成为一级学科。如果说以往的美术学是具有一般意义的、旨在把握其下美术创作一般规律的抽象意义的学科；那么，如今的美术学内涵已然发生了微妙的变化，即成为一种特指的具体意义的学科，要在其下的绘画、书法、雕塑等二级学科中建立起一个统筹兼顾的美术学学科体系。

许多美术学学者显然注意到了这个问题。在新的学科目录公布不久，即2011年6月，由浙江大学艺术学院主办的"全国高校美术学科发展高峰论坛"在浙江大学举行，来自清华大学、北京大学、中国美术学院、中央美术学院、南京艺术学院、北京师范大学、首都师范大学等40

余所高校近50位美术学科领导和专家会聚一堂，共同商讨美术学升级为一级学科后的相关问题及对策。国务院学位办《学位与研究生教育》杂志、辽宁美术出版社、天津人民美术出版社、韩国教育财团、江苏省国画院等单位的特邀代表也出席了论坛。这次论坛的首要议题便是"美术学的学科框架和评估体系"。华东师范大学胡光华教授在会议上介绍了国务院艺术学科评议组设置美术学二级学科的背景，并指出二级学科划分的主要精神是学科的科学发展观，应该遵循四个针对，即人才培养适应国家需要、促进学科的交叉、突出学科特色、注重创新人才的培养。他阐释了学科评议组对美术学二级学科的初步划分为美术创作、美术史及美术理论、美术教育及理论、美术考古与文化遗产、美术市场与管理。

现在看来，以上二级学科划分方法有待商榷。在我国的高等教育体系中，学科建设和专业建设是两条平行发展的路线，二者互为依托，彼此支撑。学科的服务主体是知识，专业的服务主体是学生，学科建设服务于专业建设，学科研究的成果直接或间接应用于人才培养。通过"体系建设"形成合理的知识结构。学科划分保持层次性，目的是对应专业建设的层次性，所以，博士生对应一级学科，重点侧重于理论研究；硕士生对应二级学科，重点侧重于理论与实践的结合；本科生对应三级学科，侧重于实际应用，这是一种理想状态的学科结构。但以上划分显然没有充分考虑这种层次性。而是把所有的可能的方向都划归二级学科。

陈池瑜认为，目前的美术学学科在本科、硕士、博士的培养计划与研究方向上，已经逐渐形成了系统的教学体系。本科生以美术技法、材料运用、创作训练为主，同时要防止学生轻视美术史论学习的倾向，学"术"的学生要重视美术史论学习，这样可以扩大艺术视野，从美术史经典作品中吸收图像、形式、技法等方面的营养，帮助他们进行美术创作。硕士生可以在创作与理论研究两方面兼顾，一方面绘画与雕塑专业的研究生也要进一步提高创作能力，同时也要完成硕士学位论文的写作，也要提高美术史论研究能力和水平。而博士生则主要从事美术史论研究，完成博士论文，但也要尽可能接触创作实践活动，了解和学习创作过程与技术。总之，在美术学的人才培养和学科建设中，我们要注意创作实践和理论研究的相互结合与互补，让二者相得益彰。也就是说在美术学的人才培养和学科建设中，我们要处理好史、论、评的关系，或者史、论、术的关系。

——郭晓：《各美其美　美人之美——教育改革背景下的美术学学科建设扫描》，

《艺术教育》，2014年10月

郭晓的这篇综述文章，还对目前美术学学科教学中的问题进行分析，如盲目扩招带来的办学条件和师资跟不上，将理论、文化基础与动手实践分隔开来看待，对理论文化基础重视不够，对动手实践则是急功近利、边学边用、现炒现卖，发展后劲不足。这些现象对当前美术学科发展负面影响很大，造成社会上认为美术学"低应用""难就业"等问题。该文作者还对美术学一级学科下的二级学科的划分提出不同看法。此文是一篇有学术见解的学科综述文章，对目前高等美术教育和美术学学科发展都有一定的参考价值。

四、艺术新闻热点文章写作

在艺术界，某一特定时期围绕一次展览或演出，或者对某位艺术家的作品以及某些理论观点，由于在社会上的不同凡响，常常会引出针锋相对的意见，大众对此加以热切地关注，形成舆论焦点。对正在发生的一些社会与大众关注的艺术问题进行报道、讨论、研究，可以写作出艺术新闻热点文章。这些热点文章一经发表，会很快引起读者注意，将某些艺术问题、艺术现象的讨论引向深入。

如1993年7月在北京举行的"中国油画双年展"，因评选评奖作品的过程中评委们意见有较大分歧，这些分歧主要集中在反映生活的作品与抽象、表现、波普等现代手法创作的作品在展览中所占的比例及如何看待它们的问题上，导致著名美学家王朝闻先生辞去该次展览评委会名誉主任及评委李天祥先生退出评委会的事件，并将原设定的两项大奖取消，评委会评出的两件大奖作品为凌健（德国）的《静默的权力》及刘刚（北京）的《平列的金属》，这两件作品被取消大奖而降为二等奖。加上这次展览的秘书长张晓凌系王朝闻先生培养的博士，两代人中艺术观点上存在的差异导致在评选作品和评奖过程中形成比较大的意见对立，以上这些情况引起社会关注，展览如期举行，有关展览的"内幕"即意见分歧被披露出来，很快形成艺术新闻热点。

1993年8月28日出版的《美术报》头版头条刊发记者高大民所写的新闻稿：《风波迭起的"中国油画双年展"》，并加副标题"两名教授退出评委、两项大奖最终取消"。文章开头一段为：

自1989年以来，中国油画已由浮躁转向了冷静，求怪、求异已为思考和个性所代替。画家们也不再热衷于形式和艺术内涵上去寻求建立中国油画体系的可能性。为全面展示并检验中国油画发展的这一新趋向，中国艺术研究院美术研究所和大亚湾信息开发有限公司共同主办了首届"中国油画双年展"。展览于7月23日在中国美术馆一开幕，立即轰动画坛。国内各大报纸都登载了这一消息，中央电视台连续作了报道。但是在展览背后所发生的一些鲜为人知的内幕却意味深长，反映了转型期中国美术的特征。

接着，本文以"'两委会'决裂""评委意见严重分歧""王朝闻、李天祥退出评委会""两项大奖被取消"的显赫小标题分四个部分展开报道和评述。我们看看此文中的第二部分和第三部分。第二部分"评委意见严重分歧",首先介绍评委成员。"第一次风波过后（指中国油画学会与本次大展组委会谈判未果）,'双年展'组委会重新选定了评委,他们是:评委会名誉主任王朝闻,主任艾中信,副主任潘世勋、葛鹏仁,委员李天祥、高泉、庞涛、佟景韩、陈池瑜,孙为民、梁江、孟禄丁、吕品田、张晓凌。评选于7月14日如期进行。除评委会主任艾中信教授因天气和身体健康原因未到场外,其余12位评委都参加了评选。"

文章接着将这次展览中出现的两名教授退出评委会及两项大奖被取消的根本原因即艺术观念的对立加以评介。"评选一开始,评委之间就对选画标准发生了严重分歧。李天祥教授认为,此展的导向有问题。他说,反映现实生活、体现时代精神的现实主义作品太少,无法选足150幅作品。"文章接着也报道了与李天祥不同意见的其他评委的观点,如庞涛认为,现实主义不仅仅描摹现实表象或粉饰生活,反映人的生存状态和真实存在状态的也是"反映现实生活"和"现实主义",孟禄丁认为,摆在我们面前的作品是当今中国油画界最有代表性的,其中大都敏感、直接、真实地反映了现实,只不过形式和语言已与以往大相径庭。这样作者没有只停留在表面现象上凑热闹而是揭示出事情背后的深层艺术观的分歧。

该文第三部分"王朝闻、李天祥退出评委会":

> 在如此重大的全国性大展中,评委退出评委会则是建国以来从未发生过的事。有人说,这是改革开放的结果,它标志着中国艺术开始走向成熟和真正多元化,因为观念对立的艺术家敢于直言相向,正说明如今人们对艺术的价值取向已发生了分化,而这种分化更有利于中国艺术在世界艺术的大坐标中寻找自己正确的方位。

> 李天祥教授参加了14日的评选,而在15日评奖中退出了评奖现场。当记者问李教授其中缘由时,他说:"很简单,评选应具有包容性,作品只要不违背'四项基本原则'都可与观众见面。但评奖则不同,这意味着你提倡什么,鼓励什么,我认为这些作品与'二为'和'双百'的宗旨不符合。"

> 评委会名誉主任王朝闻教授与李先生持同感。他认为,"抽象"作品太多,而"反映现实生活"的现实主义作品太少。这与他原先的设想不符。他要求组委会更换作品。但组委会告诉他,现在展览就要开幕了,更换作品无法办到。而且,目前油画创作现状就如此。在这种情况下,王朝闻教授退出了评委会。

该文最后谈到两件大奖被取消,实际上反映了人们对艺术的态度,"在当今中国油画向纵深发展,并力图建立中国自己的油画语言体系的时候，关于'接受什么'的争论还将继续下去。但随着时间的推移，历史将会做出公正的选择"。这样在写作此篇艺术热点文章的同时，不仅将人们关心的"双年展"争论展现出来，而且还包含着作者自己对这些争论的冷静的思考。

相比之下，《边境贸易报·艺术新闻》1993年专刊1号头条发表的宁立的热点新闻：《两代冲撞师生有隙——中国油画双年展引出些许伤痛》，则带有炒新闻之嫌。文章开头用大号字排出开场白：王朝闻愤而退出双年展，给其博士生张晓凌心头一重击。两代人艺术观念上的差异，是否引起师徒情感分离？然后用显赫小标题："王朝闻：我的学生是我的掘墓人""张晓凌：我唯一的遗憾就是使王老伤了心"，文中内容以采访方式加以叙述。该文作者说当得知王朝闻、李天祥退出中国油画双年展大标题赫然列在报纸上时，他去王朝闻先生家采访。因王老身体不适，不宜见来访者，由王老的夫人接待。王老夫人将情况介绍后，王老在里屋有言在喉，不吐不快，来到客厅说，"我很激动，也很悲哀，都快流泪了，双年展搞成这样，主办人竟是我的学生！"

王先生指着《平列的金属》的图片说，这张画是什么东西，要得头奖？

王夫人插话道："今年2月份，王老就对他们说要反映现实的作品。从南方回来后，他很不放心，在李天祥教授过来说了双年展评选情况后，就给主办人之一美研所所长邓福星写了信。7月18日夜，邓福星把另外两位主办者张晓凌、张亚彬叫到我们家。王老说你们得调整，他们说来不及了。王老就说延期几天都行。对方说不行，美术馆一天场租好多钱呢！王老说我要退出，并要他们把他的名字从广告牌上勾掉，他们又说来不及了，王老就表示不能在报上用他的名字。那晚张晓凌坐在那儿一言不发。"

王朝闻先生后来表明心迹：晚年不想再做违心的事了！

在会见了邓福星、张晓凌他们后，王先生当晚就给邓福星写信。信中说："那夜那些照片有哪篇值得金、银、铜、铁、锡的大小奖？"

该文在写到张晓凌的心绪时，一方面表明他希望王朝闻先生能理解，能宽容，认为中国现代正处于农业文明向工业文明转型时期，有最激进的、最革命的，有最写实的，最保守的，也有能与西方较劲的作品，这是中国艺术的现状。

王朝闻动怒，使其门下弟子张晓凌坐卧不安。从没烟缘，深更半夜也能爬起来抽上一二十根，天天想着怎么给先生解释，怎么让导师消消火，先生年事已高，别气伤了身子，学生吃罪不起。

双年展前后间多少烦心事都没把张晓凌缠趴下，唯独导师这一怒，使他泄了气。

该文主要描绘师生观念上的差异及引起的感情上的裂痕；但据张晓凌称，该文作者将采访内容作了夸张，如说王老的三位博士是他的掘墓人，显然不符合实际。该文作者为了炒新闻，故意将有些内容强化和进行发挥，以形成所谓新闻热点，引起读者注意，是"故弄玄虚"。

有时国家主办的艺术大展或有关庆祝活动常常形成声势浩大的舆论宣传，成为艺坛中的新闻热点。如1999年下半年，一方面是中华人民共和国成立50周年的大庆日子，另一方面正值第九届全国美术大展主办，一时间总结50年来新中国的美术创作成就，回顾20世纪艺术历程及围绕九届美展诸问题成为新闻热点。

中国美术家协会机关刊物《美术》在1999年几乎每期都刊登有关九届美展的筹备，或评选、评奖工作，或展览，或关于展出作品的研讨会等消息。如第10期上头条刊登该刊记者讯《第九届全国美术作品展览在各展区隆重开幕》，第11期头条又刊登《第九届全国美术作品展览在北京、汕头、福州隆重开幕》，第12期头条刊登阁实的文章《评选后的省思——第九届全国美展版画展区学术研讨会综述》、张克让的文章《世纪之交中国画坛上活跃的水彩画、粉画队伍——第九届全国美术作品展览水彩画、粉画展综述》等，对九届美展的情况进行报道。

早在1999年4月出版的中国艺术研究院主办的《美术观察》第4期上，以第一个栏目《观察家》及头条刊发《迎接世纪末美坛盛举——"怎样办好第九届全国美展"笔谈》，该刊副主编李一在《观察家》栏目主持人语中写道：

第九届全国美展正在紧锣密鼓地筹备中。

……

一次次展览构成了一部鲜活的美术史。建国以来的历届全国美展，最生动、最直接地反映了人民共和国美术发展的轨迹。

今年秋天，将举行的第九届全国美展是当前美术界最为关注的焦点。近来，许多读者纷纷致函我刊，希望能及时反映有关九届美展的动态。鉴于此，本栏目以正在筹备中的九届全国美展为观察对象，刊登一组怎样办好第九届全国美展的笔谈。内容包括第九届全国美展的新举措，目前美术家的临战状态，如何完善展览机制，以往展览存在的问题等方面。组稿过程中，得到了第九届全国美展组委会和美术家、专家、学者的大力支持，在此，我们真诚地道一声感谢。

这组笔谈文章包括中国文化部副部长潘震宙的《九届美展要推出好作品、出人才》、中国美术家协会主席、九届美展组委会主任靳尚谊的《创作出好作品是九届美展的关键》、中国美术家协会常务副主席刘大为的《九届美展的新举措》、中国美术家协会副主席肖锋的《改革美术机制 繁荣美术创作》、中国画研究院院长刘勃舒的《评委责任重大》等文，另有一篇为中国艺术研究院研究员张晓凌博士《"全国美展"积弊谈》，此文专谈全国美展的弊端，"作为计划经济时代的产物，'全国美展'在社会主义市场经济时代正日益暴露出几十年形成的积弊"。该文列举四大弊端，即 1. 运作机制的计划化；2. 评选方式的僵化；3. 评选标准的单一化；4. 评委的老化。

无论是从正面论述办好九届美展，还是像张晓凌那样对全国美展操作方式的质疑，目的都是为了改革、改进全国美展的工作，把九届美展办得更好。《美术观察》在九届美展筹备过程中刊发这样一组文章，对办好此展，引起更多人的关注和及时向读者介绍筹备工作中的进程和思路是十分必要的。

有时某种观点提出后，在艺术理论界甚至整个艺术界都能产生较大反响，从而形成新闻热点。例如我国著名画家吴冠中提出的中国画"笔墨等于零"的观点后，就引起很大争论和反响，"笔墨等于零"是吴冠中于 1992 年在香港《明报周刊》发表的一篇文章的标题，是他和香港大学艺术学系万青力教授在席间就笔墨问题争论后写的文章。万青力回应了题为《无笔无墨等于零》的长文，虽然观点针锋相对，但万青力的文章通篇谈论的是虚白斋藏画，回避了与吴冠中直接对话，因而争论未能继续下去。1997 年 11 月 13 日，

图 43a 张仃（1917—2010）

图 43b 张仃，秦岭行 镜心，水墨纸本，1988 年

《中国文化报》转发吴冠中《笔墨等于零》的文章。1998年11月在"油画风景画、中国山水画展览"学术讨论会上，张仃（图43a）（图43b）发表了《守住中国画的底线》一文，对"笔墨等于零"的观点进行了公开的批评，1999年1月《美术》杂志立即转登。吴冠中通过文章和媒体采访，对张仃作出了回应，并进一步阐发自己的观点。随后《美术》《美术观察》《江苏画刊》以及《光明日报》《北京日报》《文艺报》均组织文章参与讨论，一时形成讨论这个问题的理论热点。

《美术观察》于1999年第9期，2000年第7期比较集中地刊发两组文章参与讨论。特别是1999年第9期《美术观察》刊发了对著名老画家的系列采访，运用采访的形式，发表老画家们对"笔墨"问题的看法，把讨论引向深入。这些采访文章有陈瑞林的《守住底线 发展传统——再谈中国画的笔墨问题》、朱虹子的《解读"笔墨等于零"——访吴冠中先生》、蔡涛的《否定了笔墨，中国画等于零——访关山月先生》、赵权利的《坚守笔墨变中求存——潘絜兹先生谈笔墨》等。

《守住底线发展传统——张仃再谈中国画的笔墨问题》一文，通过采访的方式，进一步阐发了张仃关于守住中国画的底线，没有笔墨的中国画等于零的观点，对"笔墨"作了进一步论述：

> "笔墨是奴才"，"笔墨是材料，如同未雕塑的泥巴"，这些说法似是而非。泥巴是物质，是客观存在物，它没有生命、没有生息，只是材料，而笔墨是什么呢？笔墨并非毛笔加墨汁，笔墨是由人的创造而实现的。它是主观的，有生命、有生息、有情趣、有品、有格，因而笔墨有哲思、有禅意、有性灵，因而它是文化的，是精神的，而不是物质的，尽管它有物质的栽体；它是主体的，是意志的，而不是什么奴才。……笔墨的主体性，它不完全依照我们的眼睛行事，甚至也不老老实实按照我们的构思行事。它好像有自己自主的生命意志。我自己的绘画经验也能支持这一观点。当笔墨自主性很强的时候，作品往往进入神妙之境，一片化机。

张仃的这些观点，包含着他对笔墨及中国画精神实质的理解，具有一定的学术价值，是值得我们重视的。

《解读"笔墨等于零"——访吴冠中先生》一文，也通过采访，进一步阐发了吴冠中的观点。吴冠中说，1992年在《明报月刊》上发表的那篇不足千字的文章，主要是当时感到国画没有出路，看到国画领域到处是食古不化的陈词滥调，许多画家用固定的技法标准来套创作，他觉得国画首先要解放笔墨的局限性，就写了那篇文章。

吴冠中对"笔墨等于零"的解释是"脱离了具体画面的孤立的笔墨，其价值等于零"，他对笔墨的理解是，笔墨就是技巧，还认为中国画创作的突破口是情感而不是技巧。"零"的意思就是没有一个放在任何地方都是好笔墨的标准。孤立的技巧的价值等于零。吴冠中还认为"四王"那一套不能代表中国画的传统，艺术发展的传统和中国画发展的传统是创新，是新笔墨的大胆尝试，是一代反一代才能发展，否则，就会被已获得承认的笔墨技巧捆缚，发展的空间越来越小。

以上可见吴冠中的观点主要是立足创新，不满国画创作现状。

这两篇采访录，比较真实地将吴冠中和张仃对笔墨问题的不同看法发表出来，深入了对这个问题的探讨。诚如张仃所言，他并没炒作之意，后来新闻媒体将他的《守住中国画的底线》一文转载，有新闻炒作、名人效应等因素，但客观上把这一问题公诸于众，让更多的人来关心和参与讨论也是一件好事。

这种新闻热点文章写作，要求作者对艺坛发生的事件及其价值要能敏锐地评估出来，然后选择艺术家或者艺术事件进行采访，报道或者写成研究文章加以发表，使其成为艺术新闻和艺术热点文章。

第五节　艺术评传文章写作

艺术评传文章是指为艺术家、艺术理论家写的传记，或者是艺术家自己写的自传体的文字与著作，艺术评传文章主要围绕被评说的艺术家个人的生平、成长过程、艺术成就，个性特征，有时还包括艺术家的情感气质、爱情生活等内容展开，艺术评传文章既有简短的传略，也有几十万字的专著，既可围绕艺术家的突出成就而展开，也可以艺术家的个人奋斗或家庭事件为线索进行描述，有些评传著作，还可以当成小说来阅读，其文学价值也很高。

一、简洁体艺术传记写作

为艺术家写生平传记，有时可洋洋数万言，有时也可写成几百字甚至几十个字。写作简短传记，要将艺术家的最基本的东西反映出来，如姓名、生卒年月、出生地、主要艺术成就。

姜丹书曾于1958在华东艺专为晚近美术家287人写小传。当时华东艺专美术史研究室有编辑《中国美术家人名辞典》的计划，姜丹书自愿担任一部分的采访与撰写的任务。他谈到资料的来源主要有两个方面，一是搜罗已见著录的书刊，二是寻找未见著录的早故者、新故者或老而尚健在者的现实材料。关于第一部分主编者已在进行，他不作总的搜罗，只是随便摘录而已。"关于第二方面的，我欲举我所知者酌量写入，然不写则已，写则必有确实性。知其详者多写几句，否则简括其词，宁缺毋滥。"姜丹书认为以上两个方面的资料，倒是以第二方面的资料更为重要，因为只有补入这部分资料，方能推陈出新，不至陈陈相因。

下面我们选录几条传记文字：

余绍宋

余绍宋，字越园，斋名寒柯堂，浙江龙游县人，晚居杭州。诗文书画皆超隽，善山水，尤擅墨竹、墨梅。论画赡博精当。有《画法要录》及《书画书录解题》等著述行世。一九四九年卒，六十七岁。

此条传记不到一百字，简洁明了，将余绍宋的基本情况进行了概括，包括名、字、斋名、出生地，艺术专长及代表性著作均作了介绍。

徐悲鸿

徐悲鸿，江苏宜兴县屺亭桥镇人，达章子。初名寿康，民国初期间留学法国时改名悲鸿。幼好涂鸦，秉承庭训，已具国画根柢。后又习得西画技巧，善写生人体，造诣颇高。中年后转用功于国画，最擅人物、马，风景、静物是其余事。盖能运用西画功力而行之于国画范畴上，故形象正确，姿态生动，别有神趣，开一中西融合的新风格，声誉大著。一九五三年卒于北京中央美术学院院长任内，年五十九。中西画遗作甚多，大都收藏在北京徐悲鸿纪念馆内。

此条传记约一百八十字，将徐悲鸿的轮廓进行速写，且在有限的文字内对徐悲鸿的艺术成就还进行了评说，如"盖能运用西画功力而行之于国画范畴上，故形象正确，姿态生动，别有神趣，开一中西融合的新风格，声誉大著"点评精当。

姜丹书说，他写的这些小传人物，反以小名家或实至而名未归者为主，"因为那些大名鼎鼎者，我虽未举，他人当不遗漏，唯有务实不务名者，他人本少知之，我既知之，便当表而出之，否则将使有潜德而幽光不彰，反被沽名钓誉者窃笑于地下！"因此他对他知道的有关艺术家，有的名气虽不大，但在某方面有所成就者，亦加以录之。下面我们看他为三位女士写的"一句话"传记：

洪纫秋（女）

洪纫秋，民国期间杭州闺秀，工山水。

许琴（女）

许琴，字桐韵，工书，善画梅，民国期间有名于杭。

吕逸（女）

吕逸，字韵清，浙江崇德石门人。工花卉，学南田。民国期间有名于杭。

这可能是现代人写的三条最简洁的传记了，这些有某一特长的小名气人物，若不加以记录，说不定他们的名字现在就不会再有人知道了。可见传记的对象既要关注名气大的人物，也要留意有所成就的小人物。

传记体文章中还有一种是艺术家写简短的自述、自传，这些文字出自艺术家的亲笔，常常真切可信，当然这种自述自传，不像别人写起来那么讲究内容的排列，而往往以艺术家自认为最重要的地方浓墨重彩，而其余一般之处则淡而略之。

下面我们引录一篇我国现代绘画宗师林风眠先生于 1989 年 7 月在香港写的自述：

林风眠：《自述》

我出生于广东梅江边上的一个山村里，当我六岁开始学画后，就有热烈的愿望，想将我看到的感受到的东西表达出来。后来在欧洲留学的年代里，在四处奔波的战乱中，仍不时想起家乡片片的浮云、清清的小溪，远远的松林和屋旁的翠竹。我感到万物在成长，在颤动。当然，我一生所追求的不单单是童年的梦想，不单单是青年时代理想的实现。记得很久以前，傅雷先生说我对艺术的追求有如当年我祖父雕刻石头的精神。现在，我已经活到我祖父的年岁了，虽不敢说像他一样的勤劳，但也从未无故放下画笔，经过丰富的人生经历，希望能以我的真诚，用我的画笔永远描写出我的感受。一九八九年七月香港

林风眠的这一简短自述，将他的艺术追求清楚地表述出来了，正是由于林风眠以其祖父雕刻石头的精神来探索艺术，所以他才能有如此重大的艺术成就。

我国当代艺术学家张道一亦曾于 1992 年写了一篇自述：

张道一：《关于我自己》

我属"猴"。猴性好动。猴子爬树，从不死守在一条树干上，总是跳来跳去，处处看个究竟。既然走了艺术这条路，也就要探一探它有多宽和多长。少年时幻想很多，写过诗，还曾被排成铅字印出来。年青时，为报社画过报头，也搞过木刻和剪纸，画过年画和宣传画；以后学了工艺美术，却又想研究考古和民俗。搞过书籍装帧，做过陶瓷和染织；甚至在"文革"的"牛棚"中当了木匠，做了不少家具。古人说"食不厌精，脍不厌细"；可是我有时只啃干馒头和咸菜。据说美食家是经常变着花样吃的，我不过是尝尝味道，最终还是研究起理论来。这是一种艰苦的选择，却又是受恩师之命，因为我是"尊师重道"的。有人说："生命之树常青，理论是灰色的。"对于"灰色"，也要看怎么理解，如果释作"灰暗""灰溜溜"和暧昧不清，固然未尝不可，然而也可作色彩学的分析：处于黑白两个极色

图44a 陈师曾（1876—1923）

图44b 陈师曾，山间水榭，纸本立轴，1921年

的中性色，不偏不倚，有何不好，况且在灰色中也包含着红、黄、蓝的原色，但若不分皂白，可就为难了。

艺术理论思维不同于艺术创作。一个要冷静地思考、抽象、概括、归纳，探究其理；一个要热情地观察、想象、物我、匠意、创造其形。我所以要尝尝创作之"味"，是与所走的道路分不开的。尽管在这"味"中尝到了"甜头"，体会到创作之甘苦，并有助于认识艺术的规律，但我并不想鼓吹这一点。一个人在事业上是很难双兼的。古人说"善鉴者不书，善书者不鉴"，是有一定道理的。

——孙建君、潘鲁生：《张道一研究》，济南，山东美术出版社，2000

张道一的这篇自述，一方面简要概括了自己在不同艺术门类的实践活动，另一方面从他从事艺术理论研究的一些感受，字里行间也能见出他为人正直的性格特点，是我们研究张道一的艺术和思想的可贵资料。

二、艺术评传文章的写作

除简洁体传记文章外，对传记对象作较深入研究和作较全面介绍，则要写成稍长的艺术家评传文章。艺术评传文章大致可分两大类，一类是侧重艺术家生平事迹的介绍，一般以年代顺序为线索加以写作，另一类是侧重对艺术家的艺术成就进行研究，重点介绍被评传者在艺术创作中的创新和突破，及对艺术发展所做出的贡献。前一类文章写作要注意收集生平资料，包括匡正讹误，资料的可信性要强，通过艺术家的生平事迹来揭示艺术家的艺术成长过程。后一类文章写作则要求写作者对艺术家的作品作比较深入的理解，对作品的价值作出说明，通过对作品的认识来把握艺术家本人的历史地位。

下面我们举美术史论家俞剑华1963年于南京艺术学院写的《陈师曾先生的生平及其艺术》一文为例。（图44a）（图44b）俞剑华是陈师曾的学生，因此对陈师曾的生平和艺术有深入了解，在陈师曾逝世40年之际，俞剑华作此文以表纪念之意。

该文共分10个部分，分别为一、师曾先生的生平；二、师曾先生的品行；三、师曾先生与鲁迅的关系；四、师曾先生与白石老人的交谊；五、师曾先生的人物画；六、师曾先生的山水画；七、师曾先生的花卉画；八、师曾先生的梅兰竹菊；九、师曾先生的诗词书法篆刻及著作；十、文艺界对于师曾先生的评价。该文虽只有近万字，但可以说对陈师曾作了较全面介绍。

在"师曾先生的生平"中，俞剑华以最简洁的笔墨勾勒出陈师曾的身世，此节仅五百字：

陈衡恪先生，字师曾，号朽者、朽道人，又号槐堂、唐石簃、染仓室。江西省修水县人。祖父宝箴，字右铭，是湖南巡抚，对于清季维新运动，大力赞助，因此遭慈禧太后之忌而去官。父三立，字伯庑，是有名的诗人散原先生，师曾先生于一八七六年二月十七日生于湖南镇算辰沅永清道署中。幼年聪慧异常。祖父教他读书，书法诗文，出笔惊人。六岁随祖父在杭州，游西湖见荷花盛开，归即从事点染，不经师授，纯从写生得来。稍长从名师学习文学、书法，加以家传，遂斐然有声。先生一九〇三年东渡日本留学，入高等师范博物。一九一〇年回国，任南通、湖南师范学校教席。一九一四年赴北京，任教育部编审，兼高师、女高师及北京美专教授。一九二二年与金城（拱北）同赴日本举行画展，一九二三年夏间以继母在南京生病，由大连奔侍汤药，继母去世，因患痢疾，不幸于八月七日病故，享年仅四十八岁。

先生有四位兄弟都是有名的学者：隆恪擅长诗文；寅恪是历史学家；文恪是词人；登恪是外国文学家。以先生的艺术与三弟的历史最为著名。

这一部分将陈师曾的家学渊源，师曾的求学道路和工作经历及艺术专长均简要介绍，使读者看后，对陈师曾其人有了一个总体看法。第二部分师曾先生的品行用四百字概括陈师曾的为人处世，对待父母、妻子、学生及画友的笃厚真情，给人印象至深：

师曾先生性行纯厚，忠恕待人，不苟言笑而蔼然可亲。律己谨严，行止方正，皎然洁白，毫无当时社会习气。无疾言遽色而坚定不移。虽境况贫寒而不妄取予。对于父母孝顺爱慕，日久愈笃。侍继母无异生母。妻汪春绮工诗词，结婚不久病故，先生悼之，历久不衰，悼亡诗尤悱恻动人。友朋往来，相见以诚，毫无城府。对于有艺术成就而名誉未振的画家，推携推奖不遗余力，如齐白石、王梦白诸画家均曾借重先生的吹嘘勉励而为社会所重视。教授学生，循循善诱，因材施教，稍有过进便嘉奖不去口，以致从学者无不奋勉有加，以期不负先生殷切的希望。治学态度严肃勤奋，精益求精，从不骄傲自满，又绝不打击别人抬高自己。当时，画派纷歧，颇多钩心斗角，而先生瀣然于纷争之外，不为某派所利用，而名誉因之日高。总之，先生一生，虽处在污浊的旧社会之中，而爵然不失为道德纯笃的君子，是颇为难得的。

　　　　　　——周积寅：《俞剑华美术论文选》，344页，济南，山东美术出版社，1986

看到这段文字，我们的确为陈师曾先生的高尚品行而肃然起敬。俞剑华的这篇传记文章的第三、四部分，抓住两个重要人物即鲁迅和齐白石来叙述陈师曾与他们二位的友情，特别是陈师曾对齐白石画作的推荐及对其画作所提的意见，对齐白石"衰年变法"及齐白石成名所起的积极作用作了介绍。该文第五、六、七、八、九共五个部分，分别概述陈师曾的人物画、山水画、花卉画、梅兰竹菊、诗词书法篆刻及著作等所取得的突出成就。俞剑华在文中说："师曾先生不但在绘画、书法、篆刻以及诗词上对于近代美术界有杰出的贡献，对于理论尤其美术史的研究，更是开风气之先，美术学校的美术史课，是师曾先生首先创始的影响尤为重大。"这些概括是符合历史事实的。

该文最后一部分为"文艺界对于师曾先生的评价"，记述师曾先生逝世后，北京文艺界在江西会馆举行追悼会的情况，"到会者三百余人，挽词挽联两百余幅，并陈列遗作山水、人物、花卉、书法百余幅。梁任公、周养庵、周印昆、姚茫父、凌直支相继致悼词。"由此可见，文艺界对陈师曾的敬仰之心。梁启超致悼词说，陈师曾之死，对于文艺界的损失之大，等于日本的大地震。并认为陈师曾的艺术是"个人发挥创造的天才"，"具有这种天才的，以所知者论，陈师曾在现代美术界，可称第一人"。俞剑华所引的梁启超这些评论，是对陈师曾艺术的公正定位。

由上所述，俞剑华的这篇有关陈师曾的生平和艺术的评传文章，是一篇精练的、实事求是的优秀文章，读后，让我们对陈师曾有了一个较为全面的了解。

另一种评传性质的文章，侧重对被评传的艺术家的创作成就进行探讨，亦可作为个案研究文章看待。如英国当代著名艺术理论家、现代艺术史家赫伯特·里德写的《现代艺术哲学》一书，第三部分全是对现代艺术发生较大影响的近现代艺术家的个案研究与评传，这些被研究的艺术家是保罗·高更、帕勃罗·毕加索、保罗·克利、保尔·纳什、亨利·摩永、本·尼柯尔松及培姆·嘉博与安托万·佩夫斯纳。这些文章联系起来从不同侧面反映了现代艺术的一些状况，帮助我们从一个方面了解现代艺术史。

我们看看赫伯特·里德写的《帕勃罗·毕加索》（图45a）（图45b）一文，该文第一段以非常简洁的语言介绍毕加索的出身和早期所受的教育：

图45a 毕加索（1881—1973）

图45b 毕加索，亚维农少女，1907年，画布油彩，244厘米×233.5厘米，纽约现代艺术博物馆

　　帕勃罗·毕加索1881年10月25日生于马拉加。他母亲家过去与热那亚有一定的关系——所以就有了毕加索最终采用的这个姓氏的意大利形式。他的父亲布拉斯柯·路易兹·依·埃塞维利亚是西班牙巴斯克的一名画家，他教毕加索学习最初的绘画基础。全家由马拉加迁居到庞特维德拉，又到拉科香尼亚，最后到了巴塞罗纳，在这里毕加索14岁进入了美术学校。但是这时他的天才已颇为惊人，他这个年纪作的画现在还在，当时即已见出大师手笔的端倪。毕加索在巴塞罗纳学习数月后就转入了马德里的西班牙最重要的艺术学校。

　　1900年他第一次旅游到巴黎，翌年在此举行了他的第一次画展，立即名噪一时。1904年他决定在巴黎定居下来。

　　赫伯特·里德在谈到毕加索离开西班牙定居法国，但他并未加入法国国籍，也不再是西班牙国籍时借此评论，"他成了世界公民，也就是说，成了世界艺术家"。作者巧妙地将他的国籍同他的艺术的世界性结合起来，认为毕加索是世界艺术家，也就是说毕加索的艺术发生的影响是世界性的，或者说毕加索是世界公认的杰出的艺术家。

　　里德的这篇文章接着叙述毕加索早期艺术发展的几个阶段，1904年以前，被称为"蓝色时期"，1906年以前，被称为"玫瑰色时期"，1906年至1907年，毕加索的作品被称为"黑人时期"，这一时期他的索描和绘画，受到黑人雕塑的影响。里德对毕加索此时的一幅标志着立体主义产生的作品《亚威农的少女》进行讨论，认为此画"人体的线条和披衣的褶线都成三角形，背景和阴影被加深，以强调几何效果，少女们的面部都是不调和的黑人面具组合"，此画的主题的意图"令人震惊"。至此，里德是采取的按时间叙述毕加索艺术风格演变的过程。接着该文作者着重讨论塞尚对毕加索的重要影响。塞尚反对印象主义追求事物外表的光和色彩印象，塞尚想通过几何化来展示事物恒久的真实和绘画结构，这对毕加索在形式上向抽象迈进产生了影响。该文还讨论到，毕加索与塞尚的不同之处，是塞尚进一步发现了圆柱体、球体、和锥体本身具有绘画中所固有的纯美学的魅力。该文还探讨毕加索如何拓展艺术家的素材，从1913年到1915年，毕加索作粘贴画实验、用彩色印刷品构成图案，贴在画布和画板上，有时还用油彩和铅笔画的细节加以补充、这些实验，毕加索"创造出结构更复杂得多，组织更多变的构图"。该文最后还探讨了毕加索的有关艺术观点与理论见解。总之这是一篇研究性质的艺术家评传文章，其写作方式反映了赫伯特·里德作为一名艺术理论家的思维和研究特点。由此可见，艺术评传文章的写作，其方式亦可灵活多样。

三、艺术评传专著的写作

艺术评传文章一般是以单个艺术家的评传为单位，艺术评传专著一般可分为两种情况，一种是艺术家个人评传专著，另一类是记述某一时代众多有代表性的艺术家合成专著。

被称为西方艺术史著作的先驱之作《意大利杰出画家与雕塑家的生平》一书于1550年出版，这是意大利16世纪画家瓦萨利（Giorgio Vassari，1511—1574）写的一部艺术家传记，同时也是一部艺术史著作。瓦萨利在这部书中记下了与他同时代的伟大艺术家的活动和创作，为后人提供了丰富的资料。该书以传记形式，记录了拉斐尔、达·芬奇、丁托列托、凡爱·克等著名艺术家的生平和活动，为我们研究文艺复兴时期的艺术家提供了重要的资料。该书可视为为多位艺术家合写的传记专著。

该书中的《在建筑中固执己见》和《米开朗基罗艺术的极限》两节，瓦萨利补充了他对米开朗基罗在建筑上的创造以及《最后的审判》一画中运用人体语言的巨大成就。我们看看《在建筑中固执己见》：

米开朗基罗匆忙赴罗马，因为佛兰西斯科·乌瑞拉又要他去干活。佛兰西斯科·马瑞拉是俄宾欧的公爵，教皇朱利斯的侄儿。马瑞拉抱怨米开朗基罗，说他为教皇朱利斯设计墓室建筑得到一万六千克朗而在佛罗伦萨过得优闲自在；并怂恿地威胁说，如果米开朗基罗不再工作，就要使他为此而悔恨。米开朗基罗一到罗马，教皇克利门特建议他与公爵的代理人结账，这样他就不再是他们的的债务人而是债权人了。教皇也是想利用米开朗基罗。问题就这样定下来了。米开朗基罗与公爵代理人一起讨论了许多有关事宜之后，他们最终决定先完成佛罗伦萨的圣·劳伦佐圣室和围书馆。

该文接着记述米开朗基罗离罗马回到佛罗伦萨，建起此幢建筑的圆顶，整个过程都是根据他新奇的设计，作者说米开朗基罗在那幢圣室里做了四个墓室，装饰墙壁，让墓室置放两位教皇的父亲的遗体，米开朗基罗采取的装饰手法"比古代或当代的任何大师的手法都更不一般，更有创造性"。"他的离经叛道又给了那些看见他这一大胆行为的建筑师以极大的勇气，使得他们竞相模仿他的手法，他采用新方式的结果看来十分奇异，在装饰方面所表现出的更多是新颖，而少有理性或规则。"这些论述，不仅使我们了解了米开朗基罗当时的建筑设计活动，而且还了解到他的设计中的创新成就，该文对米开朗基罗设计的图书馆方案亦加以赞扬：

> 在后来同一地方的圣·劳伦佐图书馆的设计建设中，米开朗基罗更进一步证明并使人们接受他的设计装饰方式。那窗户的分布，天顶的模式和奇妙的前厅大门，都显示出他十分新颖的设计思想。无论局部和整体，都表现出无以伦比的自然力：托石、檐口线、圣龛、空间更大的楼梯。他在设计装饰中所表现出的打破常规和偏离传统，使人们大为惊奇。

米开朗基罗的人体画成就十分突出，他创作的大型壁画《最后的审判》，被誉为后人学习人体艺术的博物馆，而且有不少艺术学徒临摹这幅画中的人体。那么《最后的审判》（图46）其人体艺术成就究竟表现在哪些方面呢？瓦萨利在《米开朗基罗艺术的极限》一节中揭示了米开朗基罗在描绘人体与表现情感相结合的独到之处，认为米开朗基罗与一般艺术家的差别在于他对艺术的深刻理解：

> 我们只应记住：米开朗基罗这位非凡的人的意愿就是要画人体。他不仅要表现人体在种种姿态变化中的最完美的比例和形式，也要表现情感，表现喜怒哀乐，只有通过充实的技巧使情感得以充分的表达，他才真正地满足，这也是

图46 米开朗基罗，最后的审判，1536—1541年，壁画，1370厘米×1220厘米，梵蒂冈西斯廷教堂

他胜过所有同辈画家的地方。他向我们展示他用崇高的方式描绘人体，以及他如何从容地用知识来克服绘画设计中遇到的困难。他最终在这个艺术分支即人体绘画中开启了趋于成熟的道路。为单纯表现人体这个主题，他抛弃了绚丽的色彩、细部的精致变化和小趣味效果，这些效果对于其他许多画家也许从理性的角度讲是不能被忽略的。

瓦萨利向我们表述了米开朗基罗在人体艺术方面的贡献所在，其分析十分精当，帮助我们准确理解米开朗基罗的人体艺术，可见，真正写得好的艺术传记常常是作者经过对被传记对象的艺术成就加以深入研究的结果。

另一类传记著作，不同于侧重研究作品的写作方法，而是侧重对被传记艺术家的人生道路与奋斗精神的描述，将艺术家的艺术成就奋斗精神联系起来加以评述，这种传记著作如果出自作家之手，常常成为传记体小说或散文，其本身的文学价值亦很高。

法国杰出作家罗曼·罗兰所创作的"名人传"，包括伟大的音乐家贝多芬传、杰出的雕塑家米开朗基罗传、天才小说家托尔斯泰传，每部传记都着重记载伟大的天才，在人生忧患困顿的征途上，为寻求真理和正义，为创造能表现真善美的不朽杰作，献出了毕生精力。罗曼·罗兰把这三位伟大的天才称为"英雄"，他们或在病痛的折磨前、或遭遇悲惨的灾难、或经历内心的深重苦恼，而能有坚韧的力量战胜各种艰难困苦，跋涉自己苦难的历程，全靠他们对人类的爱和对理想的信念。贝多芬供大家享乐的音乐，是他"用痛苦换来的欢乐"，米开朗基罗留给后世的不朽杰作，是他一生血泪的凝聚，托尔斯泰在他的小说里描述人类的痛苦和欢乐，目的是"为了上帝生存的人"。

这三部传记由我国杰出的翻译家傅雷翻译，无论是这三部传记的写作者还是中文的翻译者，都有类似于贝多芬抗议邪恶、顽强奋斗的精神，他们的精神境界在写作或翻译巨人三传中得到了提升，也就是说，我们在为伟大艺术家写作传记时，自身的情感也必须高尚，否则我们是不能设想一个庸碌无为的人或思想卑下的人能为伟大的艺术家作传。

图47　贝多芬（1770—1827）

罗曼·罗兰为《贝多芬传》（图47）写过两篇序，

第一篇是1913年1月，第二篇是1927年3月。从这两篇序言中，我们可以看到罗曼·罗兰写作《贝多芬传》时的一些思想活动。在第一篇序言中的第一段，罗曼·罗兰写着：

我们周围的空气多沉重。老大的欧罗巴在重浊与腐败的气氛中昏迷不醒。鄙俗的物质主义镇压着思想，阻挠着政府与个人的行动。社会在乖巧卑下的自私自利中窒息以死。人类喘不过气来。打开窗子罢！让自由的空气重新进来！呼吸一下英雄们的气息。

作者正是通过对贝多芬命运的描述，试图让英雄气息来扫荡周围环境的沉浊空气。罗曼·罗兰称为英雄的，并非以思想或强力称雄的人，而只是靠心灵而伟大的人。没有伟大的品格，就没有伟大的人，甚至也没有伟大的艺术家，伟大的行动者，关键是要成为伟大，而非显得伟大。罗曼·罗兰说：

这些传记中人的生涯，几乎都是一种长期的受难。或是悲惨的命运，把他们的灵魂在肉体与精神的苦难中折磨，在贫穷与疾病的铁砧上锻炼；或是，目击同胞受着无名的羞辱与劫难，而生活为之戕害，内心为之碎裂，他们永远过着磨难的日子；他们固然由于毅力而成为伟大，可是也由于灾祸而成为伟大。所以不幸的人啊！切勿过于怨叹，人类中最优秀的和你们同在。汲取他们的勇气做我们的养料罢；倘使我们太弱，就把我们的头枕在他们膝上休息一会罢。他们会安慰我们。在这些神圣的心灵中，有一股清明的力和强烈的慈爱，像激流一般飞涌出来。甚至毋须探询他们的作品或倾听他们的声音，就在他们的行迹，即可以看到生命从没像处于患难时的那么伟大，那么丰满、那么幸福。

罗曼·罗兰要人们依着贝多芬的先例，"重新鼓起对生命对人类的信仰"！

1927年是贝多芬逝世百年忌年，罗曼·罗兰又为《贝多芬传》写了一篇序，他称《贝多芬传》绝非为了学术而写，也不曾想完成什么音乐学的著作，它只是"受伤而窒息的心灵底一支歌"，作者回忆25年前，即1902年写作此传时，"我正经历着一个骚乱不宁的时期，充满着兼有毁灭与更新作用的雷雨"。作者记述自己逃出巴黎，来到曾经在人生的战场上屡次撑持他的贝多芬那边，寻觅十天的休息，他来到篷恩，贝多芬的故里，仿佛找到贝多芬的影子，以及拜访贝多芬的老朋友的孙子、又听到贝多芬的交响乐大演奏会。"然后我又和他（贝多芬的精神影子）单独相对，倾吐着我的衷曲，在多雾的莱茵河畔，在那些潮湿而灰色的四月天，浸淫着他的苦难，他的勇气，他的欢乐，他的悲哀。"他已完成了长篇小说《约翰·克利斯朵夫》，（该小说的主人公克利斯朵夫性格，颇多取材于贝多芬的事迹）。

我跪着，由他用强有力的手搀扶起来，给我的新生儿约翰·克利斯朵夫行了洗礼，在他祝福之下，我重又踏上巴黎的归路，得到了鼓励，和人生重新缔了约，一路向神明唱着病愈者底感谢曲。那感谢曲便是这本小册子。（指《贝多芬传》）

在贝多芬百年祭的时候，作者写此序是为了纪念那一代和那一代伟大的同伴、正直与真诚的大师，教我们如何生如何死的大师贝多芬。

下面我们选几段《贝多芬传》来读一读，作者在收集资料时，除到贝多芬出生地凭吊，体验贝多芬往昔的生活外，还尽量收集和利用贝多芬的书信、谈话记录及贝多芬的朋友的回忆文章。这样才能将贝多芬勾画得惟妙惟肖，请看《贝多芬传》第一段对主人公外表形象的描绘：

> 他短小臃肿，外表结实，生就运动家般的骨骼。一张土红色的宽大的脸，到晚年才皮肤变得病态而黄黄的，……额角隆起，宽广无比。乌黑的头发，异乎寻常的浓密，好似梳子从未在上面光临过，到处逆立，赛似"梅杜头上的乱蛇"。眼睛燃烧着一股奇异的威力，使所在见到他的人为之震慑；但大多数人不能分辨它们微妙的差别，……宽大的鼻子又短又方，竟是狮子的相貌。一张细腻的嘴巴，但下唇常有比上唇前突的倾向。牙床结实得厉害，似乎可以磕破核桃。左边的下巴有一个深陷的小窝，使他的脸显得古怪地不对称。

这段描述中还补充了他晚年耳聋后经常性的一个动作，他和别人谈话时，悲哀地微笑，从袋里掏出一本小小的谈话手册，然后用聋子惯有的尖锐的声音，教人家把要说的话写下来。这些描述给我们展示了贝多芬的基本特征。他的童年，"人生于他就显得是一场悲惨而残暴的斗争"，父亲酗酒，家庭重担过早地压在他的身上，他所爱的人他不能娶，接下来的是疾病和耳聋，这对于一个音乐家来说是致命一击。

罗曼·罗兰挑选贝多芬音乐生涯中的失败和成功的典型事例加以叙述。例如作者引述兴特勒关于1822年《斐但丽奥》预奏会的经过是令人心碎的。贝多芬要求亲自指挥最后一次的预奏，他已听不见台上的歌唱，把乐曲的进行延缓了，结果是全局紊乱，大家重新开始，同样的紊乱又发生了，当朋友用笔示告诉他不能再指挥了后，"他一口气跑回家里；进去，一动不动地倒在便榻上，双手捧着他的脸"，保持着最深刻的痛苦的表情。

作者也记述了贝多芬的成功之时的快乐和辉煌，如1824年5月7日，在维也纳举行《D调弥撒祭乐》和《第九交响乐》的第一次演奏会，获得空前的成功，情况之热烈，几乎含有暴动的性质：

> 当贝多芬出场时，受到群众五次鼓掌的欢迎；在此讲究礼节的国家，对皇族的出场，习惯也只用三次的鼓掌礼。因此警察不得不出面干涉，交响乐引起狂热的骚动。许多人哭起来。贝多芬在终场后感动得晕去；大家把他抬到兴特勒家，他朦朦胧胧地和衣睡着，不饮不食，直到

次日早上。可是胜利是暂时的，对贝多芬毫无盈利。音乐会不曾给他挣什么钱。物质生活的窘迫依然如故。他贫病交迫，孤独无依，可是战胜了：——战胜了人类的平庸，战胜了他自己的命运，战胜了他的痛苦。

罗曼·罗兰在《贝多芬传》中运用象征，排比、夹叙夹议等手法来增加其感染力量。如在写到贝多芬死时，作者用大自然的雷雨风雪作象征："他在大风雨中，大风雪中，一声响雷中，咽了最后一口气。一只陌生的手替他阖上了眼睛（一八二七年三月二十六日）。"在对贝多芬的总体评价中，作者始终注重贝多芬的人格力量，我们读后不仅能了解贝多芬艺术上的成就，而且还能感受到贝多芬的人性力量，从而鼓起生活的勇气。

亲爱的贝多芬！多少人已颂赞过他艺术上的伟大。但他远不止是音乐家中的第一人，而是近代艺术底最英勇的力。对于一般受苦而奋斗的人，他是最大而最好的朋友。……他分赠我们的是一股勇气，一种奋斗底欢乐，一种感到与神同在的醉意。仿佛在他和大自然不息地沟通之下，他竟感染了自然底深邃的力。

……

一个不幸的人贫穷，残废，孤独，由痛苦造成的人，世界不给他欢乐，他却创造了欢乐来给予世界！他用他的苦难来铸成欢乐，好似他用那句豪语来说明的，——那是可以总结他一生，可以为一切英勇心灵的箴言的：

"用痛苦换来的欢乐。"

每个人读完《贝多芬传》心情都不会平静，都能从贝多芬那里吸收某种精神的力量，这是《贝多芬传》的成功之处，它是艺术传记著作的典范之作。译者傅雷加以精心翻译和编排，共分为译者序、原序、贝多芬传、贝多分遗嘱、书信集、思想录、参考节目，以及附录即傅雷自己作的《贝多芬的作品及其精神》长篇研究文章，这样完整的编排，帮助我们较全面地了解贝多芬的艺术与人生。

傅雷以自己的心血，用优美的文字二次翻译《贝多芬传》，是值得颂扬的。他在《译者序》中记录了自己阅读和翻译《贝多芬传》时的心境，值得一读：

唯有真实的苦难，才能驱除浪漫蒂克的幻想的苦难；唯有看到克服苦难的壮烈的悲剧，才能帮助我们担受残酷的命运；唯有抱着"我不入地狱谁入地狱"的精神，才能挽救一个萎靡而自私的民族；这是我十五年前初次读到本书时所得的教训。

不经过战斗的舍弃是虚伪的，不经劫难磨炼的超脱是轻佻的，逃避现实的明哲是卑怯的；中庸，苟且，小智小慧，是我们的致命伤：这是我十五年来与日俱增的信念。而这一切都由于贝多芬的启示。

此外，我还有个人的理由。疗治我青年时世纪病的是贝多芬，扶植我在人生中的战斗意志的是贝多芬，在我灵智的成长中给我大影响的是贝多芬，多少次的颠扑曾由他挽扶，多少的创伤曾由他抚慰，——且不说引我进音乐王国的这件次要的恩泽。除了把我所受的恩泽转赠给比我年青的一代之外，我不知还有什么方法可以偿还我对贝多芬和对他伟大的传记家罗曼·罗兰所负的债务。表示感激的最好的方式，是施予。

由此可见，译者曾受贝多芬及罗曼·罗兰在思想上的影响，他们是"心有灵犀一点通"，精神上有共通之处，这是写作《贝多芬传》和翻译《贝多芬传》的精神基础。

图48 凡·高，向日葵，1889年，画布油彩，100厘米×76厘米，东京安田葛西艺术博物馆

在传记著作中，另一种体裁是将传记人物的生平事迹和艺术活动创作为传记体小说。美国作家欧文·斯通创作的《渴望生活——凡·高的艺术生涯》就是小说体的传记。后印象派画家凡·高，仅活37岁，在生时穷困潦倒，患精神病，生前仅卖了一幅画，价格仅几美元，1990年代他的一幅《向日葵》（图48）卖到几千万美元，当时创下世界艺术品拍卖最高价。他短促的一生富有传奇色彩，他同困难病魔超凡的斗争及对艺术非凡的贡献，使他在世界上享有盛誉，他的事迹还被拍成电影，而《渴望生活》等传记体小说销售量也相当大。

《渴望生活》由引子和八卷正文组成，每卷写他在一个地方的生活，共分"伦敦""博里纳日""埃顿""海牙""纽南""巴黎""阿尔""圣雷米""奥弗"等章节，由于该书是以小说形式写成，因此许多对话及细节的描述，只能凭作者的想象和体验加以创造。下面我们选两小段看看对文森特·凡·高精神恍惚的描写：

"我在疯人院里吗？"

文森特稀里糊涂地向隔层楼上孤零零的一把椅子踉跄地走去，坐下，揉揉双眼。从十二岁以来，他一直习惯于看色彩不鲜明的图画，在那些图画中，笔触是看不见的，每一个细部，正确而完全，平涂的颜色相互慢慢地融和。

……

文森特在巴黎瞎走了几个小时，不在乎往哪儿走。先是有富丽堂皇店铺的、宽阔干净的林荫道，接着的鄙陋肮脏的小巷，……他又走到了一座小山的顶上，这耸立着一座凯旋门。他向东俯瞰一条树木成行的林荫道，两旁一条条狭狭的绿化带，在一个立着埃及方尖塔的大广场上结束。向西，他了望一片树林。

他找到赖伐尔路的时候，已经是黄昏了。心中的疼痛被极度的疲劳麻木了。他径直走到安放他的一捆捆图画和习作的地方。把图画全散在地板上。

他凝视他的画。天哪！阴暗，枯燥。天哪！沉闷，毫无生气，死气沉沉。他一直在一个早已过去了的世纪中作画，却毫不觉察。

泰奥在天黑后才抵家，发现文森特木然地坐在地板上。他跪在兄长的旁边。最后一丝日光被吸出了房间，泰奥静默了一会儿。

这段描写向我们展示了凡·高的一个生活片断，凡·高在法国巴黎大街上瞎走，连自己住宅的方向都弄不清，找到住址后，把自己的画全散在地板上，他的弟弟泰奥回来后，发现哥哥凡·高"木然地坐在地板上"。由此我们可以想见凡·高精神沮丧的神态。这种细节描述或为虚拟，是小说形式的传记著作的特点。

为艺术家写传记，大多是为著名人物写，像前面我们介绍的《贝多芬传》和《渴望生活》，都是为世界著名音乐家与画家所作的传记。但有时候作者也可凭着自己对艺术的敏感来发现艺术家，为他们作传，宣扬他们的艺术与人生，使艺术家获得应有的关注和社会地位。

台湾的一位女士简秀枝，1998年曾在杭州中国美术学院出版社出版了一部《赵春翔的艺术世界》（用"谢恩"的笔名）。在此之前中国大陆对赵春翔知之甚少，就连中国美术学院院长潘公凯在该书序言《见证人间悲喜剧》中也承认在香港金董建平介绍谢恩小姐来杭州采访当年赵春翔就读国立艺专时的事迹时，才听说赵春翔的名字，而赵春翔曾经是他的爸爸潘天寿的学生。

据说谢恩是在一次偶然的机会看到赵春翔的画，从此便成了"赵迷"，当他了解到赵春翔已经离世，以及了解到赵春翔的有关身世后，产生强烈的愿望，要为他写传记，与"赵迷"友人收购赵春翔的作品。赵春翔1939年毕业于国立杭州艺专，1948年到达台湾，1955年到达西班牙，1958年经巴黎到达纽约。正值美国抽象表现主义盛行之时，赵春翔在美国生活了30年，将中国水墨画同西方当代抽象画相结合，创造了一种新的东方式的水墨抽象画形式。谢恩为了寻访这位未曾见面的艺术家的踪迹，绕了地球大半圈，在美国、在台湾、在大陆成都、杭州进行寻访；品鉴赵春翔的艺术，收集赵春翔的资料，用去二年时间，编写成《赵春翔的艺术世界》一书。

这本传记著作，前面有潘公凯、林木、庄申、谢恩等人写的八篇序言，然后，赵春翔的传记文字用七篇写成，第一篇为《一生轨迹》，记录他一生的经历和奋斗历程。第篇为《翻滚在国际艺术大熔炉》，记录赵春翔入主六十年代美国抽象艺坛。第三篇为《永远超越自我者》，阐释赵春翔追求完美的艺术生命。第四篇为赵春翔一生撰文总集，包括他的论文、画语录、日记摘要、自述等。第五篇为《赵春翔访谈录》。第六篇为《世人眼中的赵春翔》，辑录中西艺术评论家对赵春翔艺术成就的评价。第七篇为《座谈会节录》，即摘录《从赵春翔的作品谈中国现代艺术之趋向》座谈会内容。附录《赵春翔大事记》，即画家年表。

谢恩的这部《赵春翔的艺术世界》可以说比较全面地反映了赵春翔的生平经历、艺术活动和艺术成就，以及赵春翔的艺术观、中西艺术评论家对赵春翔的艺术评价，资料很丰富，能使读者对赵春翔有一个较全面的印象，该书还附有若干幅赵春翔艺术作品的图片，使读者对其作品有初步印象。

赵春翔是林风眠的学生，1999年11月下旬在上海和杭州举行林风眠百岁诞辰纪念活动，并在上海举行《林风眠与20世纪中国美术国际研讨会》，简秀枝（谢恩）与金董建平等港台艺术收藏家、艺术评论家亦携带赵春翔的作品在上海画院主办"林风眠、赵春翔、席德进作品展"，并召开了"赵春翔、席德进艺术研讨会"，发行中国美术出版社1999年出版的《阅读赵春翔》画册与研究论文集，通过这些活动，使大陆对赵春翔的艺术有了直接和较深入的了解。赵春翔在大陆的影响开始扩展。可见，谢恩写的艺术评传《赵春翔的艺术世界》及组织的有关活动，对宣传这位卓有成就的艺术家起了较大作用。

第四章
艺术史文章写作

第一节 艺术史文章写作的基本要求

艺术史文章写作是艺术文章写作的重要组成部分。艺术史学科也是人文学科中的一个分支。西方，不少综合大学设有艺术史系，艺术史专业的课程开设和论文写作都有一定的要求。艺术史文章和著作范围，包括较广，既包括对历史上和现当代的艺术家的个案研究、对艺术史中的某个问题的论辩或对某一派别风格特点的探索，也包括对艺术通史、部门艺术史、艺术断代史的研究，还包括艺术史料发掘整理、艺术考古报告及艺术文献的新发现等。要写好艺术史文章需要一定的学术功底，掌握一定的研究方法和写作方法。

一般来说，要写好艺术史文章和撰写艺术史研究专著，要求写作者具有哲学分析的深度和广度，具有相关的历史、文化与宗教知识，具有研读、考证古典文献和鉴别艺术品的能力并关注新的艺术史料的考古发掘等。

谢林是德国古典美学家，他的《艺术哲学》一方面建构其艺术哲学体系，另一方面有着对艺术史的宏大思考，他将艺术史与艺术科学紧密联系起来思考，"有关艺术的科学，首先，可视为对艺术的历史构拟"[①]。在谢林的先验哲学里，有意识的创造过程，经过理论活动和实践活动，臻于理智直观，最终直观到所谓"绝对同一性"，他所谓的理智的认识形式，是在理智的直观中直接认识客体。他把艺术视为一般认识的最高形态，是理智直观的表现形式，由此出发，谢林建立起庞大的艺术史体系。他认为艺术是复现理性世界于映象世界，例如音乐，乃是自然界和宇宙本身的初象之节律，借助这一艺术，宇宙进入映象世界；雕塑艺术所创造的完满形态，乃是有机自然界本身客观呈现的初象；荷马的叙事诗乃是同一体本身，犹如该同一体是历史在绝对者中的基础；而绘画则形象地直观地展示理性世界。

谢林正是从他的哲学体系出发，从历史的角度论述了一般艺术的形成、发展、特征、根本规律，

① 谢林:《艺术哲学》，魏庆征译，1页，北京，中国社会科学出版社，1996

图49 洛阳龙门奉先寺

对诗歌、雕塑、绘画、建筑艺术、音乐、戏剧（悲剧、喜剧）、神话、叙事诗等作了系统的精辟的分析和论述，并涉及到艺术史上的一些杰出艺术家，如埃斯库罗斯、索福克勒斯、欧里庇得斯、阿里斯托芬、荷马、维吉尔、但丁、歌德、塞万提斯、莎士比亚等戏剧家、诗人和小说家，还对菲迪亚斯、提香、拉菲尔、达·芬奇、米开朗基罗等造型艺术大师亦进行了阐释，他对艺术史及艺术理论的研究观点，博得不少学者的赞誉。谢林博大的艺术史体系及对各种门类艺术的独特见解，正是来自于他对艺术哲学和美学的深度思考。因此，我们要对艺术史作宏观的思考和系统研究必须要具备哲学头脑，并要有一定的哲学方法作艺术史研究参考。

撰写艺术史文章和著作，还应有一定的历史、文化及宗教知识。因为艺术史中的作品、艺术家、艺术史迹都是和特定的历史文化有关，只有掌握相关的历史文化知识，才能揭开艺术史中某些问题的奥秘。此外，艺术史中的不少绘画、雕刻、建筑都与宗教有紧密关系，所以研究者还必须有相关的宗教知识。

洛阳都城博物馆馆长宫大中长期从事龙门石窟艺术（图49）和洛都文化研究，他于1981年由上海人民美术出版社出版《龙门石窟艺术》，1990年由湖北美术出版社出版《洛都美术史迹》。《龙门石窟艺术》写的是宗教艺术，即洛都伊阙北魏至唐代的佛教石窟寺艺术。作者在研究中必须了解佛教在中国的传播过程，佛教造像的一般特点及在龙门石窟造像中的图像演变过程。《洛都美术史迹》一书，作者运用了丰富的相关历史文化知识进行研究和写作。洛阳位居"天地之中"，是中华民族古代文明的发祥地，从河图洛书到五大都城，都显示了中原河洛文化的神韵风采，而洛阳出土的数万计的美术文物，更使河洛文化锦上添花，形象而真实地再现了历史的图景，因此对洛都美术史料的收集和整理，对于研究中国古代史特别是古代美术史的研究有重要的价值。宫大中运用有关文献资料，参与考古发掘，从地理环境、历史沿革、政治经济情况、宗教文化内涵等方面对洛都美术史迹进行综合考察，撰写近50万字的《洛都美术史迹》，该书以出土美术文物和地面古建筑、石刻为主，文献资料为辅，重点讲述古建筑、雕刻、壁画和碑志书法，也旁及工艺美术，为我们展示了古洛都美术的丰富资料和壮丽图景。有时对某段美术史或某一专题研究，需要研究者投入相当大的精力甚至毕生精力。所以要写好艺术史论文或专著必须在收集资料、考证研究上下一番苦功。

写作艺术史文章，还要密切关注当下新出土和新发现的艺术史资料，因为这些新发现的考古资料，补充到艺术史中，是我们用来说明和论证某一问题的最有力的史料。

中央美术学院美术史系主任罗世平教授曾于2000年6月14日应笔者邀请在湖北美术学院美术学系作了一次学术讲座，内容是《青州北齐造像及其样式问题》（图50），罗世平的这篇新的研究成果论文，十分关注青州地区北朝时期的佛教铜、石造像的出土发现，依此研究北齐造像及其样式的演变。北齐是中国历史上一个短暂的朝代，但在美术上取得了突出成就。新中国建立以来，不断出现对北齐艺术的考古新发现。如1955年曲阳修德寺200余件窖藏佛像的发现，引起了国内外对北齐雕塑艺术的极大关注，

图50 贴金彩绘石雕菩萨立像，山东青州

1983年山西太原娄睿墓壁画和1989年河北磁县湾漳大墓壁画的出土，带动了对北齐绘画成就与画家杨子华风格的研究，1996年山东青州龙兴寺佛教造像的问世，再一次引发了对北齐造像样式成因的讨论。青州地区的北齐造像以当地生产的石灰石为主要材料，雕像表面磨光，彩绘装金，北魏以来形体清隽，褒衣博带似的造像程式几乎消失不见，一种圆面螺发，薄衣贴体类似印度笈多似的佛像成为造像中的主流。罗世平在该文中综合分析了南梁和北齐时的石窟遗存和出土品，参以文献记载，对北齐佛像新样的传播途径、生成过程、"张家样"、"曹家样"等问题提出了新的见解。该文所得出的结论是：

一、影响南梁和北齐的"张家样"和"曹家样"，都是以接受笈多式艺术为前提，在南齐和萧梁仰佛的环境中创立的佛画新样。"张家样"是以南朝艺术传统为基点，较多地融入了印度笈多艺术的造型因素，"曹家样"则以笈多样式为主体，而在南朝文化的氛围中加以融会变通。

二、北齐全面接受南传佛像新样，由帝王首开风气，邺城是新样的先行地区。北齐帝王推

行佛像新样与北齐立国摒弃北魏遗法，颁行新政的政治举措相关。因此，这新一轮的佛像传入似不能简单地归结为反对北魏孝文以来的汉化政策。

三、青州地区的北齐造像在样式上的急剧转变，主要是追随邺城风尚的结果。又因其地理位置与南朝相接，民间在经济和文化方面的相互交往，又融入了某些南朝的因素。由于邺城和南朝两方面的作用形成了具有青州地域色彩的造像风格。对青州北齐造像而言，主体特征是邺城样式，其间又杂有南朝的造型因素。

罗世平教授的此文，一方面以出土的造像样式分析比较为主，另一方面参考《资治通鉴》《通典》《北史·后妃传》《历代名画记》等文献资料，对北齐全面接受南传佛像新样、青州地区北齐造像在样式上的急剧转变作了新的说明，得出以上三点结论，有一定的学术价值。

在艺术史研究和写作中，收集相关艺术史材料和思考相关艺术史问题，是写作好艺术史论文的关键。我们举英国著名艺术史家迈克尔·苏立文的《中国艺术史》为例，此书不断收集资料，思考问题，修订再版，持续近60年。19世纪下半叶以来，中国艺术在西方之艺术史学科中逐渐引起注意，并有西方学者开始进行研究。进入20世纪后，随着西方之艺术史研究目光从西欧向东欧、近东、中东及中国、印度、日本的延展，中国艺术史成为西方之艺术史学科的一个重要研究对象。欧美大学在艺术史系逐步建立起中国艺术史学科，中国艺术被视为东方艺术的重要代表。中国艺术史之所以引起西方学者的重视，主要是中国艺术具有数千年不间断的光辉历程和杰出的艺术作品，从新石器时代的玉器、彩陶，到商周甲骨文、篆书、漆器、帛画、青铜器，从秦汉雕刻、画像石到晋唐人物画，从宋代院体画、瓷器、文人画到元明清山水画、花鸟画及现代艺术，琳琅满目，大放异彩。研究中国艺术，对于世界艺术史或西方之艺术史学科，都是不可或缺的重要内容。此外，鸦片战争后，中国文物和艺术品流向西方社会之博物馆及被个人或团体收藏，包括盗窃、收购、赠送、走私等方式，使不少中国艺术珍品流向欧美。中国艺术品在西方日益增多，客观上亦促使西方艺术研究者能够观看到中国艺术珍品原作，为他们研究中国艺术史提供了视觉资料。此外20世纪以来，随着中西文化交流的展开，西方考古学家、历史学家、艺术史家及艺术爱好者，或驻华大使馆人员，有机会来到中国实地考察艺术遗迹和博物馆收藏，这一切都促进了西方对中国艺术史的认知和研究。自法国人巴辽洛1887年出版《中国美术》后，20世纪初，英国的波西尔、美国的福开森都著有中国艺术的专著，拉开了西方之中国艺术史研究序幕。20世纪初，日本学者大村西崖、中村不拆、小鹿青云、内藤湖南等也都著有中国美术史和中国绘画史。20世纪下半叶英国艺术史家苏立文、柯律格、美国艺术史家高居翰等，在中国艺术史研究方面都成绩卓著，柯律格的代表作有《中国艺术》《雅债：

文征明的社交性艺术》，高居翰有《中国绘画史》及多本中国宋元明清绘画研究专著。美籍华人艺术史家方闻出版有《心印：中国书画风格与结构分析研究》《超越再现：8世纪至14世纪中国书画》等，他们共同推进了当代西方之中国艺术史的研究。

迈克尔·苏立文（Michael Sullivan，1916—2013）是英国著名的艺术史家，任牛津大学艺术史系中国艺术史教授，曾在伦敦大学、斯坦福大学等高校和研究机构从事艺术史研究工作，并收藏中国现代艺术作品，从事20世纪中国艺术研究。他在中西文化与艺术交流研究及中国艺术史与中国现代艺术研究方面，均取得卓越成就。2013年世纪出版集团、上海人民出版社将他的三部代表作《中国艺术史》《20世纪中国艺术与艺术家》《东西方艺术的交会》翻译出版，展示一位西方艺术史家用他者的眼光，如何观看与书写中国艺术史及东西艺术碰撞交会的历程。对于中国读者来说，正所谓他山之石，可以攻玉，多一种眼光，多一个视角，来审视中国艺术及其历史，无疑是多有裨益。

苏立文的《中国艺术史》（the Arts of China）英文版在牛津大学、耶鲁大学、普林斯顿大学作为中国艺术史读本沿用40多年，是20世纪西方之有关中国艺术的通史导论的代表佳作。该书中文版由中山大学历史系教授徐坚翻译，2014年由上海人民出版社出版。作者苏立文精益求精，曾五次修改，直到他2013年去世之前的几年中，仍在增补新的中国考古方面的材料。本版配附400幅中国艺术中的玉器、彩陶、青铜器、瓷器、雕刻、建筑、绘画等精美图片，其中有一部分在欧美私人或博物馆收藏的作品图片，经苏立文洽谈容许在该书中使用发表，尤显珍贵。该书视角独特，观点鲜明，精选材料，涉及艺术种类和作品广泛，历史脉络明晰，分析论证精要，品评作品和相关事件客观，且图文并茂，是阅读、了解、研究中国艺术史的上品佳作，亦可作为高校中国艺术史、中国美术史的简明教材或教学参考书。

1940年代初，20多岁的苏立文（图51a）（图51b）来到中国，他曾在抗战中参加国际红十字会活动，后在成都华西协和大学博物馆工作，他被中国灿烂的文化与艺术所吸引，加之他的中国太太吴环的帮助，他开始学习中国历史文化，收集中国艺术史资料，并撰写了这部中国艺术史。苏立文的《中国艺术史》一个显著特点是，关注新的考古材料，在写作过程或后来修订过程中，运用和补充考古新材料，这在从石器时代、夏商周到秦汉时期的几章中，尤为突出。如他记载1921年中国政府雇用安特生在华北寻找煤矿和石油，安特生在河南的一个叫仰韶的村落中发现了随葬精美的彩绘陶器的简单墓葬，并命名为"仰韶文化"，并将20世纪50年代至70年代的属仰韶文化的半坡遗址发掘的彩陶及建筑复原模型，均收录在该书中。此外，该书还收录了考古发掘的太湖地区

图51a 苏立文漫画像，丁聪，1945年，成都

图51b〔英〕苏立文，中国艺术史

良渚文化晚期大墓中出土的玉璧与玉琮，山东大汶口灰陶上的疑是文字或绘画的刻纹符号。在商周艺术的写作中，苏立文也大量运用考古新发现的材料，并提出自己的见解，如认为商代安阳的青铜文化发展到登峰造极的地步，"金属工匠们以世界上任何其他文化都无法与之匹敌的高质量生产祭祀器具，这是数世纪发展的结晶"。苏立文对新出土的艺术品有极大的兴趣和敏感，如辽宁出土红山文化女性裸体陶塑，1974年武汉发现的商代盘龙城及出土的青铜器，1989年江西南昌大洋洲镇发现的商代墓葬及青铜面具饰件，1986—1990年成都广汉三星堆发掘的商代蜀国的青铜雕塑和青铜头像和面具，安阳出土的甲骨文和妇好墓中的玉人，西周晚期的石鼓文及大篆书法，湖北1978年出土的战国时期的曾侯乙墓的大型青铜编钟，湖南长沙出土的战国人物帛画等，都一一写进这部艺术史中。该书虽然出自英国人之手，却对中国20世纪考古发现的新的艺术史料如玉器、陶器、青铜器、帛画、雕塑、甲骨文、石鼓文，如数家珍，娓娓道来，重点艺术史料都被网罗进来。苏立文对这些考古材料中艺术史问题进行思考，如他认为中国商周时期虽然没有出现像古埃及和两河流域纪念性大雕塑，但商代雕刻对细小的器物如青铜器上铸造的小型动物或鸟的形象，以及小型人物陶塑形象等都有显著特点。作者还认为三星堆青铜雕塑和以郑州、安阳和武汉盘龙城为代表的商文化之间的关系仍不清楚，三星堆青铜头像与面具"所表现出来的高度象征性表现手法至少暗示古代四川地区的文化同样历史悠久"。

这部《中国艺术史》的另一特点是，图片资料丰富。这些图片除来自中国大陆、台湾和香港的博物馆外，还有很大一部分来自美国大都会博物馆、英国的大英博物馆、维多利亚与阿尔伯特博物馆，以及英美各大学博物馆、市立博物馆，俄罗斯、德国、法国、瑞士、日本、韩国的有关博物馆，另有些图片来自个人收藏。这些图片的版权都由收藏单位和个人授权，有些图片是十分珍贵的中国艺术史料。获取如此丰富的图片资料，也只有苏立文特殊身份和他半个多世纪的收集及与图片版权单位协商，才能获得，显然这是一般写作中国艺术史的人员难以获得的。这些图片有很高的艺术史价值。如韩国国家博物馆藏朝鲜平壤附近出土的乐浪汉墓中产自四川的彩箧，绘制了94个古代圣贤及孝子人物形象，对汉代人物画是重要的资料；另有藏于俄罗斯圣彼得堡艾尔米塔什博物馆的人物汉锦；藏于美国波士顿美术馆，出自于西安青龙寺的北周高249厘米的精美而完整的石雕菩萨立像；现藏于牛津阿什莫林博物馆，可能出自河北泾县6世纪的彩釉陶壶；藏于大英博物馆由斯坦因收藏的唐代敦煌丝质幡帜绘画《佛陀削发图》，由伦敦 Giuseppe Eskenazi 授权使用的图片形象为唐初《陶坯彩绘乐伎俑》群像，人物表情极为生动；哈佛大学赛克勒美术馆收藏的刊印于1108年的木刻插图《秘藏诠》；1949年美国空军拍摄的北京城航片；现藏于美国堪斯城纳尔逊——阿金斯美术馆的明代沈周的山水画《仙境归来图册》；以及维多利亚与阿尔伯特博物馆所藏的清代云锦龙袍；伦敦戴维德基金会所藏乾隆瓷器；台北故宫博物馆所藏张大千的巨幅山水画作品《庐山图》，还有不知藏地的图片，如丁聪1946年创作的漫画手卷彩墨纸本画《现实图》等。这些作品图片十分珍贵，既丰富了该书的内容，又使读者能从视觉上直观感受中国各个历史时代的精美作品，增加读者对中国艺术的审美感知和审美兴趣。①

① 参见陈池瑜：《他者之眼：中国艺术之光——评迈克尔·苏立文的〈中国艺术史〉》，《光明日报》，2014年6月16日

第二节　艺术史文章写作与艺术史学研究方法

用什么样的方法从事艺术史研究，常常影响研究结论，因此也影响艺术史文章的写作，我国著名美术理论家、美学家王朝闻先生任总主编的12卷本的《中国美术史》，根据王朝闻先生的治史观念，以审美意识的发展作为主线来梳理中国美术发展的线索，揭示中国美术发展的基本规律，强调审美意识对特定时代的艺术形象、造型特点及风格样式的作用。另一位著名的美术史家王伯敏先生主编的八卷本《中国美术通史》（图52）则强调真实介绍不同时期画家等的基本资料和考古发掘及文献

记载，重视对美术史迹的如实介绍，使其可信性强。我国还有一位资深美术史家李浴先生编著的《西方美术史纲》，因受到唯物主义和苏联现实主义艺术观点的影响，用现实主义和反现实主义的斗争来划分美术家和作品，将西方现代艺术统统归入反现实主义的形式主义而加以批判。此著亦因此招来争议。由此可见，艺术史研究方法和艺术史观紧密相联，并影响对艺术史的看法及影响编著艺术史工作。

我国当代两位中年美术史家郎绍君与万青力（香港大学艺术学系教授）在研究潘天寿时意见发生了分歧，究其原因，研究方法的不同是其中分歧症结所在。郎绍君认为，潘天寿基本上是一位传统性的画家，"潘天寿绘画的不入巧媚、灵动、优美而呈雄怪，静穆、博大，即源自他的气质、个性和学养的审美选择，然而这种选择又与时代审美思潮不无关涉"，"他的山水花鸟奇险，沉雄而苍古的特色濒临了古典与现代审美疆界的边界，使现代艺术境内的欣赏者也感觉他近在眼前，甚至跨进了自己'领土'"。但郎绍君得出的结论是"他追求的雄大、奇险、强悍的审美性格，依然未出'壮美'这一传统审美范畴，没有借鉴西方文化精神而转为崇高性。他是传统绘画最临近而终未跨入现代的最后一位大师"[①]。

万青力在《潘天寿在20世纪中国绘画史上的地位》一文中认为，郎绍君等人的观点是受了"西方冲击——中国反应"观念的影响。他认为有三种似是而非的观点影响对中国现代绘画史的评价。

其中两种观点是，一种认为中国绘画史，是在西方文化冲击之下，中国画家作出不同反应的历史。接受西方文化的，则是现代的，"开拓型"的；反之，则是传统的，"延续型"的，齐白石（1864—1957）、黄宾虹（1865—1955）、潘天寿（1897—1971）都被划为传统的"延续型"的画家。从这种观念出发，现代中国绘画史，被描绘成对西方文化作出被动反应的历史，成了西方文化"世界性统一趋势"中的附庸历史。第二种观点认为，现代中国绘画的发展，要以西方艺术为"参照系"，20世纪西方艺术是"现代"的，而同时期中国本土的艺术则仍是属于"传统"的范畴。万青力对这两种观点都进行了批驳，并提出评价潘天寿，如同评价整个中国近代绘画的发展一样，应遵循三个原则，即一、必须以中国

① 郎绍君：《论中国现代美术》，110页，南京，江苏美术出版社，1988

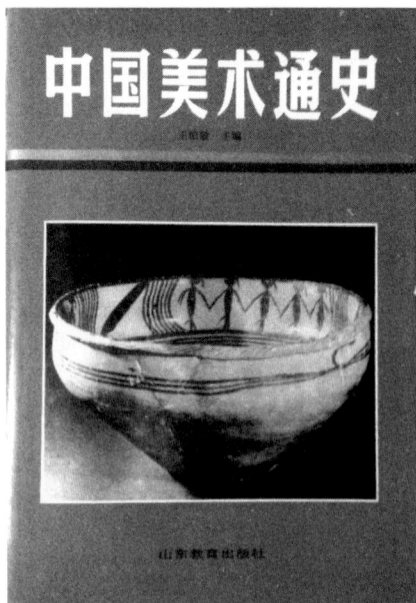

图52 王伯敏，中国美术通史

的（而不是西方的）、内部的（而不是外来的）标准来看待中国的绘画史，衡量中国画家。二、不能以西方现代艺术的观念规定中国现代艺术史，也不能以西方现代艺术史所经历的过程套用中国现代艺术史。三、从人类文明史的宏观角度，既不是以西方中心论，也不是以中国中心论作为出发点，进行东西方绘画史的比较研究，检验各自的人文内涵，价值观念以及发展趋向。由于万青力采用一套不同于朗绍君的研究方法和观点，因此万青力得出的结论包括黄宾虹、齐白石、"潘天寿的艺术都是'现代型'的，认为潘天寿的人格和艺术境界，不仅具有现代的意义，而且具有世界的意义"。[①]

① 万青力：《潘天寿在20世纪中国绘画史中的地位》，见《画家与画史》，杭州，中国美术学院出版社，1997

　　无论是对历史上的某幅绘画作品的分析，还是对艺术史进行宏观把握，都有一个研究方法问题。英国当代文化学家、艺术史家巴克森德尔（Michael Baxandall）曾任瓦尔堡研究院古典传统史教授，并兼任美国加州大学伯克利分校艺术史教授，他毕生致力于研究文化史与批评的关系，着眼点落在语言对视觉习惯和技巧的制约上。他在《意图的模式：关于图画的历史说明》一书中用文化与心理视觉的方法研究法国18世纪画家夏尔丹的《饮茶的妇女》，得出一些新的结论。

　　巴克森德尔试图寻找一种思想与一种绘画之间具有某种密切关系。18世纪的绘画尤其是夏尔丹的绘画和在18世纪遍及西欧的17世纪后期哲学与科学中的经验主义倾向之间似乎有某种联系。于是他从一新的角度来考察夏尔丹的作品。牛顿曾提出，色彩——画家所操纵的特性——不是客观特性而是心灵中的感觉。洛克认为我们凭借经验和对种种感觉的比较，学会把一种感觉的特定激情与实体的特定性质相联系。17世纪的科学家牛顿与哲学家洛克关于颜色的见解和关于知觉模式的理论一起产生了巨大的影响。巴克森德尔认为《饮茶的妇女》这幅画的难题之一是有差别的清晰与明亮因何而设的问题。视觉清晰性，由此也暗示绘画清晰性在18世纪确有一部认识上的历史。巴克森德尔试图借助一些"不正规的材料"来讨论《饮茶的妇女》，他对18世纪使用的术语"视觉的清晰"进行分析，然后考证夏尔丹与往昔艺术的关系：

　　　　在我看来，意大利文艺复兴晚期的绘画，如可在巴黎看到的那些，才是夏尔丹潜心研究的东西。1756年，他的朋友，铜版画家小科尚（Cochin Fils）就光的问题在巴黎绘画学院作了一次讲演。夏尔丹本人聆听了这次讲演。科尚讲述了光物理学，并谈到明暗构图。简言之，他提议要画明亮的前景，而背景要暗一些。他提出的两位实践权威——18世纪所推崇的伟大画家韦罗内塞（Veronese）和圭多·雷尼（Guido Reni）——无疑是夏尔丹深感兴趣的画家。韦罗内塞运用了多种方式来实践。夏尔丹得自他的一个明显方面便是他早期人物画中姿态夸张的对角线式人物。其被抑制的成分甚至也活跃于《饮茶的妇女》这幅画中。但是夏尔丹尤其致力于圭多·雷尼的《大卫》所代表的那种明暗构图。他使晚期文艺复兴的明亮与清晰的夸张程式适应于他的风俗画和静物画。因此，夏尔丹所针对的问题的一部分是，如何把描绘成堆的食物及中产阶级日常生活场景的北方题材与这种夸张的明暗图式结合起来。若设想他用关于清晰的思想来针对他的问题，那么在这种绘画活动的过程中，它一定处于批评与自我批评的层面上。

——〔英〕巴克森德尔：《意图的模式》，曹意强等译，

105~106页，杭州，中国美术学院出版社，1987

经过巴克森德尔的以上分析，可以看到夏尔丹的静物画与风俗画在清晰与明暗问题上作了新的试验，而这与17世纪的色彩与知觉理论有关，同时与对文艺复兴有关画家的借鉴及受同时代有关光物理学影响都有关系。这一结论改变了狄德罗仅仅认为夏尔丹是第三等级的代言人，画面再现中产阶级日常生活的单一观点，使对夏尔丹的研究深化了一步，而且取得了新的可喜的成果。这就告诉我们，即使对艺术史上某位有定论的艺术家的研究，只要采用新的研究方法，亦可得出新的结论。

对艺术史作宏观研究，也要借用一定的方法。黑格尔是辩证法大师，他在巨著《美学》中对人类艺术史作了整体研究，他的美学体系是将对美的逻辑研究同对艺术的历史研究相结合建立起来的。他的有关艺术发展史的基本理论建立在理念和感性形象的矛盾冲突这一主线上，是由黑格尔关于美的定义即美是理念的感性显现推演出来的。艺术是普遍理念与个别感性形象，即内容与形式的矛盾对立而统一的精神活动。黑格尔由此出发，将艺术分成三大形式，即象征艺术、古典艺术和浪漫艺术。象征艺术的代表是古代建筑艺术，古典艺术的代表是古希腊的雕刻艺术，浪漫艺术的代表是近代绘画、音乐和诗。

人类最初的艺术类型是象征型艺术，在这一阶段，人类心灵力求把它所朦胧认识到的理念表现出来，但又不能找到适合的感性形象，于是就采用符号来象征。典型的象征艺术是印度、埃及、波斯等东方民族的建筑，如神庙、金字塔之类。这种艺术的一般特征是用形式离奇而体积庞大的东西来象征一个民族的某些抽象的理想，所产生的印象往往不是内容和形式的谐和的美，而是巨量物质压倒心灵的那种崇高风格。艺术的进一步发展是进入古典艺术阶段，这时，精神内容和物质形式达到完满的契合一致，典型的古典艺术是希腊雕刻。希腊雕刻中的神是借用人体表现出来，人首先是从他本身认识到绝对精神，同时人体既是精神的住所，也是精神的最适合的表现形式。在人体形象里、神由普遍而转入个别形体，但神仍在个别形体内保持它的普遍性。所以在古希腊雕刻里，理念的普遍性和形象的个别性达到了统一，黑格尔把古希腊的雕刻看成是最完美、最理想的艺术种类。

黑格尔认为，精神是无限的、自由的，而古典艺术所借以表现神的人体形状毕竟是有限的、不自由的，这个矛盾导致了古典艺术的解体。取而代之的是浪漫艺术，在浪漫艺术里，无限的心灵发

现有限的物质不能完满地表现自己，于是就从物质世界退回到它本身，即退回到心灵世界。这样，浪漫艺术就达到与象征艺术相反的一个极端：象征艺术是物质溢出精神，而浪漫艺术则是精神溢出物质。浪漫艺术不象古典艺术那样和谐、静穆，而是性格冲突、灵魂分裂，是动作和情感的激动，代表的艺术种类是绘画、音乐和诗。黑格尔认为，艺术愈往前发展，就愈除掉艺术的物质性媒介，向精神方面发展，音乐就是诉诸于心灵的，诗歌用的是语言，语言是精神的产物，是观念形态的东西，因此绘画、音乐和诗是更高的艺术。

上述可见，黑格尔对整个艺术史的看法都是基于他关于艺术是理念（绝对精神）和感性形象的矛盾冲突引起的运动这一辩证方法，研究艺术史，方法是至关重要的。

20世纪艺术史研究方法更是丰富多彩，如形式主义、文献学、鉴定学、精神分析学、图像分析学、阐释学、符号学、新艺术史等研究方法和艺术史流派不断涌现，艺术史的研究走向多元，而艺术史文章或著作写作也各显异彩。下面我们仅举文献学与女性主义方法看看他们对艺术史的影响。

如果说19世纪的文献学在欧洲得到了重要的发展的话，那么20世纪文献学则在美国取得了重要成就。美国的艺术史文献学在方法和观念上均作了新的突破。美国关于文献资料的研究主要是在第二次世界大战以后。由于纳粹德国对一些重要学术人物的驱逐，使得大批美术史研究人员逃向美国，这就加强了美国在美术史学方面的研究力量。在美国早期的美术史文献学研究领域中、伊丽莎白·G·霍尔特的成就起了开创作用。霍尔特在1947年出版了《艺术文献资料：泰奥菲留斯至歌德文选》，1957年编辑出版了两卷本的《艺术文献史》，1966年出版《从古典主义艺术家到印象派艺术家：19世纪艺术和建筑文献史》，这三个文集，主要是研究中世纪以来的西方艺术。由霍尔斯特·W·詹森编辑的《普林蒂斯——霍尔艺术史文献资料丛书》于1965年开始出版。丛书包括介绍、评论、注脚以及参考书目这样几个组成部分。罗伯特·马瑟韦尔于1955年编辑出版《20世纪艺术文献》是一部关于现代建筑、雕塑和绘画的13卷本的美术史著作，包括以艺术家本人、艺术家的朋友以及关系密切的合作者的一些书面材料为基础的文集、档案、专题论文等资料。

可见，文献学美术史的写作和编辑，特别重视与艺术家有关的文献资料的收集整理。美国美术史文献学研究在70年代的代表玛里琳·阿洛恩贝格·拉维妮（1925年生）编著的《17世纪巴尔贝里尼的艺术档案和编目》重新收集了巴尔贝里尼（Barberini）的艺术品档案和明细表。此书一般被视为奥斯卡·波勒克（1893年生）在1928—1931年间出版的两卷本的《乌尔班八世治下艺术活动》的续作。波勒克主要是从罗马的档案中的各种资料收集出自己的素材，尤其是梵帝冈罗马教皇的档案所保存的当时的官方委托和建筑工程的材料。

根据郭晓川博士在《西方美术史研究述评》（黑龙江美术出版社，2000年版）一书中的介绍，拉维妮在她的著作中补充了波勒克所没有涉及的内容，也就是乌尔班八世（1623—1644）的直系亲属以及他们的后裔由于对艺术的爱好而在艺术方面所作出的努力，这些成员中的一部分人成为相当重要的艺术赞助人。拉维妮发表了家务明细表，在这些明细表中罗列着每份说明材料上所记录的艺术作品的题材、材料、作者、尺寸、框架、以及价格等情况。她还记录了其他类别的明细表，内容是关于法律性质、经过公证的契约、判决书、遗嘱之类内容的记录，另外还有官方明细表。拉维妮的这部著作的出版，对鉴别和确认有关艺术品很有价值。这项研究几乎对该书中包含的数百件作品都列出几条参考资料，其中每一条都提供了十分重要的信息。郭晓川博士指出：

> 这些在形式上重复性很强的参考资料解释了诸如趣味的变换、原作者的观点、修复复制、甚至价格等问题。这项研究使得拉维妮能够把一个世纪的情况制成一个简明的、并且看起来也是十分出色的索引式的一览表，从而将关于一件作品的参考资料归在一起。这样的档案资料研究不仅仅是对于罗马巴罗克艺术研究来说具有十分重大的意义，而且对于文化史的研究同样也是如此。拉维妮的这项研究代表着美术史文献学一种新的研究方式的出现，这对于将来西方美术史中的此类研究具有很重要的启发价值。

——郭晓川：《西方美术史研究评述》，31页，

哈尔滨，黑龙江美术出版社，2000

本来，一般美术史论文和著作都有相应的文献资料作为论据，不过美术史研究中的文献学方法特别强调文献资料的作用，注重开掘和发现及整理新的文献资料。

西方当代女性主义在学术研究中成为一种重要的新现象，带来艺术史研究中的新的视角和方法。女性主义进入西方社会、文化的不同领域，并影响着西方人的生活和思维。20世纪80年代以来的后现代女性主义否定经典女性主义"男女平等"的概念，而突出差异的绝对性，强调阶级、民族、种族、地理等因素。后现代女性主义还吸收解构主义、新马克思主义等思潮的一些理论与方法。她们在历史、哲学、法学、艺术等研究领域改变了以往的研究方向，女性主义揭示了学术研究中以前未被注意到的男性偏向，女性主义的艺术史研究主要还是针对女性形象在艺术中的使用及其所反映的一系列有关社会、政治、男性和女性的心理以及妇女在传统习俗或政治制度下的地位的问题，而后现代的女性主义艺术史研究又对种族、殖民主义和帝国主义的问题予以极大的关注，而这些问题是以往的艺术史研究所未触及的。

运用女性主义方法与理论来研究艺术史，的确带来了一些新的景象，开辟了一些新的研究领域。

1971年，美国女艺术史家林达·诺克林（Linda Nochlin）率先以女性主义姿态发表了题为《为什么不曾有伟大的女性艺术家？》的论文，她1989年出版了另一部著作《视觉的政治》，认为艺术"是一种向权力关系表述的政治意识形态"，女性主义艺术史在对公认的男性中心观念，以及在质疑性别、性关系和既成观念上一直具有挑战性。女性主义艺术史家声称当代艺术史结构的零碎研究仅仅用来使妇女边缘化，而规范则是男性制定的。与此相对，"女性主义艺术史重新质疑并重构艺术作品内部形式意义如何产生的中心问题"[①]。女性主义理论家认为由于社会成见及性别歧视，妇女一直从事静物画之类次要艺术样式的创作。

① 常宁生编译：《艺术史终结了吧？——当代西方艺术史哲学文选》，36页，长沙，湖南美术出版社，1999

　　女性主义艺术史对以往某些不被重视的艺术门类重新加以研究，给以新的说明，有一定的学术价值。例如应用艺术（或实用美术）问题是女性主义艺术史的中心，手工艺一直是女性艺术家的另一个重要的实践领城，但也曾被以往的艺术史降格到一种次要艺术的地位。但女性主义者非常关注像编织、刺绣以及陶瓷和书籍插图这样的手工艺，并用女性主义的研究方法来讨论它们，对工艺美术大加辩护。这些意见，值得我们认真思考和对待。

　　艺术史的研究方法是多样的，既有流行较广的方法，也有新出现的研究方法，我们在写作艺术史文章的过程中，可以选用适合自己研究的方法，当然我们试图借用西方艺术史研究方法时，也要注意吸收其精神实质，然后根据自己所研究的对象，加以灵活的运用，要避免生搬硬套，更要反对故意玩弄所谓新方法的词语游戏。当然我们还要培养自己在艺术史的研究中逐步形成独立方法的能力，这样我们的艺术史文章的写作在观点、方法、材料上达到统一，形成独自的特点。

　　图像学的研究方法，也是20世纪上半叶以来，在西方流行的艺术史研究方法之一。美国学者E.潘诺夫斯基著有《视觉艺术的含义》等文，发展德国艺术史家阿比·瓦尔堡的图形学理论。潘诺夫斯基认为图像学是"艺术史的一个分支，它关注艺术作品的主题和意义，而不是与之相对立的作品的形式"[②]。潘诺夫斯基将作品的主题和含义分为三个层次：1.基本的和自然的主题，这一层次的主题即将艺术作品中的形式因素看成是对自然世界的再现。如用线条、色彩组成平面的形象，或用青铜、石头构成立体的形状，他们在某些时候被看成是客观事物的替代品。"这样由被当作基本和自然含义的载体的纯形式构成的世界也就成了由艺术性母题构成的世界。"他将此称为"前图形志描绘"。2.从属的和约定俗成的主题。这是指主题和形象所意指的或众所周知的象征某种意义。"我们在习惯上把它们称为故事和寓言。对这些形象、故事和寓意进行鉴别，就是我们通常说的图像志的任务。"3.作品主题的内在含义和内容。这种含义能够反映出对一个民族、一个时期、一个阶级、一种宗教或哲学信仰之基本态度的根本原则的领悟。这就是图像学要做的工作。第1、2两个部分，

② 潘诺夫斯基：《图像学与图像志——文艺复兴艺术研究导言》，参照中译本《视觉艺术的含义》，31页，沈阳，辽宁人民出版社，1987

即图像志的任务只研究作品内在内容的所有因素中的一部分，而要是对作品内容研究变得细腻和深刻，就要运用图像学的方法。潘诺夫斯基将图像学看成"是一种从综合而不是从分析中发展出来的解释性方法"①。潘诺夫斯基将对形象、故事和寓意进行的正确鉴别分析看成是图像学解释的前提。潘诺夫斯基写作了《扬凡艾克的阿诺尔菲尼的肖像》等图像学论文。1934年他为了避免纳粹的迫害，从德国移居美国，为美国训练了一批学生，这对美国和西方的图像志与图像学研究做出了很大的贡献。图像学成为20世纪中期以来艺术史重要的研究方法。

清华大学美术学院李静杰教授，运用图像学方法研究中国佛教艺术，取得显著成果。如他在清华大学出版的《艺术与科学》丛刊第九辑第十辑上连载发表的《南北朝隋代佛教造像系谱与样式的整体观察》长文，就参考运用图像方法对南北朝隋代佛教造像的样式进行深入研究，认为：南北朝和隋代佛教造像呈现一体化的发展态势，期间经过三个发展阶段。第一阶段为5世纪初至5世纪80年代，注重形体结构造型，在大量吸收以犍陀罗美术为主题的西域文化因素基础上，积极地推进中国化进程。第二阶段为5世纪90年代至6世纪40年代，造型重心转移到服饰刻画方面，受东晋南北朝审美观念影响，注重塑造飘逸潇洒之气质精神。第三阶段为6世纪50年代至7世纪初，在笈多美术为核心的印度、东南亚文化因素的冲击下，机体形态成为造型的主要着眼点，形成圆润、优美、冥想风格。该文对南北朝隋代的菩萨像和佛像的造型样式进行排列比较，找出其造型和风格演变发展规律，取得新的成果。

我们在中国艺术史研究中，还应该总结和运用中国自己的艺术史方法，这是当前我们应该特别关注的一个问题。

中国艺术史学具有悠久的发展历史。中国是世界上最早有艺术史的国家之一。早在春秋战国时期，《论语》中就记载孔子有关"绘事后素"的言论，《庄子》载有宋元君将画图，有一被认为是真画者的画师"解衣般礴"的故事，《考工记》则有"画缋之事杂五色"对绘画与色彩的记载。在汉魏六朝由于书法和绘画艺术的发展，对文字书法发展历史的记载和研究成为现实需要，而在书品画品、书论画论中也记载了书画家及作品，中国美术史学在汉魏六朝已经萌芽和产生。在唐代出现了张彦远的《历代名画记》，建立起系统性很强的绘画史体系，在宋代又有郭若虚续接《历代名画记》而写作的《图画见闻志》，以及邓椿续接《历代名画记》和《图画见闻志》而写作的《画继》，由此可见中国绘画史家记录和叙述中国绘画历史的意识是何等强烈。在唐宋时期中国美术史学科（主要包括绘画和书法史）已经成熟，在元明清又得到进一步发展，进入20世纪后，中国现代形态的美术史学科又得到新的发展。这说明中国美术史学源远流长，从先秦到当代从未中断，这在世界上也是鲜见的。

① 参见潘诺夫斯基：《视觉艺术的含义》，34～39页，傅志强译，沈阳，辽宁人民出版社，1987

中国艺术史学在其发展的历史过程中，形成了独特的艺术史研究方法和写作方法。中国艺术史研究方法是富有民族特点的不同于西方的艺术史方法，值得我们认真总结和在艺术史研究中进行转化和运用。

在中国美术史学的发展过程中，早期以论、品带史，史包含在论、品之中；中后期以史传包含品、论，而品与论仍在史传中发挥较大作用，并且将史传和作品记述、著录、鉴赏、辨伪相结合，美术史形态呈现多样化形式，与此相连，美术史著述语言也由早期品、论形式中象征性语言和较为抽象的语言变为叙事性和具体描述性语言。

在中国美术史学产生的初期即汉魏六朝时期，书法和绘画艺术发展较快，书法创作中产生了张芝、蔡邕、皇象、钟繇、韦诞、王羲之（图53）、王献之等大家，特别是"书圣"王羲之对当时和后来的书法创作产生了深远的影响，而绘画创作中也出现了曹不兴、卫协、顾恺之、陆探微、张僧繇等著名画家，这就客观上需要对书画创作进行总结和品论，由此刺激了书画品评和书画理论的发展。所以在汉魏六朝论书、论画、书品、画品的著述开始不断出现，而对历史上和当时书画家的创作特点和成就的记录也就包含在这些有关书画的论和品的文章之中。

以"论"的形式写作的书画文章有南朝宋齐间王僧虔的《论书》，以"论"和"表"的形式上书皇上的有北朝后魏江式的《论书表》和南朝梁代虞和的《论书表》。这种论的文体不是纯粹的书法抽象理论文章，而是论书法发展历史和发表对当下书法创作现状和书法家优劣的意见。有关书法史的意识包含在这些"论"之中。王僧虔的《论书》论评自汉魏至晋宋间包括张芝、宋文帝、王廙、羊欣等四十余位书法家，而且还有卫凯、索靖等二十余位书法家的小传，以及韦诞等人的创作故事。虞和的《论书表》也更加详细记录汉魏至宋齐书法家的创作特点和创作活动，其文章篇幅也增大，它们都有较高的书法史学价值。东晋顾恺之（图54）的《论画》是我国第一篇独立的绘画论文，论评《北风诗》《七佛》《七贤》等20幅画作，对我们了解魏晋绘画创作情况很有帮助。"品""评"也是南朝书画文章写作的主要文体。以"评"命名的有袁昂《古今书评》、萧衍的《古今书人优劣评》，以"品"命名的有庾肩吾的《书品》、谢赫的《画品》和姚最的《续画品》。谢赫的《画品》共分六品，品评自东吴至晋宋期间28位画家，姚最的《续画品》则接着谢赫的《画品》往下写。唐代张彦远的《历代名画记》为相关画家作传时，曾多次引用《画品》和《续画品》的内容。由此也可见出《画品》和《续画品》的画史价值。

在唐代，艺术史意识变得更加自觉，除李嗣真的《书后品》《画后品》及张怀瓘的《书断》《画断》（"断"是对书画家的评定与判断），还出现了以"史""记""录"为题的书画著述，如裴孝源的

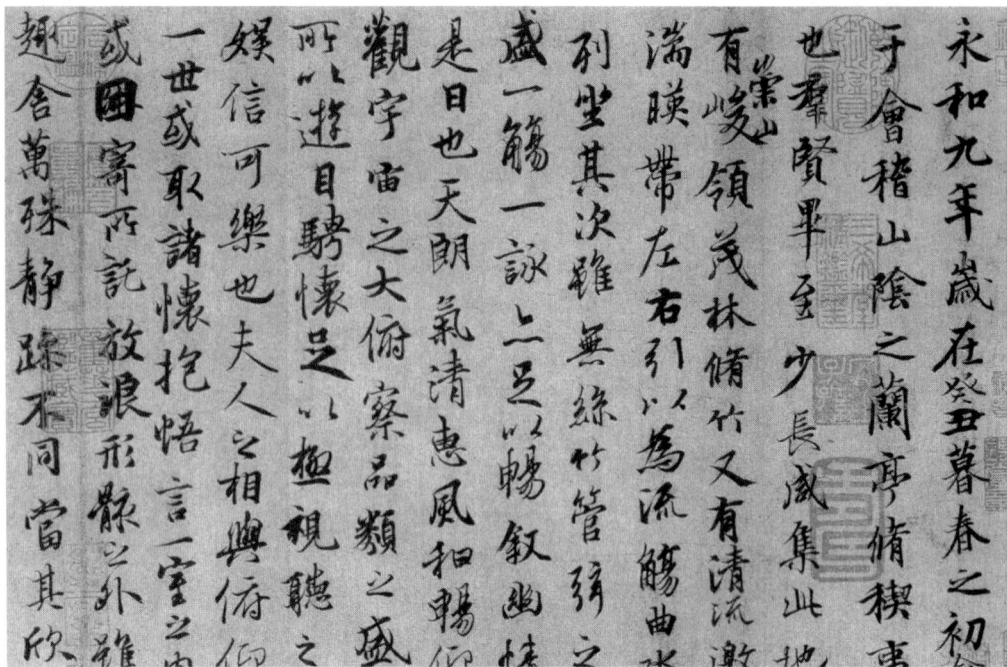

图 53 〔东晋〕王羲之，兰亭集序，唐代冯承素摹，纸本行书，24.5厘米×69.9厘米，北京故宫博物院藏

《贞观公私画史》、张彦远的《历代名画记》、彦悰的《后画录》、朱景玄的《唐朝名画录》，这些"史""记""录"更明确的是对绘画历史的记录和记叙。由于唐代的绘画史学是在汉魏六朝的基础上发展起来的，因此，即使用"史""记""录"为文体的绘画史著述，仍然保留了"论""品"的一些特点。如彦悰的《后画录》基本沿用谢赫《画品》品评画家的方法，裴孝源的《贞观公私画史》的序文部分仍为论绘画的功用"忠诚孝子，贤愚美恶，莫不图之屋壁，以训将来"。朱景玄的《唐朝名画录》是一部国朝画史或曰当代画史，今天我们可以说是一部断代史。该书叙述和品第包括吴道子、周昉在内共100位画家，另附录不能定其品格25位。朱景玄的《唐朝名画录》和以前《画品》显著不同点，在于增加了叙述画家生平、故事以及评述作品的内容，其叙述文字篇幅增加，将史录和品评相结合，一方面保持谢赫、姚最等人的画龙点睛似的概括精评的特点，另一方面增加叙述内容，这使得我国画史写作进入了一个新的阶段，写作方式更具有了艺术史的特点。但朱景玄的此书框架，除序文外，仍按庾肩吾神、妙、能、逸四品将画家分类，而序文则是朱景玄关于绘画观念的论述，由此可见，此前已经形成的"论""品"传统在晚唐的画史著述中仍然发挥较大作用。以画史包含品、论，而品与论又在画史中发挥作用，这正是中国美术史学的优良传统，同时也是不同于西方美术史学的重要特征。

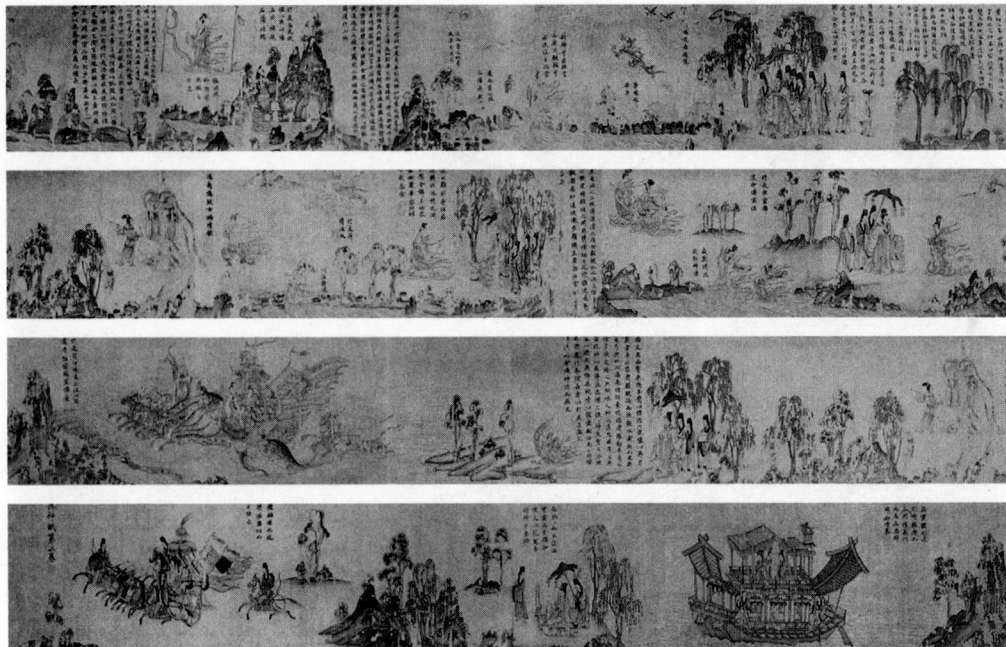

图 54 东晋，顾恺之，洛神赋图卷（宋摹本），绢本设色，26厘米×646厘米，辽宁省博物馆藏

在汉魏六朝和初唐的书画品评著述中，除顾恺之的《论画》一文论评具体的绘画作品外，其他一般仅论品书画家的作品整体风格和优劣，而很少针对某件具体作品。而在唐宋时期，在书画史的写作中，明显地增加对具体作品的记述、著录，在宋代还出现了将书画史写作和对作品鉴赏、作品真伪鉴定相结合的新的特点。初唐裴孝源的《贞观公私画史》著录画作293卷，对陆探微等人的著录，同时还考辨作品的真迹和摹本。《贞观公私画史》是现存最早的著录体画史，此前有大约梁武帝时所编《梁太清画目》，裴孝源的《贞观公私画史》有些条目曾引用过《梁太清画目》，但此书已遗失。宋徽宗时，有官修《宣和画谱》和《宣和书谱》，此二书为官修著录体书画史，标志着我国著录体美术史在宋代已经达到很高的水平。北宋著名书画家米芾还著有《书史》《画史》，米芾还是杰出的书画收藏和鉴赏家，其所著《画史》著录他自家收藏和从他人家观看到的绘画作品，包括从晋、六朝到唐五代和北宋的部分画作。《画史》从鉴赏切入，按历史顺序记录米芾所亲见的画作，既有对作品所画内容的描述、对作品尺寸大小、何人何处收藏的记录，又有对作品用笔、用墨、用色及风格特点的分析品评，如对五代画家董源作品特点的分析品评就十分精到，成为其后美术史家研究董源最重要的参考意见。《画史》还有对作品真伪的鉴定，在宋代由于市民阶层对书画收藏的需要，书画市场开始兴起，同时造假也开始出现，对作品真伪的鉴定就成为书

图55〔北宋〕李成（传），寒林平野图，137.8厘米×69.2厘米，
台北故宫博物院藏

画史家的一个重要任务。米芾所见多幅
所谓李成的画作（图55），但仅二幅是
真迹，其余"皆俗手假名，余欲为无李论"。
米芾《画史》《书史》的这些新的特点，
对元明清的书画史产生很大的影响。明
清所著书画史在唐宋的基础上，进一步
向作品著录和描述、作品鉴藏和辨伪方
向发展，书画史呈多样化形态①。

　　20世纪以来我们在艺术史研究中，
介绍借鉴西方的艺术史方法较多，对中
国本身丰富的艺术史方法的研究重视不
够，我们应该加强本民族的艺术史方法
的研究，因为这些方法是在研究著述中
国艺术史过程中产生出来的，是带有中
国艺术史研究规律性的东西，在中国艺
术史研究中，中国自己的方法仍然可以
发挥作用。当然，我们也可以借鉴西方
有关艺术史方法来研究中国艺术史，但
不能生搬硬套，应注意做好转换工作，
否则就会出现"水土不服"的现象。

① 参见陈池瑜：《中国
艺术史学发展历程及基
本特征》，载《艺术百
家》，2009年第5期

第三节　艺术史个案研究和专题研究文章写作

一、艺术史个案研究写作

在艺术史文章写作中，个案研究是经常碰到的写作形式之一，个案研究也是研究者步入艺术史的必经之路，还是训练艺术史研究的基本能力的重要方面，即使从事艺术断代史、艺术通史研究也必须要有个案研究的基础和能力，因而训练个案研究的写作也就十分重要。

艺术史个案研究包括对个别艺术作品的考证、分析、研究，对某位艺术家或与之相关艺术家创作特点、风格形式等方面的研究，对艺术史中某一问题的廓清辨析等等。个案研究因问题和研究对象比较具体，因而要求研究要深入，要有创见，切勿人云亦云。

对绘画、雕塑、工艺美术作品的说明和描述，是艺术史个案研究的基础。对美术作品的说明文字，常常包括作品名称、作品尺寸、作品的材料、收藏地点、作品内容和形式的简要介绍，要求简明扼要，准确精练。

台湾著名艺术史家石守谦，曾任台北故宫博物院院长，他主持的《中国古代绘画名品》一书，就是采取说明文形式的写作方式完成的。该书由浙江大学出版社出版。用一图一文的方式编排，图文并茂，类似于看图说话一样，使广大读者能直观绘画图片而又能从解释文字中了解该图的主要信息。同时，这些说明文字的基本信息又为专家们进一步研究提供基本材料。很多艺术史图册的编辑也是采用这种方法。

我们看看石守谦等人编著的《中国古代绘画名品》对传为唐代阎立本画《帝王图》（又名《历代帝王图》）的说明：首先在图下或图旁标明最基本的信息：

阎立本（传）　帝王图　无年款（7世纪中叶）　绢本　着色

手卷51.3 cm×531.0 cm　美国　波士顿美术馆

下面是有关此画内容的说明文字：

此画卷后有两宋名仕富弼、吴说、周必大跋语，将此画归于初唐阎立本名下。阎立本卒于673年，官至右丞相，以丹青驰誉宫廷。比诸敦煌220洞维摩变中的帝王像，此画完整地反映了初唐任务绘画的形式，而其传为阎立本所作，或自有其风格上的渊源。不过近年亦有人著文考证，认为唐代仅郎余令曾画帝王图，此卷或即郎氏手笔。画幅前半六位帝王的描画笔法、绢质，与后半略有差异，可能是后摹补本。

13位帝王一致以斜侧姿态或坐或立于画面上，身后立着数位侍从，皆比帝王身躯为小。就本图所示后周武帝图像看来，画人使用的线条继承《女史箴图》传统，不作粗细顿挫变化，衣纹旁亦加红色晕染强化凹凸褶痕。衣褶圆转弧度平滑，较直接地展示了人物躯体状况，人物身躯在衣纹转折聚散之下，显得丰富而有质量感。后周武帝身后两名立侍，于画面上站立的位置略较武帝为高，而彰显出三者间所处的平面及相对距离，突破了《女史箴图》依直线排列人物的处理手法，奠定了后来利用人物布局来表现地面的基本形式。

画上每位帝王各有一小段文字说明，而对个人特征的掌握乃是通幅描写的重点。画家着意勾描帝王脸部、如后周武帝须眉、皱纹皆以细笔勾勒，眼角鱼尾纹尚略施晕染，与身后两位侍从只描出五官，形貌相若的画法形成对比，而更凸显了武帝容貌的特征。（宋伟航执笔）

这一段说明文字信息量很大，将《帝王图》的创作大致年代、材料、尺寸、收藏地点交代清楚，古代不少书画作品的作者很难确定，所以用括号（传）注明，表明学术界一般认为是某某所作，但不能完全确定。该说明文告诉大家《帝王图》虽然传为阎立本所作，但也有学者认为可能是唐代郎余令所作。该文还对此画内容及人物形象进行简要介绍，分析用线、构图等特点，并和传为顾恺之的《女史箴图》进行比较。所以说明文也应在研究的基础上才能写得较为准确，要充分掌握相关研究信息和最新的研究成果与动态。

有关对作品的说明，有时还要进行考证，将文献中的记录，作品的题跋等结合起来就那些辨析。台湾故宫博物院成本的《晋唐书法名迹》介绍唐代褚遂良（596—658）所临《黄绢本兰亭》写到：

王羲之《兰亭序》真迹虽已不存，不过却因唐太宗（599—649）好事而制作许多逼真的摹本，是得后世形成一个庞大的兰亭系统，其中又以欧阳询（557—641）的"定武兰亭"及褚遂良（596—658）"褚摹兰亭"为两大主流。不同于定武石刻，褚临兰亭还有许多墨迹本传世，因此在面貌上呈现出更多样性，流传上也愈加复杂，本卷褚遂良《黄绢本兰亭》即为其中著名墨迹。

本文接着叙述这件作品卷前有"褚河南临兰亭本真迹米海岳跋"题签，后又米芾（1051—1108）跋赞，称为王文惠（隋代）家藏遂良临本，后纸尚有莫是龙、王世贞、周天球、文嘉、陈继儒等人诸跋。该作品还被卞永誉的《式古堂书画汇考》，高士奇《江村消夏录》等著录。接着，该文还对这件书法作品进行考辨分析：

全作书法不甚拘谨，为临仿而非精确勾摹，有学者以南宋游似（？—1251）旧藏宋刻王文惠本（北京故宫藏）相较，推测此墨迹本已非王文惠家原本。米芾跋赞文字收录于《宝晋英光集》中，此跋虽与米芾小楷书风接近，在用笔上颇多偏失，应非真迹。本卷除了标为褚遂良临本外，其中"领"字上加"山"作"嶺"，也是值得注意之处，为传世兰亭临本墨迹中仅见的领字从山本。根据文献记载，兰亭原迹是写于纸上，故此卷的黄绢材质也很特殊。所以，此墨迹本的三大特征便在于"褚临""黄绢"与"领字从山"。

——王耀庭等著述：《晋唐法书名迹》，95页"八黄绢本兰亭"，

台北，台湾故宫博物院出版，2008

我国当代美术史家薛永年教授，曾任中央美术学院美术史系主任，在明清绘画个案研究中造诣颇深。如他对海派代表画家任伯年的研究就十分突出。他所著《海派巨擘任伯年的生平与艺术》长篇论文，对任伯年进行了系统而深入的探讨。他对任伯年的总体评价是：

> 任伯年的艺术像海派诸家一样，以个性鲜明的艺术风貌，反映了怫郁而又充满生机的时代气息，一变晚清封建文人画家笔下的雅人高致、陈陈相因与不食人间烟火，作品立意由出世而入世，艺术趣味由雅转"俗"，艺术形式由千篇一律而化为多姿多彩，他的艺术风格，生动雅丽、明快清新，既不同于赵之谦的朴茂道艳，虚谷的冷隽超逸，也有别于吴昌硕的苍浑醇厚，加以多能兼善，题材广泛，意趣盎然，技艺超妙，诗情洋溢，某些人物画更是寄托深远，所以生前身后，声誉极高，一直被认为是海派的重要代表之一。

——薛永年：《书画史论丛稿》，21页，成都，四川教育出版社，1992

该文作者在文章总起部分对任伯年的艺术成就先作总体概括，给人以大致印象。任伯年对现代美术的意义，开宗明义地借助海派影响加以说明，认为出现在近代美术史上的海派，为死气沉沉的清末画坛吹入了一股新鲜空气，直接影响了20世纪以来的绘画发展，任伯年是海派中承先启后的巨擘，是最著名的海派画家之一，他对20世纪中国绘画的影响自然相当重要。

该文然后分七个部分对以上立论进行阐述，即一、早期的渊源与师承；二、来沪卖画与画风之变；三、初露新机的转折期艺术；四、成熟期的人物肖像画；五、成熟期的花鸟山水画；六、后期绘画的新风貌；七、两方面有益启示。薛永年对任伯年绘画风格形成原因的探讨十分精到，作者考察鸦片战争后，随着帝国主义的入侵，上海成为最早开放的口岸，上海的商业和经济得到迅速发展，与此相应，大众的审美趣味发生了很大变化。这一现实处境势必要求画家自觉考虑买画者的要求与口味，"任伯年与其他海派名家反映时代气息的共性，即来自对新兴的商业都会、新的观众、新的观众的生活方式与审美趣味的了解与适应"。这些论述较为深刻地揭示了任伯年和海派新的风格形成的原因之一。薛永年在文章最后，对任伯年的作品形式发展过程进行概括，与文章开头部分对任

伯年的总体评价相呼应。

他并不是一开始就充分认识了自己潜在的才能，他的画风由通俗平易到古质奇崛，再到灵巧生动，进而自然浑成；他的笔法由平实到古硬，再经流畅自如到淋漓顿挫；他的设色由平实到浓艳，再经丰富和协淡雅鲜丽到灿然天成；他的造型由准确到变形，再经形神兼至到形简神完；他的选材与立意由沿用民间惯例到有所趋时应事，再经丰富多彩到饶于生活情趣或别有寄托，这一切都说明，他是在起步于民间美术的基础上，不断通过师古而变、学洋而化，循着紧密沟通与观者的审美上的联系，既准确把握正在有一定限度地逐渐改变着的欣赏趣味，又洞悉了不可能完全脱离相对稳定的欣赏习惯，从而不断在适应观众又提高观众中认识自己的艺术个性并创造出我之为我"，最终确立了他自己当时的也是永远的历史地位。

薛永年的以上结论是经过认真辨析任伯年的作品风格发展过程后得出的，有很强的说服力，该文成为对任伯年个案研究中的重要论文，学术价值很高。

二、艺术史专题研究写作

个案研究有时也包括对某一问题或专题研究，这类文章的写作是研究者经常碰到的。要求研究者首先对研究对象的价值应胸中有数，选取有学术价值的问题进行研究和写作。

美术理论新秀邱浒在《美术学研究》第二集（1998年长江文艺出版社出版）发表了一篇《百花齐放鸾凤和鸣——论江陵楚漆器的造型和装饰》文章，对江陵楚漆器的造型和装饰进行了专题研究。近年来，从湖北江陵随县擂鼓墩、湖南长沙、河南信阳等地陆续发现一大批具有楚文化风味的木漆器，以江陵地区出土者数量最多且成就最高，江陵曾是楚都郢所在地，是楚国的政治经济中心和文化重镇，还是制漆业中心，大到建筑装饰，小到日常用具、兵器、乐器附件都普遍髹漆，该文指出，郢人不仅能制作杯盘碗碟这些规则形器，还擅长制作以动物造型为基础的各种不规则形器。一件漆器，从制胎到完工，要经过多道工序，大批精细的漆器，器壁光滑平整，线条勾勒流畅均匀，透露出郢制漆业的规模化、档次化及制作工艺的科学性。漆器装饰高贵华丽，光彩夺目，折射出郢贵族的审美好尚，具有卓越的艺术感召力。邱浒在文中从四个方面论述了江陵楚漆器的造型和装饰，即漆器造型；装饰纹样；构形技巧；漆器色彩。邱浒在现有材料基础上对有关问题作进一步的思考，提出自己的见解。如她在漆器造型中对楚"漆器造型"特点的看法和对凤鸟造型的说明就包含了她的研究心得：

如果说楚青铜器造型一定程度继承了商周中原风格，那么楚漆器的造型技巧则更多来自于本土的独创。首先，木漆器之实用性增强，壶、奁、盒等造型已明显注重使用的便利，盖把、口底等局部都作了精心的设计，在不破坏美观的前提下向功能靠拢。其次，楚人对弧线的追求远远胜过对直线的喜爱，这一点在纹样装饰上尤为明显，反映在造型中，则表现为盂、壶、奁、圆、盘等器形明显多于箱、方盒，因此，楚漆器造型给人的感觉是丰富多变的。另外，巧妙利用木材的易雕琢特性，将动物造型与容器合而为一，是楚漆器的一大景观，这种方式在郢人那里被发挥得淋漓尽致。

……

其实，江陵楚人塑造的凤，形态各异并不局限于凤鸟踏虎这一种造型，它们有一个共同的特点：虽取自神话传说，但形象都较平实，较贴近生活，无恐怪狰狞之状，凤双脚踏地，少有虚幻。加之线条起伏流畅，形象舒展，飘逸潇洒，表现出强烈的运动感。这一切，同他们奇特的想象力和积极向上的生活态度密不可分，又一定程度传达其审美观和社会风尚，这种风尚同时渗透到造型以外诸如纹饰，色彩等领域。

该文的这些观点，是作者认真对楚漆器作品的造型进行研究后得出的，是富有启发性的。邱浒在文章的"构形"技巧部分，指出江陵楚漆器除一般图案构形诸如二方连续、四方连续、对称同心圆等普遍手法外，还存在三种构形技巧，即正负形的借用、变异形的组合、虚实线的搭配。这些新的见解深化了对楚漆器构形技巧的研究。该文行文朴实，材料和观点统一，扣住江陵楚漆器中的造型与装饰这一主题，阐述了不少新的见解，有一定的学术价值，是楚文化研究中的一项可喜成果。该文作者邱浒写作此文时，为湖北美术学院美术学专业本科二年级学生。

艺术史研究者在进行专题研究时，要敏锐地寻找有意义的新的研究领域。因此选择什么样的专题也显得十分重要。中国艺术研究院研究员刘晓路对日本美术及近代中国美术交流有较深入研究。在世纪之交，回顾20世纪美术运动及其美术发展的某些规律，一时成为热点，刘晓路在1999年12月在北京召开的《世纪回眸——全国美术会议》上提交了一篇论文《20世纪中国美术的留学生》，该文后在《美术》2000年第7期上刊出。该文以20世纪中国美术留学生为研究专题，认为留学是20世纪中国美术中最富有时代特征的现象之一。"20世纪前期中国的美术教育主要是通过留学生来推进的，中国美术的变革主要是由留学生来实现的。"该文将中国美术留学生的留学国家分为三大系列：日本系、欧美系、苏联东欧系；将留学生的分期分为三个时期：1900—1949年，20世纪50年代，20世纪70年代以来。他们对中国美术所起的作用各有不同，苏联系主要发生在20世纪50年代，对中国美术的进程有重大影响；20世纪70年代以后去欧美和日本的留学生，虽然也人多势众，但外国美术对中国人已不再是新鲜的东西了，所以他们对中国美术的发展没有也不可能产生重大影响，没有也不可能改变中国美术的格局；20世纪上半叶日本系和欧美系的中国美术留学生对中国美术的影响最大。刘晓路的这些观点，总结出了20世纪中国美术留学生和中国美术发展的关系。该文还对20世纪上半叶50年中国在日本和法国的美术留学生进行资料收集和调查，并对他们回国后对中国美术的影响进行比较。如作者在比较由林风眠创办的西湖国立艺术学院和由郑锦、严智开执掌的北京艺专后指出：

> 林风眠在国立艺术学院当校长共12年，任期最长，对中国美术教育的影响深远。在他任职期间，注重学院化建设，杭州艺专显得比北平艺专西洋化、正规化，自由色彩浓厚，重视造型，培养的知名油画家和雕塑家也更多，在中国近现代美术史上的影响更大。

该文以及刘晓路写的关于中国美术留学生的其他文章，一再强调我们在总结20世纪中国美术发展及其成就时，不能忘记留学生的作用，他的这些文章提醒和引起了研究家们和美术界的重视。

对中国古代艺术中的一些重要问题选择专题加以研究，也是必要的。例如中国古代绘画中表示远近透视的空间处理问题，表示时间与运动问题，都是极有其特殊方法，很值得研究。我国著名考古学家、艺术史家、山东大学教授刘敦愿先生曾对这些问题进行专题研究，写作论文《试论中国古代绘画中的透视观》《中国古代绘画艺术中的时间与运动》。绘画艺术是平面艺术，如何在平面上表现现实世界中的立体存在物，这是绘画艺术家们要解决的重要问题，在西方有所谓焦点透视法及明暗法来加以表现，中国则与之不同，有自己的一套特殊方法。刘敦愿先生在《试论中国古代绘画中的透视观》一文中，从战国青铜器上的装饰画，并以汉画像石上的图案及画作上对中国古代绘画透视问题进行了专题研究，揭示出中国人在平面上表示空间的一些规律。

刘敦愿先生选取一些典型图例分析认为，战国时期铜器与漆器上的画像，由于用途的关系，十分强调装饰效果，因此特别注意保持每个或每组物象轮廓的完整，无论是人物、鸟兽，大至屋宇、树木，小至舟车、兵器、旌旗，都一一有如剪影，满布于器表，互不遮掩，非常清晰。战国青铜器上狩猎图有一幅为了把并驾齐驱的四匹马都画出，被画成一边二匹马的脚朝下，另二匹马的脚朝上，形成背对背的滑稽景象，刘先生认为该画的作者可能是设想从马车上人的角度看，这些马匹不应该向一边倒，而应该是两边倒。该文作者比较秦汉时期用重叠法表示人物和马匹，如陕西咸阳第三号秦代宫壁遗址壁画残迹上，表示"结驷连骑"景象，四匹奔马有如纸牌那样依次排列，最下（也是最近）的那匹是最完整的外，其他的只见马头与马背，这样就既表达了它们的并驾齐驱，也显示了空间关系向纵深发展，与战国青铜器画像中画马的方法作比较，自然是进步多了。该文作者通过研究，还得出结论：

至于以物象的大小来表示距离远近关系的变化，在中国早期绘画中是极为罕见的。车马人物无论是以位置上下关系，还是以形体的错落遮叠来作表示，实际上都不过是一种等量的重复；而以身体的大小来表示人物社会地位的贵贱、尊卑、高下，不仅与透视变化完全无关，甚至还违背透视学的法则。依照种姓观点，以人物形体大小来区别"君子"、"小人"，是突出绘画与雕塑艺术品中主要人物常用的技法……

——刘敦愿：《美术考古与古代文明》，55页，

台北，台湾允晨文化实业有限公司出版，1994

该文写作，以典型图例的剖析入手，揭示出中国古代绘画透视的一般规律，从而论述中国古代绘画不同于西方绘画表现空间的特殊性，因而这一专题研究对古代绘画构图表现、空间表现的探讨都是有意义的。

在个案研究和专题研究中，形成一定的研究分量，写作文章如达到八万字左右，亦可集结成专著出版。如美术史论家林木曾对文人画和明清绘画新潮进行系统研究，在1980年代和1990年代分别由上海人民美术出版社出版了《论文人画》《明清文人画新潮》的专著，在这两个领域的专题研究中取得重要成果。

对某位历史上的艺术家进行个案研究或专题研究，写成专著，要求写作者应详细掌握，并有新的研究成果，包括对艺术家的生平、创作阶段、艺术风格及其影响、有时还包括艺术家的活动年表都应考虑进来。

由南京艺术学院美术史论家周积寅教授与日本友人美术史研究者近藤秀实教授合著的《沈铨研究》，是一本艺术史个案研究的典范之作。

沈铨，字衡之、衡斋，号南蘋、南评，浙江德清人，一作吴兴人或作双林镇人，生于康熙二十一年（1682），卒于约乾隆二十五年（约1760）。他于1731—1733年，在日本长崎居住了近两年，对日本画家产生极大影响，被日本美术界誉为"舶来画家第一"。对沈铨的研究，近百年来，越来越受到日本学者的关注，发表了数十篇有价值的学术论文，并出版了沈铨的画作，而中国的学者，在这个方面的研究，几乎是个空白。1995年4月至1996年1月，日本多摩美术大学教授近藤秀实先生来到南京艺术学院做访问学者，与南京艺术学院周积寅教授商定以沈铨作为重点研究课题。他们两位在中国的南京、北京、上海、广州、苏州、沈阳等地共考察了二十余家博物馆（院）、文物商店、美术院校收藏的沈铨书画作品一百余件，二人对有关问题进行交流、各抒己见、合作探讨。近藤秀实还在日本观摩沈铨作品，收集沈铨在日本江户时期的资料，二位作者通力合作，集结出版了

中国第一本研究沈铨的专著《沈铨研究》。该书由近藤秀实撰写沈铨的足迹、沈铨及其师友交游考、关于南北沈铨，由周积寅撰写沈铨及其绘画成就、沈铨绘画美学思想，并附有1995、1996年沈铨作品观摩记、沈铨绘画创作年表，近现代研究沈铨著述目录。该书还附有沈铨作品彩色图片92幅及黑白图若干幅。由此看来，该书将沈铨的专题研究做得是较细致和深入的，为我们了解沈铨提供了重要的研究资料。

二位作者在这一专题研究中不仅重视资料的收集，而且还提出了一些新的见解，如近藤秀实认为：

> "写实"作为一个词汇，把它的解释硬往"西洋写实"上靠，是明治之后的坏毛病，而这种解释于东洋绘画史的叙述也是有困难的；因为自古以来，东洋就存在着"写实"。在殷周青铜器的动物，唐三彩的马，宋代的高僧肖像画，以及院体花鸟画上都能见到其逼真性，写实性；而这种写实虽然不是所谓西洋画中所强调的光与影，但从艺术完成度上看决不差；沈南蘋带来的是中国的写实。……可以这么说，沈南蘋具备了某种新的创意，他是在立足于中国传统绘画技法上，而推进写实画法的画家。
>
> 忽视了对绘画的研究，把"写实"一词与"西洋"写实简单地调换位置，认为沈南蘋的绘画和郎世宁的西洋画风相近，那是很可悲的。肯定沈南蘋的绘画价值，吸取了他的画风而有自己艺术特点的画家有宋紫石、与谢芜村、鹤亭、冈山应拳、司马江汉、田能村竹田、渡边华山等。我们从被称为奇想画家的伊藤若充、曾我萧白等人的绘画作品中也能见到沈南蘋的绘画痕迹。还有形成秋田兰画的佐竹曙山、小田野直武等人则认为他们的绘画是对沈南蘋绘画中中国的写实法的继承和发展，并混杂着西洋画法；他们已认识到东洋写实和西洋写实的两个方面，并以为图谋两者的融合，会给绘画带来最大的实惠。
>
> ——周积寅、近藤秀实：《沈铨研究》，128~129页，
>
> 南京，江苏美术出版社，1997

此段强调有一种不同于西洋写实的东洋写实，而沈铨就是代表。沈铨的花鸟写实方法对日本产生了较大的影响。周积寅教授在研究沈铨绘画艺术的特点时，着重强调和分析沈铨花鸟画中的象征图式问题，认为这些花鸟禽兽作品是受了儒家文化"比德"的影响。并认为沈铨的花鸟、走兽画，内容极其丰富，其中让人难忘的是他的许多作品，运用传统艺术象征的创作方法，表现了吉祥寓意的主题，带有浓厚的功利主义倾向。他将沈铨作品的象征寓意分为祥瑞、幸福、爵禄、长寿、富贵、喜庆、爱情几个方面加以分析，并得出结论说："以上运用象征的方法，所揭示的是民俗生括中最生动、

最活跃、最普遍、最实在的一种民族文化生活现象。反映了人们对吉祥的祝颂对美好生活的向往，这是民族生活之美所在，也是民族的凝聚力所在，故千百年来，虽未变法度，却久用不衰。到了沈铨，则运用得更加完美，生动自然，全靠艺术形象来说话，而毫无生硬做作、牵强附会之嫌。"[1]这些结论，说明该书的作者既注意收集和发掘材料，同时也突出自己的研究心得，提出新的见解。可见，要真正做好一个专题研究也是要花大力气的。

① 周积寅、近藤秀实：《沈铨研究》，190～191页，南京，江苏美术出版社，1997

个案和专题研究，是艺术史研究的重要的一个方面，个案和专题研究能使艺术史中的有关问题的研究更加深入，也能产生富有学术价值的研究成果。所以我们要提倡多开展艺术史个案和专题研，多写作个案和专题研究的艺术史文章。

2013年由上海书画出版社出版了艺术史学者巫鸿和李清泉所著《宝山辽墓：材料与释读》一书，这部书是对宝山辽墓的一个个案研究。1998年，位于内蒙古赤峰市阿鲁科尔沁旗宝山县的宝山1号2号辽墓的考古发掘报告发表，为古代中国美术史和东亚美术史研究提供了新的材料。这两座墓葬的时间约为10世纪20年代，是目前知道最早的辽代壁画墓。其中1号墓主葬于923年，即辽代建国后的第16年。两墓墓主都是皇室成员，墓葬结构复杂，中部都建有石室，墓壁和石室内外皆饰有大幅壁画。室内壁画可定为描绘西王母见汉武帝的《降真图》，表现苏蕙给夫君寄送手织"回文诗"的《寄锦图》，这些画面在已知古代墓葬中很少出现，壁画规模宏大、构图严谨，用色绚丽。大部分壁画保存完整。巫鸿和李清泉对这两座辽墓壁画进行深入的个案研究，由巫鸿写作"宝山辽墓：材料与释读"部分，由李清泉写作"宝山辽墓：契丹墓葬艺术中国风俗与身份建构"部分，合为一书。该书将宝山辽墓壁画放在墓葬整体中进行审视，讨论的重点包括绘画与建筑的互动和画像程序，绘画的风格与画者的身份以及壁画与墓葬赞助人的文化背景，当时政治环境与辽代礼仪风俗的联系。为了促进对这批珍贵历史文物的研究，该书还收录了这两墓的原始发掘报告，附录了一批图片，取得对宝山辽墓艺术史研究的重要成果。

艺术史专题研究，需要花费更多的时间，研究者需要收集该专题的相关资料，还需要到博物馆、图书馆查找文物和文献。有的专题要花上几年的时间才能完成。艺术史学者郑岩原在山东省博物馆工作，有很好的考古工作经验和历史文博基础，他在中国社会科学院考古研究所攻读博士期间，以《魏晋南北朝壁画墓研究》作为博士论文研究课题。该论文得到著名考古学家杨泓先生和著名艺术史家巫鸿先生的很高赞扬，并由文物出版社2002年出版。郑岩在该书《引论》中写到：

魏晋南北朝考古学的研究是中国历史考古学的重要组成部分。在历年田野考古工作之中，壁画墓的调查与发掘是一项重要内容。壁画墓地域分布广泛，等级差别明显，图像内容多样，包含有丰富的信息，可以加深我们对于魏晋南北朝历史和古代美术史的认识，具有重要的历史和艺术价值。在开展田野工作的同时，学术界对于相关问题进行了讨论，解决了许多重要问题，同时也展现出许多需要继续深入的方面。在此基础上，本书试图对魏晋南北朝壁画墓进行初步的综合研究。

——郑岩：《魏晋南北朝壁画墓研究》，1页，北京，文物出版社，2002

20世纪初以来，特别是20世纪50年代以来，考古学界对魏晋南北朝墓葬田野考古取得十分可观的成果，郑岩对考古发掘的魏晋南北朝壁画墓进行综合研究，弥补了学术上这一块空缺。该书分上下两编，上编为"分区与分期"，分别对东北地区、西北地区、南方地区、中原地区的壁画墓进行研究，下编为"分析与探讨"，对几个相关问题进行深入研究，这些问题是：从魏晋壁画墓看凉州与中原的文化关系；"邺城规制"初论；南北朝墓葬中竹林七贤与荣启期画像的含义；青州傅家北齐画像石与入华祆教美术。该书深化了对魏晋南北朝壁画墓的专题研究，杨泓先生认为"建立了魏晋南北朝壁画墓的时空框架"，对美术史中壁画墓专题探讨有较高的学术价值。

东南大学艺术学院王廷信教授对中国戏剧发生问题进行专题研究，他在《民族艺术》杂志上发表《原始部族宗教与中国戏剧发生》一文，认为原始戏剧在较长时期内依附于原始人的生活生产实践和原始宗教仪式而生存。原始部族宗教仪式中的两种混沌体在摹仿、代言、叙事方面业已具备了戏剧所应有的特质，故可被纳入原始戏剧范畴。但戏剧发生是一个漫长的过程，原始社会的结束并非意味着戏剧发生的终结。原始部族宗教仪式的两种混沌体到了文明社会将逐步解体，戏剧艺术将摆脱人们的生活生产实践以及宗教仪式的束缚走向独立。

由于历史的原因，人类社会产生之初戏剧艺术的状态至今令我们难以清晰地窥见。随着考古学、民族学等学科科研成果的不断涌现，我们会对先民们在原始社会的生存状况有更进一步的了解。当我们把目光投向我们历史的源头时，会惊奇地发现，在邈远而又漫长的原始社会，自然形成的原始部族宗教吸附了人类各种文化动机和行为。它携带着初民们对自然、社会和自身认识的痕迹，从根本上带动了人类文化的前进。原始部族宗教对我们民族文化的影响是全方位的。中国文化的诸多原发性因素，都少不了要从原始部族宗教之中去寻找。戏剧艺术作为中国文化的一个有机组成部分，对于它的研究，也不应忘记这片肥沃的土壤。

——王廷信：《原始部族宗教与中国戏剧发生》，载《民族艺术》

该文所说的原始部族宗教是指原始部落氏族社会当中的自然宗教，将原始社会具有一定超自然信仰的宗教行为都纳入这种宗教之中。与此相应，将凡具有扮演性质的行为都纳入原始戏剧的范畴当中。该文集中讨论原始部族宗教中具有扮演性质的宗教行为，探讨中国戏剧在这种宗教中的发生状况。该文提出原始部族宗教仪式不是纯净的宗教仪式，而是"生活·仪式·戏剧"混沌体现象。但这种现象因原始部族宗教形态有多样性，所以也呈现出大致两种形态："生活·仪式·戏剧"混沌体以及"仪式·戏剧"混沌体；在"生活·仪式·戏剧"混沌体中，原始人将生活、宗教仪式和装扮表演混同于一体。而在"仪式·戏剧"的混沌体中，原始人的宗教节日就逐步同平时的生活、生产实践活动分离开来，成为季节性的例行节日，只有遇到灾异或意外的喜事，才临时举行宗教活动。在这种节日庆典之中，"仪式·戏剧"混沌体就应运而生了。王廷信还认为在原始部族宗教仪式中，人们装扮表演的动机一是要通过对想象中的现实的摹仿来促进实际现实的发生（如生育、装扮性狩猎舞蹈）。这种情况多存在于"生活·仪式·戏剧"混沌体中；二是要用一种神性的象征表演来保护特定部落或集团的利益、使得涣散的原始社会成员具有一种战胜自然威胁的凝聚力，同时也被用来向后辈传达先辈的生产和生活经验（如对于祖先或图腾的祭祀）。这种情况多存在于"仪式·戏剧"混沌体中。这样该文作者通过对原始人或原始部落中的有关仪式与装扮表演的专题研究，提出戏剧产生于仪式这一新观点，为艺术史的发生研究做出了积极贡献。

对艺术史进行专题研究，是艺术史研究向纵深发展的一种研究趋势，是艺术史研究的前沿阵地，也最能出创造性的研究成果。艺术史学者巫鸿教授曾于1972年至1978年在北京故宫博物院书画组、金石组工作，1980年在中央美术学院研究生毕业后，到美国哈佛大学攻读艺术史和人类学博士学位，后在哈佛大学执教。他在艺术史专题研究方面取得突出成果，出版了《武梁祠——中国古代画像艺术的思想性》（图56）《中国古代美术和建筑中的纪念碑性》《重屏：中国绘画的媒介与表现》等，这些著作对相关专题做出了新的探讨，获得海内外艺术史学界很高的评价。

图56〔东汉〕嘉祥武梁祠西壁画像，嘉祥武氏祠文物管理所

第四节　艺术断代史与门类史写作

在艺术史的研究和写作中，断代史与门类史是极其重要的一个方面，断代史集中对历史上某一阶段的某些艺术进行集中研究，如古希腊罗马的雕刻、文艺复兴时期的绘画、秦汉美术、明清绘画等，这样就某一历史阶段的某些艺术种类进行集中研究，写成艺术断代史，如滕固的《唐宋绘画史》、朱杰勤的《秦汉美术史》、H.里德的《西方现代绘画史》和《西方现代雕塑史》、乔治·扎内奇的《西方中世纪艺术史》等。艺术通史系从古代到现代，其时间跨度大，相对而言，艺术断代史探索一段时间中艺术现象，比较集中和比较详细地讨论此段时间的经济文化和艺术特点。

一、艺术断代史写作

我国著名的美术史家滕固在1929年开始从事唐宋绘画史研究，于1933年由神州国光社出版了他的断代史专著《唐宋绘画史》。他曾在德国留学，获艺术史博士学位。他在日本及国内南北各地，曾经目见过一部分唐以来直至近代的绘画作品，十分耽爱。他选择唐宋绘画作断代史研究，亦出于他的艺术史研究方法。滕固认为，中国从前的绘画史，不出两种方法，即其一是断代的记述，其二是分门的记述。凡所留存到现在的著作，大都是随笔札记，当为贵重的史料是可以的，当为含有现代意义的"历史"是不可以的。

> 绘画的——不是只绘画，以至艺术的历史，在乎着眼作品本身之"风格发展"。某一风格的发生、滋长、完成以至开拓出另一风格，自有横在它下面的根源的动力来决定；一朝一代的帝皇易姓实不足以界限它，分门别类又割裂了它。断代分门，都不是我们现在要采用的方法。我们应该采用的，至少是大体上根据风格而划分出时期的一种方法。
>
> ——滕固：《唐宋绘画史》，第一章引论，神州国光社，1933

滕固是想用"风格发展"（stilentwicklung）论来说明艺术发展的规律，同时根据风格划分出一定时期，他的《唐宋绘画史》正是试图在唐宋这一时期来揭示其风格特点。滕固认为，唐初承前代的遗风，山水画还未独立，佛教画依旧寄迹于外来风格之下，所以叙述初唐便和唐代以前的绘画一同叙述。到了盛唐，山水画获得了独立的地位而往后展开，佛教画脱离了外来影响的拘束而亦转换到中国风格了。盛唐以后经历五代迄于宋代初期、中期，随着山水画的发达而其他部门的绘画亦各露峥嵘了。（图57）直至以画取士，流转而产生一种宫廷绘画，即翰林图画院的设置与院体画的成立。

院体画产生后,浸至末流,为士大夫画家所厌弃。士大夫欲支撑其自己的天下,继续他们含有"士气"的绘画,到了元代,战胜了院体画,招致了元季四家来装饰近代绘画史的首章。这就是滕固对唐宋发展规律的整体认识,据此他将该书的章节分为前后两半,即前半部分为:(一)前史及初唐;(二)盛唐之历史的意义及作家;(三)盛唐以后;(四)五代及宋代前期。后半部分为:(一)士大夫画之错综的发展;(二)翰林图画院述略;(三)馆阁画家及其他。其着眼点,就是盛唐是如何来的,又如何进行过去的,又如何有了院体画的波折,而达于丰富复杂的。在绘画的全史上,是整整地指出中世时期的生长和圆满。可见,断代史的写作,不仅仅是罗列资料,还应像滕固那样,运用一定的艺术史研究方法,并且找出特定时期艺术发展的主线,揭示出艺术发展的规律。

《秦汉美术史》是朱杰勤所著的我国现代最早的一本关于秦汉美术史的专著,1934年由商

图57 〔唐〕李思训(传),江帆楼阁图,青绿设色,绢本立轴,101.9厘米×54.7厘米,台北故宫博物院藏

务印书馆出版。作者在广州中山大学从事秦汉文化史研究的同时,"凡典籍中关于美术材料者,必表而出之,所集既多,斐然有作,先成《秦汉美术史》一卷"。作者对中国美术在世界上的地位有所认识,"我国立国最早,文化进步亦最先。文献足证,人所共晓,而美术一门尤为我国文化最矜贵之一部。西邦自大之徒,对于中国事物,不惜吹毛求疵,然一及美术,又复低首下心,厚加誉语。……是知我国美术在世界上之胜利,殊非一朝一夕所可幸致也。然国人之爱好美术者多,而著书讨论之者少。前人之说,率多东鳞西爪,破碎支离,且语多抽象,难索解人,而致力于有系统的美术史之编著,则阒其无人。时至今日,学者始渐知此事之重要,而亟于美术史料之搜集是务"。这一段自序说明,朱杰勤有感于中国美术之伟大,而当时系统研究者甚少,因而他有"理董中国美术全史之念",由于全史体大,而一人力不从心,"因就研究所得,著为此篇,断代为体,不得不然"。这样他采取了断

代史的形式。他对秦汉美术史的研究，与滕固研究唐宋绘画史不同，滕固是从绘画风格的演变来探讨唐宋绘画的特点，而朱杰勤"解释秦汉之美术，纯以政治、经济为背景，盖二者握社会上最大权力，故能支配一切。对于时代给予美术之物质，亦三致意焉"。由于作者本身是位历史学家，更多关注的是秦汉历史时期的政治、经济对美术的影响，全书分三篇，第一、二篇，分别为"秦代美术概况""汉代美术总论"，每篇分别为四章，即建筑、金石（雕刻）、书学、绘术。第三篇为"文具杂考"即对笔、墨、纸、砚进行考察。该书由于所叙为秦汉时期，历史久远，而当时考古出来的实物有限，因此作者从有关典籍中挖掘资料是一大特点。

用编年史方法来编写断代史，也被艺术史家常常采用。英国伦敦大学中世纪艺术史教授乔治·扎内奇（George Zarnecki）于1975年在纽约首次出版了《中世纪艺术史》，涵盖了一千多年的历史，既包括基督教西方艺术，又包括基督教东方艺术。该书作者称，此书的目标不是发现新的事实，而是评价从君士坦丁大帝时代到14世纪的基督教艺术的总的发展路线，由于这一千多年地域广大的艺术作品相当庞大，必须依靠别人已经研究过的材料，因为"没有任何人能够夸下海口，说他精通这样一大堆材料"，引证现有的资料，对照片复制品的研究也是必需的，作者编写此书的目的不是作新的考古发现，而"是以编年史顺序，而且通常是以地区来安排的，它们仅仅给出了所论时期的艺术的最概括的轮廓，希望进一步研究这一课题的人可在文献目录中找到书籍辑要，它是进一步阅读的向导"。该书论述了中世纪一千多年的绘画、雕刻、建筑及所谓神圣的艺术，梳理出这一千年艺术发展的轮廓，共分为十三章，即早期礼拜场所和前君士坦丁艺术、君士坦丁大帝与4世纪艺术、与世纪之前的东部与西部艺术、"黑暗时代"的艺术、加洛林文艺复兴、中期拜占廷艺术、亚美尼亚与格鲁吉亚艺术、奥托艺术、"第一罗马式"与穆萨拉比艺术、晚期盎格鲁—萨克逊艺术和维金艺术、罗马艺术、晚期拜占廷艺术、哥特式艺术、晚期哥特式艺术。该书附图532幅，并附有专业词汇表、索引、编年表、文献目录。资料很丰富，可视为中世纪艺术的百科全书。乔治·扎内奇的《中世纪艺术史》与克雷顿·吉尔贝特（Greighton Gilbert）的《文艺复兴艺术史》，对于研究中世纪艺术和文艺复兴时期的艺术的人来说，少不了要查阅这两部书。

在断代史的研究与写作中，现代艺术史近些年来引起了学者们的重视。由于现代艺术距离较近，有些理论问题和艺术作品引起争论，好像还未经过"历史"与"时间"的过滤和评判，常常难以下结论。因而有些艺术史家只关心过去时代和古代艺术史，而认为对现代艺术的研究好像是艺术批评家们的事情。这种观点实际上是片面的。对现代艺术史进行研究也有其有利条件，即艺术家和作品材料、文献资料比任何其他时代都丰富，甚至还可以对当代艺术家进行采访，在博物馆、展览馆、画廊观看现代艺术作品也很方便；而读者和观众亦很关心现当代艺术，因而现代当代艺术史是最富有生气、最鲜活的艺术史。至于现当代艺术史、艺术思潮史的有关问题，也只有在争辩和研究中才能得到较为公正的认识，而不应该采取回避的态度。

英国著名艺术理论家、现代艺术史家H.里德著有《现代绘画简史》《现代雕塑简史》，对西方现代绘画与雕塑进行了系统研究，已成为经典之作。他在《现代绘画简史》的序言中说："一部综合的现代绘画史，在目前是很难编写的，因为这种历史尚未到达它的发展终点。但是，为了一般公众的需要，并在出版者规定的严格范围内，似乎确有必要对美术领域中的一些运动加以简明的阐述，这些运动形成了过去半个世纪的绘画艺术上所发生的极其复杂的变化。"这部现代绘画简史从时间上来看从后印象主义画家、现代"绘画之父"塞尚写起直到抽象表现主义之后（20世纪60年代），作者挑选最重要的现代画家和绘画流派进行论述。共分八章，即现代艺术的起源，突破，立体派、未来派、达达派、超现实主义（图58），毕加索、康定斯基、克利，固定关系的艺术—构成主义的起源和发展，内在需要的艺术—抽象表现主义的起源和发展，抽象表现主义之后。该书附图379幅。当然，该书作者自己也觉得写这部书必须根据自己的观点选择材料和画家，他对"现代的"理解，主要是突破传统绘画的前卫艺术，他认为现代绘画的风格虽有复杂性，"但也具有一个统一的倾向，使它和以往的绘画迥然不同"。如克利所说，这个倾向就是不去反映物质世界，而去表现精神世界，由于用这一标准，就将一些同样取得突出成就的"写实"画家摒除在外。

H.里德这部《现代绘画史》的写作风格是抓住代表性的画家及其作品进行理论分析，而不是罗列画家生平、创作年代等材料。该书十分重视将画家的艺术观念同作品联系起来进行分析，例如对塞尚的分析，认为塞尚和印象主义莫

图58 〔西班牙〕达利，内战的预感，1936年，画布油彩，100厘米×99厘米，费城美术馆

奈实现母题的方式不同，莫奈的目的是通过稻草堆和荷花池来表现光的效果，塞尚则不同：

> 塞尚的"气质"和这种倾向本来就格格不入，塞尚的本性基本上是古典派的。他不惜任何代价去探索"结构"，那就是说，去探索一种风格，它深植于事物的本性之中，而不存在于个人主观的感觉之中，而主观感觉按照他的看法是经常"混乱"的……但是他断定由于专心和"研究"，一个艺术家一定能够使这种混乱变成有条不紊的秩序，而艺术的成就从根本上来说，就是在视觉范围内获得这种有结构的秩序。

作者的这些评述有利于我们更深一层地理解塞尚的作品的意义及其后来对立体主义、抽象主义、结构主义的影响。读他的《现代绘画史》，我们好像同时在读一部现代绘画理论史。

英国另一位当代艺术史家爱德华·路西·史密斯著有《七十年代美术》，以20世纪70年代西方最新出现的美术现象为对象编成此书。由于20世纪70年代美术呈现出许多新的特点，作者在编写的过程中不得不考虑一些新的问题。例如以往美术史一般只重视"高雅美术"即博物馆的美术，但现在这种"高雅美术"和可能被称为艺术的"大众美术""应用美术"都混淆在一起。"街头美术"即壁画和广告流行，美术和非美术的界限很难划清，相当多的作品在艺术分类中，不是属于一个类型，而是属于几个类型。该书虽然篇幅不大，但对20世纪70年代流行的一些主要艺术流派和活动进行

图59 〔美〕罗伯特·史密森，螺旋形的防波堤，1970年，50米×500米×5米，美国犹他州大盐湖

简述，如在后波普一章中，对极少主义绘画、公共场所雕塑、极少主义雕塑、概念艺术、字母和数字、摄影都进行了探讨，其他章节还对抽象雕塑、异性爱艺术、同性色情美术、政治艺术、环境艺术、大地艺术（图59）、荒谬建筑艺术、荒谬机械艺术等都被写进此书，为艺术史提供了最新的材料。从纵向时间上看，《七十年代的美术》虽然只描述10年左右的艺术运动，可谓最短时间的艺术简史，但从横向艺术种类看，却涉及到视觉艺术的各个方面，且涉及到新艺术提出的各种问题。路西·史密斯后又写作了《八十年代的美术》《当代西方美术运动》等，关注当代最新美术动态。他另外出版的《1945年以来的现代视觉艺术》对二战以来的视觉艺术进行梳理，已成为研究二战以来艺术的重要书籍。现当代艺术史的研究和写作应该引起艺术史学界高度重视，建立较完整的现代和当代艺术史学科。

对现代和当代美术研究与写作，如果我们能发现某些空白或者说还无人进行系统研究，那么就具有拓荒作用。如阮荣春教授与胡光华合作的《中华民国美术史》就填补了中国美术史研究领域的空白。对中华民国美术史进行系统研究，在大陆一度被忽视，20世纪80年代海峡两岸关系走向缓和后，才有可能出版这样的书籍。二位作者在该书写作中，跑遍南京的第二历史档案馆、江苏省图书馆、南京图书馆，以及上海、北京等各大图书馆和博物馆，查阅大量第一手资料，还对有关美术家进行专访，并收集大量珍贵历史图片，该书对于中国现代美术史研究具有一定的学术价值和史料价值。

《中华民国美术史》从时间上自辛亥革命（1911年）起至新中国成立（1949年）止，共分三编，第一编中国美术的近代化（1911—1927）主要叙述西洋画的引进与西方艺术思想在中国的传播，包括西洋美术的东渐、新型美术教育机构的兴起、美育的提倡、美术革命思潮、上海的通俗美术、岭南画派、海上画派的兴起等；第二编中西美术的混流（1928—1937），评介画坛三重臣徐悲鸿、林风眠、刘海粟，对左翼美术运动和苏区美术也作了论述；第三编现实主义美术的鼎盛（1937—1949），主要评述抗日战争时期的美术，以及战后的中国美术。此书建立起民国美术史的体系，涉及美术思潮、美术教育、中国画、雕塑、建筑艺术、工艺美术、书法、摄影以及美术史论研究成果，附录民国美术大事年表、近现代早期美术界留学人员名录、近现代早期来华外籍美术教授名录，以及有关艺术家生活与作品的图录。此书开创我国现代美术史综合性写作的先例，是现代美术史研究中的重要成果。

艺术史断代史写作，还能开辟新的研究领域，如清华大学美术学院尚刚教授出版了《元代工艺美术史》《唐代工艺美术史》，填补了该研究领域学术专著的空缺。《元代工艺美术史》分绪言、织绣印染、陶瓷、其他工艺美术门类、尾语，对元代织绣印染、陶瓷、铜器、铁器、玉器、石雕等进行系统研究，作者指出：

> 那个时代，蒙古族文化、伊斯兰文化、汉族传统文化，以及藏传佛教文化、欧洲基督教文化、高丽文化等多种文化并存，工艺美术就是多种文化大交流的结晶，其中的前三种是主要的文化类型，它们对工艺美术的影响也因此而特别深远。
>
> 蒙元社会多种文化并存，它们有时单独作用于工艺美术，使某些品种展现出独特的风貌，而更重要的是它们的交融渗透，取长补短，避免了"近亲繁殖"，使工艺美术在剧烈的变动中迅猛发展，展现出全新的时代风貌。因此，是多种文化大交流的时代玉成了工艺美术。
>
> ——尚刚：《元代工艺美术史》1、6页，沈阳，辽宁教育出版社，2001

作者的这些观点，对于认识元代工艺美术的文化特点和时代特征都有较大的学术意义。

至于艺术断代史研究的学术论文写作，则要选择有关问题进行专题研究。如傅抱石《民国以来国画之史的观察》（1937年7月《逸经》）主要考察民国26年中国画发展所取得的成就，主要考察三个问题，即中国画的文人画、26年来的几种相、日本影响及其他。因为艺术断代史写作中的论文写作与专著写作有所差别，论文受到篇幅限制，故只能选择某一方面进行研究和写作。

二、艺术门类史写作

艺术门类史的研究和写作是艺术史家关注和付诸实践的重要方面。因为要写作那种包罗音乐、美术、戏剧、文学、舞蹈等各门艺术的通史是很难的，一般都分门类进行研究和写作，如电影史、戏剧史、音乐史等等。当然诸如电影史、戏剧史、音乐史、美术史，从它们自身来看如从古代写到现代亦可称为门类史中的通史，而美术中的绘画史、建筑史、雕塑史、工艺美术史和设计史亦可称为分类史，在绘画史中，油画史、中国画史（还可分为山水画史、中国人物画史等）、版画史、漫画史亦可称为绘画门类史。艺术门类史的写作，是以某一特殊艺术门类在某个国家或民族的历史中衍生、发展、繁盛的过程为研究对象，找出该门类艺术的风格演变规律和代表艺术家及其作品的特点。

艺术门类史写作可分为简史、全史。简史写作概要叙述该门类艺术发展的几个关键问题和重要阶段，要求简约、概括。如傅抱石《中国绘画变迁史纲》（1931年上海南京书店出版），共约七万字，该书分为导言、研究中国绘画的三大要素、文字画与初期绘画、佛教的影响、唐代的朝野、画院的势力及其影响、南宗全盛时代、画院的再兴和画派的分向、有清二百七十年等章节。编写简史要提纲挈领，同时作者还要根据自己的观点取舍材料，因为简史不可能面面俱到。傅抱石约在1925年曾费七个月时间写了《国画源流述概》十几万字的书，后根据教学需要，编写《中国绘画变迁史纲》，采取提纲式的方法编中国绘画变迁史，认为记账式的太死板了，而断代的太破碎了，所以他考虑到读者的需要和学生的层次，决定以提纲式的方法来写作，可令"读者易得整个的系统"，傅抱石编此书的原则是，提倡南宗，注意整个的系统，前贤的画论有必不可不读的，都按时按人插入，使旁收理论的实效，顾及兴味的丰富，在量的方面，是每周二小时，供一年用（指上课）。根据这些原则，傅抱石编成这部简明扼要的中国绘画史变迁提纲。

法国音乐史家保·朗多尔米于1910年出版了一部《西方音乐史》，1947年又出新版，作者补充了20世纪上半叶有关材料，他在新版"致读者"中谈到，要把音乐艺术这样浩瀚无际的发展史料归纳在短短数百页文字之中，这是一项难以做好的工作，只能着重介绍一些突出的事实，扼要地勾画出一些主要的人物，指出一些重要的过程，问题就是难在如何决定取舍，哪些内容可以略去而不致过多地影响全貌。像《西方音乐史》这样的艺术部门史，由于涉及的国家和民族多，历史时间跨度长，也只能采取简史的方式来处理。对古代、中世纪和文艺复兴的音乐作者采取概述的方式，17世纪的歌剧、器乐，18世纪法国喜剧和意大利诙谐歌剧分章述之，像巴赫、亨德尔、海顿、莫扎特、贝多芬、瓦格纳、肖邦、柏辽兹、施特劳斯、德彪西等重要音乐家则专章讲述，至于现代音乐，作者采用分国家评述的方式，可见，该书根据不同内容，在写作方式上进行灵活处理。读完此书，对西方音乐史能得到一个较为系统的概念。

如果某一门类的艺术，以某一国家为范围进行研究，当然就可以写得详细些。如电影艺术，从1895年产生，到现在才一百多年历史，时间跨度短，写起来比较集中，例如由封敏主编的《中国电影艺术史纲》，则能比较详尽地描述中国电影发展的历程，从1896年电影传入我国开始，论述了我国第一部电影《定军山》的诞生，20世纪20年代民族电影得到很快发展，成立了明星影片公司、长城画片公司、神州影片公司、民族影片公司、大中华百合影片公司和天一影片公司、南国电影剧社，还出现了中国的早期著名的电影家、导演和演员，如张石川、郑正秋、洪深、史东山、田汉、孙瑜，20世纪20年代末，有声电影开始传入并摄制。该书还按年代分成20世纪30年代的电影、抗日战争时期的电影、解放战争时期的电影、新中国前17年的电影、"文革"时期的电影、新时期的电影等章节，对每一时期的电影进行了比较详细的讨论。该书可以视为中国电影发展全史。电影虽然诞生在发达的西方资本主义国家，但很快就传到中国，由放映外国影片到试制国产电影，由模仿西洋影戏到创造民族电影，经过几代电影家的努力，使中国的电影文化得到了很快的发展。该书在编写过程中，既注意中国电影史与世界电影史共有的某些规律，更重视中国电影史自身的特点，这些特点是中国电影史与所处的社会环境、政治斗争情况有着密切的关系。中国电影创作在很大程度上受着中国的历史文化传统和民族审美心理习惯的影响，它与传统的戏剧、文学、绘画等艺术有着密切的关系，因此，中国电影的发展在某种意义上讲就是外来技术手段与中国传统文化相结合的过程。《中国电影艺术史纲》在编写的过程中，注意了这样一些问题，揭示出中国电影艺术发展的某些客观规律。该书亦可作为通史性的中国电影史来读。

美术是艺术中的一个大门类，综合性的美术史和综合性的绘画史我们拟放在通史里面来讲，我们现略举中国的有关山水画史、版画史、雕塑史来谈谈分类史的写作。

我们先看看冯贯一于1941年由汇中印书馆出版的《中国艺术史各论》。此书主要是讲美术各门类的发展概况。它的写作特点之一是不按朝代分段述之，而是每一门艺术都分别从古到今进行概述，这样写作的一个好处是，我们对各门艺术的产生发展过程能够有一个连贯的印象。该书名为《中国艺术史各论》，分类也较细致，共分二十章，即：文字和书法、绘画、铜器、陶瓷、玉器、漆器、丝绣、地毯、文房四宝、建筑、圆明园、帝陵、明器、碑碣、砖瓦、佛塔、汉画像石、壁画、云岗石佛、龙门及其他。冯贯一在"序"中说，这本15万字的书，"意在将中国艺术分门加以扼要之介绍，故内容包罗甚广，且特重条理"。如对玉器的论述，开篇写道：

> 中国向来称人格完备的人物为君子，同时亦常好把人类以外的生物，就其特殊美好形态，而运用拟人的方法，比之君子。如植物中的梅兰竹菊便是。然而玉石，以一种冥顽的矿质也居然比德君子，倘其性质上没有特别超越的地方，自然没有跻于君子之列可能。

接下来作者对玉的有关审美等问题进行考察，分为：1. 玉的科学性质和产地，2. 中国人眼中的玉器，3. 玉器的鉴别，4. 玉器的琢磨。这样，我们读该书"玉器"可获得关于中国玉器的一般知识，好似读一篇玉器论文，因此该书亦可看成是各门类艺术的专题论文集。

有时要写好一部门类艺术史，甚至要花上作者毕生的精力。例如我国雕塑艺术史家王子云教授就用了40多年时间收集资料，于80多岁时写成我国第一部《中国雕塑艺术史》专著，共40多万学，附七百多幅图。（图60）中国是一个具有悠久雕塑艺术历史和拥有众多雕塑艺术遗产的国家，但由于雕塑艺术创作和生产带有相当强的体力劳动成分，在轻视体力劳动的漫长封建社会里，从事雕塑艺术创作的几乎都是社会地位低下的工匠，而不像书法家、画家这些文人艺术家，有史传、理论著作保存下来，古代艺术史家们也绝少为他们立传或探讨雕塑艺术理论问题，因而雕塑文献资料相当缺乏。中国雕塑艺术史也一直是一个空白。

王子云教授早年留学法国学习雕塑，归国后任教于国立杭州艺专雕塑系。1940年他为了打开和探讨河西走廊和敦煌莫高窟艺术宝库以及西北地区古代雕刻艺术珍藏的奥秘，组织了一个西北古代艺术文物考察团，经过四年艰苦工作取得初步成果，特别是对我国雕塑艺术宝藏有了进一步的认识，坚定了编写古代雕塑史的决心。新中国建立后，他又到有石窟、摩崖、庙宇造像和陵墓雕刻的地方考察，备尝艰辛，亲自翻阅文献资料，数十年如一日地辛勤写作。该书采用编年史方法，从原始社会的雕塑一直写到清末。内容涉及到青铜器雕刻、陶兵马俑雕刻、陵墓石雕、佛教雕塑、石窟造像、寺庙雕塑、装饰雕塑以及画像石刻等，相当齐全，是我国第一部系统的图文并茂的雕塑艺术史书，这为我国文化艺术史、美

图 60　〔北魏〕坐佛，石刻，山西云岗第 20 窟

术史提供了宝贵的资料，并为中国雕塑艺术史学科作出了很大的贡献。可见，王子云先生的《中国雕塑艺术史》虽然是美术中的一个门类艺术史，但建立起了一门新的学科，学术贡献不小。下面我们抄录曾竹韶先生于 1982 年 6 月为该书写的序：

> 王子云老同学，撰《中国雕塑艺术史》既成，函告于余，嘱为一言弁首。犹忆三十年代，余与君同游学法兰西国立巴黎美术学院，抗日军兴，先后返国，从事美术教育事业。君尤致力于祖国雕塑艺术遗产之研究，遍访名山大川，陵墓石窟；且久居西安汉唐古都，祖国文物荟萃之地，数十年如一日，潜心研讨。既版行《中国雕塑百图》，今又以专著《中国雕塑艺术史》付梓，闻之欣然。我国雕塑艺术之丰富，为世界首屈一指。近年来各重要陵墓石窟雕塑，曾陆续有专题介绍，至于系统编史，此著实肇其端。其筚路蓝缕之功，诚有益于艺林，为后学之所宗。值此城市雕塑昌兴之际，学习借鉴雕塑遗产，更为需要。惜余远处燕中，不能朝夕过从，杯酒论文，析疑解话，如昔日同学时也。爱书数语，以表钦挹。

图 61〔北宋〕郭熙，早春图轴，绢本墨笔，158.3 厘米×108.1 厘米，台北故宫博物院藏

在有一些涵盖较大的艺术门类中，还可以分出艺术子部门。如中国绘画史中还可以分成壁画史、人物画史、山水画史、版画史等，研究家在这些相对来说较小的门类里进行更细的研究。如陈传席教授著《中国山水画史》。山水画是中国画中最重要的组成部分，在元明清甚至占据中国画科中的主流地位，且山水画还是中国古典艺术精神的重要载体，在社会上影响也较大，因而对中国山水画史进行系统研究就很有必要。陈传席的《中国山水画史》共计约 80 万字，可谓宏篇之作。该书将山水画家评传、山水画作品分析、山水画风格演变及山水画理论著述熔为一炉进行阐释，综合性较强。全书分为九卷，即：山水画的产生（晋宋时代），山水画的停滞、发展和突变（六朝后期至隋初、隋至唐初、中唐），山水画的高度成熟并居画坛之首（唐末、五代宋初），山水画的保守、复古和变异（北宋中、后期）（图 61），抒情写意山水画的高峰（元代），派别林立的明清山水画（上、明代部分），董其昌和"南北宗论"，派别林立的明清山水画（下、清代部分）。该书对山水画的一些比较大的理论问题如山水画的起源、南北宗论、对文人画的看法，都提出了自己的一些观点，对重要的一些山水画论著也进行了考证和阐释，如对宗炳的《画山水序》、王微的《叙画》、荆浩的《笔法记》、郭熙的《林泉高致》等，将对山水画的分析同对山水画理论的探讨结合起来，亦是这部山水画史的写作特点之一。

有一些比较小的艺术门类我们也应该加以注意，例如中国版画，虽有一千多年的历史，制作技艺也相当精致，且木版年画，为大众喜闻乐见，但在整个绘画史中，往往重视诸如油画、山水人物画或院体工笔画等的研究，而对版画的研究被忽视。郭味渠先生有感于此，写成《中国版画史略》一书，1962 年由朝花美术出版社出版。从唐五代一直论述到清代，内容涉及雕版佛画、雕版历书、插图版画、木版水印画、木版年画等，对中国版画的产生和发展作梳理，填补了中国版画史方面的空白。

在艺术分类史的写作中，亦可开辟新的领域作史传。由中央美院金维诺教授和罗世平教授合著的《中国宗教美术史》（江西美术出版社 1995 年出版），将宗教美术列为一个门类写成历史。涉及原始巫教美术、青铜时代的祭祀美术、秦汉之际宗教祭祀美术、魏晋南北朝及唐宋时期的石窟艺术、佛教绘画、道教神祇图像、元明清时期伊斯兰教美术、基督教美术、道教壁画、藏传寺院壁画、寺观雕塑与金铜造像、佛道水陆画与民间神祠壁画等，该书作了较完备地记述，将中国的宗教美术遗迹、造型特点、文化内涵作了深入探讨，建立起中国宗教美术史学体系。

在艺术分类史的写作中，还可以和断代史结合，如刘曦林在上海人民美术出版社出版的《二十世纪中国画史》。刘曦林先生 1981 年于中央美术学院研究生毕业后，一直在中国美术馆工作并担任研究部主任，他自己又从事国画创作，而中国美术馆是以中国近现代尤其以"五四"以来的美术为研究和陈列重点。刘曦林在该馆工作，很方便研读藏品，观看展览、结识画家、参加画家展览研讨会，他还有读画著录作卡片的良好习惯，通过编辑馆藏作品集，编撰了《中国美术年鉴 1949—1989》，收集大量美术家的档案，"故此日日生活在近现代美术氛围之间，片纸不肯轻弃，自信终有用期"。1986 年他又应邀参加王朝闻先生任总主编的多卷本《中国美术史》现代部分的撰写，和同仁们一起到江苏、浙江、安徽、上海、广东等地考察、采访画家，写作了十余万字的现代卷中国画的文稿，虽然因故《中国美术史》现代卷被取消，但他的这部文稿成为他的专著《二十世纪中国画史》的初稿。他在写作《二十世纪中国画史》时的治史方法是"一尚真实，二尚客观，三观其变"。刘曦林在收集大量 20 世纪中国画家、作品、思潮图片和文献资料的基础上，建立起 20 世纪中国画史比较完整的史学体系，并对 20 世纪中国画发展规律与各种思潮提出很有学术价值的独立见解。该书第一章为晚清至民国时期的文化背景，第二章为"美术革命"与中国画前途的第一度论争，第三章为海派与南方画家群，第四章为京派与北方画家群，第五章为岭南画派与广东画家群、战时重庆画家群，第六、七、八、九章是对重要画家的个案研究，包括吴昌硕、齐白石、黄宾虹、徐悲鸿、林风眠、刘海粟、蒋兆和。第十章至二十一章分别研究新中国的人物画、山水画、花鸟画，对水墨画的新发展及工笔画与重彩画，地方画派，及各时期的代表画家均作了评介。第二十二章专门论述"海外华人与港澳台画家的多向度演化"。该书近 50 万字，附图 900 幅，还附录有画家人名索引。该书是国家"十二五"重点出版图书，是一部 20 世纪中国画史方面的经典传世之作。

另一部 20 世纪中国画史的专著是四川大学林木教授撰写的，这本书也是林木教授参与王朝闻主编的《中国美术史》现代卷写作的产物，第一次现代卷被撤销后，组织第二次编写，我和林木都参加了第二次现代卷编写工作，他负责国画部分，我负责理论部分，由于种种原因，第二次编写又流产了。但我们都将收集的材料写成了各自的专著，我写成了《中国现代美术学史》，2000年由黑龙江美术出版社出版，林木则写成了这部50万字的大书《20世纪中国画研究（现代部分）》，2000年由广西美术出版社出版。这说明20世纪80年代和90年代的美术史论研究人员即使是参与一个科研项目，工作态度也是极为认真的，都可以将承担的部分加以深化和扩展写成专著。林木的这部史书分三大部分：其一为总论，即第一章现代中国画的总体格局；其二为画家个案研究，即第二章现代著名中国画家评传，包括对齐白石、黄宾虹、陈师曾、高剑父、陈树人、高奇峰、徐悲鸿、刘海粟、潘天寿、张大千、林风眠、蒋兆和、傅抱石、赵望云等；其三为对画家群的研究，即第三章现代中国画画家群，另第四章为中国著名画家一览表，第五章为现代中国画画会一览。该书既有对20世纪上半叶中国画的总体把握，又有对著名画家的个案重点研究，挖掘不少新的材料，对陈师曾、徐悲鸿、林风眠、刘海粟、张大千、傅抱石等人的研究非常深入，发表了许多新的见解。

　　刘曦林和林木的两部有关20世纪中国画史的专著，说明将门类史和断代史及专题研究结合，是一种艺术史写作的很好方法，并可以将艺术史研究引向深入，增强艺术史的学术价值。

　　艺术门类史和艺术断代史写作，还可以开辟新的研究领域。在中国美术史研究和写作中，以往主要是中国美术史通史方面的著作和教材出版，另有中国绘画史、中国雕塑史、中国工艺美术史出版。在中国绘画史研究方面，亦有中国版画史、中国壁画史、中国山水画史等著作出版。水彩画和油画由于是外来画种，在中国流传的时间不长，因此艺术史学家在20世纪90年代前还没有专门来写作中国油画史和中国水彩画史。近十多年来，上海大学的潘耀昌教授和李超教授开始从事中国水彩画史和中国油画史的研究工作。潘耀昌承担国家艺术科学项目《中国水彩画观念史》的科研项目，2013年他的研究成果以《中国水彩画观念史》为书名，由上海锦绣文章出版社出版。该书上部研究内容包括，20世纪之前的西画传到中国过程中，水彩画传到中国：西画到来；清末水彩画的传播（1900—1911）：西画传习；民国时期的水彩画（1912—1949）：西法操演；水彩画的黄金时期（1950—1965）：主题性和民族化；画家和作品。下部研究内容为，"文革"时期至70年代末（1966—1979）：蛰伏；新时期的崛起（1980—1994）：西方化和本体化；香港澳门与台湾（晚清—1999）：跨文化语境；新世纪的探索（1995—2010）：多元化和国际化；画家和作品，附录海外华人水彩画。该书建立起中国水彩画的历史发展框架，是首部中国水彩画史的研究专著。李超教授近20年来集中研究中国油画史，1995年，由上海人民美术出版社出版其专著《上海油画史》，

2004年上海书画出版社出版其《中国早期油画史》，2007年，该社又出版其《中国现代油画史》，作者对中国油画专史的研究取得突出成果，开辟中国油画史新的研究领域。

第五节　艺术通史写作

目前，艺术史学科在西方人文科学与高等教育中发展很快，这一发展肇始于20世纪30年代，自20世纪50年代以来聚集起前所未有的发展锐气。从瓦萨里的《大艺术家传》（1550年）发表到温克尔曼和沃尔夫林，艺术史学的早期发展阶段出现在欧洲大陆上，它在英美之前很久就成为欧洲大陆大学的正式研究科目。二次大战后，由于文化迁移，美国的艺术史学科得到很快发展。为什么艺术史学科在20世纪作为一门新的学科得到迅速发展呢？正如H.W.詹森（H.W.Janson）在《艺术史丛书》（*The Library of Art History*）编者序中所说：

> 主要原因是艺术史对于现代心智的特殊吸引力。没有任何其它领域吸引我们遨游于如此广大的历史时间与空间，没有任何领域传达了过去现在之间如此强烈的姻亲感。此外，与文学或音乐相比，绘画与雕刻作为更容易引起共鸣的个性载体而打动我们：每一笔触，每一触痕，都记录了制作者的独特个性，无论他必须遵循多么严格的惯例。因此，风格就成了无比巧妙精确的区分工具。最后，还有视觉艺术中的意蕴问题，它向我们含糊不清的感觉挑战。一件视觉艺术作品无法自己讲述它自己的故事，它只对坚持不懈的探询透露含义，而这探询则依赖于从宗教到经济的全部文化历史之原始资料。例如，如果我们要理解非写实艺术的起源的话，我们就必须了解康定斯基和蒙德里安对于神学的浓厚兴趣。因此，艺术史学的工作就在为一种使人的体验的各个方面都闪烁着光辉的综合。

詹森所说的艺术史主要是指视觉艺术史，视觉艺术以其形象的直观性记录了历代艺术家的情感和思想，今天研究者和观众正是通过这些艺术史作品用心智与已逝去的人进行交流，这些艺术品像一条纽带，把时空加以凝结，使现代人能与之对话。

对艺术史的研究，最具代表性的成果是艺术通史。艺术通史以其宏大的体系将人类的艺术较完整地展现在我们面前，一部艺术通史也就是一部人类精神发展史。因而如何写好艺术通史就显得十分重要。我们将艺术通史分为简洁本艺术通史、一卷本艺术通史、多卷本艺术通史三种基本形式。

一、简洁本艺术通史

简洁本艺术通史的写作主要在两种情况下进行，一是为了教学的需要，编写艺术史教材，由于课时有限，又要向学生较全面地讲述艺术史的整体概貌，只有采取简洁本的形式进行写作。此外，某门艺术史在草创之时，尚无更多的资料或同类艺术史书籍参考，又为了向大众讲述艺术史的基本概念，只有用简洁本的形式来写作。简洁本艺术史篇幅一般在10万字以下，或稍多一点，由于文字简洁，篇幅不大，能让读者一气读完，获得艺术发展史的大致轮廓，此外因篇幅有限，不能面面俱到，必须重点突出，挑选最重要的艺术家和作品进行介绍，使读者亦能获得较深的印象，这些都可以看成是简洁本艺术通史的长处。我国现代著名国画家陈师曾20世纪20年代初在北京美专给学生讲授中国绘画史，编成讲义，后由其学生俞剑华于1925年在济南将此讲义交由翰墨缘美术院出版。该书开现代形态的中国绘画史通史的先河。全书约七万字，分上古史、中古史、近世史三编，古代部分从三代到隋朝，中古部分从唐朝到元朝，近世部分为明清。虽然篇幅不大，但体例完整，如对明朝绘画的介绍，分节有明朝文化概论、明朝之画院，山水画之沿革、浙派、院体画之一派、吴派、道释风俗画之变迁、花鸟及杂画、闺秀妓女之绘画。如第六节对"吴派"的介绍，信息量很大：

> 明代山水画中，自唐之王摩诘以降，荆、关、董、巨、李成、二米、赵松雪、高克恭，以至黄、王、倪、吴四家之风所濡染者，厥为吴派。盖明代属于此派者，大抵为吴人，而开明代南宗之典型者也。国初则有周位、徐贲、张羽、陈汝言、杨基、陈圭、金琐、夏㫤诸人。绍其风者为王绂、马琬、李时、黄蒙、张子俊、金润、姜立纲、张宁、顾翰、姚绶、毛良、王田、王显、钱俞泰、王一鹏等，……沈周，字启南，世称之为石田先生。初得法于父伯，于诸家无不缦烂，中年以子久为宗，晚乃醉心梅道人，酣肆融洽，与文徵明擅名于翰墨场。正德、嘉靖之间，此派最盛。浙派、周臣、唐寅之院体则渐凋落。明末以及清初仅有蓝瑛独存，可谓浙派之后劲。嘉靖以后，董其昌、陈继儒等辈出，绍沈文之遗绪，倡尚南贬北之论，投时代之思潮，而浙派遂不能立足矣。万历以降之画苑，全为吴派所占领。继明代之文化，清朝二百有余年皆为南宗之势力。其属于北宗者，寥寥如晨星矣。清朝之南宗画，可谓沈文肇其端，董、陈辈扬其波，乃至于今犹绵绵不绝焉。

此段高度概括，文字简要，但仍将明代浙派的来龙去脉梳理清楚，主要画家一一提及。当然，由于这种简洁本艺术史篇幅限制，对重点画家创作思想及代表作品不能展开讨论，其局限性亦很明显。

20世纪二三十年代，由于我国美术教育发展很快，大多数美术专门学校都设有西洋画科，这些学生除学习描、水彩画、油画外，还应了解西洋美术史，于是开设西洋美术史的课成为必需。丰子恺在上海立达学园给六位西洋画科学生讲授西洋美术史，当时他读日本人《西洋美术的知识》一书后，进行节录，重新编成《西洋美术史》，于1931年由上海开明书店出版。作者称此书为西洋美术的ABC，即入门之读物，"然而在中国现在买不到较新的这种书，只得暂以代用"。该书以通史的形式介绍西洋美术史的一般知识，约10万字，分古代美术、近代美术、现代美术三大部分。从原始艺术、古埃及金字塔、古希腊雕刻、古罗马的建筑一直写到20世纪的立体派与未来派、表现派与抽象派。将西洋美术发展各阶段的代表艺术家和作品均作了简介，并附图99幅。该书在结尾的最后一段，发表作者对西洋美术的总体看法："以上正把西洋美术解说了一遍。凡历史，没有史端与结末，一切皆在时间中从无限流向无限。昨日的新在今日是旧，今日的真又可为明日的伪。从凿削原始的石器出发的人类的'表现'现象，经过数万年而成了可惊的堆积与展开。尤其是加速度地经过埃及时代、希腊时代、Gothic时代、文艺复兴时代的阶梯，而登上了近代的'文化'社会之后，白人的团集生活的西洋诸国的美术，在近代与现代，放出灿烂无比的光华！关于其本质与将来的意义，现在不敢涉及；唯此三四百年来盛开的'艺术'的花，不堪其繁重，而变成新兴艺术而显示分裂、颓废、革命、自灭的状态，似乎对于我们暗示着某种意义。"这可以看成是丰子恺对西洋美术通史系统考虑过后的一些体会。

简洁本的艺术通史，还有一种袖珍体的简本写作方式。如黄宾虹著《古画微》（1925年商务印书馆），仅四万字，仍以通史的方式叙述中国绘画的发展，从上古三代图画实物之形一直写到近代"沪上名流之画"。再如吕澂在20世纪20年代出版的《西洋美术史》，亦仅五万字。这些简洁本艺术史，对于向读者和大众普及艺术史知识起了一定的作用。当然，专业人员若想获得艺术史更详尽的资料，必须要读内容更加丰富和细致的艺术史著作。以上我们列举的几本简洁本美术通史著作，之所以将其称为"通史"，主要不是从篇幅考虑，而是考虑到它们贯通古今，从原始社会论到近现代，从这个意义上将这些著作称为"通史"，当然这种简洁本艺术"通史"，只能算是通史中的简史。

由中央工艺美术学院编著的《中国工艺美术简史》，1975年完成初稿，1979年修改，1983年由人民美术出版社出版，由奚静之撰写前言，由吴达志、田自秉、王家树等人撰写各章内容，全书约十万字，这是我国第一本中国工艺美术史。分为原始社会的工艺美术、奴隶社会的工艺美术、封建社会的工艺美术、近百年的工艺美术、新中国的工艺美术。附图172幅，另附有附图说明，附表有中国历史年代简表、中国历代器皿造型简表、中国历代装饰纹样简表。《中国工艺美术简史》虽然是一本简史，但体系完备，图表清晰，内容包括从原始社会到新中国的工艺美术发展史，涉及陶器、青铜器、漆器（图62）、织绣工艺、金属工艺、家具、雕塑工艺、现代工艺，在《近百年工艺美术》一章中，还专列"太平天国的工艺美术""国统区的工艺美术""解放区的工艺美术"加以论述。该书在编写思想和方法上也有自己的特点，认为我国的工艺美术，具有悠久的历史，是我们伟大祖国文化宝库中一颗光彩夺目的明珠，是我国民族文化遗产的重要组成部分，也是我国劳动人民在长期的阶级斗争和生产斗争中智慧的结晶。研究和总结我国工艺美术产生和发展的历史经验，对发展社会主义工艺美术事业，使它更好地为人民服务，为社会主义服务，有着十分积极的意义。该书的编写指导思想和方法，奚静之教授在前言中表明：

图62〔战国〕虎座鸟架悬鼓，木，高117.4厘米，湖北省博物馆藏

> 我们编写这本《中国工艺美术简史》，努力以马列主义、毛泽东思想为指导，对中国工艺美术的历史和现状进行研究，批判过去在工艺美术史研究中的唯心主义和形而上学，用辩证唯物主义和历史唯物主义观点，充分肯定劳动人民在创造工艺美术历史过程中的巨大作用。
>
> 在编写过程中，我们本着古为今用的精神和少而精的原则，力求使这本书内容翔实，简明扼要，通俗易懂。在本书中我们扼要概述各个历史发展阶段的工艺美术时代风格的形成和演变，介绍重点工艺美术品种的特点、成就和它们的继承关系。
>
> ——中央工艺美术学院编著：《中国工艺美术简史》，1页，
>
> 北京，人民美术出版社，1983

这本书虽然是一部工艺美术简史，但是众多学者的劳动结晶，各位作者收集资料，在全国各地调研，召开座谈会，并请陈叔亮、张仃、庞薰琴、雷圭元、罗扬实、尚爱松等专家作顾问和学术指导。编著者治学态度十分认真，其治史思想和原则具有鲜明的时代特点，附图、附表和附录器皿造型简表，一应俱全，可谓"麻雀虽小，肝胆俱全"，所以，这部工艺美术简史，其学术价值是很高的，对中国工艺美术史学科建设，有开创之功！20世纪初以来出版的中国美术史，绘画雕塑占主要篇幅，工艺美术虽然包含其中，但重视不够，将工艺美术史独立成编，《中国工艺美术简史》开了先河。

二、一卷本艺术通史

艺术通史有时指各门艺术通编于一书之中，且贯穿古今，有时也可指一门艺术在不同国家和民族的共同发展情况，一般来说更多的是部门艺术通史。西方现在很发达的艺术史，也主要是造型艺术史或视觉艺术史，相对于我们所说的美术史。例如英国艺术史家迈克·苏立文所著《中国艺术史》（上海人民出版社，2013年），主要内容是彩陶、青铜器、玉器、瓷器、书法、绘画、建筑等门类，也就是我们通常所说的美术史和工艺美术史。

一卷本艺术通史的写作，是艺术通史写作中最常见的形式，一般都要求对所写的艺术部门艺术史料应有相当掌握和辨析，加以梳理和分析，从而能够揭示出艺术发展过程中的某些规律性的东西，文字应准确、简明和生动，不要写成史料堆积而无分析和见解的史料记载。

德籍犹太学者库尔特·萨克斯20世纪30年代受德国纳粹迫害流亡美国，主持纽约图书馆的音乐舞蹈部工作，并以此作为学术基地，为纽约各大学开设博士研究生课程《世界舞蹈史》，并编写成《世界舞蹈史》出版。本书试图从世界各民族的舞蹈形式出发，揭示舞蹈艺术的特点和舞蹈艺术的发展规律，虽然它是单门艺术史，但从空间范围来讲却是世界性的。2世纪基督教诺斯替教派的赞美歌词是"谁不跳舞，谁就不懂得生活"，舞蹈是时空艺术，一般来说，音乐与诗歌存在于时间，绘画与建筑存在于空间，只有舞蹈既存在于时间同时也存在于空间，创造者和他们创造出来的舞蹈，艺术家和他们的作品都是一个统一体。舞蹈打破了肉体和精神的界限，打破了耽溺于情欲和约束举止的界限，打破了社会生活和发泄个人特征的界限，打破了游戏、宗教、战争与戏剧的区别。库尔特·萨克斯在该书序言中对舞蹈有着独特的见解：

> 处于狂喜状态的人体为情感征服而遗忘一切，变成了只是灵魂上的超人力量的一种承受器。灵魂使加速运动的肉体摆脱掉自身的负重产生快感与欢乐。人类需要舞蹈，因为对生活的热爱也迫使四肢不再懒散。人们渴望跳舞，因为跳舞的人能获得魔力，因为自己带来胜利、健康和生活乐趣；当同一部落的人手挽手一起跳舞时，便有一条神秘的系带把整个部落与个人联结起来，使之尽情欢跳——没有任何一种艺术能包含如此丰富的内容。
>
> ——〔美〕库尔特·萨克斯：《世界舞蹈史》，郭明达译，
>
> 1~2页，上海，上海音乐出版社，1992

该书分为两大部分，第一部分为"舞蹈世界"，第二部分为"舞蹈历史"。（图63）把舞蹈理论与舞蹈实践相结合是这部舞蹈史的特点。作者善于从哲学和美学上来思考舞蹈问题，在"舞蹈世

图63 舞蹈《天鹅湖》剧照

界"部分,分为"舞蹈动作""题材与类型""形式设计""舞蹈音乐"。"在题材与类型"这一章中,作者介绍了所谓治病舞蹈、生殖舞蹈、入社礼仪舞蹈、婚礼舞蹈、战争舞蹈、兵器舞蹈和面具舞蹈等。该书作者认为,在原始社会的人类生活与古代文明社会生活中,几乎没有比舞蹈更具有重要性的事物。人类在狂舞时,甚至能架通这个世界与另一世界之间的鸿沟,进入神鬼的领域,"与上帝同在"。舞蹈的功能起初为表现人类精神高度兴奋时的活动,后来扩展到祈求神明和获得超自然力量与控制人类命运力量的一种手段,舞蹈变成了供奉牺牲品的祭仪、变成表现念符咒、做祈祷以及先知预言的活动,舞蹈还变成了能召唤和驱散自然界的力量,它能医治疾病,使死者和他们的子孙取得联系,能赐福予田地和部落,在追逐中交好运,在战争中获胜利,由此可见,舞蹈在人类生活中成为一种神秘的力量,何等重要。

该书在"舞蹈历史"部分,论述了石器时代、古典时期、中世纪的舞蹈、近代的《小步舞》时代《华尔兹舞》时代及20世纪《探戈舞时代》,并分析了舞蹈艺术的多样化形式如手式舞蹈、肚皮舞蹈、独舞、群舞和配对舞等,并仔细分析有关舞蹈的音乐节奏和旋律问题。我们从这本《世界舞蹈史》中看到印第安人用跳舞形式与他的妻子离婚;患病时用跳舞来驱除疾病,非洲喀麦隆的酋长由于背叛被判死刑时，甚至唱着歌跳着舞走向绞架，还能看到60名希腊少女和带着孩子的母亲，在土耳其侵略军队面前，跳着古老的《罗迈伊卡舞》（Romaiika）依次纵身跳下深渊。这些舞蹈故事多么动人心弦，使我们相信"舞蹈是拔高了的简朴生活"，"非尘世的和超人的活动就是舞蹈"。这部《世界舞蹈史》涉及许多原始部落的舞蹈活动，该书对人类学、社会学以及民俗学也有重要的学术价值。

贡布里希的艺术史著作《艺术的故事》（The Story of Art），中译本《艺术发展史》，从1950年出版后，英文版已再版了15次，译成20多种文字出版，至今已印刷600万本，这样一部艺术通史流传相当之广，自有其原因，作者用通俗的叙事形式，深入浅出地给我们勾勒了一部人类艺术史（以西方艺术史为主要内容）的图画。这部艺术史，既给我们阐释一些精奥的理论问题，同时又明白晓畅，既给人以心智启迪，又能引起读者的兴趣。

贡布里希这本艺术通史写作之所以成功，除了他是一位当代西方艺术学领域中的泰斗，是百科全书式的古典学者外，还在于他巧妙地构思该书的内容，他在"前言"中说："本书打算奉献给那些需要对一个陌生而迷人的领域略知门径的读者。本书可以向初学者展示事实状况，而不让细节把读者搅得糊涂，可以帮助初学者充实学力，以便把目标更高的著作中一页页不计其数的姓名、时期和风格理出清楚的头绪，为参考更专门的书籍打下基础。"这样他把此书对象定为大多数青年读者，所以文笔必须清晰流畅，少使用玄奥术语，此外他订立写作的三条原则，其一为凡是他不能用插图复印出来的作品概不论述；其二为只能在该书中论述真正的艺术作品，排除一切只作为一种趣味或时尚的标本看待才有些意思的作品。其三为要求一些自我克制，在选择作品时不被自我好恶的念头所诱惑，以免人所共知的杰作被个人偏爱的作品排挤出去。贡布里希说他写作此书的积极目标是"用朴素的语言重新讲述美术发展史，应该让读者能够看出它是怎样前后连贯，帮助读者鉴赏艺术作品，不是求助于热情奔放的叙述去实现这个目标，而是给读者一些启示，说明艺术家可能怀有的创作意图。这种作法至少应该有助于消除那些最常产生误会的根源，防止那种跟艺术作品的寓言毫不沾边的评论。此外，该书还有一个略较远大的目标，打算把书中论及的作品跟它们的历史背景结合起，期望由其触及名家的艺术目标"。贡布里希在写作这部书时，其艺术观点是，试用艺术目标的不断变化作为叙事的主线，试图说明每一件作品是怎样通过求同或求异而跟以前的作品联系在一起。这部艺术史主要叙述建筑史、绘画史和雕塑史，一般在艺术史的写作中，绘画占大头，但他认为一部艺术发展史不谈建筑方面的背景就无从讲起，在每一个时代，贡布里希仍选一、二座代表性建筑的风格加以分析，求得内容的平衡，让读者把每一时代的绘画、雕塑、建筑当成一个整体来看待。作者从各个方面使这部艺术史更具有特征，例如在每一章中，都从有关时期中挑选一张表现艺术家的生活和社会的典型图画作为结尾的补白图案，这些图案本身可以形成一个小系列，使观众对过去作品的环境形成一个具体的画面。所有这一切，都使这部《艺术的故事》更加引人入胜。正像《泰晤士报文学副刊》所赞誉的那样："贡布里希博士寥寥数语就能阐发一个时期的整个气氛。这是一部大可影响一代人思想的著作。"贡布里希认为艺术史的功能在于：

> 我认为对这个历史有所了解可以帮助我们理解为什么艺术家要使用某种特殊的创作方式，或者为什么他们要追求某些艺术效果。特别是，这是一条很好的途径，能使我们对艺术作品的独特性质眼光敏锐，从而提高我们对细微的差异的感受能力。要想学会怎样欣赏艺术作品的独特价值，大概这是一条必由之路。
>
> ——〔英〕贡布里希：《艺术发展史》，范景中译，16页，天津，天津人民美术出版社，1998

以往的艺术史，特别是西方学者写的世界艺术史，往往都是以欧洲或者西方为中心，实际上是西方艺术史，近20年来，越来越多的西方艺术史学者在自己的艺术史实践中尝试克服西方文化中心的限制，不断扩大自己的研究范围和观察视角。英国当代著名历史学者巴勒克拉夫指出："我们必须尝试采用更加广阔的世界史观点"，"跳出欧洲，跳出西方，将视线投射到所有的地区和所有的时代"[1]。1991年出版的《加德拉艺术史》，加上了印度艺术、中国艺术、日本艺术、美洲、非洲和南太平洋土著艺术等非西方艺术的章节。英国艺术史家休·昂纳和约翰·弗莱明合著的《世界艺术史》（中译名《世界美术史》）

图64 非洲雕塑

[1] 参见常宁生编译：《艺术史终结了吗？——当代西方艺术史哲学文选》，9页，长沙，湖南美术出版社，1999

也都相应地做出了结构和地域布局的调整。

休·昂纳和约翰·弗莱明合著的这部《世界美术史》，是较新的一部艺术通史著作，它已注意到世界各民族在美术创作上的贡献和在各个历史阶段的相互交流。作者希望有"更广阔的视野"，将中美洲和秘鲁、印加、非洲、伊斯兰世界、奥托曼建筑、萨非艺术、中国、日本艺术有所介绍（但对俄罗斯和东欧艺术未加注意），视野确实比以往的艺术史要开阔一些了。该书在序言中，专门谈到女性艺术家，例如在非洲撒哈拉南部（图64），陶器主要是女人做的，大概是陶与大地的母亲或女神有关的缘故，在北美的西南部生活在土属文化中的妇女把篮子编织发展成工艺品，在9世纪和10世纪的日本最著名的小说家和诗人都是贵族妇女。作者还认为在西方，女性参与视觉艺术的发展史是有较充分材料来证实的，在希腊时期，只有少数女性画家被记录下来，在中世纪的欧洲，有些妇女为手抄本画装饰插图。女画家一般偏向于肖像画、静物画或花卉画，其作品风格也多表现娇嫩妩媚，伤感和柔弱的特点等。可能该书作者是在世界艺术史中比较有意识地专门论述女性艺术家作品问题。

该书比较注重艺术和巫术、宗教之间的关系，"多数艺术品是为宗教、巫术或其他世俗观念服务的，仅有极少数作品是出自艺术家的内心渴求"。他们二位作者通过对世界艺术史的探索，从宏观上总结出艺术发展的规律：

> 在人类社会中，艺术总是信仰和宗教礼仪、道德和社会法规、巫术或者科学、神话或者历史的复杂结构的组成部分。艺术处于科学知识和巫术或者神话思想的中间，处于被领悟和被信仰的中间，同时也处于人类的能力所及的和人类所渴望所得的中间。艺术类似于语言，是人类互相传达的手段，并包含着陈述一种启发人的和具有道德意义的性质；但是有时艺术也类似于巫术，是对客观世界的宏伟秩序的控制手段，也是捕获时机和防御伤风败俗的手段，……艺术是在不断更新再生的，就像社会和文化结构中的有机体那样总是从属于变革的，这正是内部的滋长和外部压力的结果。在稳定的，或者寻找稳定的社会中，艺术的变革常常是逐渐发生的，并不是一目了然的。即使在一个充满活力的朝气蓬勃的社会里艺术变化可能发生得平稳些，当时的连续性是一种艺术风格基础于另一种艺术风格之上的。西方的"发展"观念会导致曲解我们对世界艺术的看法。
>
> ——〔美〕休·昂纳和约翰·弗莱明：《世界美术史》，毛君炎等译，
>
> 北京，国际文化翻译出版公司，1989

一般艺术史作者往往通过"序言"来阐述自己的艺术史观、写作方法和对艺术问题的看法，休·昂

纳和约翰·弗莱明在《世界美术史》"序言"部分同样作了有关说明，但每位作者所论述的问题都应是特别的。因为每位作者在写作艺术史时的美学与历史观念、观察艺术史的角度、取舍材料的观点都各不相同。在艺术通史的写作中，面对如此宽广的时间和空间的视野，迫使作者把目光集中在一些历史性关键的时期和地区。《世界美术史》的两位作者，比较艺术史和文学史，认为两者都有变化和延续性，而发展却不同，艺术史（视觉艺术史）完成依靠现存的物质对象，我们能够通过视觉艺术作品了解到人类的各种欲望和追求，还可以帮助我们了解人类的技艺和聪明才智，艺术史也是一部人类自身的发展史。

我国美术理论家邵大箴先生认为要写作好艺术史应有三个基本条件，即一、有扎实的历史知识；二、掌握大量的文字和图像资料；三、要有实地考察和观赏重要美术遗址和美术品的直接感受和经验，必须到博物馆和艺术遗址中看作品。邵大箴先生感叹地说过，"我们总有一天会像日本、欧美一些国家那样写出像样的世界美术史来"。我国从事世界美术史研究和写作的人员，在掌握有关外语和文献资料的基础上，有条件的还应到有关国家具体考察博物馆和古代艺术遗址及现代原始部落艺术，对重要的艺术史迹和艺术史问题有自己的独特看法，并运用独自的历史方法加以研究和编写，这样，才有可能写出优秀的世界艺术史著作，当然这还有一个用外文写作，或者被译成外文的问题。

中国学者治中国美术或东方美术史当然有自己的优势，在材料掌握、对艺术作品的辨析以及对东方文化精神的领悟上比西方人要强。当然由于20世纪初开始，敦煌文物被英国、法国、俄国人偷窃，以及鸦片战争以来各次侵华战争中列强掠夺我国古代文物，这些珍贵的艺术品被陈列于世界有关大博物馆中，因而外国学者有可能不到中国而能从博物馆中看到中国古代艺术品的真迹，为他们研究中国艺术史提供了方便。20世纪20—30年代，现代形态的中国艺术史著作在我国开始出现。初创阶段也曾受到英美学者和日本学者有关中国美术史的影响。如波西尔的《中国美术》、中村不折的《中国绘画史》和大村西崖的《中国美术史》被翻译成中文出版，在体例编排和历史观念方面都曾对中国学者编著成中国美术史和中国绘画史发生影响。

我国著名美术史论家史岩1935年出版了《东洋美术史》（商务印书馆）一书。20世纪初，西洋文化传入中国，在思想、文化及生活上引起民众从来未有的一大变革，于是西洋艺术也大见流行，形成追模西风之势，但似乎忘却了东洋固有文化。史岩对当时美术学校只讲授西洋美术史和中国美术史而不讲东洋美术史表示遗憾，认为生活于东洋的我们，今后应先明了东洋美术之动向，站立于东洋的民族的立场上，确定东洋美术之精进大计，而要完成这大计必先检讨过去东洋美术演进的过程，有所凭借。史岩有感于此，选择"东洋"为地域范围撰写我国第一部东洋美术史。"专门的艺术教育方面，既有弥补一向来忽视东洋美术研究之缺陷的必要，社会艺术教育方面，亦有灌输东洋民族的艺术知识之必要，著者之起草本书，即是供应这双重急切要求的。"

史岩在该书"序言"中谈到，"不问洋之东西，时之古今，凡人类栖息之处，必留有何种艺术上的表现。而其艺术，多经其国之风土及民族性的润色，遂发挥出一种殊异的特质，宛如百花的艳容各不相同一般"。史岩的艺术史观主要表现在两个方面，其一认为，艺术基于生活上美欲的冲动而发生，由单纯粗野渐次变化而为精巧优美，当一国文化达于最高潮的时代，艺术亦必郁郁乎造于优美卓越的绝顶，但这并不是突如其来，而是在历史中逐渐演化而来，到达极盛后，开始走向衰落。"这情形，各国如出一辙，中国如是，印度亦如是，埃及、波斯、阿西里亚（Assyrian）亦莫不如是。"他把艺术的萌芽、成长、成熟、衰退的过程看成一个自然原则，和生物进化，生长一样。有可能史岩的这一观点受到法国美学家丹纳的影响。史岩的另一观点是，各国艺术互相影响：

> 吾人考察各国艺术发达之径路，有因战争或通商的关系接触了他国的文化，遂促成艺术急速的进步者；有因其国新兴一种宗教或受了外国传来的宗教之感化，遂使固有的艺术的特质发生变化者，有因时代思潮之急变，而使艺术思想及技法均感受至大之影响者；有因艺术陷于非常衰灭的地步，忽受他种冲动而更生者。此类事例，古今东西均是屡见不鲜的。要而言之：各国的艺术，单独发生于其国中而独立生长着丝毫不受外来的影响的，过去事实告诉我们，殊为稀有；探索其根源及发达之途径，必可发见与他国密接的相互关系。
>
> ——史岩：《东洋美术史》，序，北京，
> 商务印书馆，1935

正是该书作者注意到了各国艺术、宗教文化之间的相互影响，所以他考察东洋美术史时，看中国、印度、日本等国的艺术时，很重视他们之间的联系。这说明，我们在写作艺术史著作时，艺术史观和方法是很重要的，形成独自的艺术史观，然后才可能根据这种观念去取舍材料，编排章节。当然，一定的艺术史观，也是写作者在反复研究艺术史料，艺术发展过程后提炼出来的。

图65 印度雕塑

这本《东洋美术史》是东洋美术之通史，作者用系统的、简洁的美术史的体系，将东洋方面中国、印度（图65）、日本、朝鲜、安南、爪哇、锡兰（斯里兰卡）以及中亚细亚等各时代之各种美术的风格、倾向、特征作出概述，比较明确地描出各民族、各地域、各时代主要的美术家及作品。"本书的构成，是以中、印、日三国为经，各时代为纬。内容方面则注意各民族每时代各种美术的相互间的关系，故对于佛教艺术流布之迹，样式系统以及交替盛衰的现象、尤为重视。"

单卷本的中国美术史方面的著作，在20世纪的中国出版过不少，如俞剑华的《中国绘画史》，郑午昌的《中国画学全史》《中国美术史》、胡蛮的《中国美术史》，潘天寿的《中国绘画史》，秦仲文的《中国绘画学史》，王逊的《中国美术史》，王伯敏的《中国绘画史》，阎丽川的《中国美术史略》等。各位作者在写作中国美术史过程中，根据自己对史料掌握的优势和根据自己的艺术观进行编撰，共同点都是通史的体例，基本都按编年史的方式来写作。我们举郑午昌的《中国画学全史》为例，看看其写作特点。

郑午昌（1894—1952），著名书画家、美术史论家，历任中华书局美术部主任，上海美专、杭州国立艺专、苏州美专教授。他在杭州用五年时间，著成《中国画学全史》于1929年出版。他对中国绘画史的总体认识表现在他对我国各个历史时期绘画功能的把握，在该书的时代划分和章节编排上很有独见。他从时代演进对绘画的影响入手考虑中国绘画发展的特征。"然其演进也，往往随当时思想文艺政教及其他环境而异其方向，别其迟速；而此种种环境，又随时代而变更。如我国数千年来，专制政府前仆后起，一代一姓，各自为治。其间接或直接影响于画学者，亦各异趋。"（《中国画学全史》自序）该书在写作编排上，将中国绘画史分成四大时期，即实用时期、礼教时期、宗教化时期、文学化时期。他还将朝代顺序和这四个时期结合起来，实为一大创见。唐虞以前，为实用时期，三代秦汉，为礼教时期；自三国而两晋，而南北朝，而隋，而唐，为宗教化时期；自五代以迄清，则为文学化时期。我们看看郑午昌对文学化时期的解释：

> 唐代绘画，已讲用笔墨，尚气韵；王维画中有诗，艺林播为美谈。自是而五代、而宋、而元，益加讲研，写生写意，主神主妙，逸笔草草，名曰文人画，争相传摹；澹墨楚楚，谓有书卷气，皆致赞美；甚至谓不读万卷书，不能作画，不入篆籀法，不为擅画；论画法者，亦每引诗文书法相印证。盖全为文学化矣。明清之际，此风尤盛，是为第四时期。
>
> ——郑午昌：《中国画学全史》，自序，5页，上海，上海书画出版社，1985

郑午昌所形成的这些观念，影响到他的写作，他所分的"实用""礼教""宗教化""文学化"四个时期，特征鲜明，同时他也认为这种分法只具有相对的性质。该书在每章内容编排上也有特点，周秦以前，绘画幼稚，资料不足，分为二章四节，即画之起源、画之成立、图画应用与三代政教、周秦间之画家。自汉迄清，则划代为章，每章分为四节，即概况、画迹、画家、画论。作者在概况部分，概论一代绘画之源流派别及其盛衰之状况，将直接或间接影响绘画的东西，如思想、政教等加以概述，以揭示绘画形成的原因。"画迹"部分则举各家名迹或已被鉴赏家所记录，或曾经作者目睹而确有价值者加以集录，对代表作品分析说明其布局、设色、用笔之法，并鉴别其审美价值和艺术品位。"画家"部分，选择重要画家录其姓名、爵礼、生卒年月。"画论"部分将每个朝代有关绘画的论文加以介绍评说，"读其文，可以想见其人当时对于绘画上之艺术思想趋势焉"。郑午昌认为这四个方面"互可质证，互有发明，不能偏废"。该书在中国绘画史编写体例方面形成完整的一个体系，论证十分严谨。

蔡元培先生曾称赞《中国画学全史》是"中国有画史以来集大成之巨著"。余绍宋先生在其名著《书画书录解题》中认为"此编独出心裁，自出手眼，纲举目张，本原具在，虽其中不无可议，实开画学通史之先河，自是可传之作"。

就像《中国画学全史》一样，一卷本艺术通史的写作，大多数还是门类史，在中国有关艺术门类史的写作中，往往还可以开辟新的领域，如著名舞蹈家王克芬教授所著《中国舞蹈发展史》，相对于中国美术史来说，中国舞蹈史建立得要晚一些，王克芬教授等专家将中国舞蹈史建立起来，

图66　〔西魏〕莲花藻井，石窟壁画，246厘米×245厘米，敦煌莫高窟第285窟窟顶

对中国艺术史之门类史的完善有积极的贡献。这部《中国舞蹈发展史》内容包括：原始舞蹈产生与发展轨迹，奴隶制时代舞蹈的发展，两周舞蹈发展与变革，汉代、魏晋南北朝、唐代舞蹈的发展，封建社会后期舞蹈发展包括宋、元、明、清舞蹈发展状况，对汉族民间舞蹈、少数民族民间舞蹈也分别作了介绍。该书从古代文献资料、陶器上的装饰画、画像石、敦煌壁画（图66）、卷轴画、工艺美术作品中，收集中国古代舞蹈的图像资料，对儒家的月舞理论，对舞种、舞谱、编导、舞论等均作了研究，建立起中国舞蹈史的体系。

清华大学美术学院张夫也教授于1986年，在中央工艺美术学院首先开设外国工艺美术史课程，1999年由中央编译局出版了他所著的《外国工艺美术史》专著，对我国的外国工艺美术史教学和系统研究有开创之功。该书论述原始社会工艺美术，古代埃及、古代两河流域、古代波斯、古代印度、古代希腊、古代非洲、古代美洲、古代日本、伊斯兰的工艺美术，以及欧洲中世纪工艺美术，文艺复兴时期、巴洛克时期、洛可可时期、新古典主义时期的工艺美术，近代工艺美术，现代工艺美术，建立起外国工艺美术的大体框架。该书多次重印，为国内多所高校选作外国工艺美术史教材，取得良好的社会效果。

三、多卷本艺术通史的写作

一卷本艺术通史，一般都是单个作家的著作，一卷本艺术通史其优点是将人类艺术史浓缩在一本书中，其篇幅比较适合一般学生和艺术爱好者阅读。但对于专家和研究者及其他学科的学者来说，一卷本简编史的材料显然显得不足，这样就产生多卷本艺术通史。一卷本艺术通史的写作一般是单个作者完成，但艺术通史就其要求来说，其编年史的历史长度及地理的巨大空间跨度，一位作者，无论他是多么认真勤勉，也不能指望他有同等的把握撰写每一历史段落。这样多卷本艺术通史常常分历史阶段，请研究某一时段艺术史造诣颇深的专家担任，这样各位专家可以把自己的最擅长的研究成果贡献给读者。如H.W.詹森主编的《艺术史丛书》（*The Library of Art History*）囊括了西方艺术的历史，分为五卷，其内容分别为古代世界、中世纪、文艺复兴、巴洛克和洛可可以及现代世界。每一册都由权威学者所撰写，其读者对象为学者、有教养的一般读者及其他领域的学者。当然由多位专家撰写的艺术通史，由于每位专家写作风格不同，有可能出现写作风格不统一的问题，这就需要主编者协调处理好各位作者之间的平衡问题，当然绝对一致是不可能的，我们也不应该作出这种要求。

我国唐代著名画家、绘画史论家张彦远（815—875）曾著有《历代名画记》，该书是一部最早的中国绘画通史专著，全书分为十卷。前三卷主要是画理、画法、画史、论文，计15篇，第四卷至十卷，均为历代画家评传，计自轩辕至唐会昌（公元前2700年至公元841年）间，共373人。当然《历代名画记》十卷本，是中国古代编著的体例，每卷相当于我们今天一本书中的章节。但至少说明我们古代艺术史论家已具有作史分卷的意识。

我国当代，门类艺术通史的编写取得了一定的成果，如张庚、郭汉城主编的《中国戏曲通史》，葛一虹主编的《中国话剧通史》，王朝闻、邓福星主编的《中国民间美术全集》《中国美术史》，董锡玖、刘峻骧主编的《中国舞蹈艺术史图鉴》等，编写综合性艺术通史的任务被提到议事日程。由我国著名的红楼梦学者李希凡主编的《中华艺术通史》应运而生。这部《中华艺术通史》按历史发展顺序列卷，分卷编辑，上起原始社会，下迄清宣统三年（1911年），共14卷。具体分卷为原始卷、夏商周卷、秦汉卷、三国两晋南北朝卷、隋唐卷（上、下）、五代两宋辽金夏卷（上、下）、元代卷、明代卷（上、下）、清代卷（上、下），第14卷为索引卷。这部多卷本艺术通史，庞大的体系，涉及除文学外的所有艺术部门，是综合性的艺术通史，当然需要各个艺术门类的艺术史专家通力合作，才有可能编写成功。这部艺术通史论述了自远古以来随着社会生活与政治经济文化发展，中华艺术生成演变的全过程，它是一囊括中国传统艺术中主要门类的综合性大型艺术通史。涉及的艺术门类有音乐、舞蹈、杂技、说唱、戏曲、绘画、书法、雕塑、建筑、工艺等。《中华艺术通史》力图从中华民族艺术发展的特点出发，对历代各领风骚的诸艺术门类作综合性的探讨和研究。由于文学涉及范围广泛，且中国文学史多卷本早已出版多种，若将文学纳入到这部《中华艺术通史》中将更加庞大，无法收拾，因此主编李希凡先生决定不将文学列入其中。但编者们仍很重视艺术与文学的关系，如戏剧、文人画和文学就有十分密切的关系。关于这部《艺术通史》的编辑思想，李希凡说：

> 艺术史不是社会思想史，也不是艺术与社会的关系史，因而《中华艺术通史》的编撰，虽重视艺术对社会生活的反映，重视社会思潮对艺术发展的影响，但艺术自身的发展规律和表现形态以及艺术家主体的思想感情的表达和创造，却始终是它探讨、研究的核心。不过，《中华艺术通史》的阐述，又不应是艺术现象的简单罗列，更不该是艺术家和艺术品的历史编目，特别是由于艺术史的发展，实际上也是反映了中华民族的审美意识的发展史，因而，点面结合、重点突出，代表每个时代的艺术门类，杰出的艺术家和艺术品，论述它们对中华艺术以至世界

艺术做出的独特贡献，则应是这部《中华艺术通史》所坚持的辩证的比较研究方法。

——李希凡：《把握传统　瞩目未来——关于〈中华艺术通史〉的编撰》，

南京，东南大学编印《世纪之交中国艺术研讨会》论文集，1999年4月

在多卷本艺术通史的写作中，更多的是门类艺术通史。由苏珊·伍德福特、安尼·谢弗、克兰德尔、罗兰·梅因斯通等人编著的《剑桥艺术史》，是以绘画、雕塑、建筑、工艺装饰艺术为对象的造型艺术史，这套艺术史于1981年和1982年由剑桥大学出版社出版。该书用英国最高学府冠名，反映了它的权威性，体现剑桥所代表的学术水平。各卷的作者都在高等学校教学或博物馆讲座，有丰富的艺术史经验。全书共分七卷，分别介绍西方美术史上的希腊罗马、中世纪、文艺复兴、17世纪、18世纪、19世纪、20世纪等七个时期，此外还附有绘画欣赏一卷。全书分三册出版，由罗通秀等人译成中文，由中国青年出版社1994年出版。虽然分卷较多，但每卷约五万字左右，插图约百余幅，因而全书贯穿了简明扼要的特点，对每个历史时期美术发展趋势和主要特征进行剖析，论及代表作品时都附有图片。该书深入浅出，深受读者欢迎。每卷写作内容，包括导言、正文、结束语、艺术家小传、小词典、进一步阅读的书目、索引，体例齐全。美国哈佛大学考古学教授乔治·N·汉弗曼对苏珊·伍德福特等人编的《剑桥艺术史》第一册"希腊和罗马""中世纪""文艺复兴"加以评价说："计划周密，文笔生动……评论不同凡响，许多简明的结论闪耀着真知灼见……总之这是一本给人才智的，能引起研究兴趣的、有教育价值的书。"

我国学者也尝试过编写多卷本世界美术史方面的书籍，由著名外国美术史学者朱伯雄主编了我国第一套10卷本（12册）《世界美术史》著作，由山东美术出版社1987年出版。诚如王朝闻先生在该书序中所说，过去我国不只出版过一些关于中国美术的专著，而且出版过一些关于外国美术史的专著，"结合集体力量撰写的这部《世界美术史》，在我国学术著作中还是破题儿第一遭，是我国美术史与论的领域中的一个开拓性的工作。"

由中国人编写外国美术史或世界美术史，由于不少作者受条件所限，不能一一亲历国外考察艺术史迹，这自然给作者分析鉴别艺术作品带来限制，但也不能因这个原因而束手无策，而应尽量找机会走出国门，多看博物馆，同时也可利用外文资料、文献和图片进行分析研究，编写出我们自己的《世界美术史》和《外国美术史》。朱伯雄在《世界美术史》一书"前言"中写道：

考虑到比较地研究东西方美术史迹的重要性，本书按各民族包括中国的美术同步地按时代顺序撰述。当然，一部具有中国特色的《世界美术史》，并不在于把中国史或东方国家的美术史编入并给予突出的地位等于体现出"中国特色"了。关键还在于运用马克思主义的唯物史观和方法

论，去研究和把握世界各个民族美术在历史进程中的总面貌，让中国的美术史现象处于与整个人类时代进行的全过程之中，并对它们作出恰如其分的历史评价。这样更能按照世界历史发展的整体面目，让读者从中看到一幅丰富多彩、气象万千且又具有宏观史脉的全景画。它要求历史地去分析东西方民族和国家在美术史思潮巨流中的因果关系，它们之间的共性与特殊性，以及东西方美术中一些具有普遍规律性的形态和表现，从而让我国读者了解和认识世界上各个民族在其为自身发展而斗争的艺术实践中的地位。

——朱伯雄主编：《世界美术史》，第1卷，前言，13页，

济南，山东美术出版社，1986

该书共约300万字，每卷附300幅左右图片。在地域上除欧洲美术外，还用较大篇幅介绍中国、印度、日本、非洲、美洲、大洋洲等国家和地区的美术，打破"西方中心论"，以中国人的眼光从世界范围来考察美术史问题。为在中国进行美术史研究开辟了一条道路。

我国学者编写的多卷本中国美术通史亦取得了一些成果。如王伯敏主编的八卷本《中国美术通史》、六卷本《中国少数民族美术史》，王朝闻、邓福星主编的《中国美术史》15卷本。李浴曾计划独著八卷本《中国美术史》并陆续出版，然而完成两卷后，李先生便仙逝了。王伯敏主编，华夏、葛路、陈少丰等人协助主编和编写的《中国美术通史》是我国第一部多卷本美术通史著作，1987年由山东教育出版社出版。第八卷为索引，第一卷到第七卷论述我国美术从原始社会发展到现代的历程。在写作体例上，该书仍按朝代划分，内容扩展为建筑艺术、雕塑、绘画、版画、书法篆刻和工艺美术六个艺术部门。该书在写作中比较重史料的梳理，论之有据。并注意图文结合，行文平稳，体系全备，是一部有特点的中国美术通史之作，其对多卷本中国美术通史研究起了开拓作用。

总之，艺术通史的写作，是衡量艺术史研究者水平的一个标尺，同时也最能折射出一个国家所具有的艺术史研究水平，因此我们应了解和学习艺术通史的基本写法和注意审视自己的艺术史观，借鉴西方艺术史学的研究成果，为艺术史学科发展贡献出自己的聪明才智，在新的世纪，希望能看到更多的高质量的艺术通史著作出版，使艺术史学科不断发展，并且为大众提供他们进入艺术之宫的钥匙。

在艺术门类史研究方面也可以写作多卷本艺术史，例如丛文俊等人编撰的七卷本《中国书法史》，有七位知名专家各承担一卷的写作，丛文俊写作先秦·秦代卷，华人德写作两汉卷，刘涛写作魏晋南北朝卷，朱关田写作隋唐五代卷，曹宝麟写作宋辽金卷，黄惇写作元明卷，刘恒写作清代卷，他们合作完成了七卷本规模宏大的中国书法史。每一卷又都可以单独成为断代史，合七卷断代史而为中国书法通史。丛文俊在全书"引言"中谈到相关的编写思想和原则，认为"一部书法通史，必

须按照史学的要求，提出和回答他所面临的主要问题"。"随着地下出土文字遗迹的日益宏富，相关学科的研究成果累积日巨，不断地对书法研究提出新的课题，影响着书法史很大的部分。"他还指出，要编写一部书法通史，必须做到正确解释各种书法现象，解释其内在规律和外部背景，使书法史学充满生机活力，并具有理论的支撑。

因作者是七人，在编写中如何尽量做到在各卷写作风格和观念上保持联系，是要考虑的一个实际问题。丛文俊介绍他们的做法：

> 本书分工写作，合七卷断代史而为中国书法通史，其优点是集各家所长，全书充实而丰韵，不足则在于难以融会贯通，前后呼应而一致。例如，凡涉及到两卷以上的问题，均难于展开讨论，也不易把握评判的标准，加之各分卷作者的学术思想和观点、方法本不尽相同，个卷之间难免存在不一致，甚至相互矛盾之处。为弥补这一缺憾，本书特置总论于前，系统论述一下四项内容。其一，探讨书法史与书法艺术的传统，为三千年书法史的发展寻找活的灵魂，并由此试图建立起新的书法史观和指导学术研究的理论方法。其二，总结、评价古人对书法的理解和阐释，充分利用古代书论，帮助我们复原或接近历史的真实，并与传统相结合，为中国书法艺术确立坐标。其三，以书体演进的线索系挂作品，从不同的角度和层面，概括说明前期书法史。其四，以书家和书法传承系挂作品，证以时代风尚和流变，系统梳理后期书法史。在前、后其书法史之间，东汉、魏晋是兼乎二者的过渡时期。
>
> ——丛文俊：《中国书法史（先秦·秦代）》，3页，
>
> 南京，江苏教育出版社，2009

在多人合著艺术史的过程中，确实存在一个如何分工合作的问题，解决好这一问题，需要一定的智慧，既要发挥各位专家的长处和研究个性，确保各自有独立见解，同时又要大体在行文风格和主要学术观点方面，前后基本一致和相连。

第五章
艺术学科学位论文写作

　　艺术学科学位论文写作是高等艺术院校或综合大学艺术院系学生及科研机构研究生写作并以此获取一定等级学位的论文，本科生完成四年学习后，各门成绩达到一定标准，然后要完成一篇毕业论文，通过论文答辩，方能取得学士学位。至于硕士研究生和博士研究生在完成学位课程后，其学位论文写作至关重要，因为其学位论文代表他们学习和研究的水平，包括他们在本学科中的基础知识及创新意识与创造能力。学位论文是考核硕士研究生和博士研究生是否达到相应水平的主要依据，因此，写好学位论文是获取学位的最重要的环节。

第一节　艺术学科学位论文写作的选题与创意

　　1906年，25岁的艺术史学生威廉·沃林格尔（Wilhelm Worringer）写成一篇论文，两年后，这篇论文以《抽象与移情：风格心理学论稿》为标题成书出版。沃林格尔作为一名学生写成的这篇论文或著作，对于"风格心理学"所做出的学术贡献，后来被证明是20世纪最有影响的艺术理论文献，《抽象与移情》与康定斯基的《论艺术中的精神》被认为是20世纪抽象艺术的纲领性文件。它对于现代艺术将要采取的新态度提供了美学和心理学的基础，沃林格尔提出了两个概念，一个概念是"抽象"，两千年来它一直是理解人类认识活动的工具，另一个概念是"移情"，它是一个19世纪才从浪漫主义哲学中产生出来的概念。沃林格尔在42年后以职业学者所特有的含蓄这样谈及他的论文："我打算故作谦虚地假装没有意识到一位不知名的青年学生所写的论文出版后对于别人的个人生活及整个时代的理智生活所带来的历史性影响。"他认为自己在某些问题上的立场出乎意料地与整个时代从根本上重新确定审美价值标准的趋向合上拍了。"仅仅用于历史阐释的理论直接转移到这个时代激进的艺术运动之中。"沃林格尔从罗马晚期、古埃及以及中世纪艺术中，发现与移情冲动不同的还有一种抽象冲动，抽象产生于对宇宙混沌的认识，运用抽象可以抑制对空间的恐惧，抽象是最重要的艺术表现手段。这些论述对于西方长期流行的艺术摹仿自然的写实主义艺术观念无疑是一个巨大的打击。当时沃林格尔写作这篇论文时是1906年，现代艺术中仅以马蒂斯为代表的野兽主义于1905年产生了，而抽象主义艺术1910年才得以产生。也就是说，沃林格尔的这篇论文早于现代抽象艺术四年，他选择《抽象与移情》这个题目，具有前瞻性，这种对艺术历史的回顾与研究从而得出的有关观点，被很快转移到现代艺术运动中，可以说对现代抽象艺术提供了理论根据，对20世纪艺术史学与艺术美学产生了深远的影响。这篇论文的创造性是显而易见的。

在学位论文的写作中选题和创意是很重要的，要选择富有新意的题目或对有关艺术的基本问题从新的角度进行研究，拓展新的研究领域，或者深化对有关问题的研究。

被称为"美学之父"的学者是德国启蒙运动美学的创立者鲍姆嘉通（Baumgartten，1714—1762），他第一次采用了"Aesthetic"这个术语，第一次提出将美学独立出来，即从混同于哲学中的美学分离出来，使美学成为一门独立学科，1750年他出版美学巨著《美学》，使美学这门学科正式诞生。早在1735年，鲍姆嘉通在他的博士论文《关于诗的哲学沉思录》中提出，感性认识也可以成为科学研究的对象，它和理性认识一样，都能通向真理，提供知识。他在这篇博士论文中抱怨以往的逻辑学研究范围太狭窄，它只研究理性认识而忽视感性认识，例如认为诗只和感性认识有关而被排斥在哲学研究之外。鲍姆嘉通要求哲学应当研究低级的感性认识，以求"改进感性认识能力，增强它们，而且更成功地应用它们以造福于全世界"。鲍姆嘉通的这篇博士论文创造性地提出了美学这门学科，"理性事物应当凭高级认识能力作为逻辑学的对象去认识，而感性事物（应该凭低级认识能力去认识）则属于知觉的科学，或感性学（Aesthetic），鲍姆嘉通从希腊文中找到"埃斯特惕卡"（感性学）这个词来给这门学科命名，这就是我们今天讲的美学。所谓"知觉的科学"也就是审美的科学。

鲍姆嘉通通过这篇博士论文从研究诗学和认识论的角度来提出建立美学这门新学科，他把感性认识当作这门新学科的研究对象，美学取得了和逻辑学平行的学科地位。可见，这篇博士论文带来了一个新的研究领域，具有开拓性质。特别是硕士学位和博士学位论文选题与写作，作者应该有敏锐的目光，选择富有学术价值和研究意义的题目进行研究，提出创造性的思想。

湖北美术学院美术学系首届美术学专业本科生（1995级）刘向娟同学（现为艺术学博士，上海大学美术学院副教授），1999年6月毕业，她在学校学习的主要是中外美术史、艺术理论和美学等课程，兼修中国工艺美术史和设计史。她在毕业论文的选题中，选择了《中国平面设计20年》

这个题目（指导老师：周益民教授），集中对20世纪80年代以来的中国平面设计的历程进行概括和总结，并提出今后中国平面设计的发展趋势。此文选题新颖，论述清楚，荣获鲁迅美术学院举办的"美苑杯"本科生毕业论文一等奖。

原清华大学美术学院杭间教授1994年在中央工艺美术学院博士研究生毕业，他提交的博士论文是《中国工艺美学思想史》（导师为田自秉教授）。该文后在北岳文艺出版社出版（1994年太原），并获得中国百篇优秀博士学位论文奖。该文系统整理出中国古代工艺美学思想的发展线索，作者比较了作为研究物质形态艺术的工艺美学与哲学、美学的关系，阐述了工具、技术的哲学思考对建立工艺美学的作用，着重说明了功能问题在工艺美学中的特殊意义。作者将中国古代工艺美学思想发展的特点归纳成下面几个方面，1. 重己役物——以人为主体是工艺美学思想的基石；2. 致用利人——强调实用、讲求功能是工艺美学的重要内容；3. 审曲面势、各随其宜——工艺美学的最高标准是适应生活方式；4. 巧法造化——强调人与自然的和谐；5. 技以载道——强调道器的统一是工艺发展的必由之路；6. 文质彬彬——形式与内容的统一、功能与装饰的统一。作者认为，工艺美学与传统美学体系的最大区别，是除了形式的审美活动等外，还涉及到技术、材料、工具等问题。造物作为人类生存能力的延续，从本质上来说，是人和工具的关系，是人类以技术在和自然相处中，如何把握自己的问题，而审美关系也可归结到这一点上，因此，将工艺（包括技术、材料或工具）在人类中形成的关系——"需要——工艺——需要对象"，看成是工艺美学的最重要的基础，那么由工艺作中介的人的一切活动便有了与传统美学不同的意义。

杭间的这篇博士论文选择以往人们忽视的工艺美学这个题目来做文章，具体以中国工艺美学思想发展史作为研究对象，所选题目十分有意义，论文中的主体章节系统地阐述了工艺美学的风格演变。在我国六七千年的工艺美术发展中，彩陶、青铜为我们创造了灿烂的古代工艺文化，唐锦、瓷也是中华民族工艺文化的骄傲。汉之深沉宏大，魏晋之秀骨清相，唐之雍容典雅，宋之理学主流，明之经世致用，各具特色，发光放彩。正如杭间的导师田自秉教授在该书的序中所说："全书贯穿了工艺美学的主线，勾画了工艺美学的轮廓，给人以全面的认识和印象。"《中国工艺美学思想史》的出版，不只是对工艺美学学术领域的一大贡献，也是对美学学科的新的开拓。"

第二节　艺术学科学位论文写作的论证与表述

在写作艺术类学位文章时，一旦定了选题，然后运用材料进行论证就十分重要了。硕士学位和博士学位文章写作，都要求提出有创造性的观点，而对这些观点必须从逻辑上给予论证，要做到材料和观点的统一。

山东工艺美术学院教授、艺术学博士唐家路（东南大学博士、现为山东工艺美院教授、山东省美术家协会副主席），于1996年在湖北美术学院美术原理研究方向硕士研究生毕业，他的硕士学位论文《民间美术的功能特征》获1996年"美苑杯"硕士学位论文二等奖，导师为汤麟教授与陈池瑜教授。该文全文在《美术学研究》第一集上发表（长江文艺出版社，1997年）。民间美术的性质及其品类与一般的纯美术有着较大的不同，因而也决定了自身的功能特征。该文将民间美术置于民众生活、艺术形态和民间文化的整体基础之上，试图以一种较为全面的研究取向来探讨民间美术的功能。唐家路将民间美术的功能概括为三个部分，即实用——生活功能、精神——审美功能、民俗——文化功能，认为这三种功能作为一个整体，全面作用于人们的社会生活和精神活动的各个方面。（图67）

该文作者对民间美术的功能作了新的较为全面的论述，在学位论文答辩会上，著名美学家刘纲纪先生对该文给予了很高的评价，并给予优等分数。该文在提出民间美术的三大功能特征后，又分别从三个方面对民间美术的三大功能进行论证。论证如下，其一，民间美术不仅同构于原始艺术的混合性，而且与人们的现实生活密切贴近，因而具有强烈的实用生活功能。实用生活的要求使民间工艺造物思想既有较强的科学理性精神，同时，受中国民间文化的影响，这种造物观念又注重情感与理性、主观与客观、技术与艺术的融合。民间美术还是民众生活整体的一部分，并具有动态的活动过程的意义。这就是实用——生活功能。其二，人们在满足基本的生存生活要求的同时，又创造了实用与审美同体或以审美为主的艺术作品，因而民间

图67 榴开生子，剪纸，约1950年，济南剪子巷

美术具有强烈的审美功能，但民间审美意识与功利意识的统一又决定了民间美术精神性的功能是以审美功能为主的多样功能的统一。这即是民间美术的精神——审美功能。其三，在论及民间美术的民俗——文化功能时，作者从民俗、民间美术、文化三者之间的关系进行探讨，认为民俗与民间美术相互交融，民俗是民间美术的创作基础和源泉，民间美术又丰富充实了民俗活动。另外，民间美术不仅作为一种精神性的文化形态体现了民间文化观念，并对民间文化的传承传播起了一定的作用，而且民间美术作为一种艺术产品形式又是一种物态的文化，并参与到自然、社会中去，发挥重要的文化作用。

该文在表述方面也显得既有较强的逻辑性，同时亦平易流畅，生动自如。作者在叙述民俗活动与民间美本的关系时指出："民俗活动包含了大量的民间美术，为民间美术的创造提供了大量的素材和原动力，同时民俗活动和民俗观念又规约了民间美术的创造，使民间美术呈现出浓厚的民俗倾向，另一方面民间美术又丰富、充实了民俗活动的内容和活动情境，使民俗活动更为多姿多彩，同时也反映了一定的民俗事象。"这一段可以说比较简洁地概括了民俗与民间艺术相互影响的关系。接着作者举例进一步加以论证：

> 在众多的民俗活动中，民间美术以其形象、直观、生动的形式强化了民俗的活动情境，增添了民俗活动的兴味，使民俗的生活整体过程更具有动态性。在这种活动情境中，民间美术首先也是被视为动态的民俗事象，而不仅仅是一种静态的艺术形式。新年的年画、窗花、门笺、枣山馍，元宵的灯彩、高跷、台阁、舞狮，儿童生日的礼馍、虎头鞋、虎头帽、五毒马甲，婚礼上的"喜"字花、绣花枕、绣花鞋、礼馍，居宅上的砖雕、石雕、木雕、脊兽、居室格局以及奠基、上梁立柱的面花，诸如此类。无论是岁时节日民俗、人生礼俗、居住习俗、服饰习俗，还是饮食、信仰、游艺、竞技民俗，民间美术都丰富、强化了民俗活动的气氛，使民俗活动得到更为生动的展示。从这种意义上讲，民间美术不仅是民俗的重要组成部分和民俗活动的重要内容，同时也使我们看到民间美术的民俗价值、文化意义及其生活内涵。也就是说，民间美术贯穿于民俗活动中，是一种有形的文化。具体化的民俗，不仅具有作为艺术所具有的一般功能，而且具有高扬民俗的社会意义和价值的作用。

唐家路的这篇硕士论文在表述上比较严谨，因涉及到民间艺术的种类，所以他也收集和列举了各种民间艺术的造型、样式和风格特征，考察它们不同于纯美术的功能和性质。作者毕业后，对中国民间美术作了进一步思考，将有关这篇硕士学位论文的观点加以深化和扩展，与潘鲁生教授一起合著了《中国民间美术学导论》一书，由黑龙江美术出版社2000年出版。

图 68　中国原始社会新石器时代石刀和石斧

　　在博士学位论文写作中，提出创造性观点更为重要，同时对所提出的观点应加以充分地论证。中国艺术研究院美术研究所所长邓福星博士 1985 年完成了他的博士论文《原始艺术研究》，他在此前正担任由他的导师著名美学家王朝闻先生任总主编的国家项目《中国美术史》原始卷的主编，他将原始卷的主编工作同博士论文的写作结合起来，结果两项工作都完成得很好。他在博士论文中，对艺术的起源的有关理论先进行梳理和分析，然后自己对原始艺术的发生提出了独自的观点，认为艺术的起源与人类起源同步。邓福星认为工具或史前建筑是人类最早的创造物。人类的第一件工具是以后所有创造物的起点和最初形态。它包孕着人类在以后一切（精神和物质的）创造活动中所有的最初的要素，蕴含着创作的思维和想象，也体现了并增进着创造实践的技能、技巧。在这种意义上说，最初工具的制造和最早艺术品的产生是同一的创造，他认为人类的第一件艺术品同时也是第一件工具，都是在劳动过程中诞生的。而人类的诞生也正是以制造工具作为标志。王朝闻先生在为邓福星的博士论文成书《艺术前的艺术》所写的序中，认为邓福星同志贯彻了正确的历史观，是从宏观角度去看待艺术实际的。"他把艺术当作与人类的存在相伴着的一种精神活动的发生和发展过程。他所提出的艺术起源与人类起源是同步发生的观点，有独创性和科学性。在一定意义上看来，人类的第一件工具和人类第一件艺术品是有同一性的。"（图 68）邓福星提出这个观点后，从三个方面加以论述，即 1. 人类的第一件工具是以后所有创造物的起点和最初形态，第一件工具的创造，是人类一切精神的物质的创造活动的胚胎；2. 人类早期的物质生产和精神生产是交织在一起的，没有可以分割开来的确定性的界限，因而他们的物质产品和精神产品在当时是混沌同一的；3. 从史前艺术的特征出发并就其创造性的意义而言，人类最初那简陋的石器和后来较为精细的彩陶、玉器……同属于史前艺术，它们的具体形态虽然不同，却没有根本性质的区别，后来的一切创造物都是对第一件工具的继承和发展，这样邓福星进行较为充分的论证，既然艺术的发生可以追溯到第一件工具，艺术发生的上限与人类历史的开端是同一的。

1985年11月6日，由著名美学家、哲学家、艺术学家王朝闻、刘纲纪、陆梅林、朱狄和王琦组成答辩委员会，对邓福星的博士学位论文《原始艺术研究》进行提问和答辩，答辩委员会写的评语如下：

原始艺术是一个具有多方面重要理论意义的复杂问题，目前国内对这一问题的研究很少，系统的研究尤为少见。本文在这方面作出了比较深入系统的探索，取得了一定的成就。

本文力求以历史唯物主义与辩证唯物主义观点对原始艺术作全面深入的研究，作者在占有大量资料的基础上，就原始艺术的形成及其发展的不同阶段，原始艺术的特征及其分类等诸多方面的问题，提出了有相当独创性的见解，有一定的开拓性和学术价值。作者明确提出了"艺术起源与人类起源同步"这一有新意的假说，辨析了关于艺术起源的各种主要学说，并考察了人类意识、心理、社会诸因素在艺术起源中的作用，对于原始艺术上限的确定作了较充分的阐述。全文条理分明，史论结合较好，体现了作者在这门学科上有较深厚的理论基础和系统深入的专门知识，体现了作者较高的思考、分析、综合、概括的能力，也体现了作者具有理论联系实际的学风。

邓福星通过答辩，以这篇优秀论文《原始艺术研究》，获得美术学（文学）博士学位。

在学位论文的写作中，有的选题偏重于对史的阐述，这就要求作者要发掘和梳理史料并找出所研究课题的历史发展规律，提出自己的观点，在论文的表述上，要求材料准确，取舍得当，叙述清楚。

中国艺术研究院美术学专业博士郭晓川，其博士学位论文《西方美术史研究评述》（导师邓福星研究员），内容主要是对西方近代以来即从文艺复兴到当代的西方美术史学的研究。论文将西方近现代美术史研究划分为文艺复兴、启蒙运动、浪漫主义——实证主义或现实主义、现代——后现代主义四个时期。对各个时期的社会文化背景美术史观念和方法论特征及其代表人物与典型著述均作了一定研究。这个选题在国内属于首创，该文后来成书以《西方美术史研究评述》由黑龙江美术出版社出版，被列为邓福星主编的《美术学文库》之一。

该文作者对美术史学相关的问题进行思考，从一个较为广阔的背景上叙述西方近现代美术史学。认为西方美术史研究（或美术史学）是对西方的美术史研究和理论的发展状况所做的综合性考察，它具体包括着美术史具体问题的研究，美术史理论与美术史哲学三个方面。美术史具体问题的研究是指对一些美术史个案的考察，如一个或数个时期或阶段，一个、几个或一组艺术家及其作品，一个或多个具体的问题，如风格、流派、演变等。美术史理论一方面包括在对具体的美术问题考察的基础上所形成的一些理论总结，如范畴、原理和方法，另一方面包括一些理论上的假设或设定，如发展、结构、原因。美术史哲学即对美术史所做的哲学思考，它是关于实际发生的美术史、书写的美术史以及美术理论三方面所进行的一般性的沉思。这样，该文作者郭晓川对美术史学在观念上有了一个清晰的认识，将西方的美术史研究同相关的西方人文科学紧密联系在一起考察，如文艺复兴时期美术史研究与人文主义的思想观念紧密相连，与18世纪以后美术史研究十分密切。此外，美术史与历史学、社会学、政治学、经济学、心理学、考古学以及相关的自然科学部门都有一定的联系。因此郭晓川在博士论文的写作中一方面梳理西方美术史学的史料，另一方面则强调哲学等人文科学对美术史研究的影响，这样就避免了有些写史的论文和著作中堆砌材料，缺乏观念和理论深度的弊端，做到材料和观点的统一。

第三节 艺术学科学士学位论文写作

艺术院校本科生毕业时，从事艺术实践专业包括艺术教育专业的学生在完成专业课程及文化课程的学习、取得相应的成绩和学分后，毕业前还要在专业创作与设计或者表演等方面展示自己所学的专业上所达到的水平，如学美术的举行绘画雕塑展览，学艺术设计的要举行设计展览，而学音乐舞蹈的则要举行音乐会或舞蹈汇报演出，当然这些创作活动在某种意义上比他们的毕业论文更加重要，但现在随着教育部门对本科生获取学士学位的统一要求对毕业论文的分量增加，从事艺术实践专业的学生也应写出具有获取相应学位水平的论文，也要进行艺术学位论文答辩。这首先要求导师对本科生毕业论文应引起足够的重视，不能只重视创作、设计和表演，同时也应重视对论文的指导。如果一位本科生的创作作品富有新意，是一件优秀作品，同时其毕业论文也写得很漂亮，且两全其美，那当然更好。至于学艺术史论专业的本科生，他们毕业时成果的主要展示方式自然是毕业论文，因而毕业论文的写作对他们来说就更加重要，艺术史论本科生的毕业论文优秀者，导师可推荐公开发表。

艺术实践专业本科生的毕业论文，一般可分两大类，其一是结合自己所创作的作品进行理论分析，或者对与作品有关的问题进行探讨。其二是和自己的创作没有多大关系，另选一个题目进行论文写作。如果属于前一种，则应对自己的创作想法、构思、创作中形成的观念、创作主题以及创作中的技法、形式、媒介材料及艺术语言风格进行记叙、总结，并对所创作的作品的意义及艺术价值进行阐述，或者对自己创作中的相关的理论问题进行较深入地思考和研究。后一类论文则要选择好题目；一般对当代艺术创作或评论中比较敏感的问题进行探讨或者参与某些学术界正在讨论的热点问题的探讨，发表自己的意见，或者选择一个大家不太注意的而有一定的价值的问题进行研究。

　　一般来说，本科生选择题目进行毕业论文的写作，要考虑到自己的知识限量及时间问题，因为本科生写作毕业论文不像硕士研究生或博士研究生具有一到二年的时间收集材料和写作，本科生一般只有半年时间，且这样半年中还要进行艺术创作或者选修其他课程，即使艺术史论专业的本科生不需搞毕业创作，半年要写好一篇论文，时间仍很紧张，因为一般来说，本科生写作论文还是一个学习阶段，不像已成名后的专家，写作一篇较好的论文可能只要一个月、两个月。

　　本科生的毕业论文一般五千字左右即可。由于要考虑到本科生的知识限量和时间问题，因此选题要量力而行，不能求大，而要适中。一般来说应选择紧密结合自己所学课程及相关的自己以前就有一定兴趣和思考过的问题，再在老师指导下进一步收集材料和进行思考与研究，最后成文。一般写作步骤为选题、收集材料、写出提纲、选择材料、确定观点、进行论证、征求意见、进行修改、完成论文。

　　鲁迅美术学院1997届设计专业本科毕业生刘朝辉同学，其毕业设计作品《运动车设计（造型）》获鲁迅美术学院主办的"美苑杯"一等奖，其毕业论文《设计与人——毕业设计有感》获"美苑杯"本科生毕业论文三等奖。

　　《设计与人——毕业设计有感》一文结合刘朝辉自己设计的运动车来谈对设计的感想。文章首先概括20世纪初电子管、飞机、狭义相对论以及艺术中的现代派、雕塑中的活动雕塑等先后产生，科学技术革命的强大声势，震撼着并改变着人们的观念，而在科学与艺术的临界处，工业设计这一新的学科产生了。进而作者对工业设计在现代社会中的作用进行了概述："世界各先进工业国家，由于普遍重视工业设计，因此极大地推动了工业和经济的发展与社会生活水平的提高，尤其是近几十年来，工业设计已远远超过工业生产活动的范围，成为一种文化形式，它不仅在市场竞争中起决定性作用，而且对人类社会生活的各个方面产生了巨大的影响。工业设计正在解决人类社会现实的与未来的问题，正在创造引导人类健康的工作与生活，并直接参与重大社会决策与变革。我们不难看出，设计与人类有着密切的关系。"这样，该文可以说采取由大到小、由远及近的方法，从自然科学的发展说到设计艺术的产生，再到工业设计在社会的经济文化生活中的巨大作用，落脚点在设计与人的关系。作者赞同以"人为核心"的设计价值观，现今和未来的工业设计不论怎样随着科学与技术的飞速发展而变化，它的体现准则总要以人的要求为前提，服务于人，从属于人。该文在谈到工业设计在现代社会中的交流作用时指出：

> 工业设计不仅仅提供人类以良好的人—机关系，提供舒适、安全、美观的工作环境和生活环境，提供人类以方便的工具，同时，也是促进人类在现代社会中能够方便和自然地交流的重要手段。在现代社会中人类之间的互相交流是通过大致两个方面的方式进行的：一个是以人与人之间的行为进行的交流，比如，语言、文字、手势等等；另外一个方面，则是人与人通过物的方式进行交流。而第二个方面是大量的、普遍的。如各种标志、各种广告、包装及更多的通用化的产品设计，除了一般的功能以外，也包含了普遍的交流性在内。

该文作者上面的论述，表明他对工业设计的产生和作用，具有一定的基本知识，而这些论文亦为他的设计作品提供理论根据，同时为他的毕业论文作了背景交待。

接着文章叙述他遵循"以人为核心"的设计原则，设计出运动车造型。在设计过程中，他大量收集自行车的资料和数据，同时对市场也展开了调查，了解到目前自行车仍然是我国大众生活中的一种重要的交通工具，因此设计运动车有市场需求。在民意调查中，他了解到购买自行车以样式为主要购买条件，功能、价格其次，占百分之四十，以价格为主要条件的为百分之十七。由此他分析出"自行车功能与样式相结合的设计是市场需求的一个主要方向，是消费者期望把自行车的老面孔焕然一新的迫切要求。在调查过程中，青少年的这种心理尤其强烈。因此我把课题的具体方向定位在以多功能、方便灵活、样式新颖为主旨的'运动车'设计上"。

然后他将自己的设计定位思想亦加以表述：第一、基本功能齐全；第二、操作灵活性强；第三、以功能为前提的造型与之完善结合；第四、成本在此基础上可能有所高，但不能太高。他最后优选的方案定稿为：内变速，后轮减震，灵敏度高的涨闸设计，舒适的骑行姿势设计并可在运动中减少风阻，方便灵活的20#小轮，整体流畅的车身设计，运动感强，造型新颖。这一段实际上对他自己的设计产品进行了介绍，使人更清楚他的设计意图。

最后，他谈到这次毕业设计后的体会，"通过这次毕业设计市场调查分析所取得的一些信息，给我的感觉，人类活动在社会中的地位提高到以往任何时代无法比拟的程度，并再一次从传统意识中解放出来，人们的意识正在提高，这要求我们作为现代设计的人才，应有更全面的思维，更高的设计意识去服务人类"。同时他还谈到由于现代工业产品涉及的工程问题越来越复杂，而人的具体要求越来越复杂，这也就要求设计家应有广博的知识，要了解和研究人体工程学、产品语意学、消费心理学和购买行为科学等等边缘学科的知识，增加设计师的自身修养等。

这篇毕业论文较好地把对设计与人的关系问题的论述同作者自己设计的《运动车》结合起来，

既一般性地探讨了设计与人的理论问题，又将自己的设计思想、设计过程、设计体会展现出来，是一篇结合自己创作设计写作出来的较为优秀的本科毕业论文。

中央美术学院美术史系1997届美术史专业本科生郭西萌本科毕业论文《徐悲鸿和林风眠美术教育思想的历史比较》，采用比较的方法，对中国现代二位著名画家美术教育家徐悲鸿与林风眠的美术教育思想进行比较。虽然对徐悲鸿与林风眠的艺术思想及艺术特点有不少研究家作过分析探讨，但还无人将二位艺术家的美术教育思想从历史的角度进行系统比较。该文选择这个题目是想通过对徐悲鸿和林风眠的两种教育观的比较，以此作为切入点，从而把握中国现代美术教育的特点，并为理解近百年中国美术提供一条新的路径。

该文作者认为，徐、林二人生活在相同的时代背景下，有着相似的涉洋求学经历，又先后回国投身美术教育事业，有志于把中国美术推向现代化、大众化。但他们始终没有拧成一股绳，而在教育路线上分道扬镳。林风眠的教育理想在抗战伊始即走向破产，被迫退出教育界，而这又与所谓的"徐悲鸿教育体系"最终在新中国的美术教坛上独占鳌头形成鲜明对比。无论当我们回首近现代美术教育的历史，还是研究徐、林的个人艺术时，他们二人戏剧性的教育经历，都不免使我们深思。

该文在结构上分为引言和正文三个部分，引言主要简述研究这个课题的意义。正文三个部分分别为：第一部分"早年艺术经历和教育思想的萌生"，从"五四"前后的社会文化大背景入手，力求在二人同中有异的早年艺术经历中，找到形成其教育思想的线索；第二部分"两条道路"，从艺术观、教育观到教学方法对二人教育思想进行全面的比较阐述；第三部分"时代取舍和历史反思"，试图站在历史的高度，对造成徐、林教育思想不同命运的原因作出较客观的分析。该文最后还附有"徐林教育经历对照"表。结构比较完整，并提出了一些自己的研究心得和见解。如该文对徐悲鸿与林风眠的艺术经历同他们的教育思想的关系的探讨，我认为比较符合实际。徐、林不同的艺术教育路

图69 徐悲鸿，愚公移山图，1940年，纸本设色，1.43米×4.24米，徐悲鸿纪念馆藏

图70 林风眠，宝莲灯，约1950年代初，66.6厘米×66.6厘米，纸本彩墨，香港梅洁楼藏

线的选择是一个历史的过程，作者从他们早年的经历与师承中找出些线索和端倪。（图69、图70）

徐悲鸿以父子师徒方式从父习画，并临吴友如人物画，画像一度成为他谋生的手段，从担任彭城中学图画教员，到哈同花园美术指导、仓圣明智大学教授和康有为家中图画教员，都是得力于他写实人物的本事，在他以后的教育思想中，对具有写实精神的人物画也一直是情有独钟。作者还特别指出徐悲鸿求艺的年代康有为与达仰两位恩师的作用，他们对徐悲鸿艺术立场和风格取向的确立有至关重要的作用。1915年徐有幸结识了康有为并深得赏识，被康收为弟子。康有为极力赞颂宋代院体画的写实精神而批判文人画的淡泊意笔，主张用西方写实主义来改造中国画，预言中国画改革趋势必为"合中西画而为画学新纪元"。这些观点决定性地影响了徐悲鸿的艺术与教育思想。徐悲鸿还从达仰那里学到了系统的学院派技法，并坚定了一条写实主义路线。郭西萌在文中认为这些成了徐悲鸿终生进行艺术教育实践的基石。

林风眠所接受的艺术观念是另外一回事。法国第戎美术学院院长杨西斯和我国著名教育家蔡元培对他的艺术观和教育观影响最大，当林风眠沉缅于柯罗蒙画室自然主义的框子里时，杨西斯让他注意东方，注意更广阔的世界美术，同时将雕塑、陶瓷、民间工艺等与绘画一起纳人视野。杨西斯启发了林风眠一颗"开放的心灵"，在对古今中西的综合比较中形成了他中西绘画调和互补的观念，个人风格取向上更多地向现代派如野兽主义、立体主义艺术吸取营养，在他以后的教育思想中比较宽容和自由，所培养的学生对现代艺术具有开创精神，如赵无极、赵春翔。该文作者还分析了林风眠与蔡元培的关系，蔡器重林的艺术才能并委以美育重任，林则成为蔡美育思想最忠实的支持和贯彻者。林风眠以蔡元培"兼容并包""思想自由"的办学主张为参照，在国立西湖艺专提出"调和中西艺术，创造时代艺术"的办学方针。该文通过对林风眠与徐悲鸿所受艺术教育不同、接受的艺术观不同，从而导致他们虽同时在法留学，先后回国办美术学院，而艺术教育观却相异的思想根源进行揭示，对我们全面认识徐、林的艺术及其教育观有一定的帮助。

有时当有关研究的内容已有众多成果的情况下，而学生又对该内容有兴趣，这就需要寻找一个切入点来对其研究课题作一些有益的探讨和补充，避免和别人的研究重复。大家都注意的课题当然往往也是意义和影响比较大的课题，选择这类题目作论文，如果能提出自己的见解，也就具有了一定的学术价值。

湖北美术学院美术学系1995级首届美术学专业毕业生陈晶同学（1999年毕业，现为湖北美术学院美术学系主任、副教授）的毕业论文《宗白华意境理论初探》（指导老师为陈池瑜教授和王子怡老师），选择了我国现代著名美术家宗白华的美学思想中的一个重要组成部分意境理论作为研究的对象。陈晶认为："宗白华的美学理论是诗性感悟的，纵观宗白华的审美分析和艺术批评，'意境'这一诗性的美学范畴恰是其中心范畴，意境理论则是他文艺思想的主干。"宗白华在40年代就提出"就中国艺术方面——这中国文化史上最中心最有世界贡献的一方面，研寻其意境的特构，以窥探中国心灵的幽情壮采，也是民族文化的自省工作"。宗白华十分重视对意境的研究，把意境作为中国画、中国诗、中国园林等艺术中最高的审美境界，陈晶通过对宗白华的意境理论的研究来探讨宗白华的美学思想上的特征。她主要以宗白华的几篇代表论文《中国艺术意境之诞生》《论文艺的空灵与充实》《论中西画法的渊源与基础》《中国诗画中所表现的空间意识》《中国美学史中重要问题的初步探索》等为研究对象，概括出宗白华意境理论的几个主要特点，即一、情与景，二、心与物，三、虚与实，四、生命律动论。五、中西比较论。如陈晶在该文的第五部分"中西比较论"，阐述宗白华通过比较中国与西方艺术的不同点从而揭示中国艺术及其意境的特点：

根据中西空间表现和空间意趣的不同追求，宗白华进一步追溯到中西不同的文化背景和哲学根基。中国画之意境特征是根基于《易经》中的宇宙观，阴阳二气化生万物，生生不已的阴阳气织成一种有节奏的生命，中国艺术意境就是"于静观寂照中，求返于自己深心的心灵节奏，以体合宇宙内部的生命节奏"，因此，意境终归是回到"天人合一"的思想上来。尤其是从山水诗，山水画中，不难体会到人向自然的回归，人对自然是抚爱的，同时也陶醉于自然的抚爱之中，是一种和睦共处的关系，而谈到西方绘画意境，宗白华认为"其渊源基础在于希腊的雕刻与建筑"，西方艺术成长于一个几何学、逻辑学发达的思想氛围中，他们习惯于抽身事外，物我对峙地进行冷静、理智的思考。如果说中国的思维模式是诗性的，更趋向艺术；那么西方的思维则是智性的，更趋向科学，从西方文明史上，可以明显地看到西方民族对自然的极大好奇和征服的欲望。在绘画上，正是因为采取的是一种与自然对视的态度，将自然作为异己的研究对象，使得西方艺术家以一种科学实验的严谨态度进行创作，力求掌握并不断发展透视学、解剖学……

对中西空间意识和艺术精神的比较研究，使宗白华意境论增加了一个重要而有特色的支点。对于中西比较，他的目的很明确"就是要从比较中见出中国美学的特点"。对于中西文化，他持拉开距离的态度的，他较客观地指出了二者的不同，但不难看出他扎根于中国文化的立足点和对中国艺术意境的不解情结。

以上叙述，可以看出陈晶对宗白华的意境理论把握得比较准确，且采用夹叙夹议的方式，既阐发宗白华的思想，又谈出自己的理解和体会，在论文答辩会上，该文受到专家们的好评。

另外，本科生在选择个案研究时，要考虑到自己的专业特点以及解决问题的角度。我在指导湖北美术学院1995年级美术学专业本科生耿明松（现为上海大学副教授、清华大学艺术学博士）写作《岑家梧艺术思想研究》一文时，帮助他分析岑家梧是一位在20世纪中期影响颇大的民族学家、人类学家，同时还是一位颇有造诣的艺术史家，他在日本留学期间，写成两本艺术史书即《史前艺术史》《图腾艺术史》，于20世纪30年代在国内出版，20世纪40年代又出版过《中国艺术论集》，但一般研究历史和民族学的专家，比较重视他的历史与民族学理论，而对他的艺术史研究成果注意不够。研究艺术史的人，又因为岑家梧不是专门的艺术史家，往往也忽略了他，这样，如果我们将岑家梧的艺术思想及艺术史研究成果加以总结，对于全面研究岑家梧是有价值的。选题确定后，我将我以前收集的岑家梧的专著转给耿明松同学，并介绍他到中南民族学院拜访岑家梧先生的夫人冯来仪教授（岑家梧先生"文革"中跳楼自杀），又收集到一些资料，最后他写成《岑家梧艺术思想研究》一文，该文从史前艺术方面、图腾艺术方面、中国古代艺术方面、民俗艺术与中国边疆民族艺术方面对岑家梧的艺术思想作了综合研究，成为第一篇专门研究岑家梧艺术思想的论文，受到冯来仪教授的好评，并在《中南民族学院学报》和《美术学研究》上发表。

本科毕业论文也要求训练论文基本写作格式，下面看看清华大学美术学院艺术史论系2013年毕业生王雅淋的写作提纲，包括标题、内容摘要、关键词、正文安排，结语等，因为艺术史论本科论文一般要求一万字左右，所以不必列章节，但论文可分为几大部分，理工科论文习惯用序数标出各段要点，现有的综合大学也有固定格式。王雅淋的本科论文提纲格式：

标题：海派王一亭绘画艺术分析

清华大学美术学院艺术史论系 王雅淋

指导教师：陈池瑜教授

摘要：王一亭是清末民初海派艺术家群体中重要的一员，与吴昌硕一起被誉为"海上双璧"，然而在近代中国书画史上他并没有占据重要席位。本文从王一亭的家世出身，艺术活动，艺术创作以及人物绘画几方面梳理总结了其书画艺术的特点，进而分析了他在海上画派中的地位，在中国近代书画史上的贡献，以推进王一亭绘画艺术的研究。

关键词：海上画派；王一亭；人物画；近代化

随着鸦片战争爆发，沿海城市开放，外国资本涌入，上海成为了中西经济文化交流的重要窗口。在经济繁荣的背景下，人们的思想和审美观念也发生了改变，中国画面临着商业化与世俗化的挑战。为了将自己的作品更好地推向市场，以海派为代表的艺术家们开始调整自己的艺术创作，为中国画的发展带来了新的面貌。王一亭（1867—1938）就是此时海派艺术家中的中坚力量。他通过自己的艺术天赋和极强的社会活动能力，为中国画的近代化转型做出了重要的贡献。王一亭，名震，号梅花馆主、海云楼主，40岁后又自号白龙山人。因笃信佛教，又名为觉器，字苦行头陀。作为19世纪末20世纪初上海滩声名显赫的大亨，王一亭在商界的名声或许早已掩盖了其在艺术界的地位。作为一位特殊的艺术家，王一亭与传统文人或艺术工作者的经济社会地位相去甚远。他是上海滩的名人，他在商界和政界的影响力与他艺术家身份的交织让他的艺术生涯充满了独特性与复杂性。为了深入研究王一亭的绘画艺术，本文将从以下几个方面展开：

1. 生平传略

1.1 家世出身

探讨了王一亭的生长环境，家庭背景以及外婆对他的启蒙教育。

1.2 学徒生涯

王一亭先是一个裱画的学徒，后来又去钱庄当学徒，至此，他遇到了人生中伯乐，迈上了经商的道路。

1.3 艺术活动

1.3.1 创办、参与美术社团，投资教育

他发起创办中国书画保存会、观海谈艺社、力社等，并加入海上题襟馆金石书画会等美术团体，对上海美术团体的建立与兴盛及中国绘画艺术的近代化起到了推波助澜的作用；他还参与美术教育（被聘为上海美专的校董，中国画科导师；担任天马会第一届绘画展览的中国画审查委员），赞助新型美术学校，大力发展教育事业。

1.3.2　艺术赈灾

他通过豫园书画会和海上题襟馆金石书画会等发起参加一系列的书画慈善赈灾活动，并多次以个人名义创作书画作品参加各种慈善活动；

1.3.3　中外交流

王一亭与日本书画界朋友广泛交往，并在上海举办中日画家联合展览。此外，他还致力于与西方世界进行艺术交流。其作品《柳鸦》到国外参加巡展，且最后被柏林人文博物馆特辟的中国名画厅选为长期保存展览的作品之一。

2. 艺术创作

2.1　师承关系

王一亭50岁以前的作品风格主要是受任伯年的影响，之后风格则受到了吴昌硕的影响，最终形成了个人独特的风格。

2.2　与任伯年绘画艺术之比较

王一亭人物画内容（题材）、人物画特征（造型、构图、线条、色彩）都有模仿任伯年的影子，并且多是学习任伯年中晚期的绘画技法。

2.3　与吴昌硕绘画艺术之比较

吴昌硕对王一亭的影响主要集中表现在花鸟画题材上，以及诗书画印浑然一体的影响。不过因二人经济地位悬殊，心境不同，创作的结果也不尽相同。

3. 王一亭的人物画分析

3.1　王一亭人物画的内容

王一亭的人物画题材也十分广泛，历史故事、民间传说、文人生活、佛像仙人、风俗人物、人物肖像等无不涉及。其中，风俗人物画可以说最具开拓性，最能反映当时人物画的新潮流。这类作品虽然目前可见的不多，但其风格特点却是相当突出，可以说是中国现代人物画史上的重要部分。

3.2　王一亭人物画的发展阶段及特征

王一亭的人物画风格大致可以分为三个阶段。第一阶段是学习任伯年时期，约1914年48岁以前，此时作品风格柔美秀丽；第二阶段是受吴昌硕影响前的过渡期，约1914—1927年之间，此时作品风格清新脱俗，独特性渐现；第三阶段是受吴昌硕影响后的个人风格时期，约1927年后，此时作品潇洒豪放。

3.3　王一亭人物画的历史地位

王一亭的人物画成熟于20世纪二三十年代，在20世纪初的中国画坛上放着独特闪耀的光芒，它们的出现标志着传统孤高荒寒的人物画开始进入现实生活中，中国人物画从此开始了由古典向现代转型的历程。他的粗笔大写意人物画潇洒脱俗，创作形式新颖，在后海派书画艺术中独树一帜，丰富了海派人物画风格。

4. 结语

在清末民国的商业环境中，在市场社会的书画界，王一亭没有以其经济上的优势推销作品求名，而是把精力放在推广教育，推销别人，做好慈善方面。在王一亭的努力下，清末民初的海派艺术在人物画内容、题材、技法方面都得到了丰富和补充，他独特的创造不是对传统的反叛，而是一种积极的演进，在他的笔下，我们看到了传统艺术在新时代的新风貌。

王雅琳的这篇论文，是对王一亭的个案研究，对王一亭的家世出身、艺术活动、艺术创作以及人物绘画等几方面进行梳理，总结其书画艺术的特点，揭示王一亭在清末民初海派艺术家群体中的重要作用和地位，他与吴昌硕一起被誉为"海上双璧"，被认为在近代中国书画史上应占据重要席位。该文被评为清华大学2013年度优秀本科论文。

本科毕业论文由于时间短及知识积累有限，一般选择个案研究比较适合。清华大学美术学院2014年艺术史论专业本科毕业生熊婷君所做的毕业论文为《潘玉良绘画作品中的线条特征》，这篇论文选取著名女画家潘玉良为个案研究对象，又选取她的绘画艺术中的线条加以专门研究，这样论题就比较集中。

潘玉良是中国现代著名画家，也是传播西方美术的前辈艺术家之一，旅法40年，潜心于"中西一冶"。她以西画启蒙，爱作人物，中期独辟蹊径，以线描入油画，以毛笔作速写（白描），在此基础上，晚年又开创了极具个人风格的彩墨画。她对中国式线条进行了创新性的运用，最终形成独特的艺术风格。

该文以作品分析为依托，对潘玉良各个时期绘画作品中的线条特征作系统的梳理和评价，厘清线条在潘玉良不同的画种中的不同表现，分析其影响来源和演变缘由，并与同类作品作比较，尽可

图71 潘玉良，女人体，油画，34厘米×44厘米

能获得一个科学的、真实的认识，并达到揭示潘玉良绘画风格特征的目的。

该文结构上分为引言和正文四个部分，最后做小结，具体章节如下：

第1章"引言"，主要简述选题的缘由和意义，并分析现阶段相关研究的现状及其不足之处。

第2章"潘玉良艺术创作概述"，简要概述潘玉良一生的艺术创作，人物画在其艺术风格表现中的突出地位，以及线条在其人物画中的独特运用。该文先摘取人物画（油画和彩墨画）的代表作品作分析，厘清其中线条演变的脉络。速写人物画单列出来谈。静物画、风景画则有所涉及。1、2章的阐述意在为接下来的具体分析做好背景铺设（图71）。

第3章"潘玉良人物画中的线条特征演变脉络"作为全文的重点，按时间顺序将潘玉良的艺术生涯分作4个时期，在每一段的论述中，基本采取如下结构：先考证生平，分析阶段内每一个可能的影响因素。而后进行阶段创作介绍，详尽分析几件代表作品，特别是作品中的线条使用，归纳其阶段绘画风格，最后以此阶段的线条特征作小结。一步步梳理出潘玉良"人物画中的线条特征演变脉络"，并给出自己的评价。潘玉良创作的四个时间段分别是："上海图画美术院时期（1918—1921）""第一次赴法（1921—1928）""回国十年（1928—1937）"和"第二次赴法（1937—1977）"。对应总结线条的四个时期："基础的训练""辅助造型""中国式线条的学习与初步尝试""中西方线条的探索与成熟运用"。前三个时期的关键节点包括结识潘赞化、入上海图画美术院学习、第一次赴法国留学以及20世纪30年代的中国画学习等，每个节点都结合作品作详尽解析。最后一个阶段，即"第二次赴法"又下分为6个小点，将40年间潘玉良在油画中对中国线描和西方大师线条的大胆借鉴、彩墨画的尝试与成熟、油画创作中的东方色彩转向逐个考察、厘清。最后作小结，总结演变脉络："潘玉良初期'输入'（学习绘画）之后，30年代绘画中开始出现中国式的线条，20世纪30年代末至40年代，线条上的尝试更加丰富，更加大胆，并且分中西两个方向。20世纪五六十年代，对中国式线描的尝试并没有结束，转向彩墨载体之后得以极大的发挥，在粗犷与细腻之间游走，借此形成了个人独特的表现特色。"从早期到晚期，线条在潘玉良的绘画中从从属地位逐渐转向主导地位。

第4章"速写、静物画、风景画中的线条表现"，分作"速写中的线条""静物画、风景画中的线条"两部分。前者先结合作品归纳了潘玉良速写作品中的线条特征，而后展开速写、白描区别的讨论，进而将其在中国线描中给以定位。潘玉良许多速写作品表现的内容与彩墨画或油画相同，推测其应是先以速写起稿的。其速写作品线条变化在时间上与彩墨、油画基本保持一致，其特征与同一时期油画和彩墨画中的线条特征基本相符。后者则针对潘玉良在静物画、风景画中典型的用线表现给予剖析归纳。

第5章"与同时代画家比较"，选取同样有类似旅法背景、但道路却大不相同的徐悲鸿与之比较，二人实属于绘画的中西融合上完全不同的两种方式，彼此的不同也有个人身份背景差异的原因。与另一位旅法画家常玉的比较则透露出"具有相同中国文化背景的男性与女性两类人，在运用线条来表现女人体时不同角度的选择"。

第6章对全文论述下结语：潘玉良的绘画中一条清晰的、以线条为主导的演变脉络清晰可见。从基础训练到辅助造型，从中国线描的初次尝试到中西方线条的探索，最终成熟运用，并形成个人线条特色。在油画、彩墨画、速写（新白描）中都有突出表现。她对中国绘画技法的创新应用，对中国画的多元和西画的丰富都有很大贡献。活在差异之中于她既是一种"融会"的优势，也是一种"无法扎根"的劣势，中西落差激发了她的创造，却也让她无法在某一方做到极致，这受限于时代，所幸她充分自由发挥，取了优势，而不拘泥于其中一种。

熊婷君的这篇本科论文，结合潘玉良的创作经历，并结合对潘玉良的油画、彩墨画、速写作品的分析，对潘玉良绘画中的线条运用和特征，进行较为系统和深入的研究，并提出自己的学术见解。我在指导熊婷君写作这篇论文过程中，还建议她到天津参观正在举办的潘玉良画展，仔细观看原作，这样分析潘玉良的作品就会更细致和准确。该文获得答辩专家好评，还被评选为清华大学2014年度本科毕业优秀论文。王雅淋和熊婷君两位同学通过毕业论文写作的训练，提高了美术史论文写作能力和研究能力，这两位同学都被保送攻读清华大学美术学院艺术史专业硕士研究生，继续在清华从事艺术史专业的学习和研究。

第四节　艺术学科硕士学位论文写作

　　硕士学位论文写作，其分量很重，如果学位论文不合格将不能获得硕士学位，而本科毕业论文一般来说占的分量要轻些。所以硕士研究生在完成其他课程后，必须要用较大精力来准备学位论文，一般字数在三万字左右。艺术类硕士学位论文，如果是艺术理论或艺术史专业，应该达到和其他人文学科相同的要求。至于艺术实践类的硕士研究生，他们的主要任务还是专业创作、设计或表演，但学位论文也应基本接近一般硕士学位论文水平，字数应达到二万字左右。

　　艺术类学术型硕士学位论文写作亦应按程序，一般在二年级上学期要确定论文选题方向，在导师指导下最后确定选题，写出大纲，作开题报告，吸收导师和其他老师的意见，收集资料，并提出创造性观点，写出初稿，给导师审阅后再进行修改，最后定稿。

　　艺术类硕士学位论文写作，选题应精当，文章结构要严谨，论据要充分，必须提出创造性思想。

　　中国艺术研究院美术研究所研究员郎绍君先生是该院1978级硕士研究生，他的硕士学位论文《苏轼与文人写意》，对苏轼的美学思想及文人画与文人水墨画作了较为深入地探讨。首先他对文人画的发展过程提出了自己的看法，认为"文人画"作为一种绘画思潮，是中唐以后逐渐发生发展的，到元代大盛，宋代是一个过渡期。在探讨水墨能成为文人写意最满意的形式，郎绍君认为，水墨形式自身的条件——它的特性，它的美学性格，最易于把淡泊精神吸入，彼此渗透。

　　　　水墨形式的特性，一是素，"洗尽铅华，卓尔名贵"（黄钺《廿四画品》）；二是空灵，易"得之于象外"；三是沉静，可得"不彰声而声全"之妙（《〈庄子·齐物论〉郭象注》）。

　　　　素、空、静，是时空状态，也是精神状态。道与禅都主静，主省悟，——无为、空清，乃至儒家"一箪食，一瓢饮"随遇而安的精神境界，都是大同小异，要人从纷乱的世事退入自思、无思的空幻自适的心的王国。"道之为物，惟恍惟惚，惚兮恍兮，其中有象；恍兮惚兮，其中有物。"（《老子·廿一章》）"至道之精，窈窈冥冥；至道之极，昏昏默默。"（《庄子·在宥》）——你看，老庄之"道"，都带有恍惚、空灵、幽溟的特色，只可意会而难以言传，只可神领而难以描绘。文人画家是深深受此影响的。他们希望绘画能表现"道"，"肇自然之性，成造化之功"（传王维《山水诀》），能够"微茫惨淡"（李日华《紫桃杆又缀》），能够"悟入恍惚"（王履《画楷叙》），总之能够达到一种空灵、含蓄、淡泊却内含无穷意的境界。苏轼以禅论诗，求空，求静，求淡，说"静故了群动，空故纳万境"，这也适用于论水墨境界：寓动于静，寓充实于空灵，寓无限景象于恍惚迷蒙。换言之，文人画家找到了表现"微茫惨淡"之境的

最恰当的审美形式：水墨画。

郎绍君对水墨画的形式特征及水墨画的精神特征作了独到的论述，空灵淡泊的水墨在有限中表现无限，首先是表现淡泊的精神，水墨空灵境界中那跃动的生命感，首先是艺术家的生命活力所赋予的，像这样一些观点，都表明作者对有关问题的思考比较深入，富于创见。

有时在写作硕士学位论文时，还可在以往研究的基础上进一步深化，这种方法常常是行之有效的。例如湖北美术学院1995级美术理论硕士研究生王子怡（清华大学美术学院博士、现为北京服装学院教授），她在山东师范大学中文系本科毕业时写作的毕业论文是《论中国诗画结合的美学特征》①，对中国诗画关系及其美学问题作了初步思考，后来我在指导她作硕士学位论文时，考虑到她对中国古典美学与古典诗词有一定了解，加之研究生学习阶段又对中国古代绘画作品作了专门学习，所以商量选定《中国诗画结合中的"逸"与"意"》的题目，对中国诗画问题作进一步探讨，此文在广度和深度上都作新的拓展，在论文答辩会上，得到著名文艺理论家孙子威教授等专家的好评，获得评委投票全优的好成绩，该文全文发表于《美术学研究》第二集（1998年，长江文艺出版社），并于1999年获湖北省文艺论文奖三等奖。

① 发表于陈池瑜主编《美术学研究》第一集，长江文艺出版社，1997年

该文从诗歌中杜甫、王维之争谈起，从分析中国古代文人士大夫的文化心理建构对中国艺术精神建构的影响方面着手，来讨论中国古代怡情悦性功能相尚的玩赏性山水画、文人画的发展与文人士大夫的文化心理和精神需求之间的深切内在联系，该文通过对中国诗画结合中的"逸"与"意"两大方面的分析来展开。认为"诗中有画、画中有诗"的诗画结合作为中国诗画艺术的最高境界，不仅是将诗中所描述之景物移入一画面中的"着壁成绘"，更是诗中之"意"与画中之"境"的结合，才是更深层次的、本质意义上的"诗画结合"。这使得中国绘画不仅具有满足了感官的表层审美价值，更具有满足内在心理需求的深层精神价值，而这深层的精神价值正是中国诗画结合的独特魅力所在。她还认为"诗中有画、画中有诗"的山水诗画可以说是中国古代艺术精神的最好表现，中国诗画艺术的发展变化不仅与人们对自然美的独立价值的发现、重视以及艺术发展的自律性方面的因素有关，同时，中国古代诗画创作与欣赏的主要群体——文人士大夫的文化心理结构的变化对中国艺术精神、艺术创作的影响也不容忽视。这样该文所选的题目内容虽然是美学界已经讨论过的诗画关系问题；但作者则从另一角度对这一问题进行了新的颇为深入的研究，具有一定的学术价值。

在硕士学位论文的写作中，选择好题目后，论证及其文章结构也要科学合理，这样可以增强文章的力度。

湖北美术学院美术原理研究方向研究生涂小琼（现为北京工业大学教授），其硕士学位论文《艺

术形式的生成》从"形式"概念的考察入手，以艺术史和作品为研究对象，探讨艺术形式存在和变化的根本原因。文章共分引言和正文四个部分：先梳理有关形式理论的渊源，其次从物质角度探讨艺术形式同媒材的关系，强调媒材对艺术形式的巨大影响；再次通过对艺术与技术的关系研究，指出艺术形式中的技术特征；最后考察艺术观念对艺术发展的重要性、艺术形式与视觉真实的关系。我在指导涂小琼同学写作此文的过程中，考虑到形式问题是一个重大的美学与艺术理论问题，一篇硕士论文亦不可能涉及形式问题的各个方面，只能选择几个相关的问题进行探讨，能够提出若干意见，这样就已对形式问题的研究做出了贡献。该文在结构上根据内容需要作了较为合理安排，第一节主要从理论上梳理西方美学史上的形式概念。第二节讨论艺术形式与媒材的关系，具体阐述工具与形式、色彩与形式的关系。第三节研究艺术形式与技术的关系问题，并提出技术哲学的命题，指出以往我们对形式的研究往往从审美哲学方面考虑得要多些，而忽视了技术哲学问题，该文因而十分强调技术对形式的影响，这一观点对于我们研究形式问题是有所启发的。第四节为论述艺术形式与视觉真实，提出单纯视觉真实、双重视觉真实、内观视觉真实的新观点。该文的内容结构比较合理，从上述几个方面论证了艺术形式生成的主要原因。该文分别发表于《湖北美术学院学报》和《美术学研究》第二集，获1998年"美苑杯"硕士学位论文三等奖。

在对艺术史及画论画评的研究中，选择专题从事硕士学位论文写作应该掌握该专题研究的有关重要资料，然后在辨析中提出自己的观点。

湖北美术学院1996届中国美术史研究方向硕士研究生彭莱同学（现为上海师范大学副教授）其硕士学位论文为《明代画评风尚与宋元优劣之争》（指导老师为阮璞教授）。该文认为一般我们提起明代画论画评时，就要想到"南北宗"论，事实上，在"南北宗"论产生以前，以至于在它风行之后，在明代的绘画理论批评中一直存在着另一种建立在继承与维护传统绘画观念的前提下的绘画史观与批评准则。彭莱认为，如果说"南北宗"论锐意取舍的学说精神主导了其后几百年的画史，那么这个与"南北宗"论大异其趣的沿承着传统精神的画论、画评对明代前大半段绘画风尚的影响以及对后世画坛的针砭意义，则是"南北宗"论所无法代替的。

明代是绘画史上摹古之风盛行的时代。宗古的主要对象，是紧接在明代之前两个朝代的绘画传统，即屹立在画史上的宋画和元画这两座高峰。有趣的是，宋画、元画在各自发展过程中所形成的不同传统，在尔后人们不同路线的创作中，便被分别奉为自己所遵从典范。在明代特定的价值观念的演变当中，尚宋，尚元也就成为画界品评与争论的中心。从明代中期开始，关于宋画、元画孰优孰劣以及画当重宋还是画当重元的争论，就一直贯穿于绘画理论与批评之中，成为明代画评当中的一个中心问题。对传统优劣的评价，往往不过是对现实绘画道路选择的曲折反映。正是由于在明代画评中存在着如上所述两种不同的对待传统的绘画史观与批评准则，也使他们对于宋、元绘画传统作出了彼此相反的优劣评价。而宋画、元画的不同风格传统在他们无休止争论中，已被赋予了各具倾向性的现实内涵。本文将循着这场"宋元优劣之争"的线索，去探讨明代画评风尚的前后演变以及其中两种品评旨趣各自所显示的现实意义。

这样，该文对明代前期画评画论中的"宋元优劣之争"展开论述，认为这决不是一场孤立的公案，它牵涉到中国绘画理论批评进入到历史转折时期所引发的许多问题，包括对于绘画上品位高低的划分、"士气"有无的判定等等。该文通过分析论证，揭示了表面尚宋，实则为维护传统绘画的准则一派，与那只称尚元，实则想从传统的专业功力的压迫之下得到解脱的另一派开展论辩的实质性意义。因而该文对于我们全面了解与认识明代画论画史及画评有一定的学术价值。在有刘纲纪等先生参加的硕士学位论文答辩会上，该文被评委给予全优的好成绩。

硕士研究生在写作学位论文时，还可借鉴人文科学的有关方法或者探讨人文科学与艺术的关系及相互影响，这样对艺术问题的研究可能会从另一个方面开辟新的道路。中国美术学院1999届研究生孔令伟（现为中国美术学院教授）所作的硕士学位论文《近代历史科学对民国时期中国美术史写作的影响》（指导教师曹意强教授），探讨在西学影响下，目录文献学及分类方法开始引入，传统的美术史文献开始以新的名称美术出现在近代学术之林。

　　学术分类的精细化及随之而来学科建制的专门化，无形中使"美术史"一词的指代意义逐渐明确，正是在这个前提下，美术史研究与教学作为一项文化事业，伴随着全国的美育风潮，开始了独立运作，开始堂而皇之地出现在师范院校，美专或个别综合性大学的讲台之上。另一方面，新的学术分类使得学术研究中所谓"分劳赴功""专家治专史"成为必然，各专业领域的学者，在各司所业，分劳赴功的同时，开始有了自己明确的研究方向。王国维讲："事物之无名者，实不便于吾人之思索。"而美术、美术史，这些"新语"的出现则是打开一项新学科大门的钥匙，这门学科是一个交织了旧传统与新方法、新思想的空间，一个"熟悉而陌生"的领域。

该文从"文明观与美术史的学科建设""进化的历史观与艺术史分期""疑古思潮、新生考古学与上古美术史研究"几个方面考察了近代历史学科对美术史学科建设所产生的影响，对于深入认识我国现代美术史学科的产生、发展和特点有一定的学术价值。写作这类学位论文，要求研究生对相关的哲学、历史、文学等人文科学有一定基础知识和运用人文科学知识来解决艺术问题的能力。

此外，研究生在写作学位论文时，如选择有关艺术理论中的原理方面的问题进行研究时，还应充分注意现代艺术中的新的思潮、新的主义、新的艺术流派，它们往往对传统艺术理论进行挑战。对这些新的艺术现象进行研究，会帮助我们突破现存的艺术理论，从而推进艺术理论向前发展。

湖北美术学院美术技法理论1999届研究生周爱民（中央美术学院博士、清华大学博士后，现为清华大学绘画系副主任、副教授），他是油画专业本科毕业，且对西方现当代绘画及中国当代油画有一定的了解，他又在该校从事绘画透视学方面的教学，因而对绘画中的空间问题思索得较多一些。他写作的硕士学位论文是《西方现代派绘画空间研究》（指导教师蒲新成教授），该文围绕西方现代派绘画中的各种空间表现形式，首先阐明了绘画空间的本质特征，并说明现代派绘画依然遵循这些空间创造原则，同时又树立了西方现代派绘画的"写实"认识基础——由"物理写实"向"心理写实"转变，空间表现由"感性"认识向"知觉"体验转变，在具体的表现形式上则是"立体"向"平面"转变，而所有这些转变又是一个逐步发生、实现的过程。此外，该文还着重分析了影响西方现代派绘画空间表现的各种因素。其中，媒介的平面知觉特性是影响现代派绘画空间的平面性的一个根本前提，而在此基础上现代派艺术家自觉运用平面几何形态的点、线、面来构筑抽象的绘画形式，并以这些元素的构成建立起新的知觉空间认识和形式秩序。由于人们对空间认识能力的不断提高，艺术家在二度的画面上不仅要表现三度空间，更要表现四度空间，从而使时间以及与之相关的运动、速度成为分析某些现代派绘画空间的必不可少的因素。该文最后还谈到，在现代绘画的空间创造中，传统的透视法不是消失殆尽，而是被现代派艺术家重新利用，而再生出新的空间内涵。

这篇硕士学位论文，对西方现代绘画包括印象主义、表现主义、后印象主义、立体主义、未来主义、野兽主义、抽象主义等代表画家的作品进行剖析，找出现代派绘画空间表现的一些规律，丰富了我们对绘画空间问题的认识，该文还附若干现代绘画图片，使其图文并茂。该文曾获1999年"美苑杯"研究生硕士论文奖二等奖。

湖北美术学院1999届研究生赵复雄（现为湖北美术学院副教授）的硕士学位论文《中国传统绘画中的空间表现》（指导教师蒲新成教授），选择中国古代绘画中的透视与空间表现问题进行研究，他所学的专业为绘画与透视，结合专业选择中国古代绘画中的空间表现这一问题进行了较为深入的研究，提出中国古代绘画的透视观是一种知觉透视。该文获1999年"美苑杯"硕士学位论文一等奖。

中国传统绘画中有无透视表现方法，是绘画理论界长期争论的一个话题。西方绘画的空间表现是依照焦点透视进行处理的，如果我们将透视仅仅理解为西方的焦点透视，那就会觉得中国画中无透视，如果将透视理解为通过线和色彩来塑造出一种平面上立体空间形象，那么中国画中是有透视的，而且有自己的特点。赵复雄在《中国传统绘画中的空间表现》一文中认为，中国画既能塑造出三维的立体空间，又能透过事物的现象去研究事物的本质，它不是一种纯视觉上的透视，而是一种视知觉的透视。虽不重客观外表再现，但重主观表现。该文从中国人的人文思想与绘画观念入手，以绘画发展为线索，通过对古代的岩画、青铜器画、帛画、画像石、画像砖、绢画、宣纸画等绘画形式中空间表现方法的分析，得出了中国传统绘画中的透视是一种知觉透视的结论。赵复雄还创造性地提出了显现空间知觉和隐性空间知觉的概念。他认为中国画的知觉透视前段较为重视显性知觉空间的表现，主要出现了尊大卑小、主大次小的情感知觉与位置上下、重叠遮挡、近大远小、透视缩减、倾斜线等几种空间表现办法。魏晋以后，更强调显性空间知觉与隐性空间知觉结合，出现了浓淡虚实、色彩冷暖、三远及六远法，留白等空间表现方法，更注重对隐性空间的探寻。

这样，该文虽然是研究中国古代绘画这个很多人都关注过的题目，但他找到一个很好的切入点和突破口，即从中国画不同于西画的焦点透视入手，揭开中国画的知觉透视与空间表现的一些特征与规律，提出若干新观点，使这篇硕士学位论文在学术上具有了一定的价值。

至于从事艺术实践如创作、设计的研究生，在选择硕士学位论文题目时，应结合自己的专业或围绕与所学专业有关的理论问题、创作实践问题来进行，一般要求写出一万字到一万五千字左右。他们除了写作学位论文外，还要从事毕业创作与设计。

湖北美术学院1998级油画专业研究生赵艳婷同学（现为中国青年政治学院副教授），她的论文初步选题为《写实绘画存在的意义及当代写实画》，她对这个问题的主要考虑如下：写实绘画在当前面临着种种新的艺术样式的冲击，危机是显而易见的，但她认为写实绘画"内部变革的可能性"以及拓展外部生存空间的可能性也是存在的。在当写实绘画"危机四伏"更有激动者、悲观者盲目断言"写实绘画已死亡"之际，探讨写实绘画存在的必然性以及当代意义，并进而指证其实际蕴含的无限生机，无疑将具有一定的学术意义和价值。

在19世纪以前的绘画中，写实性绘画是西方绘画的主要艺术表现形式，历代大师从不同角度、不同层面发展、完善了这一形式，奠定了写实绘画在古典绘画中的主宰地位。印象派以来，艺术家们开始探索多种表达方式，并由此而衍生出诸多现代主义艺术流派。赵艳婷在论文提纲中认为，现代派艺术在20世纪的实践中的种种有益尝试为当代写实绘画的发展提供了新的契机，不是阻塞了写实绘画之路，而是拓展了写实绘画在当代的生存空间。她还论证写实性语言是绘画艺术诸多传达方式中最直接的一种方式，它具有种种不可替代的特质。该文通过分析写实绘画存在并将继续存在的必然性，进而对"写实绘画死了""写实绘画正走向消亡"等有失偏颇的观点进行质疑和匡正，

图72 国外咖啡广告创意设计

从而对和油画创作紧密相联的这个"写实性绘画语言"继续存在的价值作了肯定的回答。

设计艺术学学科近年发展亦很快，工业产品造型设计、广告装潢设计、环境艺术设计等专业招收硕士研究生已较为普遍。研究生在导师指导下准备设计作品的同时，亦要准备学位论文。在论文选题上，立意亦很重要，如果找到一个比较新颖的角度，然后收集材料，论述和解决设计学中的某个问题，使之既具有理论价值又有一定的实践意义，便是一个不错的立意取向。

西安美术学院1997届硕士研究生陈晓天的硕士学位论文《"好诗不过近人情"——论广告创意间接表现策略》一文，选择广告创意中的间接表现方法进行阐释，是一个很好的选题。

广告作为市场营销活动的组成部分，其目标是促销，最后效果在于修正消费者的态度和购买行为。该文作者首先指出好的广告创意应遵循的基本原则，如引起注意，针对消费者文化、职业、年龄等具体情况，进一步诱发顾客兴趣，以理智或情感为动机，诱导消费者对某一品牌形成需求，产生购买欲望等。然后对创意进行概括：创意的过程便是创造性思维的过程，其目的是产生新颖、独特、具有社会价值的好点子、主意、构想，通过一定的文字和形象，把商品和商品信息有关的要素，艺术地组合在一起，创造出美的意境和诱惑，改变人们的购买行为和目的。（图72）

该文共分五个部分，在第一部分，实际上已将作者关于广告创意间接表现策略的有关观点基本陈述出来：

广告创意的表现方式多种多样，间接表现策略是其中最有生命力、最易被人们接受、广为群众喜闻乐见的表现手法。它没有其他创意方式可能出现的强销之态，它以对消资者需求深刻的理解为基础，以间接诉求的面貌出现，婉转地表达说服意图，这样一方面可以减少观众的抵抗反应，另一方面可充分发挥情感的诱导作用，促使消费者对某一品牌形成认知并坚持。这种表现策略，相对于以积累事实而达到诉求目的逻辑型表现方式而言，接受层面广泛而易于引起普遍注意，又相对于直接诉求的表现策略而言，避免了其单调无趣的弱点。

现代营销是一支复杂的协奏曲，世界广告发展历经百年沧桑，奇招怪招迭出，可谓洋洋大观。如何通过广告提示使品牌认知上升，是每个创意人员处心积虑的焦点，广告表现如果商味太浓，势必会让消资者感到一种急功近利的感觉而引起反感，而间接表现的方式，妙就妙在真诚体贴，实现了心灵的沟通，把人不经意地引入品牌形象的天地之中。俗话说"君子爱财，取之有道"，道在哪，道便在此。一语天成动心旌，好诗不过近人情。这便是间接表现策略的特色所在。

该文此段将广告创意间接表现的基本特点叙述得比较清楚，文章对间接表现策略的论述，相信对从事广告创意的人员来说是有启发性的。

在硕士论文写作中，可以拓展新的领域，将有历史价值的有关艺术作品和理论挖掘出来，揭示其艺术价值和理论意义。清华大学美术学院硕士生徐媛媛的学位论文为《20世纪上半叶苏联政治招贴画》，将曾经影响巨大而现在逐渐被人遗忘的苏联政治"招贴画"进行再研究。招贴画一词来源于法语"плакар"，一般指由图片和文字组成的具有宣传作用的平面广告形式。英文名为"poster"在牛津字典里指展示于公共场所的告示（placard displayed in a public place）。招贴画作为一种特殊的造型艺术形式，产生于19世纪中叶的西方欧洲，这一时期的大部分招贴画装饰性很强，主要用于广告海报，随着局势的紧张，出现了政治宣传画，用于抵抗资本主义国家的经济、社会、政治生活。

《20世纪上半叶苏联政治招贴画》一文指出，苏联招贴画在招贴画艺术发展过程中有着光辉的一页，是一颗耀眼的明星。随着伟大的十月革命，苏联招贴画开始作为党可靠而忠实的宣传工具，用于抗敌宣传、揭露敌人的恶行，发挥了提高战士的士气、鼓舞劳动生产等作用。

该文还论述苏联招贴画的艺术特征，认为苏联招贴画由于构图简洁，视觉冲击力强，通俗易懂，能够快速有效地传达其信息，并具有很强的宣传鼓舞作用，所以在战争期间发挥过重要的作用。它作为宣传正义、打击敌人、动员全民的一种工具吸引了大量优秀的艺术家参与其中，并创作出很多杰出作品。

徐媛媛在该文中还分析了莫尔等几位代表画家的作品。莫尔（Дмитрий Стахиевич Орлов，1883—1946）苏联著名招贴画家，苏联宣传画奠基人，漫画家，书籍插图家，优秀教

图73〔苏联〕莫尔，你参军了吗？1920年 　　　　　　　　图74〔苏联〕鲍里斯维奇：红军战士，救救我们，1942年

师。莫尔的作品滑稽、幽默、犀利、讽刺，简洁而富有表现力。他的代表作是海报《你参军了吗？》

（《 Ты записался добровольцем ？》）（图73），这幅画创作于1920年6月的一天，

画家只用了一个晚上就创作完成，是苏联招贴画中最具有时代特征和纪念意义的杰作。这幅画描绘

了一个一身正气的红军战士，他俯视着观众，并用手指着观众，似乎在说"你参军了吗？"红军脸

上的目光表现出一个充满激情的号召，并决心愿意为革命的胜利奉献出自己的生命，随时做好了牺

牲的准备。此画构图简洁，形象鲜明及其富有表现力，特写镜头中的人物主体被赋予穿着红色的衣

服，与白色背景中冒着烟的厂房形成了鲜明的对比。这幅作品在当时贴满了大街小巷，并刊载在报

刊杂志上，出现在电影和戏剧中，鼓舞了成千上万的苏联青年参加红军，投入到保卫革命捍卫苏维

埃政权的战斗行列。有人看到这幅宣传画时说，如果不参军的话他们会感到羞耻。这对于动员人民

为祖国的和平而战有很强的号召力，起到了很好的宣传效果。与美国著名设计师弗拉格（James

Montgomery Flagg）的《我需要你》有异曲同工之妙。

　　该文还列举卡列茨基·维克多·鲍里斯维奇（КорецкийВикторБорисович，

1909—1998）的作品就那些分析，他的海报作品《红军战士，救救我们》（《Воин

Красной Армии, спаси！》，1942）（图74）家喻户晓。海报首先在1942年8月5号的《真理报》上发表，立即引起了极大的反响。报纸、杂志、明信片转载这幅作品超过14万份，在街道和广场以及去往前线的十字路口上贴满了这幅作品。作品表现了世界艺术永恒不变的主题——母亲保护自己的孩子。画面中的妇女怀中紧紧地抱着一个男孩，孩子恐惧地依偎在母亲的怀里。在画面中心位置的左斜对角，有一个血迹斑斑的法西斯士兵的刺刀刺向母亲的心脏。在这里没有一个多余的细节，妇女白色头巾下龇着的头发以及嘴角和眉宇间表现出的痛苦和仇恨，甚至是藏在母亲围巾下孩子的拳头都把海报的主题表现得淋漓尽致。血腥残酷的法西斯刺刀、年轻的母亲以及她的儿子形成了一个持久的印象，深深地打动了人们，引起了极大的共鸣。这幅海报成为了符号和誓言，唤醒男人们彻底粉碎敌人进攻的热切愿望，从痛苦和困难中挽救妻子和孩子。艺术家收到了来自前线的成百上千战士的来信，在信中士兵们誓死要从苏联的领土上赶走敌人，将人民从纳粹的囚禁中解救出来。

徐媛媛的论文通过对这些非常典型和影响颇大的作品的分析，阐释苏联政治招贴画的历史价值和艺术魅力，这批作品在苏联现代艺术史和世界招贴画中都应占有一定地位。

有的硕士论文还可以扩充写成专著，清华大学尚刚教授的《元代工艺美术史》就是在硕士学位论文基础上修订出版的一部优秀专著。现为中央民族大学艺术学院副教授的赵盼超，2007年在清华大学完成硕士学位论文《元汤垕〈画鉴〉研究》，当时还参与我主持的国家艺术科学项目《中国美术史学理论》元代部分的科研工作，收集部分资料，毕业工作后，他又进一步修订，完成《元代画学研究》书稿，2014年由中央民族大学出版社出版。此著对元代画论、画史及有关绘画的笔记、题跋等文献，进行较为系统地研究，并提出自己的研究心得和新见，是一部研究元代画学与绘画史学的有一定学术价值的专著。在画论研究方面，分两章探讨赵孟頫与汤垕的绘画思想，对赵孟頫的"古意"论及"书画同源"说，进行辨析，指出这些观点对元代绘画创作及文人画所产生的巨大影响。在讨论汤垕的重要画论著作《画鉴》时，对汤垕的生平与《画鉴》的写作年代，以及汤垕与赵孟頫、柯九思的关系等问题进行考证，并对《画鉴》的理论成就，发表了独自见解。赵盼超在对元代之绘画史著述研究中，既对史学上重要的画史著作夏文彦的《图绘宝鉴》、盛熙明的《国画考》、庄肃的《画继补遗》展开探讨，又对著录鉴藏著作周密的《云烟过眼录》《志雅堂杂抄》及汤允谟《云烟过眼续录》进行评述。我国绘画理论的另一特点是，既重视形而上对画理的哲学思辨研究，又重视形而下对具体画法创作技巧的研究，后者常常被理论界所忽视，但对画家们的创作却有一定意义，我们应将这二部分理论结合起来研究，以显示我国绘画理论的全貌，不能偏废任何一方。赵盼超注意到这一问题，特辟一章"元代画谱画诀类画学著述"，从李衍《竹谱详录》、王冕《梅谱》、黄公望《写山水诀》、饶自然《山水家法》、王绎《写像诀》等著述中，梳理有关画理画法思想，总结创作规律。我国画论画史画品的写作，有的是专论，也有一部分是夹杂在笔记、札记、题识、书信之中，这些文献常常包含着闪光的画学思想和有价值的画史材料。赵盼超对元代文人笔记和诗画题跋中的画学思想给予足够重视，对陶宗仪《南村辍耕录》及其汇编的汉魏六朝至宋元诸家笔记大成巨著《说郛》等进行探讨。盼超现在中央民族大学工作，对画学中记载的民族绘画交流，对画史所载少数民族画家特别关注，列专章论述，形成该书稿的一个鲜明特征。

第五节　艺术学科博士学位论文写作

博士学位论文是学位论文中级别最高的一种，一般来说，博士学位论文的学术价值也较高。自然科学中的博士论文，有些还能进行科学发明创造。社会科学类的博士学位论文也要求对研究的问题进行系统而深入地探讨，并要有所突破，提出新的观点和理论。好的博士学位论文具有重要的学术价值，提出和创造新的理论达到较高的学术水平。博士学位论文一般来说，文科要求八万字以上。

艺术类博士学位论文也应达到相应的要求。艺术类博士生在完成有关外语、专业课的学分后，应集中精力从事博士论文的写作及对所选题目内容进行科学研究，博士学位论文题目内容的选择及开题报告尤为重要，选题有时候做较大的题目可以开辟一片新的研究领域或创立新的学科，如潘鲁生教授（山东工艺美院院长、山东省文联主席）的《民艺学论纲》、李一博士（中国艺术研究院研究员《美术观察》主编）的《中国美术批评史纲》都属于这类，选题范围较小则有利于将所研究的问题做得深入细致，有可能成为有关问题的研究专家，如徐飚博士（南京师范大学教授）的《成器之道——先秦工艺造物思想研究》黄宗贤教授（四川大学艺术学院院长）的《大忧患时代的抉择——大后方美术研究》。当然从某种意义上讲，这些问题也并不小，说它较小是相对的。

选题基本确定后则要拟就提纲，提出自己独创的观点，拟从哪些方面进行论述，然后准备开题报告，并在开题报告前应向导师详细汇报有关选题及观点的主要内容，征求导师的意见和指导，经导师同意后才能开题，然后听取各位专家的意见，再对选题内容和观点进行补充修改。一旦确定选题和基本内容及主要观点，便要进一步收集材料，进行写作。当然在收集材料、发现材料、进行写作和深入研究的过程中，有可能调整原计划中的某些内容以及修正有关观点和产生新的观点，因此博士学位论文的写作过程同时也就是研究工作走向深入、所提出的观点与理论不断深化的过程。博士学位论文完成后，还要经过导师最后认定，打印出来后，由学校和博士生就读的研究单位联系有关专家进行通讯评审，通过后方可进行论文答辩，答辩通过后，才能认定该论文达

图75　潘鲁生，"手艺农村展"作品，2011年，中国美术馆

到博士学位水平，授予博士学位。这一系列过程，博士生必须重视其中每一个环节。

　　有的博士学位论文看准某一新的学科进行研究，拓展新的研究领域，对于学科建设具有重要的学术价值。例如潘鲁生教授的博士学位论文《民艺学论纲》，就属于这一类。潘鲁生曾参加过王朝闻先生任总主编的《中国民间美术全集》的编辑编写工作，并作过此套书中分卷的主编，他还进行私人收藏，对民间工具、剪纸、布贴、泥塑、木版年画、民间陶瓷及服装、刺绣、木雕作大量的收集和研究工作，并拟建私人民间美术博物馆，他还出版了专著《论中国民间美术》。（图75）由此可见，潘鲁生在读博士以前已经对民间美术作了较为深入的研究。他在南京艺术学院攻读博士学位的过程中，在著名艺术学家、工艺美术家张道一教授的指导下，悉心研究民间美术和民艺学，他思考如何将民间美术上升到学科的高度，拟建立民艺学学科。该文从民间文化与民间生活的角度论述了民艺的性质和基本特征，就如何建立民艺学科提出自己的设想，将民艺的研究方向从单纯的艺术领域，拓展到民众生活和民俗活动等相关的方面，旨在重新认识和审视民间艺术和民间美术的本质规律，使之不再停留在对民间文化的现象梳理。该文提出民艺是民间文化的一个组成部分，它既是艺术整体也是生活整体不可缺少的因素，同时又是民众生活、民俗活动、民间科技的直接载体。该文分绪论、民艺发展论、民艺思想论，民艺特征论、民艺品类论、民艺审美论、民艺传播论、民艺比较论，可以说，相对完整地建立起民艺学的研究体系，对我国民艺学学科建设起了较为重要的作用。该文通过对民艺发展、民艺思想、民艺特征、民艺品类、民艺审美、民艺传播和民艺比较等多方面的论述，提出了民艺学的研究对象和最基本的研究方法。

　　要建构民艺学的基本理论构架，必须对国内外民艺学发展历史和现状进行了解。潘鲁生对日本、欧美及中国的民艺学思想进行梳理。在20世纪30年代，日本民艺运动的倡导者柳宗悦，把民艺解释为"民众的工艺"。现代日本学术界一般把民艺、民俗、民具作为三个学科并列，民艺是"民众艺术"的略称，或作为"民间工艺""民间手工艺"。柳宗悦在其代表著作《工艺文化》一书中，将民艺与贵族工艺、个人工艺相对立。潘鲁生还了解到，在欧美等国家，对民艺的研究侧重传统形态的民俗艺术、民族艺术和现代形态的通俗艺术诸门类，一些学者更注重采用文化人类学和民族学及现象学等学科来探究民艺的人文特质。英国学者阿伦·邓狄斯将民间艺术列入民俗的一个重要组成部分。英国民俗学家班尼也将民间工艺列入重要学术地位，但却没有形成一门独立的学科。此外潘鲁生还对中国民艺学思想进行探讨，从20世纪30年代钟敬文先生等民俗学家在《歌谣周刊》等刊物发表一些有关"民间图画"的文章开始，到20世纪70年代民艺和民间美术学科的创立以及后来张道一先生在"中国民艺学理论研讨会"上发表《中国民艺学发想》，此文从民艺学的研究对象、研究宗旨及民艺的分类、成就、比较研究和研究方法等六个方面明确了它的学科构成。潘鲁生受其导师的研究影响，扩展导师的思想，对民艺学学科及内容作了深入研究，他在博士学位论文绪论部分第一节的民艺学的研究对象中指出：

　　　　近年来，人们对民艺的关注随着"民俗热""民间美术热""回归寻根热"的社会思潮而此起彼伏，一些有关介绍评介民艺现象、民艺作品、民间艺人的文章和画册不断涌现。人们从约定俗成的民间美术研究中发现了一些规律性的东西，作了大量收集、整理等资料性的基础工作，全国相继成立了"中国工艺美术学会民间工艺美术委员会"和"中国民间美术学会"，各地也成立了名目繁多的民间美术研究室、陈列室、民间美术博物馆及专业研究团体等机构。全国范围内的民间艺术和民间美术博览会、研讨会、艺人展活动层出不穷，可见人们对民艺的重视程度。但是在轰轰烈烈的活动之后，却带给我们许多思考，人们在关注民间美术现象的同时，对民艺的基础理论却缺乏足够的重视，如何从学术方面完善民艺学科的研究，似乎备受冷落。如此看来，给我们提出了一个严峻的学术问题，应该加强民艺学的学科建设。如同其它学科的建立一样，民艺学需要从基础研究入手，通过发现、发掘、收集、考察、调研、采风及个案分析、分类研究、专题研究等多种形式，从而进入民艺学理论的广泛学术领域。在经历半个多世纪的学科建设历程中，我国几代学者付出了艰辛，作了大量的基础研究工作，发表和出版了一批有较高学术价值的著作和论文，目前提出建立民艺学的学科问题，应该说已具备一定的学术基础。

潘鲁生在上述思想中，阐明了民艺学在中国的现状，并论述了创建中国民艺学的理论体系的学术意义。这篇博士论文通过答辩后，经作者补充，后成为30多万字的专著，并被批准为国家教委人文学科"九五"规划科研项目。《民艺学论纲》一书由北京工艺美术出版社1998年公开出版，在学术界产生了一定影响。

博士学位论文写作，更多的是选择比较具体的内容进行研究，这样题目小一点，但更容易做得深入一些。东南大学艺术学博士徐飚在著名艺术学家张道一先生指导下，选择《成器之道——先秦工艺造物思想研究》作为论题，以《考工记》为中心展开研究。她大学学的是机械学，硕士研究生学的哲学，硕士学位作的是海德格尔，博士读的是艺术学，最后选择先秦工艺造物思想作为研究对象，她的这种知识结构很特别，深得导师器重。徐飚的博士论文将机械技术方面的知识、对器与道的哲学思考以及对工艺造物的美学探讨几个方面综合起来，形成了她的研究特色。

该文在"前言"中就器物制造与人类进步的一般关系作了简要说明，器物制造无疑是历时最悠久的人类行为了。"那种在造物活动初期就已缔造起来的人造物同生活世界之间的基本相关性一直随着人类造物历史的进程得以延续、演化和发展。应该说，人类在其每一发展阶段的造物无不是该时期技术状况、生产组织方式、社会制度、风俗习惯乃至价值观和世界观背景等等生活世界中各个因素错综复杂的综合体现。"对于今天主要的造物方式而言，手工制造显然已经成了历史的陈迹，随着现代工业设计的发展，那些曾经直接同人类生活经验相关的成器经验日益萎缩。她所提出的问题是：先秦成器活动的一般存在面貌及其一般社会历史条件如何？它在实践中曾经抵达了怎样的经验和认识？思想界的反思就成器问题而言开展出了哪些富有价值的新维向？

该文第一章"本文的内容与方法"中对论文的研究对象、研究价值、研究方法进行探讨，作者认为春秋战国时期器物制造显然已经成了构成社会现实的一大基本要素，先秦学术既是关心现实的，那么它不可避免会对工艺造物这样一种社会要素有所涉及。先秦各种典籍之中论述器物制造最为集中的要首推《考工记》，它是我国历史上第一部工艺专著。该书原为春秋末或战国时期齐国记录官府造作之事的官书。徐飚在论文中提出：《考工记》得以流传至今并在东汉时即有学者对它进行研究当与此不无关系。不过，也因为这个缘故，历代学者对它的研究大多不出经学立场，而少有工艺本位的研读。无论如何，就工艺制造问题而言，先秦典籍可说是既有专论又有散论的。既是如此，我们要问：后世对于先秦工艺思想的研究何以如此寥落？"先秦并不缺乏造物思想，只是它一向被人们遗忘了。忘得久了，也就习以为常。一旦说要重新提起这个话题，反倒令人对它的研究价值首先疑惑起来。然后作者对这个选题的研究价值进行表述，"先秦工艺思想究竟有无研究的价值呢？"

从今天的情势来看，我们正热衷于引进西方的技术，学习西方的设计。在现代人的观念里，器物制造早已成某种技术或技术性的东西，无论是产品的设计与生产制造，还是产品的生产组织与销售方式都已步人了一个由科学技术体系所掌握的境地。作者认为工业设计那是西方人的现实，"我们应当有我们自己的现实，它只能从我们自己的历史和现实所包藏的可能性中生发出来"。她还认为器物制造不只是单纯的技术，而是一个广泛涉及社会政治经济现实、人们的生活习惯、生活理想和审美趣味乃至一般价值观和世界观背景等等多种人文因素的文化现象。就当代设计的发展趋势而言，人文因素正受到越来越多的重视和强调，所以研究先秦工艺造物思想，其学术价值更在历史之上，它不仅关注于过去，还将联系于当前和未来。这样她对自己的博士学位论文选题的意义和价值作了说明。这是博士生作学位论文时应特别注意的。如果你对自己的论文选题的意义与价值含混不清，或者花精力作一篇学位论文，其理论价值或应用价值、科学价值不大，那就没有多大意义了。

徐飚在确定了论文的内容和研究方法，明了其学术价值后，分章对先秦手工业、成器之术、一般成器观念、造物思想、器物形式美学思想、结论——成器之道等广泛内容作系统深入探讨。仅就成器之术与一般成器观念两章来看，分别论述《考工记》大体、形制、结构与装饰、形式美学处理及装饰、材料与工艺制作标准、成器之巧——《考工记》总论释读、创物之知——"观象制器"释读、思想与制作。可以说，作者对《考工记》中的技术思想、成器之术、审美思想作了细致深入剖析，查阅了先秦不少典籍资料及后人对先秦造物思想、美学思想研究资料，完成该文，具有较高的学术价值，获得专家好评，还获得全国第二届优秀博士学位论文奖。

博士论文写作也可以选择艺术史、批评史理论史作内容，如果以通史的方式来写的话，一定要注意选择某一具体内容而又要避免与他人重复。否则大而空就很难有所突破。

中国艺术研究院美术研究所李一博士在他的博士学位论文《中国古代美术批评史纲》中很好的解决了这一问题。他在导师邓福星先生指导下，选择了这一题目，将批评史、批评学作为美术学的一个分支，采取的是中国古代美术通史的方式写作，时间跨度很大，但由于系统的中国古代美术批评史著作在中国是一个缺项，因此李一这篇博士论文就具有填补缺憾的意义，由于博士论文篇幅的限制，所以李一采用的是"史纲"的形式。

邓福星先生极力倡导将批评理论拉入到美术学之中，将其视为美术学的一个组成部分。李一承继导师的思想，著批评史纲。因此李一在论文的导言部分先理清"批评与批评史"，及梳理中国美术批评发展的五个阶段。他在导言中阐发他的博士学位论文选题的意义及对相关的批评理论问题的看法。

在新说纷纭、多元共生的氛围中，当下美术批评存在着注重制造"轰动效应"，忽视自身理论建设的倾向。这具体表现在较多地注重操作技巧而较少地研究批评对本质、批评对象的特性、批评的分类、批评的方法、批评的文体和风格等，特别是对中国美术批评的特点、方法及文化价值缺少深入系统的研究。近年来，美术理论界开始意识到这些问题的存在，发出重视自身建设和建立新的批评体系的呼声。应该引起重视的是，建设中国当代美术批体系，除了认真和虚心地学习西方现当代美术批评的方法，吃透其底蕴，掌握其技术手段外（从当前的批评实践看，还远远没有做到），应该对中国传统的美术批评进行认真的清理，探其渊源，明其脉络，重新认识其价值。因为无论如何，我们都不能也无法切断与历史的联系，如同汉语的古今流通一样，传统毕竟是我们存在的根源。要超越它，前提是了解它的高度。在经历了一个多世纪的中西之争古今之争的今天，在美术批评走向多元的当下，我们应该放弃中西对立、古今对立的思维模式，重新认识西方和我们自己的传统。

本着美术学建设和当代美术批评实践的需要，笔者选择了中国美术批评史研究这一基础性的课题。因而将思想引入历史档案馆、捶骨沥髓，提要钩沉，在古代美术典籍这个博大深奥而极具特色的理论空间中与历史展开对话。目的是通过对传统美术批评的辨析梳理，揭示其发展规律及基本特征，为当前的批评实践提供一种参照，为刚刚起步的美术学建设尽绵薄之力。

该文在对中国美术批评史的研究对象的表述上也较全面。认为中国美术批评史的研究对象是多样的。就美术各门类而言，有绘画批评、雕塑批评、建筑批评、工艺批评、书法批评之分。就社会而言，有官方、文人、民间之分。就批评方法而言，有比较、象征、意象、经验、移情、直观、伦理之分。就哲学体系而言，有儒家伦理式、道家辩证式、禅家顿悟式之分。就审美祈尚而言，有尚韵、尚法、尚意、尚态、尚朴之分。各种批评形态纵横交错的关系，当然包括在批评史的研究范围中。李一的这篇博士学位论文所涉及的内容，主要是绘画批评及书法批评，兼及造园批评、工艺批评等内容。

李一还注意到美术批评史固然是研究美术批评自身的历史，但同时批评史也自始至终受政治制度、哲学思潮、宗教意识、风俗习惯、学术交流的影响。他还认为中国美术批评与文学批评、音乐批评、戏曲批评等相关学科的关系是密切的，有时是杂糅在一起的。一些美术批评家如苏轼、黄庭坚同时又是文学批评家，李渔在园林建筑批评方面有独到的见解，他本人又是杰出的戏剧批评家。美术批评往往从其他艺术批评中借鉴有价值的东西，反之，其他学科的批评也从美术批评中吸取精髓，中国文化的整体性特征决定了它们之间彼此相交的关系。因而美术批评与其他艺术批评的关系，应该在考察范围之内。李一的有关中国美术批评史的原则见解是清晰的正确的，根据这些原则及他对中国美术批评史的分期方法，然后就历史上的各个时期的批评理论及批评实践作了概括性评述与研究，建立起中国古代美术批评史的基本理论体系，具有较为重要的学术价值。

中国艺术研究院的另外一名博士梁江，他的博士学位论文是《中国美术鉴藏史纲》，导师为陈缓祥研究员。对中国美术鉴藏史进行系统研究，这篇论文属首创。梁江还提出了一些有价值的观点，如他认为"美术鉴藏"，乃是赏、鉴、藏以及流通四大要素整合一体的一种历史悠久的社会化活动。鉴是前提，藏为手段，流通乃属中介环节，赏才是目的，也是藏品之所以产生精神价值和物质价值的基础。关于研究方法，他提出为了阐述清楚美术鉴藏在历史上的变化，往往需从时间、地点、条件和历史的前后演变角度来考虑问题。这就应以历史研究法为主，适当配合其他论证方法。下面我们将梁江拟就的博士学位论文《中国美术鉴藏史纲》写作提纲附录如下：

博士学位论文《中国美术鉴藏史纲》写作提纲

梁 江

所谓学术论文，是对学术问题进行探讨、研究并体现研究成果的文章。博士学位论文是为申请博士学位而提出的学术论文，它应当在专门的学术领域中体现出创造性的研究成果，体现出严谨、客观和独特的创见。在表述上，要有清晰的结构、严密的逻辑和娴熟的文字能力。

1. 选择论题

选题也就是选择有学术价值的题目，确定目标和研究范围。根据专业研究方向、指导教师意见和自己数年来读书和研究的侧重点，选择了尚无人系统做过的"中国美术鉴藏史"为题目，在一片新的领域中进行专题研究。

2. 确定论证角度

按照不同的研究范围和不同内容，论文写作可以采取不同的论证方法，如历史研究法、比较研究法、社会学研究法等等。

本文需对中国几千年来美术鉴藏的发生、发展及延宕迁变之历史脉络，作出尽可能全面和准确的勾勒，应采取客观描述、叙述而非论述为主的行文方式。为了阐述清楚美术鉴藏在历史上的变化，往往需从时间、地点、条件和历史的前后演变角度来考虑问题。这就应以历史研究法为主，适当配合其他论证方法。

3. 形成基本观点

论文的论点（观点），反映出作者在这一研究领域的创见主张，凝聚着作者的研究成果。论点起统率全文的作用。材料的取舍，论证方法的选择，层次段落的安排，都需围绕论点予以周密考虑。

本文认为，所谓"美术鉴藏"，乃是赏、鉴、藏以及流通四大要素整合一体的，一种历史悠久的社会化活动。鉴是前提，藏为手段，流通乃属中介环节。赏，才是根本目的，也是藏品之所以产生精神价值和物质价值的基础。

中国美术鉴藏史需涉及不同历史段落的美术创作、艺术品评、科技和工艺方法、工商业状况，更不必说考古历史和具体的鉴定手段了。从艺术和社会，生产与消费的角度考察，美术鉴藏活动在接受和消费一端。它至少处于历史、工商业史、考古学、艺术批评史和美术创作史这五种学科的交叉地带。这样，本文便从学理角度对中国美术鉴藏史的写作形成了清晰的构想。

4. 拟出提纲

学术论文的基本结构——序论、本论、结论。

提纲是论文写作的设计图。这是全篇论文的骨架。

为了把材料组成一个层次清楚，有严密逻辑关系的理论体系，大量的材料会有增删和调整，而且还要考虑全文的布局、观点与材料的次序、论证的逻辑结构等等。

按照本文的题目、研究对象和自己在这一研究范围的学术观点，现已能初步确定论文的基本结构和论述要点。在这基础上，写出提纲挈领的目录。

中国美术鉴藏史纲（目录）

第一章　导言——美术鉴藏史的研究对象、特征及相关方法

第一节　鉴藏与美术鉴藏——特征论

第二节　历代之美术鉴藏——发展论

第三节　中国美术鉴藏史——方法论

第二章　中国美术鉴藏的萌发期——先秦时期

第一节　先秦艺术样式及鉴评观念

第二节　上古美术鉴藏之滥觞

第三节　春秋名器和最早的艺术交易记录

第四节　《韩非子》《吕氏春秋》所论及的鉴藏器物

第五节　技术史和鉴藏史的开山之作《考工记》

第六节　先秦美术特征及后世的伪作手法

第三章　中国美术鉴藏的成立期——秦汉魏晋南北朝

第一节　历史更迭和艺文的起落盛衰

第二节　美术大一统时代的美术形貌

第三节　美术的门类特征及名品聚散

第四节　魏晋南北朝美术的衍流

第五节　"六朝繁华"与收藏之勃兴

第六节　鉴藏与品评体系之确立

第四章　中国美术鉴藏的发展期——隋唐五代宋元

第一节　历史及艺术样式之迁变

第二节　隋唐五代美术的兴盛

第三节　官私收藏与名品聚散

第四节　院体画和文人画所代表的宋元时代

第五节　收藏与赏鉴的新时期

第六节　鉴评、作伪及藏品买卖

第五章　中国美术鉴藏的繁盛期——明清时期

第一节　明清美术鉴藏的社会氛围

第二节　美术各门类之形态和特色

第三节　明清两朝的宫廷收藏品

第四节　繁盛时期的私家收藏

第五节　门类繁多的鉴藏著述

　　第六节　作伪之规模化和专业化

　　附录：参考书目

　　根据论文的需要，尽可能掌握该研究领域的材料。"巧妇难为无米之炊"，没有足够全面和准确的材料，写作就只是一句空话。

　　按照提纲，考虑字数的分配，各章节大体上多少字数要按轻重作出初步匡算。在写作和反复修改的过程中，尽可能做到观点更明确，论述更明确。

1999年10月

　　四川大学艺术学院黄宗贤教授选择了中国现代美术史中的一个专题研究作为博士学位论文，论题为《大忧患时代的抉择——大后方美术研究》，指导教师为南京艺术学院林树中教授。

　　该文采用艺术文化学与艺术社会学相结合的方法，将以重庆为中心的大后方美术置于整个抗战美术乃至中国现代美术的大背景中进行全方位透视和剖析，以探讨这一特殊历史时期美术的时代特质与文化内涵，填补中国现代美术史研究领域中的一项空白。全文分上下两篇，上篇着重分析抗战爆发对中国新美术运动的发展态势和空间格局所产生的深远影响，探求大后方美术重心的成因，阐明以重庆为中心的大后方美术在战时及整个中国现代美术史上的重要地位，下篇以美术群体和美术门类为观照对象，透析民族危亡之际美术家心灵震荡观念嬗变，以及新写实主义美术观的时代精神、审视不同美术门类在大忧患时期的存在境遇。该文认为大后方美术既是战时美术力量的空间整合，也是五四以来新美术运动发展的历史与逻辑归结，并对战后美术发展走向产生了深远影响。

　　黄宗贤针对当前在中国现代美术史中对大后方美术研究不够重视的现状，指出大后方美术是"一个不该忽视的研究课题"。的确，考虑到中国20世纪上半叶的社会与战争的历史环境，除了像北京、上海、南京、杭州、武汉等大城市的美术专门学校及美术家作为创作的重要地点及创作主体外，大后方美术亦是整个中国现代美术的一个重要组成部分，缺少这一块，中国现代美术史是不齐全的。黄宗贤选择此题作为博士学位论文，就显得非常重要。他从战前新美术运动回眸开始，论到战时美术格局的变迁与板块重构、继而探讨大后方美术重心的成因。然后对重庆为中心的大后方美术进行探讨，并对成都、云贵高原及桂林的美术运动和美术创作进行了较为系统的研究，为中国现代美术史学提供了新的视角、新的观念和新的材料。黄宗贤的这篇博士学位论文是对断代史中的专题史进

图76 彩陶盆绘舞蹈纹，新石器时代，陶质彩绘，器高14.1厘米，口径29厘米，中国历史博物馆藏

行研究的一个比较好的典范。

如果博士学位论文选择学术界认为重要的问题而又被大家已经关注和研究过的问题，那么作者一定要能发掘新的材料，提出新的观点，在理论上要有所突破。中国艺术研究院研究员张晓凌其博士学位论文为《中国原始艺术精神》，对原始艺术（图76）的研究当然不始于这篇博士学位论文。这篇博士学位论文是在著名美学家王朝闻教授、刘纲纪教授的指导下完成的。作者为了对原始艺术精神研究进行新的突破，首先在材料上下功夫，他不辞辛劳，在长江、黄河流域及云南贵州等地，对中国远古艺术进行了大量的实际考察，不仅使自己的观点具有实际材料依据，而且为原始艺术史的探讨补充了新的材料。此外张晓凌还相当广泛地吸收了西方现代有关原始思维、原始艺术的理论，并依据马克思主义有关劳动与艺术起源的理论对西方现代的理论进行了学术价值上的概括。再者便是作者通过运用有关方法对原始艺术进行研究后提出若干新的观点。如在第一章"史前人类审美意识和艺术的发生"，从工具的起源与审美主体的形成、审美意识和艺术的实践发生、审美意识和艺术的心理发生、原始宗教和巫术对审美发生的意义几个方面，全面阐述了艺术发生与审美意识的关系及与工具、巫术、原始、宗教的关系，揭示出艺术发生的审美及心理原因。再如第四章"内涵与功能"，张晓凌创造性地提出一些思想，首先论述了符号式体系的文化——审美共时结构，然后提出原始艺术的三种符号系统，即象征符号体系、日常经验符号体系和实用符号体系，而且对内涵与功能的模糊形态进行探讨，提出意义的叠压、意义的蜕变与置换、形式的遮蔽等新观点。该文不同于以往对原始艺术研究的地方在于除了材料的占有和新的材料的补充外，作者具有较强的哲学思辨能力，提出不少新的观点和理论观点，而且在逻辑上论证得也有力量。在观点和理论上进行新的突破是选择大家较为熟悉的内容作为论文时至关重要的一点，张晓凌的博士学位论文是这方面写作成功的优秀例子，该文的学术价值得到了王朝闻先生与刘纲纪教授的高度赞扬。

博士论文写作也要考虑其对社会的现实价值，福建师范大学音乐学院舞蹈系副教授王晓茹的博士论文《舞蹈教育的"成人"价值——以西周雅乐舞教育和古希腊舞蹈教育为考察对象》，该文使作者获得中国艺术研究院舞蹈学博士学位，成为我国第29位舞蹈学博士学位获得者。

该文认为舞蹈教育核心价值的研究成果在一定程度上将引领一个国家或地区舞蹈教育发展的方向，加强舞蹈教育核心价值的研究，对于推动舞蹈教育学科的建设与发展，促进我国基础教育课程改革与发展都具有现实意义。该文深入剖析了中国西周雅乐舞教育和古希腊舞蹈教育这两大人类舞蹈教育源头中的精神实质、教育宗旨、教材内涵、理论原理、基本特征与价值追求，并在历史与逻辑的双重建构中，以归纳和演绎相结合的基本方法，逐层论证了舞蹈教育的核心价值，提出舞蹈教育"成人观"，进而阐发了它的现实意义。

该文认为，在中国古代，周公探明"立国之本在于民，兴民之本在于德，崇德之本在于孝，广孝之本在于教"的治国方略，从而将"孝道"尊崇为西周六艺教育的总纲领。西周雅乐舞教育作为礼乐教育的重要载体，旨在"舞以载道，以舞咏德"，所载之道乃上古尧、舜、禹三代传承的伦常大道，即"孝悌者，乐之大本也"；所咏之德乃至精至诚的"仁、义、礼、智、信"之性德，故宣德而发和也，最终，通过雅乐舞教育彰明"人"之深层内涵与"古礼"之哲理规范，弘扬中华民族的传统孝文化。而在古希腊，柏拉图则通过《理想国》阐明了政治基于伦理，伦理依靠教育，教育培养道德，道德涉及人心，灵魂为道德之本源，人类社会欲摆脱道德堕落的恶性循环，唯一的出路在于教育，而其终极兴趣更在于研究人的灵魂。如何诠释与雕塑人的灵魂，从而培养具有良好德性的公民，成为古希腊哲学家的共同追求。舞蹈教育作为古希腊"体乐教育"的重要组成部分，综合地呈现了其主要特征，旨在"用身体来雕刻人类的灵魂"，操练意志灵魂，节制欲望灵魂，提升理性灵魂，实现个体的和谐与道德化，进而实现国家的和谐与道德化。

作者比较这两种舞蹈教育体系的价值追求——西周雅乐舞教育的"成人观"与古希腊舞蹈教育的"完人观"，认为中国古代的"成人观"主张将人教育成"智、清、勇、艺、礼"五者俱全之人，而唯有如此，才可谓真正的"人"；古希腊的"完人观"则主张将人教育成兼具"勇敢、节制、智慧、正义"四种美德俱全之人，此乃古希腊伦理思想中的理想人格和个人道德的最高境界，而唯有如此，才能成为集众美德于一身且最接近神的人。由此可见，中西两种原发性的舞蹈教育观都主张通过雕塑身体以养成健全完美之人格，其塑造身体美与心灵美的统一，在本质上是高度一致的。

王晓茹的这篇博士论文提出，舞蹈作为一种古老而直接的教育手段，具有塑造健全完美人格的独特价值，可以帮助习舞者和民众树立正确的人生观与价值观，追求身与心在"整体性健康"中的和谐生命，塑造完美人格，最终成就至精至诚的"成人"，而这正是舞蹈的核心价值之所在。该文

图77《点石斋画报》第35号封面，1885年4月
1日出版

荣获"中国艺术研究院2013届博士研究生优秀博士论文奖"。

选择专题研究常常是博士学位论文选题的一种很好的方式，因为专题研究题目相对来说比较具体，内容集中，研究可以更深入一些，有可能提出新的学术见解。清华大学美术学院青年教师郭秋惠在清华大学所写的博士论文选题即是专题研究，题目为《点石：〈点石斋画报〉与1884—1898年间的设计问题》。1884年5月8日（光绪十年四月十四日）创刊于上海的《点石斋画报》（图77），是中国近代发行时间最长、内容最丰富、影响最大的石印画报。作为一份反映城市生活的新闻刊物，《点石斋画报》不仅相当忠实地反映了19世纪末叶上海新旧杂陈的局面，而且亦是晚清中国设计与生活变迁的缩影。《点石斋画报》关涉到中国近代物质文化与日常生活，整合了商业与文化，并忠实呈现晚清

上海多元生活图景与物质文化的变迁，值得深入研究。"点石斋"是1878年英国商人美查（Ernest Major）于申报馆系统内成立的石印书局，旨在"点石成金，嘉惠后人"。《点石斋画报》则是美查1884年在"点石斋"创办发行的中国最早的石印画报，画报名称即来源于印书局名称"点石斋"。此前关于《点石斋画报》的研究，主要是从历史学、新闻学、文学、社会学、民俗学、美术学等学科切入，从设计与生活的视角进行研究尚属于起步阶段。郭秋惠的博士论文以"点石斋"的"点石"作为切入点，将"点石"作为基于大众的设计价值观，论述《点石斋画报》与1884—1898年间的设计问题。作为中国近代设计史的个案研究，论文借鉴社会科学中"质的研究""扎根理论"以及物质文化研究方法，注重自下而上地收集分析原始资料，进行归纳研究。

该文的研究对象不仅包括后世所瞩目的4653幅主体新闻画外，还关注画报从第4号起就有免费的、连续的、丰富的增刊：画谱册页、古今文学图说、节庆装饰画、图文广告、谜语、地图、画报目录、题名全录等，图说总量应超过6900幅/页。

论文研究思路如下：首先，将上海——近代崛起的移民城市作为《点石斋画报》的表现对象与阅读群体，将大众传媒作为画报的技术与传播平台进行分析，并通过《点石斋画报》分析晚清上海人口的构成及其社会境遇，以此作为当时设计与生活所处的历史情境。生活和生产方式的近代化，改变了上海城市文化的生产与消费。基于日渐增多的社会交往，及时和便宜的报刊吸引了日益广泛

的公众阅读群，培养了公众的读报习惯。从洋人社会到华人社会，从洋文报到中文报，从舶来观点到本土视野，上海的新闻报刊及其影响力日益扩展，并逐渐介入民众的日常生活。图文并茂且立足本土的《点石斋画报》正是广泛介入民众日常生活的中国近代大众媒介。

图78 民国广告画《董花结籽》

其次，从文化与商业的整合的视点，论述美查从"中文化"到"中国化"，开拓中国印刷图像市场的五个策略：出售洋画、印制照片和中文地图、译制经销《寰瀛画报》、开设点石斋、创办《点石斋画报》，设计在其中发挥着重要作用。分析《点石斋画报》初刊本从传统书籍向现代报刊转型、图文并茂的设计形态，画报的设计，从开本、用纸、印刷、装订、图说形式，到广告、插页、增刊等，都是画报经营理念的物化体现，对中国近现代报刊设计、广告设计产生了广泛的影响，反映了大众的社会需求与城市生活的变迁。该文进一步归纳统计《点石斋画报》的题材内容，研究其经营策略，分析图文背后晚清社会的诸面相，如"洋老板与华人主笔"的运作方式、发行网络、促销形式，分析报道视角、画报的平面设计，解读晚清上海的文化管理政策、英国远东文化政策以及晚清文人、画家生产方式的转变等，将有助于理解《点石斋画报》为何一跃而起，成为晚清文化界一道雅俗共赏的亮丽风景；对于我们深入了解晚清的社会风尚、文化思潮以及审美趣味的复杂性，也有帮助作用。

该文基于《点石斋画报》的图与说，考察晚清上海中西交汇的设计与生活。近代中国大众的日常生活，经历了怎样的古今、中外的双重嬗变？近代城市化的历程又如何使这种双重嬗变更加激烈、复杂？西方舶来的新事物怎样通过大众化的近代设计不可避免地嵌入中国大众的日常生活？中西文化互渗如何影响中国近代物质文化及其设计制造的变迁？论文第四章首先论述晚清上海都市女装设计与消费的特点：女性活动空间的拓展促进了都市女装的时尚化，一方面女性介入社会生活，"时式""时样""时髦"成为都市女装的普遍追求（图78），另一方面女性参与社会生产，职业女装开始出现。其中，妓女的消费示范及参与设计，以宁波人为主的"红帮裁缝"，西式的合体剪裁与缝纫机使用等因素不容忽视。其二以"消费的空间与空间的消费"为视点,分析公共空间的陈设与设计:饮食空间的社交化设计、休闲娱乐空间的多元化设计、商业店面的品牌设计。

其三,论述晚清上海公共设施与交通工具的近代化设计及其"寓用于玩"的消费方式。晚清上海交通工具的设计与消费形成了"中外公私、四车并举"的格局,小车、自行车、马车、东洋车这四种来源或中或外的车,或公或私地作为交通工具并存于晚清上海。适应近代交通工具的发展,道路建设,照明、排水、路牌等附属设施以及道路管理路政系统亦在逐步改善。其四,以钟表、照相机等摩登洋货为例,阐述中西文化互渗对于近代器用的设计影响,分析西方物质文化如何通过近代设计与大众消费嵌入时人的日常生活。《点石斋画报》的钟表描绘、晚清《申报》的钟表图文广告以及时人竹枝词对于钟表的吟咏,三者共同构建一幅晚清上海对于钟表(从固定陈设的自鸣钟到随身携带的时辰表)的消费图景:适应工商业和中西交往的发展,时间观念已是上海市民日常生活的组成部分,而大众的日常生活则依靠钟表来统一协调。照相机的引入及摄影术的多元应用,则介入到上海大众的日常生活,并影响了他们观看方式的变迁。

最后,论文总结"点石"所体现的设计价值观:通过设计使大众的日常生活变得更美好;分析《点石斋画报》在中国近代设计史的历史定位以及美查的作为与贡献,并论述《点石斋画报》的设计影响。附录《点石斋画报》初刊各号内容统计表,系统梳理各号出版时间和增刊内容,还原图文所处的历史情境和初刊本的整体风貌,方便日后进一步深入研究。

郭秋惠的论文对《点石斋画报》作了深入探讨,在这一专题研究中取得显著成果,该文获全国优秀博士论文提名奖。

博士论文写作,也可以选择当代艺术流派和艺术家进行研究,当然,选择当代艺术流派和艺术家,应该谨慎,要考虑被选择的艺术流派和艺术家应基本有定论,并有较大影响,或预测在当代艺术史上有一定地位,不能选择一些无足轻重成就不大的艺术家作为博士论文选题,否则,博士论文即使写出来也没有多大意义。

清华大学美术学院教授张敢,1995年至1999年在中央美术学院师从著名美术史家邵大箴教授,他的博士学位论文为《绘画的胜利? 美国的胜利? ——美国抽象表现主义绘画研究》,选择的就是美国当代具有国际影响的抽象表现主义绘画流派进行研,以波洛克、德库宁为代表的抽象表现主义是20世纪中叶产生的美国在历史上第一个具有国际影响的绘画流派,从此以后,美国成为西方当代艺术的中心。张敢的这篇博士论文系统而深入地对抽象表现主义进行研究。该文第一章为抽象表现主义产生的背景,介绍20世纪二三十年代的美国艺术和前卫艺术家。第二章为抽象表现主

图79 德库宁，发掘，1950年，画布油彩，206.2厘米×257.3厘米，芝加哥美术学院

义的诞生：20世纪40年代前期，探讨超形式主义的影响及抽象表现主义产生过程。第三章分析抽象表现主义两大潮流，时间为20世纪40年代后期，包括行动画派和色域画派，对代表画家霍夫曼、德库宁（图79）、波洛克、罗斯科、纽曼、戈特利布、马瑟威尔、莱因哈特等进行深入研究。第四章为20世纪50年代：绘画的胜利？美国的胜利？探讨抽象表现主义团体的确立、媒体和博物馆对抽象表现主义的造势与作用，抽象表现主义的成功和解体以及抽象表现主义所获得的国际地位。该文指出：

　　第二次世界大战在西方艺术史上是一个非常重要的转折点。此前，欧洲特别是法国的巴黎一直是西方艺术的中心，而第二次世界大战后，美国纽约取代了巴黎的地位一跃而成为西方艺术之都。这种转变的标志就是美国本土绘画开始在西方艺术世界占有主导地位，其代表就是美国的抽象表现主义绘画。今天美国依仗强大的政治、经济和军事实力，向全球扩张他的势力，传播其价值观，美国的文化艺术对世界各国都产生了很大的冲击和影响。在艺术上这种影响就是从抽象表现主义开始的。为什么一个历史传统并不悠久的国家的艺术会对整个西方世界乃至全球的艺术产生影响呢？这些影响又是如何产生的呢？这种学院的后果是什么呢？要想回答这些问题，对抽象表现主义的深入研究就有着极为重要的意义。

——张敢：《绘画的胜利？美国的胜利？——美国抽象表现主义绘画研究》，

1页，北京，文化艺术出版社，2002

张敢的这篇博士论文，后由文化艺术出版社出版，成为国内研究抽象表现主义的重要专著，受到学界好评。

现清华大学等研究型大学要求理工科及文科的博士生导师要有国家、省部级科研项目，或有企业科研合作项目，才能招收博士生，因此博士生进校后，常常跟着导师做相关课题研究。一般来说，这些课题多是理论研究前沿，或是在经济建设、企业发展中具有较大现实价值或经济价值的研究课题。博士生参与导师的研究课题，并选择和课题相关内容写作博士论文，这一方面可以在导师指导下开展科研工作，提高科研能力，另一方面亦可以帮助导师完成相关的科研课题。

我于2003年在清华大学申请"中国美术史学理论研究"的国家艺术科学项目，得到批准，同年清华大学美术学博士点亦得到国务院学位办批准，我于2004年开始招收美术学博士研究生，2004—2006年招收了陈谷香、耿明松、傅慧敏三位博士生，他们的博士论文选题也作为我的"中国美术史学理论研究"的子课题展开，陈谷香的博士学位论文为《宋代绘画史籍中的画学思想研究》，耿明松的博士学位论文为《明代绘画史学研究》，傅慧敏的博士学位论文为《清代绘画史学研究》，他们还围绕课题研究在中文核心期刊发表论文，陈谷香发表的《宋代美术史学的新趋势》被中国人民大学报刊资料中心《造型艺术》全文转载，耿明松发表《明代绘画史著述的总体特征》，傅慧敏亦发表有关清代绘画史学的论文。2010年，我招收博士生曹贵，指导他开展中国现代美术史学理论研究，其博士学位论文《20世纪上半叶中国美术史学理论与方法研究》，他们的博士学位论文均围绕中国美术史学理论课题展开研究，形成博士论文集群，以往中国美术史论研究主要集中在绘画史、雕塑史研究或画论研究方面，以上四位博士生做美术史学理论的断代史研究，带有学科开创特征，他们的论文均获得好评，并被陆续出版。最近我正在做"汉唐艺术史学史研究"的课题，招收博士生穆瑞凤同学，她选择的论文题目是《唐代绘画史学研究》。博士论文写作围绕导师的科研课题进行，是一个很好的选择，亦便于导师指导，导师和博士生共同商讨相关学术问题，有助于博士生的科研能力的提高。

有时，博士论文完成并获得博士学位后，作者还应根据评审专家和答辩委员会专家的意见进行修改，或自己做进一步研究，将博士论文成果整理出版和抽出章节加工成单篇论文发表。王洪伟博士在这方面的工作做得较为突出。他于2012年在中国人民大学艺术学院获得哲学博士学位，他的博士论文是《民国时期山水画南北宗问题学术史研究》。2012年9月，他进入清华大学美术学院艺术学理论博士后流动站从事有关吴冠中艺术和思想研究，期间他将博士论文修改增补，收入我主编的《清华艺术学丛书》第二辑，2014年8月由清华大学出版社出版。他的博士论文鲜明特点是立足学术史来推进和深化"南北宗"问题史的研究。首先，画分"南北宗"作为晚明董其昌等人提出的一个画学主张，曾对中国山水画产生过巨大影响，但由于命题本身论及的山水画史脉络与之前画学文献记载及作品风格证据之间存在众多不合的现象，自20世纪初以来受到中日学界多位学者的质疑和批判，时至今日仍然是古代山水画史上的"显学"。而民国时期由于社会变革状况的复杂，不同的研究者从现实需求和自身的学术观念出发，对"南北宗"问题主要进行了三个向度的讨论：以滕固为代表的秉持文化史学思路并佐以风格分析方法的"南北宗"研究；以童书业为代表的从画学文献考辨角度入手的"南北宗"研究；以傅抱石为代表的基于民族主义画学观念，坚守南宗文人画传统的"南北宗"研究。仅从民国时期的研究状况就可以看出"南北宗"问题的复杂性。王洪伟又借助20世纪80年代阮璞等人倡导的"南北宗"之说主要是一个美学问题，应淡化对其的史学辨伪研究的观点，一方面深刻认识到时代性的学术思潮对具体问题研究的外在影响，重视学术研究的阶段性价值；另一方面他细致剖析了"南北宗"本身蕴含的史学与美学双重价值。王洪伟从博士论文中提炼出《南北宗是一个史学问题，还是一个美学问题》一文，发表在《文艺研究》2013年第8期，被《人大复印资料》2013年第10期全文转载，《美术观察》2013年第10期做了专门摘引和介绍。

其次，王洪伟本着强烈的问题意识，发挥了自身优秀的文献考据功底和思辨能力。在梳理"南北宗"学术史的过程中，对当前学界研究中存在的疑义和误解做出了细致考辨。他强调史实考证的证据基础和逻辑推测的合理性，重视考据结论"知微见著"的功效。他针对滕固的美术史研究是否受到梁启超和"进化论"史观的影响做出了辨证，撰写了《滕固美术史研究受梁启超"进化"史观影响辩诘》一文，发表在《文艺研究》2014年第2期。又如，他对郑昶《中国美术史》（1935）"绪言"作者问题的考证，不仅解决了郑昶著作绪言内容为何全部来自滕固文章的原因，同时将研究范围扩大到对滕固留学生活、学习状况的考察。纠正了当前学界部分学者质疑滕固不可能在两三年内就取得博士学位的观点。并结合对《唐宋绘画史》"底本"的考证，进一步明确了滕固对"南北宗"问题研究的持续性。正是王洪伟有着自觉的问题意识，才会发现并推进了一些细致问题的研究。这也是目前中国艺术史论博士研究生应该提倡的一种治学精神。他的《滕固〈唐宋绘画史〉写作所据之"底稿"考》一文发表在《中国国家博物馆馆刊》2011年第8期。他还根据博士论文的相关内容撰写了《日本学者内藤湖南对"南画"研究的贡献》一文，发表在《清华大学学报》2014年第4期。这样，王洪伟通过对博士论文相关问题的进一步研究，生发出多篇学术论文，在国

图80 威廉·亚历山大，小斯当东单腿下跪谒见乾隆，1793年

内重要学术刊物《文艺研究》《清华大学学报》《中国国家博物馆馆刊》上发表，并出版40万字的专著，取得丰富的科研成果。

现在，有关大学和科研机构设立艺术学博士后科研流动站，博士学位论文完成和获得博士学位者，可以申请入站继续开展博士后相关课题的科研工作。上海大学美术学院美术学博士陈璐的博士学位论文《18—19世纪英国人眼中的中国图像》（指导教师潘耀昌教授），该文论述18至19世纪英国人眼中的中国图像，结合英国社会和文化背景及艺术史背景，探讨英国之中国图像的发展与形成。英国人眼中的中国图像是英国人在认知中国的过程中所形成的有关中国的视觉图像，主要表现为绘画作品。17世纪，荷兰人制作了最早的中国图像，而在18世纪末由英国人将之大力发展，在19世纪末摄影术广泛运用之前，通过绘画这一视觉图像的方式极大影响了英国人乃至西方人对中国的认识。大航海时代以来的中西文化交流引发了欧洲人对中国文化艺术的兴趣与热情，催发了17至18世纪的欧洲国家的中国热。17世纪之前，中西艺术文化的交流甚少，西方人视野里的中国图像也较为零碎、模糊、甚至是扭曲的。随着西方对中国的了解逐渐增加，西方人不断来到东方之中国，将有关中国的物产和文献资料及艺术品带回西方，逐渐积累有关中国的图像资料。从想象到真实，从模糊到清晰，经历了一个积累、发展和演变的过程。而在这一过程中，英国画家扮演了尤其重要的角色。英国画家最早深入中国内地对中国的社会风貌作多方位的描绘。从1793年马戛尔尼使团画师威廉·亚历山大，到1843年托马斯·阿罗姆，他们对中国的宫廷、皇帝、城市、建筑、港口、运河、军队、官员、士兵、平民、工匠、商人、罪犯以及社会习俗、宗教文化、自然风光、中英战争等内容，进行多方面的描绘，这些图像成为英国人认识中国的重要窗口。（图80）有的图像内容甚至成为英国对中国发动鸦片战争的情报资料。这些图像一般都是用写实手法所作的速写、素描和水彩画及铜版画，既带有英国人对中国他者的偏见、误读与"误画"，也有客观记录与再现的真实性。钱纳利等英国画家对澳门、广州、香港风貌的描绘，成为19世纪南中国"历史绘画"的重要内容，啉呱等中国外销画家的作品，一方面受到钱纳利及西方绘画与审美趣味的影响，另一方面销往英国亦成为英国人观看中国的一种视像。后来，英国报刊上也出现中国图像。所有这些，逐步形成了英国较为系统的中国图像体系。18—19世纪英国人眼中的中国图像，主要是英国画家笔下的中国图像，另外也包括部分在英国画家影响下或英国人订购的中国外销画。18—19世纪英国画家创造的中国图像，从历史背景来看，是英国对外扩张与商品贸易的副产品，从社会文化来看，则是中西艺术文化交流下的产物，也是美术史中的重要一章，它们既具有不可忽视的艺术价值，同时也具有重要的历史价值和社会意义。将英国画家对中国的描绘作为一面镜子，使我们能借助英国之西方他者的眼光来反观自身，有助于对自我文化认知的深化和对中国近代历史的反思。

陈璐在上海大学获得博士学位后，又申请进入清华大学艺术学理论博士后科研流动站做博士后科研工作，合作导师为张敢教授。陈璐的博士后科研课题为《18—19世纪英国艺术中的东方图像研究》，并获得国家人事部第55批博士后科研基金项目资助。她的博士后研究课题是在博士学位论文基础上进一步展开，并到英国有关博物馆进行访问考察，对18—19世纪英国艺术中有关土耳其、中东国家、印度、日本的图像进行研究，同时扩展英国艺术中有关中国图像的研究，将其置于东西文化交流的背景中进行探讨，发表《萨义德〈东方学〉的文化启示意义》《威廉·亚历山大笔下的中国图像》《托马斯·阿罗姆绘画中的大清图像》等论文，使博士学位论文的研究课题进一步深化和扩展，取得新的科研成果。

后　记

　　这本《艺术文章写作概论》是我在湖北美术学院和清华大学美术学院讲授艺术文章写作课程过程中的讲稿和修订稿。中国当代有不少关于文学写作、应用文写作、文秘写作、公文写作、科学论文写作等方面的书籍和教材出版，但似乎还没有一本专门谈艺术文章写作的书籍，可能在20世纪90年代以前，国内高校也少有开设艺术文章写作的课程。湖北美术学院于1994年成立美术学系，1995年开始招收美术学专业即美术史论专业本科生，本人于1998年、2000年分别为该院美术史论专业1995级、1997级本科生开设《艺术文章写作》课程，撰写讲义和书稿，2001年7月调入清华大学美术学院艺术史论系工作，2002年时任山东美术出版社编辑的王承利先生热情地将本书稿以《艺术文章写作技巧》为名出版，2003年再版过一次。10年后，山东教育出版社的领导和编辑李红老师将本书列入修订出版计划。2002年起，本人在为清华美院研究生、本科生开设其他课程的同时，亦为艺术史论专业本科生开设《艺术文章写作课程》，在讲课中又增添一些内容，这次以《艺术文章写作概论》书名出版，又认真修订和增补有关内容，特别是在艺术类学位论文写作一章中，增补十多年来若干艺术学科博士、硕士及本科生的优秀学位论文作为实例进行学位论文写作讲解。在此要感谢多位艺术学科博士朋友（十多年前他们获得艺术学科博士学位，现已是艺术学科知名专家）和新近毕业的博士、硕士及本科生，他们将学科论文的提纲或摘要提供给我编入本书，作为优秀学位论文范例供读者参考。

　　本人要说明的有三点：第一，我始终认为艺术文章是艺术思想的表现，关键是要有思想，要有研究心得，当然有了新的思想、材料，运用适当的写作方式和技艺加以表现也是很重要的。所以，要写好艺术文章，关键还是要将专题或课题研究不断深入，有了新的思想和研究心得，总会找到适当方法写成好文章。第二，本书力求将艺术文章写作一般方法和写作规律的讲解，同中外艺术理论、艺术史、艺术评论的优秀著作、论文，结合起来进行分析，也就是将文章写作同学习艺术史论知识结合起来，避免枯燥地讲解所谓写作方法和技巧。也就是在阅读本书时，不但可以学习一些写作方法，还能学到艺术史论家们的有关艺术思想、艺术理论和艺术史研究方法，增加艺术史论修养和知识。第三，近20年来，我国高校艺术教育发展很快，除艺术史论专业外，艺术实践类的本科生、硕士研究生、博士研究生在完成艺术创作、艺术设计、艺术表演的同时，还要完成学位论文写作，文化艺术相关部门和文博系列的青年工作者，以及广大青年文艺爱好者，也都会要写作艺术文章，本书可提供参考，仅仅指出写好艺术文章的一些路径和方法，真正要写好艺术文章，还要多阅读艺术哲学、艺术理论、艺术史学、艺术评论等方面的中外一些经典著作和论文，同时要勤于思考、探索和研究艺术问题，并勤于写作实践，这样就能不断提高艺术文章写作能力和科研能力。

非常感谢山东教育出版社的领导刘东杰先生和齐飞先生对本书出版的关心，非常感谢本书责任编辑李红女士为本书出版所做的辛勤工作。山东工艺美术学院讲师、清华大学博士生许俊和清华大学博士后陈璐帮助选编本书插图，一并表示感谢。

2014年11月23日于清华园